Tamara Fallscheer

Die Bedeutung Spaniens und Portugals als Absatzmärkte für deutsche Molkereiprodukte unter besonderer Berücksichtigung der Distributionslogistik

VVF

HOCHSCHULSCHRIFTEN ZUR BETRIEBSWIRTSCHAFTSLEHRE

Herausgeber:
Prof. Dr. D. Beschorner · Universität Ulm
Prof. Dr. M. Heinhold · Universität Augsburg

Band 127

Die Deutsche Bibliothek - CIP-Einheitsaufnahme

Fallscheer, Tamara:
Die Bedeutung Spaniens und Portugals als Absatzmärkte für deutsche Molkereiprodukte unter besonderer Berücksichtigung der Distributionslogistik / Tamara Fallscheer. - München : VVF, 1997
(Hochschulschriften zur Betriebswirtschaftslehre; Bd. 127)
Zugl.: München, Techn. Univ., Diss., 1996
ISBN 3- 89481-224-9

Gesamtherstellung: Fotodruck Frank GmbH, 80333 München
Printed in Germany

Mein besonderer Dank gilt Herrn Prof. Dr. H. Weindlmaier für die Überlassung des Themas und die Unterstützung bei der Durchführung der Arbeit.

Herrn Prof. Dr. W. Lück danke ich für die Übernahme des Korreferates.

Meinen Kolleginnen und Kollegen am Institut für Betriebswirtschaftslehre, Forschungszentrum für Milch und Lebensmittel Freising-Weihenstephan, danke ich für die Aufgeschlossenheit zum fachlichen Gespräch und für die vielfältigen praktischen Anregungen, die zum Gelingen dieser Arbeit beigetragen haben.

Ganz besonders sei an dieser Stelle den Unternehmen der Molkereiwirtschaft, den Großhändlern und speditionellen Dienstleistern sowie Institutionen und Behörden in Deutschland, Spanien und Portugal gedankt, die sich an meinen empirischen Erhebungen beteiligten. Sie alle haben mir durch ihre Bereitschaft zu ausführlichen und offenen Gesprächen wertvolle Anregungen und Erfahrungen zuteil werden lassen.

Geleitwort

Vor dem Hintergrund der umfassenden Realisierung des EU-Binnenmarktes und der mit ihr verbundenen Liberalisierung des europäischen Handels sowie der zunehmend zu beobachtenden Tendenzen der allgemeinen Internationalisierung und Konzentration, besitzt die vorliegende Abhandlung absatzwirtschaftlicher Aspekte der deutschen Molkereiwirtschaft hohe Aktualität und Bedeutung.

Der weitgehend gesättigte, durch rückläufige Umsätze gekennzeichnete, deutsche Markt mit Molkereiprodukten einerseits, und die defizäre Versorgung mit Rohmilch in Spanien und Portugal, das zunehmende dortige Nachfragepotential sowie der EU-unterdurchschnittliche Pro-Kopf-Verbrauch für Milch und Molkereiprodukte in diesen Ländern andererseits, veranlassen die deutsche Molkereiwirtschaft nachdrücklich, auch auf der iberischen Halbinsel nach neuen Absatzmärkten Ausschau zu halten.

In der vorliegenden Arbeit untersucht Frau Fallscheer die Exportmöglichkeiten der deutschen Molkereiwirtschaft in die beiden genannten EU-Staaten. Ausgehend von einer gründlichen Auswertung der einschlägigen Fachliteratur, den vorhandenen Rahmenbedingungen der Distributionslogistik, den wirtschaftlichen Gegebenheiten und aufgrund umfangreicher empirischer Untersuchungen vor Ort, gelingt es der Verfasserin, den Markt der Molkereiprodukte in Spanien und Portugal umfassend zu analysieren. Auf dieser Basis, besonders der Handelsstruktur und den Distributionskanälen, entwickelt und begründet sie anhand ausgewählter Produktarten alternative Strategien für die Distribution deutscher Molkereiprodukte innerhalb Spaniens und Portugals. Darüber hinaus berechnet und vergleicht sie alternative Transportmöglichkeiten der genannten temperatursensiblen Güter von Deutschland nach der iberischen Halbinsel. Dabei werden die verschiedenen Verkehrsträger berücksichtigt und unter Kostenaspekten sowie anderen Gesichtspunkten mittels unterschiedlicher Verfahren bewertet. Nach der Darlegung der quantitativen Entscheidungskriterien wird schließlich der Einfluß der letzteren auf die angestellte Kostenvergleichsrechnung nachgewiesen.

Die Untersuchung ist ein gelungener Versuch, mögliche künftige Entwicklungen für den Export deutscher Molkereiprodukte nach Spanien und Portugal und die dazu notwendigen Strategien aufzuzeigen. Die Lektüre wird für alle in der Branche, im internationalen Transport und im Außenhandel Tätigen, die sich mit der behandelten Materie befassen, von Interesse und Nutzen sein.

Freiberg und Ulm, im Mai 1997

Die Herausgeber

Inhaltsübersicht

Inhaltsverzeichnis

Abbildungsverzeichnis

Tabellenverzeichnis

Abkürzungsverzeichnis

a.a.O.	an angegebenem Ort
Abb.	Abbildung
ADSp	Allgemeine Deutsche Spediteur-Bedingungen
ABNB	Allgemeine Beförderungsbedingungen für den gewerblichen Güternahverkehr mit Kraftfahrzeugen
ARAL	Semanario de artículos alimenticios y bebidas (Zeitschrift)
Art.	Artikel
BAG	Bundesamt für Güterverkehr
BAnz	Bundesanzeiger
BFuP	Betriebswirtschaftliche Forschung und Praxis
BGB	Bürgerliches Gesetzbuch
BMELF	Bundesministerium für Ernährung, Landwirtschaft und Forsten
BMV	Bundesverkehrsministerium
BMWi	Bundeswirtschaftsministerium
BSL	Bundesverband Spedition und Lagerei e.V., Bonn
BVL	Bundesvereinigung Logistik e.V., Bremen
bzw.	beziehungsweise
ca.	zirka
C & C-Handel	Cash & Carry-Handel
CCP	Confederação do Comércio Português; Spitzenverband des portugiesischen Handels
CFCE	Centre Français du Commerce Extérieur; Franz. Außenhandelszentrum
CIL	Computer Integrated Logistics
CIM	Computer Integrated Manufacturing; Convention Internationale concernant le transport des Marchandises par chemin de fer, Internat. Übereinkommen über den Eisenbahn-Frachtverkehr
CMA	Centrale Marketinggesellschaft der Deutschen Agrarwirtschaft mbH
CMR	Convention relative au contrat de transport international des Marchandises par Route, Internationales Übereinkommen über den Straßengüterverkehr
CP	Caminhos de Ferro Portugueses, portugiesische Eisenbahngesellschaft
db	Dezibel
DBAG	Deutsche Bundesbahn Aktiengesellschaft
DGR	Deutsches Gefahrgutrecht
d.h.	das heißt
DIHT	Deutscher Industrie- und Handelstag
DSB	Danske Statsbaner, Dänische Staatsbahnen
DVZ	Deutsche Verkehrszeitung. Internationale Fachzeitung für Transport und Logistik
ECMT; CEMT	European Conference of Ministers of Transport; Europäische Verkehrsminister Konferenz
EFTA	European Free Trade Association, Europäische Freihandelszone
EHM-Lizenz	Lizenz für den Erweiterten Handelsmechanismus

Esc.	Portugiesische Escudos
EU	Europäische Union
e.V.	eingetragener Verein
EVO	Eisenbahnverkehrsordnung
evtl.	eventuell
EWG	Europäische Wirtschaftsgemeinschaft
FAZ	Frankfurter Allgemeine Zeitung
FKV	Forschungskonsortium Kombinierter Verkehr
FMI	Food Marketing Institute
FS	Ente Ferrovie dello Stato Italia, Italienische Eisenbahngesellschaft
GfK	Gesellschaft für Konsum-, Markt- und Absatzforschung e.V.
GFT	Güterfernverkehrstarif
Gfv	gewerblicher Güterfernverkehr
Gnv	gewerblicher Güternahverkehr
GüKG	Güterkraftverkehrsgesetz
HGB	Handelsgesetzbuch
HH	Haushalt
Hrsg., hrsg.	Herausgeber, herausgegeben
i.a.	im allgemeinen
IATA	International Air Transport Association
ICAO	International Civil Aviation Organization
ICC	Firma Intercontainer - Interfrigo, Basel
i.d.F.	in der Fassung
i.d.R.	in der Regel
IHK	Industrie- und Handelskammer
INE	Instituto Nacional de Estadística, Madrid; Instituto Nacional de Estatística, Lissabon
IVT	Institut für Angewandte Verkehrs- und Tourismusforschung e.V. an der Fachhochschule Heilbronn
Jg.	Jahrgang
k.A.	keine Angabe(n)
Kfz	Kraftfahrzeug
KN-Code, NC	Europäische Nomenklatur (Nomenclature Communeautaire)
KURT	Kostenorientierte unverbindliche Richtpreis-Tabellen
K(L)V	Kombinierter (Ladungs-) Verkehr
KNA	Kosten-Nutzen-Analyse
KVO	Kraftverkehrsordnung
KWA	Kostenwirksamkeitsanalyse
l	Liter
lda.; ltda.	Sociedade de responsabilidade limitada (P)
L(E)H	Lebensmittel(einzel)handel
L(G)H	Lebensmittel(groß)handel
LKW	Lastkraftwagen
LP	Lebensmittel Praxis (Zeitschrift)
lt.	laut
MAPA	Ministerio de Agricultura, Pesca y Alimentación, Madrid
MCA	Montantes Compensatorios de Adhesión; Beitrittsausgleichsbeträge
mind.	mindestens
Mio.	Millionen

MOEL	mittel- und osteuropäische Länder
Mopro(s)	Molkereiprodukte
Mrd.	Milliarden
NCM	Nomenclature Commune des Marchandises; gemeinsames Güterverzeichnis
NHM	Nomenclature Harmonisé des Marchandises; harmonisiertes Güterverzeichnis
Nr.	Nummer
NWA	Nutzwertanalyse
o.V.	ohne Verfasser
ÖBB	Österreichische Bundesbahnen
qm, m^2	Quadratmeter
Pfg.	Pfennig
Pts.	Spanische Peseten
RENFE	Red Nacional de los Ferrocarriles Españoles, Spanische Eisenbahngesellschaft
RKT	Reichskraftwagentarif für den Güterfernverkehr
RL	Regionallager
S.	Seite(n)
S.A.	Sociedad Anónima (E) oder Sociedade Anónima (P); Aktiengesellschaft
SB	Selbstbedienung
SJ	Staatens Järnvägar, Schwedische Staatsbahnen
S.(R.)L.	Sociedad (de responsabilidad) limitada (E)
SNCB	Société Nationale des Chemins de fer Belges
SNCF	Société Nationale des Chemins de fer Français
SVS/RVS	Sepditions- und Rollfuhrversicherung
Tab.	Tabelle
t(km)	Tonne(nkilometer)
u.a.	und andere
UBM	Umschlagbahnhof München-Riem
UIC	Union Internationale des Chemins de Fer
u.U.	unter Umständen
v.a.	vor allem
vgl.	vergleiche
VO	Verordnung
WiSt	Wirtschaftswissenschaftliches Studium (Zeitschrift)
WKZ	Werbekostenzuschüsse
z.B.	zum Beispiel
ZfB	Zeitschrift für Betriebswirtschaft
ZfbF	Zeitschrift für betriebswirtschaftliche Forschung
ZfL	Zeitschrift für Logistik
ZfV	Zeitschrift für Verkehrswissenschaft
ZL	Zentrallager
ZMP	Zentrale Markt und Preisberichtstelle der Deutschen Agrarwirtschaft e.V., Bonn

1 Einleitung

1.1 Aufgabenstellung und Zielsetzung der Arbeit

Spanien und Portugal gehörten zu Beginn der Bearbeitung dieses Themas im Jahre 1991 der Europäischen Union (EU) bereits seit sechs Jahren als Vollmitglieder an. Zunächst konnte jedoch durch deren Beitritt keinerlei Vereinfachung im Außenhandel mit land- und ernährungswirtschaftlichen Gütern festgestellt werden. Im Gegenteil, lange und komplizierte Übergangsregelungen, z.B. die Lizenzen für den Erweiterten Handelsmechanismus (EHM), schränkten den zwischen EU-Staaten üblichen freien Warenaustausch sehr stark ein und erschwerten eine kontinuierliche Marktbearbeitung. Die Ausgangssituation ist für deutsche Produkte der Land- und Ernährungswirtschaft im allgemeinen und für Molkereiprodukte im speziellen, unter denen in der vorliegenden Arbeit Milchfrischprodukte, H-Joghurt, H-Milchmischgetränke und Käse verstanden werden, aus folgenden Gründen als ausgesprochen gut zu bewerten:[1]

- Spanien mit knapp 40 Mio. Einwohnern und Portugal mit ca. 10 Mio. Einwohnern bilden zwei interessante, sich in langsamem wirtschaftlichen Aufschwung befindliche Absatzmärkte. Bedingt durch die steigende Kaufkraft der einheimischen Bevölkerung weisen sie ein zunehmendes Nachfragepotential auf. Nicht zu vernachlässigen ist außerdem das enorme Konsumpotential, mit dem alljährlich durch fast 80 Mio. Touristen (ca. 60 Mio. in Spanien, 20 Mio. in Portugal) gerechnet werden kann. Die Bundesrepublik Deutschland bildet seit der Wiedervereinigung mit rund 10 Mio. Gästen die größte Urlaubergruppe in Spanien.[2]
- Die hohe Anzahl ausländischer Touristen sowie die zunehmende internationale Verbreitung von Nahrungs- und Genußmittel-Sortimenten beeinflussen und verändern auch in Spanien und Portugal die traditionellen Konsumgewohnheiten der einheimischen Bevölkerung.[3]
- Spanien zählt zu den Staaten in der EU, die eine defizitäre Versorgung mit Milch und einigen Molkereiprodukten verzeichnen. Der Pro-Kopf-Verbrauch für Milch und Molkereiprodukte ist in Spanien und Portu-

---

[1] Vgl. CMA (Hrsg.): Erfolgreich nach Spanien exportieren: Milchprodukte. Bonn Januar 1992, S. 68. o.V.: Spanier schätzen Essen aus Deutschland. In: FAZ Nr. 234, 8. Oktober 1996, S. 24.

[2] Vgl. hierzu auch o.V.: Spaniens Tourismusbranche rechnet mit Rekordsaison. In: FAZ Nr. 136, 14. Juni 1995, S. 17.

[3] Aussagen der befragten spanischen und portugiesischen Großhändler/Importeure.

gal im Vergleich zum EU-Durchschnitt gering. Es läßt sich doch ein leichter Anstieg für einige Produkte wie Joghurt oder Käse erkennen.

- Deutsche Produkte der Ernährungsindustrie, insbesondere auch Molkereiprodukte, haben in Spanien und Portugal einen guten Ruf. Sie vermitteln das Image einer gesunden, grünen Landschaft und einer naturnahen Erzeugung und Verarbeitung. Mit deutschen Produkten wird ein hoher Qualitätsstandard verbunden, der durch regelmäßige Kontrollen sichergestellt wird.[4]

Die beschriebene Ausgangssituation bietet somit im Grunde genommen gute Chancen für deutsche Molkereien und Käsereien, ihre Produkte sowohl in Spanien als auch in Portugal zu plazieren. Allerdings ist der Anteil deutscher Produkte an den Gesamtimporten an Nahrungs- und Genußmitteln beider Länder noch gering.[5] Die Ernährungswirtschaft hatte große Erwartungen in die Realisierung des EU-Binnenmarktes 1993 und in die damit einhergehenden Liberalisierungsbestrebungen gesetzt. Es kam jedoch nicht in allen Bereichen zu den erhofften Erleichterungen im Außenhandel, was nicht zuletzt auch auf die zwischenzeitliche Öffnung der mittel- und osteuropäischen Länder zurückzuführen ist.[6]

Die vorliegende Arbeit verfolgt zwei Ziele: Zum einen soll eine Marktanalyse der beiden Staaten der iberischen Halbinsel einen möglichst tiefen Einblick in die Gegebenheiten und Gepflogenheiten am Markt für Milch und Molkereiprodukte geben. Zum anderen sollen die in Form von Strategien erarbeiteten Lösungsansätze im Bereich Distribution und Transport den Unternehmen der deutschen Milchwirtschaft, die ihre Marktanteile in Spanien und Portugal erweitern möchten, zur Verfügung gestellt werden. So werden Distributionsalternativen für ausgewählte Molkereiprodukte aufgezeigt, die sowohl die bislang gebräuchlichste Form des Außenhandels mit Molkereiprodukten - die Ausfuhr über einen Importeur/Großhändler - als auch verschiedene Kooperationsformen einschließen. Darüber hinaus wird aber auch ein direktes Engagement der deutschen Hersteller am spanischen oder portugiesischen Markt z.B. in Form einer Vertriebsniederlassung oder einer Tochtergesellschaft diskutiert.

---

[4] Aussagen der interviewten spanischen und portugiesischen Importeure/Großhändler. O.V.: Spanier schätzen Essen aus Deutschland. In: FAZ Nr. 234, 8. Oktober 1996, S. 24.

[5] Vgl. Milchindustrieverband: Zollstatistik Bundesrepublik Deutschland 1988 - 1995.

[6] Vgl. Aussagen der befragten Exportmanager und Geschäftsführer deutscher Molkereien sowie deutsche Spediteure.

Bei der Entwicklung von Transportalternativen auf den Relationen Deutschland - Spanien und Deutschland - Portugal wurden die Verkehrsmittel LKW, Eisenbahn und Seeschiff unter qualitativen und quantitativen Aspekten analysiert. Da der Großteil der nach Spanien und Portugal liefernden deutschen Produzenten im Raum Süddeutschland und Niedersachsen/Westfalen und die wichtigsten Importeure/Großhändler im Raum Barcelona, Madrid und Lissabon ansässig sind, werden diese Regionen für die Berechnungen herangezogen.

1.2 Methodik der Informationsgewinnung

Die Informationen für die vorliegende Arbeit wurden auf zwei Wegen gewonnen: Zum einen wurden relevante Artikel der deutschen, spanischen, portugiesischen und teilweise französischen Fachliteratur ausgewertet. Zum anderen wurde im Jahr 1992 eine umfangreiche empirische Untersuchung durchgeführt. Diese umfaßte im Zeitraum März bis Juli 1992 Expertengespräche mit allen zu jener Zeit am spanischen und/oder portugiesischen Markt vertretenen deutschen Molkereiunternehmen (n = 17) sowie Interviews mit allen maßgeblich am Spanien- und Portugalverkehr beteiligten deutschen und spanischen Speditionen und Transportunternehmen (n = 14). Die Anzahl der am spanischen und/oder portugiesischen Markt tätigen deutschen Molkereiunternehmen erhöhte sich bis Mitte 1996 auf 32 Unternehmen. Im Rahmen eines Spanien- und Portugalaufenthaltes wurden zwischen dem 4. und 24. September 1992 Expertengespräche mit den Importeuren geführt, die mit deutschen Molkereiunternehmen zusammenarbeiteten (n = 14 in Spanien und n = 8 in Portugal). Um ein genaueres Bild von den Distributionskanälen in beiden Ländern zu erhalten, wurden außerdem Spediteure und Entscheidungsträger des Handels vor Ort befragt.

Um auch nach diesem Befragungszeitraum die Entwicklungen am spanischen und portugiesischen Markt sowie Veränderungen hinsichtlich der Intensität der Marktbearbeitung von seiten deutscher Hersteller verfolgen zu können, wurden auf Messen (ANUGA, Eurocargo, Transport '94) und Fachexkursionen weitere Einzelgespräche geführt.

Der Aufenthalt in beiden Ländern wurde außerdem für Storechecks genutzt, mit Hilfe derer Aussagen über die Anzahl, Art, Plazierung und Preisgestaltung der verfügbaren deutschen Molkereiprodukte getroffen werden konnten. Außerdem wurden Informationen über deren Verbreitungsgrad gewonnen, indem zum einen untersucht wurde, welche Handelsformen (traditioneller Lebensmitteleinzelhandel, Supermärkte, Discounter, Hypermärkte) diese Produkte führen, und zum anderen, in welchen Regionen (Ballungsräume Madrid und Barcelona, Lissabon und Porto, Küstenregionen oder Landesinnere) deutsche Molkereiprodukte am häufigsten auftraten, um hierauf aufbauend Distributionsstrategien für beide Länder entwickeln zu können.

Das Datenmaterial für die in der vorliegenden Arbeit entworfenen alternativen Transportstrategien stellten die Firma Intercontainer/Interfrigo aus Basel, die Firma UNIDATA aus Schwaig/Obb. sowie die Firma Maersk Hamburg, Repräsentanz München, zur Verfügung. Die Angaben für die Vor- und Nachläufe der gebrochenen Verkehre entstammen den Expertengesprächen mit Spediteuren und dem System KURT.

Die Expertengespräche in Deutschland, Spanien und Portugal wurden auf der Basis von Fragenkatalogen geführt. Diese Lösung wurde einem standardisierten Fragebogen vorgezogen, da hierdurch die angestrebte Informationsfülle und -dichte der Interviews leichter erreicht werden konnte.

1.3 Aufbau der Arbeit

Im Anschluß an die Einleitung werden in Kapitel 2 zunächst Grundlagen der internationalen Distributionslogistik bezogen auf temperaturgeführte Güter der Molkereiwirtschaft erläutert (Kapitel 2.1). Die Bedeutung der Distributionslogistik unter Marketinggesichtspunkten und aus Sicht der Molkereiwirtschaft ist in Kapitel 2.2 dargestellt, in Kapitel 2.3 werden wichtige Grundlagen für die grenzüberschreitende physische Distribution aufgeführt.

In Kapitel 3 werden die Rahmenbedingungen am spanischen und portugiesischen Markt beschrieben, die für einen Markteintritt und für eine effiziente Marktbearbeitung seitens der deutschen Molkereiwirtschaft von Bedeutung sind. Dabei gliedern sich die beiden Unterkapitel 3.1 und 3.2 jeweils in einen Abschnitt, in dem die allgemeinen politischen und wirtschaftlichen Gegebenheiten skizziert werden. Im weiteren Verlauf werden die Spezifika der Angebots- und Nachfragesituation sowie des Außenhandels von Molkereiprodukten erörtert. Eine Charakterisierung der Handelsstruktur und der Distributionskanäle vervollständigen den Überblick über den spanischen und portugiesischen Markt für Molkereiprodukte.

Den Hauptteil dieser Arbeit bildet das Kapitel 4, in dem alternative Strategien für die Distribution deutscher Molkereiprodukte innerhalb Spaniens und Portugals anhand ausgewählter Produkte aufgezeigt (Kapitel 4.1) und Transportalternativen für die temperatursensiblen Güter von Deutschland nach Spanien und Portugal berechnet und diskutiert werden (Kapitel 4.2).

Die Zusammenfassung der aus der vorliegenden Arbeit resultierenden Ergebnisse sowie ein Ausblick auf mögliche künftige Entwicklungen sind in Kapitel 5 aufgeführt.

2 Grundlagen der internationalen Distributionslogistik in der deutschen Molkereiwirtschaft

2.1 Begriffsbestimmungen und Bedeutung der internationalen Distributionslogistik

(1) Begriffsbestimmungen

Dem Wort Logistik liegen zwei Wortstämme zugrunde, nämlich der griechische Stamm "Logos" und "Logicos" (Rechnen, Rechenkunst, Wort, denkrichtig, vernünftig) und der germanisch-französische Stamm "loger" in der Bedeutung Unterbringung, Quartier.[1] Von der Vielzahl der Definitionen, die es mittlerweile in der betriebswirtschaftlichen Literatur für den Begriff "Logistik" gibt, sollen hier stellvertretend zwei herausgegriffen werden. Die erste Definition stammt von der amerikanischen Logistikgesellschaft "National Council of Physical Distribution Management", wobei "physical distribution management" in den USA synonym für den Begriff "Logistik" verwendet wird. Sie lautet:

> "... logistics... is ... the term describing the process of planning, implementing and controlling the efficient, cost effective flow and storage of raw materials, in-process inventory and finished goods, and related information from point of origin to point of consumption for the purpose of conforming to customer requirements. These activities may include, but are not limited to, customer service, demand forecasting, distribution communications, inventory control, material handling, order processing, parts and service support, plant and warehouse site selection, procurement, packaging, return goods handling, salvage and scrap disposal, traffic and transportation, and warehousing and storage."[2]

In der deutschen wirtschaftswissenschaftlichen Literatur ist eine Definition gebräuchlich, die sich eher an unternehmerischen Aspekten orientiert:

> "Die Logistik stellt die Summe aller Tätigkeiten dar, durch die Funktionen der Zeit- und Raumüberwindung (z.B. Transportieren, Umschlagen, Lagern) für Güter und Lebewesen, einschließlich der Betrachtung zugehöriger Infor-

---

[1] Vgl. Rupper, Peter: Unternehmenslogistik - Ein Handbuch für Einführung und Ausbau der Logistik im Unternehmen. 2. Auflage, Zürich 1988, S. 5. Pfohl, Hans-Christian: Logistiksysteme. 4. Auflage, Berlin 1990, S. 12.

[2] Vgl. Council of Logistics Management (o.J.): What It's All About. Oak Brook, III, o. J., S. 1 - 2. In: Pfohl, Hans-Christian: Logistiksysteme. Betriebswirtschaftliche Grundlagen. Hrsg. Jünemann, Reinhardt und Hans-Christian Pfohl. 4. Auflage Berlin 1990, S. 12.

> mationen und Energien, unter Verwendung von Arbeitskräften und -mitteln in Systemen untersucht, geplant, realisiert und optimiert werden."[3]

Neu an dieser Auslegung des Begriffs "Logistik" ist die Berücksichtigung des Menschen und des Energieflusses neben dem Güter-, Produkt- und Informationsfluß innerhalb des Systems. Damit soll angezeigt werden, daß die Logistik nicht mehr als reine interne Dienstleistungs- oder Servicefunktion verstanden werden darf, sondern als Gesamtsteuerungs- und Koordinierungsinstrument eines Systems, das die Bereiche Produktion, Beschaffungs- und Absatzmarkt, interner und externer Transport sowie Lagerung umfaßt.[4]

Wird institutionelle Abgrenzung von Logistiksystemen analog der in der Volkswirtschaftslehre üblichen Unterscheidung der Aggregationsebenen in Makro-, Mikro- und Meta-Logistik vorgenommen, wie PFOHL sie beschreibt,[5] so ist das auf ein Unternehmen bezogene Logistiksystem strukturell der Mikrologistik zuzuordnen. Je nach der am Markt zu erfüllenden Aufgabe kann zusätzlich noch in Industrie-, Handels- und Dienstleistungslogistik unterschieden werden (vgl. Abb. 1).

Die Unternehmenslogistik setzt sich aus den Subsystemen Beschaffungslogistik, Produktionslogistik und Distributionslogistik zusammen. Die Distributionslogistik umfaßt entsprechend der allgemeinen Logistikdefinition alle Tätigkeiten, die den Warenfluß vom Fertigproduktlager zum Absatzmarkt über direkte und indirekte Absatzwege einschließlich der zugehörigen Informations- und Energieflüsse aufrechterhalten.[6]

(2) Die Bedeutung der internationalen Distributionslogistik

Die Hauptaufgabe der (internationalen) Distributionslogistik besteht darin sicherzustellen, daß das **richtige Produkt** zur **richtigen Zeit** in der

---

3 Vgl. Rupper, Peter: Unternehmenslogistik - Ein Handbuch für Einführung und Ausbau der Logistik im Unternehmen. 2. Auflage, Zürich 1988, S. 6.

4 Vgl. Rupper, Peter: Unternehmenslogistik - Ein Handbuch für Einführung und Ausbau der Logistik im Unternehmen. 2. Auflage, Zürich 1988, S. 7.

5 Vgl. Pfohl, Hans-Christian: Logistiksysteme. Betriebswirtschaftliche Grundlagen. Hrsg. Jünemann, Reinhardt und Hans-Christian Pfohl. 5. Auflage Berlin 1996, S. 14 - 15.

6 Für die Distributionslogistik war früher auch der Begriff Marketing-Logistik gebräuchlich. Letzterer wird heutzutage jedoch zur Kennzeichnung der beiden marktverbundenen Logistiksysteme Beschaffungs- und Distributions-Logistik verwendet. Vgl. hierzu Ihde, Gösta B.: Distributions-Logistik. Stuttgart 1978, S. 1 - 2.

richtigen Menge auf dem **richtigen Absatzmarkt** möglichst zu einem den Absatzmarktverhältnissen angepaßten Preis verfügbar ist.[7] Die zentralen Entscheidungstatbestände betreffen die Lagerhaltung, Transportplanung und Transportdurchführung, die Absatzkanalplanung, den Lieferservice, den Warenumschlag mit Verladung und Kommissionierung, die Bestands- und Distributionsplanung, die Distributionssteuerung und Distributionskontrolle, die Auftragsabwicklung, die Informations- und Kommunikationssysteme und nicht zuletzt das Management.[8]

Abb. 1: Begriffe in der Logistik und deren institutionelle Abgrenzung innerhalb der Logistiksysteme

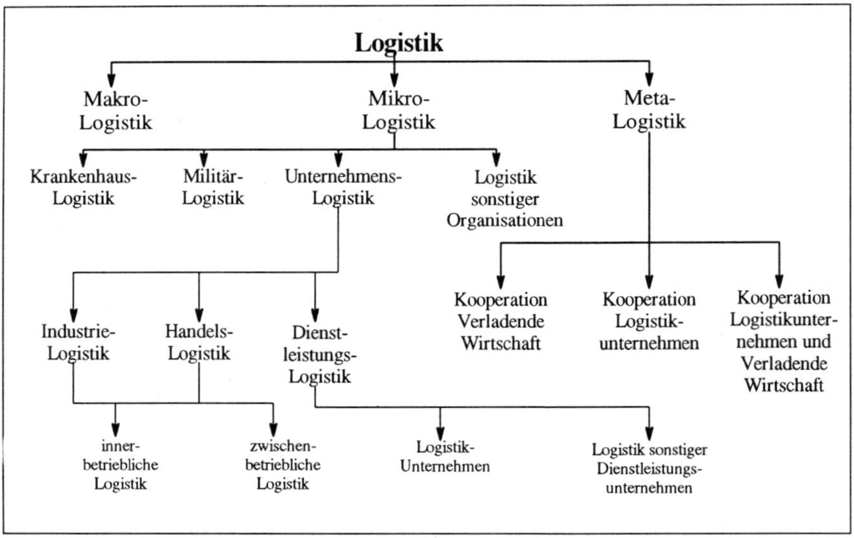

Quelle: Pfohl, Hans-Christian: Logistiksysteme. 5. Auflage, Berlin 1996, S. 15.

Die Distribution stellt eine wichtige Schnittstelle zwischen dem Unternehmen und seinen Kunden dar, wobei beide Parteien die Bedeutung der Distribution aus einem anderen Blickwinkel beurteilen. So interessieren den Kunden in erster Linie die Menge, Preis, (Liefer- und Zahlungs-) Termin sowie die Qualität der Ware. Für den Unternehmer hingegen

7 Vgl. hierzu auch Pfohl, Hans-Christian: Marketing-Logistik. Gestaltung, Steuerung und Kontrolle des Warenflusses im modernen Markt. Mainz, 1992, S. 28.

8 Vgl. hierzu auch Pfohl, Hans-Christian: Marketing-Logistik. Gestaltung, Steuerung und Kontrolle des Warenflusses im modernen Markt. Mainz, 1992, S. 28. Gerstenberg, Frank: Produktivität in der Logistik. Schriftenreihe der Bundesvereinigung Logistik e.V. Bremen (BVL), Hrsg.: Baumgarten, Helmut und Gösta B. Ihde, 1987, S. 24.

stellt die Distributionslogistik zunächst einen nicht zu unterschätzenden Kostenfaktor dar, der sich auf bis zu 30 %[9] der gesamten Betriebskosten belaufen kann. Daneben ist sie aber auch ein wichtiges Marketinginstrument, das im Rahmen des Marketing-Mix aktiv eingesetzt werden kann (akquisitorische Wirkung der Distribution). Die Einbindung der Distribution auch in strategische Aufgabenbereiche eines Unternehmens verdeutlicht die Notwendigkeit des Aufstellens einer Distributionskonzeption, die die Einflußfaktoren Markt, Produkt, Kunde und dessen Struktur, Produktionsstandort sowie das Verhalten der Konkurrenz zu berücksichtigen hat (vgl. Abb. 2). Da diese Parameter jedoch in der Mehrzahl dynamisch sind, sollte das Konzept periodisch überprüft werden. Das Distributionskonzept umfaßt gleichzeitig Kriterien für die Wahl der für das Unternehmen zweckmäßigsten Transportarten und Distributionssysteme sowie für das zu erbringende Lieferserviceniveau in Abhängigkeit von der Produktart und den Kundenanforderungen und berücksichtigt darüber hinaus Kostenaspekte und das Controlling.

Gründe für eine steigende Bedeutung der Logistik für ein Unternehmen im allgemeinen und der Distributionslogistik im speziellen lassen sich aus mehreren Entwicklungen ableiten[10]:

- Der Wandel vom Verkäufermarkt zum Käufermarkt: Der anfängliche Nachfrageüberhang hat im Laufe der Jahre zu einer drastischen Kapazitätserweiterung geführt, die letztendlich in einem Angebotsüberhang mündete. Aus dieser neuen Situation (Käufermarkt) resultiert ein starker Wettbewerb mit steigendem Druck auf die Endverbraucherpreise und somit auch auf die Erlöse der Unternehmen. Dabei läßt sich eine Verlagerung der Bedeutung von der Produktion auf den Absatz feststellen: Lieferservice, Lieferflexibilität und Schnelligkeit in Verbindung mit professionellen Werbe- und Verkaufsförderungsaktionen gehören heute zu den eigentlichen Differenzierungskriterien zwischen Wettbewerbern.

[9] Vgl. hierzu Pfohl, Hans-Christian: Logistiksysteme. Betriebswirtschaftliche Grundlagen. Hrsg. Jünemann, Reinhardt und Hans-Christian Pfohl. 5. Auflage, Berlin 1996, S. 50 - 55 und die dort aufgeführten Untersuchungen oder Ihde, Gösta B.: Distributions-Logistik, Stuttgart 1978, S. 50. Laverentz gibt die Höhe der Logistikkosten in der Bundesrepublik Deutschland je nach Branche mit 10 bis 25 % an. Laverentz, Klaus: Mit Kennzahlen Unternehmen steuern. In: Logistik heute, 15. Jg. (1993), Nr. 11, S. 49 - 52.

[10] Vgl. Becker, Jochen: Marketing-Konzeption. Grundlagen des strategischen Marketing-Managements. 4. Auflage. München 1992, S. 222. Candreja, Maurus und Rolf Lanz: Controlling im Transportgewerbe. Wien 1993, S. 16 - 17. Mehrtens, Uwe: Entwicklungstendenzen im europäischen Logistik-Markt für Obst und Gemüse. In: Food-Logistics in Europe. Vogel Jahrbuch, 2. Aufl. München, Februar/März 1993, S. 176 - 178.

- Die zunehmende Individualisierung und Differenzierung der Kundensegmente erfordern auch eine zunehmend individueller gestaltete Distributionslogistik.
- Technologische Entwicklungen in der Produktion und auf dem Verkehrsmarkt haben wesentlich zur Rationalisierung, Kostensenkung, aber auch zur Qualitätsverbesserung der Produkte, Dienstleistungen eingeschlossen, beigetragen.
- Bedingt durch schrumpfende bzw. stagnierende Absatzmärkte und durch den technologischen Fortschritt, der in den Industrieländern zu einer weitgehenden Angleichung des Entwicklungsstandes in der Produktion geführt hat, gewinnt gerade für technologisch verwandte oder gar in ihrer Funktion gleiche Produkte der Zusatznutzen eines Gutes immer größere Bedeutung.

Abb. 2: Die Aufgaben der Distributionslogistik im Unternehmensumfeld

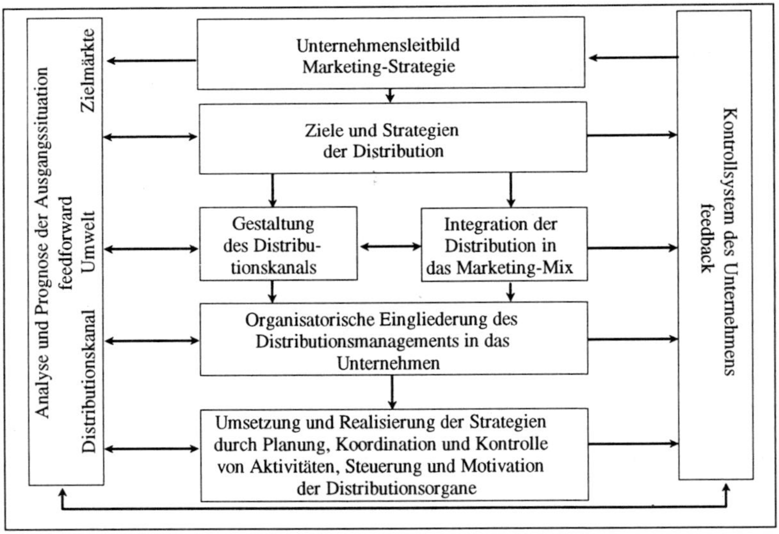

Quelle: Eigene Darstellung in Anlehnung an Specht, Günter: Distributionsmanagement. Stuttgart 1992, S. 45

- Ein weiterer Aspekt, der sich ganz erheblich auf das Preisgefüge für Verkehrsleistungen in der Bundesrepublik Deutschland ausgewirkt hat, ist die kontinuierliche Liberalisierung der regulierten Branchen, im vorliegenden Fall der Verkehrsmärkte. In diesem Zusammenhang ist auch die für spätestens 1998 vorgesehene vollständige Aufhebung der Kabotage zu nennen.

- Der Einfluß ökologischer Aspekte hat in den letzten Jahren zu teilweise erheblichen Umdenkprozessen in den Unternehmen geführt. Dieser Prozeß wurde unter anderem durch die Verpackungsverordnung gesteuert. Außerdem wirken sich die Engpässe im Bereich der europäischen Verkehrsinfrastruktur, vor allem in Ballungsräumen, zunehmend hemmend auf den reibungslosen Ablauf der internationalen Güterströme aus, wodurch erhebliche Kosten verursacht werden. Dieser mittlerweile in vielen Regionen bereits Realität gewordene Verkehrsinfarkt hat in den letzten Jahren eine ständige, kontrovers geführte, aber bislang weitgehend ergebnislos verlaufene Diskussion über die Erfassung und Internalisierung der externen Kosten ausgelöst. Allerdings wird in zunehmendem Maße über alternative Transportmittel nachgedacht, z.B. über den kombinierten Verkehr Straße - Schiene oder Binnenwasserstraße - Straße.
- Das Zusammenwachsen der Länder der Europäischen Union im Rahmen der Realisierung des EU-Binnenmarktes und die Öffnung der bis vor kurzem noch zugangsbeschränkten Märkte im Osten haben durch die sehr unterschiedlichen Lohn- und Preisgefüge einen enormen Wettbewerbsdruck in nahezu allen Wirtschaftsbereichen zur Folge. Diesen versuchen die Unternehmen unter anderem dadurch zu reduzieren, indem sie Teile ihrer Fertigung in Länder mit niedrigerem Lohnniveau auslagern oder ihren Standort ganz dorthin verlegen.
- Daneben stellt die zunehmende Internationalisierung steigende Anforderungen an einen reibungslosen Informationsfluß. Dies hat in den letzten Jahren einen enormen Entwicklungsschub im Bereich der Informations- und Kommunikationstechnologien ausgelöst, dessen größte Hindernisse die landesspezifischen rechtlichen und technischen Normen sind. Die Forderung nach umfassenderen und zuverlässigeren Informationssystemen kam zwar auch von den traditionellen Handelspartnern Lieferant und Kunde. In erster Linie waren es aber die sehr großen national und international agierenden speditionellen Dienstleister, die aufgrund der starken brancheninternen Konkurrenz und Konzentration immer neue Aufgabenbereiche übernahmen, um möglichst umfangreiche Dienstleistungspakete am Markt anbieten zu können.

Vor dem Hintergrund dieser genannten Punkte wird die strategische Bedeutung der Distributionslogistik für ein Unternehmen im internationalen Wettbewerb deutlich, da Entscheidungen der Geschäftsführung über die Wettbewerbsstellung des Unternehmens am Markt aufgrund der vorhandenen Interdependenzen zwischen dem Marketing und der Logistik immer auch das Distributionsmanagement beeinflussen (vgl. Abb. 2). Neben den Logistikkosten wird dem Logistik- bzw. Lieferservice eine wichtige akquisitorische Wirkung im Hinblick auf die Beeinflussung des Abnehmerwertes zugesprochen. Die beiden Bereiche Marketing und Logistik sollten also unter diesen Umständen zweckmäßigerweise gemeinsam ("integriert") betrachtet werden. Diese Auffassung hat auch seit ca. 15 Jahren Eingang in die Literatur gefunden, z.B. bei Havighorst, Meffert, Pfohl oder Delfmann.[11]

2.2 Die Distributionslogistik als Marketinginstrument

2.2.1 Logistikservice und Logistikkosten als Erfolgskomponenten der Distributionslogistik

Eine den Anforderungen der Kunden und des Produktes gerecht werdende Distributionslogistik und somit der Erfolg eines international tätigen Unternehmens hängt ganz erheblich vom optimalen Logistikservice ab, der auf die Erfordernisse des jeweiligen Auslandsmarktes abgestimmt sein muß. Eine absatzmarktorientierte Unternehmensführung, die die Distributionslogistik und hier insbesondere den Lieferservice als Instrument der Marketingpolitik versteht, bindet den Lieferservice in die Planung und Umsetzung ihrer absatzmarktbezogenen Entscheidungen ein und mißt die Leistung des Distributionssystems nicht nur in Kosten. Der Unternehmer erkennt in der Konsequenz die unterschiedlichen und im Zeitablauf variierenden unternehmensindividuellen Marktgegebenheiten als Steuerimpulse, durch die die Gestaltung der logistischen Prozesse beeinflußt werden.

Es ist jedoch schwer, die mengen- und wertmäßigen Auswirkungen des Lieferservice zu quantifizieren, da ja bekanntlich alle absatzpolitischen Instrumente gemeinsam die Nachfrage beeinflussen. Im allgemeinen wird davon ausgegangen, daß die Nachfrage nach einem Gut eng mit dem vom Kunden wahrgenommenen Nutzen dieses Produktes verknüpft ist.

---

[11] Vgl. Havighorst, Dirk: Konzept und Leistungspotential der Marketing-Logistik. Weinheim 1980. Meffert, Heribert: Logistik über Ländergrenzen. In: ZfL, 5. Jg. (1984), Heft 1, S. 25 - 27 und Heft 2, S. 53 - 55. Pfohl, Hans-Christian: Logistiksysteme. Betriebswirtschaftliche Grundlagen. Hrsg. Jünemann, Reinhardt und Hans-Christian Pfohl. 5. Auflage, Berlin 1996, S. 35 - 40 und S. 178 - 184. Delfmann, Werner: Strategie der 90er - Marketing und Logistik integrieren. In: Jahrbuch Logistik 1990, Hrsg. Carlheinz Bonny, Düsseldorf 1990, S. 10 - 15. Ders.: Logistik macht Marketing - Wechselwirkungen erkennen und nutzen. In: Berichtsband des Deutschen Logistik-Kongresses 1990 Berlin (Logistik verbindet), Hrsg.: BVL e.V., München 1990, S. 154 - 186.

Ausgehend von dieser Überlegung hat PFOHL[12] die Hypothese aufgestellt, daß die Nachfrage in Abhängigkeit vom Lieferserviceniveau als S-förmige Kurve dargestellt werden könnte. Dies bedeutet, daß bei einem schlechteren Lieferservice, als ihn die Konkurrenz bietet, die Nachfrage nur langsam wächst. Ein steilerer Nachfrageanstieg ist bei ständiger Verbesserung zu beobachten, der aber wieder abflacht, wenn alle Kunden, die sehr großen Wert auf Lieferservice legen, von der Konkurrenz abgeworben werden konnten (vgl. Abb. 3). Diese Hypothese konnte bislang empirisch für den Teil, der in Abb. 3 mit "K" gekennzeichnet ist, von Ballou und Morton unterstützt werden.[13]

Abb. 3: Hypothese über die Abhängigkeit der Nachfrage vom Lieferserviceniveau

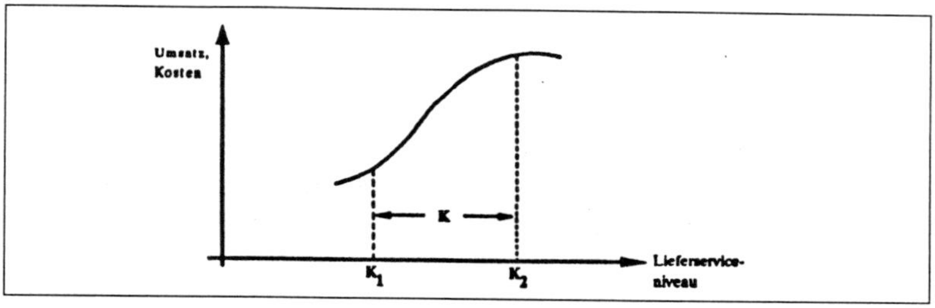

Quelle: Pfohl, Hans-Christian: Zur Formulierung einer Lieferservice-Politik. In: ZfbF, 29. Jg. (1977), S. 250.

Wird nun noch berücksichtigt, daß ein höherer Lieferservice in der Regel höhere Kosten verursacht, die im allgemeinen der Kunde zu tragen hat, fällt die Nachfragekurve ab einem bestimmten Lieferserviceniveau und nähert sich nicht asymptotisch einem bestimmten Sättigungswert (vgl. Abb. 4). Diese abgeänderte Hypothese hätte für die Gestaltung des Lieferserviceniveaus in einem Unternehmen insofern Bedeutung, als daß ein Mindestmaß an Serviceleistung und Servicequalität gegeben sein muß, um ein Produkt überhaupt absetzen zu können. Beim Anbieten eines extrem hohen Lieferservice kann jedoch keine zusätzliche Nachfrage mehr gebunden werden; es besteht sogar die Gefahr, daß die Erfolgssituation durch ein starkes Ansteigen der Kosten ohne gegenüberstehende ausreichende Erlöse verschlechtert würde. Es empfiehlt sich

12 Vgl. Pfohl, Hans-Christian: Zur Formulierung einer Lieferservice-Politik - Theoretische Aussagen zum Angebot von Sekundärleistungen als absatzpolitisches Instrument. In: ZfbF, 29. Jg. (1977), S. 249 - 251.

13 Vgl. Pfohl, Hans-Christian: Zur Formulierung einer Lieferservice-Politik - Theoretische Aussagen zum Angebot von Sekundärleistungen als absatzpolitisches Instrument. In: ZfbF, 29. Jg. (1977), S. 250, 252.

also nach dieser Hypothese, den für jedes Unternehmen spezifisch festzulegenden serviceoperationalen Bereich zu finden ("Ks" in Abb. 4).

Abb. 4: Nachfrage- und Kostenwirkung des Lieferservice

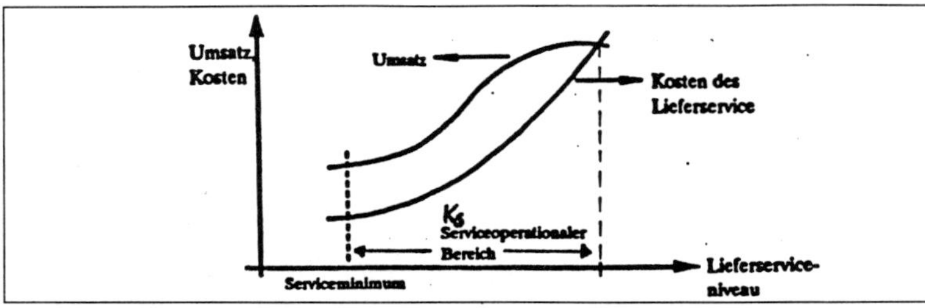

Quelle: Pfohl, Hans-Christian: Zur Formulierung einer Lieferservice-Politik. In: ZfbF, 29. Jg. (1977), S. 254.

Der Logistikservice als qualitative Determinante der Logistikleistung soll im folgenden in seine Leistungskriterien Lieferzeit, Lieferzuverlässigkeit, Lieferungsbeschaffenheit, Lieferflexibilität und Informationsbereitschaft zerlegt werden.[14]

(1) Die ***Lieferzeit.*** Sie umfaßt die Zeitspanne zwischen der Ausstellung eines Auftrages durch den Kunden bis zum Erhalt der Ware. Dieses distributionsabhängige[15] Zeitintervall läßt sich in verschiedene Arbeitsphasen unterteilen, z.B. in den Auftragseingang, die Auftragsbearbeitung, die Verpackung und Kommissionierung, die Verladung und die Auslieferung.[16] Die Auslieferungszeit, also der Teil der Distributionszeit[17], der die Kommissionierung und den Versand der Waren an den Kunden beinhaltet, variiert in Abhängigkeit von der Sortimentsvielfalt,

---

[14] Vgl. Specht, Günter: Distributionsmanagement. 2. überarbeitete und erweiterte Auflage, Stuttgart 1992, S. 91 - 92. Meffert, Heribert und Joachim Bolz: Internationales Marketing-Management. 2., völlig überarbeitete Auflage, Stuttgart 1994, S. 216 - 217. Piontek, Jochem: Internationale Logistik. Stuttgart 1994, S. 162.

[15] Die distributionsunabhängige Lieferzeitkomponente hat nicht die Logistik zu verantworten, sondern die ihr vorgelagerten Unternehmensbereiche Produktion oder Einkauf. Vgl. Pfohl, Hans-Christian: Logistiksysteme. Betriebswirtschaftliche Grundlagen. Hrsg. Jünemann, Reinhardt und Hans-Christian Pfohl. 4. Auflage, Berlin 1990, S. 26.

[16] Vgl. Pfohl, Hans-Christian: Logistiksysteme. Betriebswirtschaftliche Grundlagen. Hrsg. Jünemann, Reinhardt und Hans-Christian Pfohl. 5. Auflage, Berlin 1996, S. 35.

[17] Die Distributionszeit umfaßt die gesamte Zeitspanne zwischen Fertigstellung der Ware und dem Erhalt durch den Kunden. Vgl. Piontek, Jochem: Internationale Logistik. Stuttgart 1994, S. 161.

von der Heterogenität der Auftragsgrößen und von der Entfernung bzw. der geographischen Struktur der Übergabe- und Übernahmepunkte am ausländischen Zielmarkt.

Der Wunsch des Endkunden nach einem breiten oder tiefen Sortiment kann zur Auslieferung von kleinen Gebinden oder geringen Mengen führen, wie am Beispiel Spanien und Portugal noch deutlich wird. Dies hat einen erheblichen Handlingaufwand und Mehrkosten zur Folge, wenn aufgrund der zu geringen Auslieferungsmenge keine LKW-Komplettladungen zustande kommen. Ständig wechselnde Auslieferungslosgrößen, wie sie zu Zeiten der EHM-Lizenzvergabe für Spanien und Portugal an der Tagesordnung waren oder zur Zeit dort für einige Produkte aufgrund saisonaler Schwankungen der Nachfrage zu beobachten sind, verursachen einen erhöhten Dispositionsaufwand seitens der Spediteure, der sich auf die Lieferzeit auswirken kann. Aber auch politische Entscheidungen können Einfluß auf diese nehmen, wie das Beispiel des Wegfalls der Zollkontrollen im grenzüberschreitenden Güterverkehr durch die Einführung des Europäischen Binnenmarktes anschaulich dokumentiert.

Ebenfalls negativ auf die Lieferzeitkomponente kann sich das hohe Verkehrsaufkommen auswirken. Es resultiert vor allem aus dem starken Zusammenwachsen der Märkte, aus der zunehmenden Internationalisierung und Mobilität sowie aus der Liberalisierung der Verkehrsmärkte. Wie wichtig die Lieferzeit für einen Großteil der Wirtschaftszweige ist, wird daraus deutlich, daß eine Belieferung im 24-, 36- oder 48-Stundentakt innerhalb der Europäischen Union immer häufiger neben den übrigen Konditionen ein ausschlaggebendes Kriterium für die Auftragserteilung ist.

(2) Die ***Lieferzuverlässigkeit.*** Sie umfaßt die Zuverlässigkeit des Arbeitsablaufs und die Lieferbereitschaft. Sie gibt die Wahrscheinlichkeit an, mit der die zugesagte Lieferzeit eingehalten wird. Insbesondere für die Messung der Lieferbereitschaft gibt es eine ganze Reihe von Berechnungsformeln,[18] mit deren Hilfe sich z.B. die Häufigkeit des Auftretens von Fehlmengen pro Zeiteinheit oder die Wiederbeschaffungszeiträume, in denen keine Fehlmengen im Lager aufgetreten sind, in Pro-

---

[18] Vgl. hierzu Pfohl, Hans-Christian: Logistiksysteme. Betriebswirtschaftliche Grundlagen. Hrsg. Jünemann, Reinhardt und Hans-Christian Pfohl. 5. Auflage, Berlin 1996, S. 35 - 37. Schulte, Christof: Logistik. München 1991, S. 290 (Qualitätskennzahlen) und 304. Piontek, Jochem: Internationale Logistik. Stuttgart 1994, S. 167 - 168.

zent errechnen lassen. Die Lieferzuverlässigkeit hat in den letzten Jahren bei der Umsetzung von Just-in-Time-Konzepten erheblich an Bedeutung gewonnen.

(3) ***Lieferungsbeschaffenheit.*** Ein weiteres Qualitätskriterium des Lieferservice betrifft die Liefergenauigkeit und den Zustand der gelieferten Produkte. Die Liefergenauigkeit gibt an, ob der Abnehmer die bestellten Produkte in der von ihm gewünschten Qualität und Menge erhalten hat. Der Zustand der gelieferten Produkte ist sowohl vom Grad der Schutzleistung[19] der Verpackung als auch von der Sorgfalt des Personals beim Handling der Güter im Lager, im Kommissionierbereich, bei der Verladung und während des Transports abhängig. Der Aspekt der Lieferungsbeschaffenheit spielt insbesondere im internationalen Warenverkehr eine große Rolle, da die Reklamationsbearbeitung zeitaufwendig und die Rücknahme der Lieferung je nach Entfernung des Ziellandes vom Ursprungsland nur schwer möglich ist, in jedem Fall aber erhebliche Frachtkosten verursacht.

(4) Mit ***Lieferflexibilität*** wird die Fähigkeit eines Unternehmens bezeichnet, im Rahmen seines Distributionslogistiksystems besondere Bedürfnisse oder Wünsche des Kunden zu berücksichtigen. Die Lieferflexibiliät wird durch die Auftragsmodalitäten beeinflußt, die das Auftragsvolumen, die (Mindest-) Abnahmemenge, den Zeitpunkt der Auftragserteilung, die Art der Auftragserstellung und Art der Auftragsübermittlung beinhaltet, sowie durch die Liefermodalitäten, die die Art der Verpackung, die Versandart, das einzusetzende Transportmittel sowie die Möglichkeit der Lieferung auf Abruf oder auch die Selbstabholung einschließen.[20]

(5) ***Informations- und Kommunikationssystem.*** Um die in heutiger Zeit hohen Anforderungen an die Lieferflexibilität überhaupt erfüllen zu können, bedarf es eines grenzüberschreitenden, möglichst lückenlosen Informations- und Kommunikationssystems, das die jeweiligen Entscheidungsträger jederzeit über gesamtunternehmerische Zusammenhänge,[21]

---

[19] Vgl. Wöhe, Günter: Einführung in die Allgemeine Betriebswirtschaftslehre. 19. Auflage, München 1996, S. 653. Wöhe zählt neben der Schutzleistung die Lager-, Transport-, Verkaufs- und Verwendungsleistung als Aspekte der Verpackungsgestaltung auf.

[20] Vgl. Pfohl, Hans-Christian: Logistiksysteme. Betriebswirtschaftliche Grundlagen. Hrsg. Jünemann, Reinhardt und Hans-Christian Pfohl. 5. Auflage, Berlin 1996, S. 39 - 40. Piontek, Jochem: Internationale Logistik. Stuttgart 1994, S. 165.

[21] Hier sind z.B. die Lieferabrufentwicklung, die Kostenauswirkungen von Maßnahmen und die Flexibilitätspotentiale zu nennen.

aber auch über kundenauftragsbezogene Daten[22] mit entscheidungsrelevanten Informationen versorgt.

Die sinnvolle, effiziente und rationelle Auswertung dieser Fülle von Daten ist heutzutage nicht mehr ohne EDV-Einsatz zu bewältigen. Allerdings ergeben sich bei dessen Einsatz nur dann Synergieeffekte, wenn das EDV-System der Distributionslogistik mit den beschaffungslogistischen Systemen der Kunden abgestimmt ist (Kompatibilität).[23] Neben der schnellen Verfügbarkeit und dem schnellen Fluß der Daten ist ein besonderes Augenmerk auf die Qualität der Informationen zu legen. Dies bedeutet, daß die Güte des Ausgangsdatenmaterials und die Logik der Datenverknüpfungen geprüft sowie die Daten ständig aktualisiert werden müssen.

Abb. 5: Überblick über den Nutzen einer logistischen Kostenrechnung

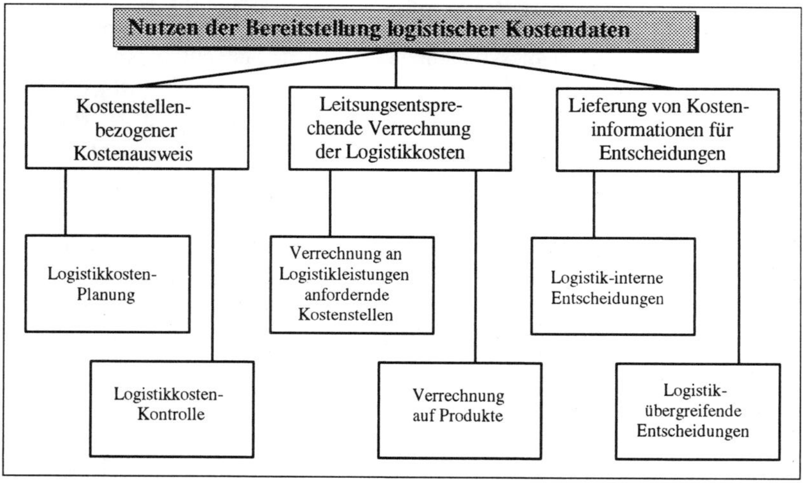

Quelle: Weber, Jürgen: Einführung in das Controlling. Stuttgart 1988, S. 176.

Informationssysteme erleichtern einem Unternehmen außerdem den Aufbau eines Controlling-Systems und zwingen bei entsprechender

---

[22] Hier sind z.B. Statusberichte zu nennen, die über den derzeitigen Stand der Auftragsbearbeitung im Unternehmen oder über den aktuellen Standort per Sendungsverfolgung während des Transports zum Kunden Aufschluß geben.

[23] Diese Forderung erstreckt sich natürlich auch auf andere Bereiche, z.B. auf die Art der Anlieferung, die Wahl der logistischen Einheiten (Paletten, Rollcontainer, Bahncontainer, Mehrwegsysteme, die auf den Produktionsprozeß abgestimmt sind).

Schnittstellengestaltung zur Übersichtlichkeit und Kontinuität auch in der oft vernachlässigten Kostenrechnung[24] (vgl. Abb. 5). Nachfolgend werden die Logistikkosten als quantitative Determinante der Logistikleistung analysiert.

In den letzten Jahren ist das Bewußtsein für die Berücksichtigung und Erfassung von Logistikkosten im Unternehmen stark gewachsen. Gründe hierfür lagen unter anderem in den nahezu ausgeschöpften Rationalisierungspotentialen durch technische und technologische Verbesserungen im Produktionsbereich sowie in der veränderten Nachfrage nach logistischen Leistungen (flexiblere Lieferzeiten, Verringerung der Lieferungsmenge, Just-in-Time-Belieferung, Atomisierung der Nachfrage, Logistik als Paketlösung, Einsatz von EDV in der Logistik etc.).[25] Der Einsatz von Informations- und Kommunikationstechnologien gilt dabei als Bereich mit dem größtmöglichen Rationalisierungs- und somit Kosteneinsparungspotential. Da jedoch die Kostenrechnung in den meisten Unternehmen nach wie vor in erster Linie auf den Produktionsbereich ausgerichtet ist, kann dies bedeuten, daß nicht alle durch den Ablauf logistischer Prozesse verursachten Kosten auch als Logistikkosten erkannt werden. Oft finden sich diese in verschlüsselter Form in Gemeinkostenzuschlägen wieder (z.B. in den Absatzkosten), oder der Unternehmer betrachtet lediglich Teile des betrieblichen Logistiksystems. Ein weiteres Problem in der Logistikkostenrechnung ist die oft nicht verursachungsgerechte Zurechnung der erfaßten Logistikkosten zu den logistischen Leistungen (Logistikservice), so daß der eigentliche Preis dieser Leistungen nicht bekannt ist. In der betrieblichen Praxis kann dies dann unter Umständen leicht in überzogenen Serviceanforderungen seitens des Marketing oder der Produktion münden.[26]

Es ist zu bedenken, daß die Logistikkosten nicht nur durch Entscheidungen beeinflußt werden, die sich direkt auf die logistischen Leistungen beziehen, sondern auch durch solche, die in den Bereichen Beschaffung, Produktion und Absatz gefällt werden. Dabei ist für die Logistikkosten die gleiche Interdependenz festzustellen, wie sie zwischen den Elemen-

---

[24] Vgl. Piontek, Jochem: Internationale Logistik. Stuttgart 1994, S. 167 - 168 und S. 169 - 175. Schulte, Christof: Logistik. München 1991, S. 273 - 314. Männel, Wolfgang: Logistikcontrolling. Schriften zur Betriebswirtschaftslehre - Lehrmaterialien, Lauf a.d. Pegnitz 1991, S. 135 - 140.

[25] Vgl. Weber, Jürgen: Logistikkostenrechnung. Hrsg. Jünemann, Reinhardt und Hans-Christian Pfohl. Berlin 1987, S. 1 - 3.

[26] Vgl. Pfohl, Hans-Christian: Logistiksysteme. Betriebswirtschaftliche Grundlagen. Hrsg. Jünemann, Reinhardt und Hans-Christian Pfohl. 5. Auflage. Berlin 1996, S. 50 - 55.

ten des Logistiksystems besteht: Werden die Kosten in einem logistischen Teilsystem gesenkt, kann dies zu einem Anstieg der Kosten in einem anderen Teilsystem führen. Ist die Kostensenkung nicht mindestens so groß ist wie die Kostensteigerung, kann dies sogar für das gesamte Logistiksystem zu einem Kostenanstieg führen. Aus diesem Grund wird in der Literatur und zunehmend auch in der Praxis immer häufiger dazu übergegangen, die Logistikkosten als Ganzes zu betrachten (Systemkostendenken).[27] Dabei sind auf der einen Seite die Kosten bei Auftragsabwicklung, Lagerbestandskosten, Lagerhauskosten sowie Verpackungs- und Transportkosten zu berücksichtigen, die auch als Logistiksystemkosten bezeichnet werden, da sie aufgrund des Einsatzes von Produktionsfaktoren in den einzelnen logistischen Subsystemen verursacht wurden. Auf der anderen Seite sind die Kosten mit in die Betrachtung einzubeziehen, die unmittelbar auf die Logistiksystemkosten einwirken, wie diejenigen, die sich aus dem Lieferserviceniveau oder aus der Losgröße ergeben (z.B. Rüstkosten in der Produktion oder Bestellkosten in der Beschaffung). Die Zusammenhänge verdeutlicht Abb. 6.

Abb. 6: Die Logistikkosten unter Systemkostenbetrachtung

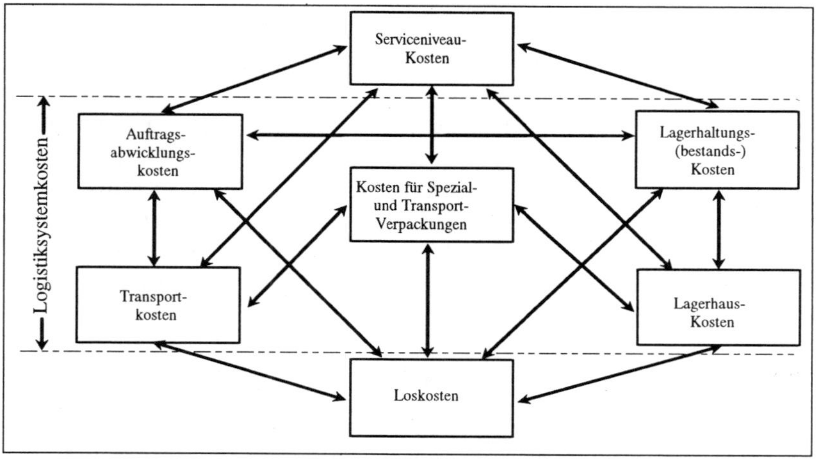

Quelle: Pfohl, Hans-Christian: Logistiksysteme. 5. Auflage. Berlin 1996, S. 31.

---

[27] Vgl. Pfohl, Hans-Christian: Logistik als Überlebenshilfe in den achtziger Jahren. In: ZfB, 53. Jg. (1983), Nr. 8, S. 719 - 734, insbesondere S. 721. Pfohl, Hans-Christian: Logistiksysteme. Betriebswirtschaftliche Grundlagen. Hrsg. Jünemann, Reinhardt und Hans-Christian Pfohl. 5. Auflage. Berlin 1996, S. 30 - 33, S. 50 - 55. Ihde, Gösta B.: Transport, Verkehr, Logistik. München 1984, S. 14 - 19. Arnold, Ulli: Logistik. In: Vahlens großes Wirtschaftslexikon. Hrsg.: Dichtl, Erwin und Ottmar Issing. Band 2, München 1987, S. 60 - 62.

2.2.2 Anforderungen der Unternehmen der Molkereiwirtschaft an die Logistikservicequalität

Der Transport als Teilbereich des Distributionslogistiksystems eines Molkereiunternehmens kann in zunehmendem Maße nicht mehr isoliert betrachtet werden, wie aus den vorherigen Abschnitten deutlich wird. Erhöhte Lieferzeitanforderungen seitens der Kunden, eine erhöhte Liefersicherheit und -flexibilität, die Forderung nach einer ständig zunehmenden Breite und Tiefe des angebotenen Sortiments sowie eine zunehmende Verkürzung der Produktlebenszyklen stellen erhebliche Anforderungen an einen Molkereiproduktehersteller. Dabei wird der Wert eines Produktes am Markt neben dem Preis, der Qualität und der Funktionalität entscheidend durch seine räumliche, mengenmäßige und zeitliche Verfügbarkeit bestimmt.[28] Diese vier Faktoren haben auch entscheidenden Einfluß auf die Transportmittelwahl. Die artspezifischen Anforderungen resultieren aus den charakteristischen Eigenschaften der zu transportierenden Güter - im vorliegenden Fall der Molkereiprodukte. Die Anforderungen betreffen in erster Linie die Transportempfindlichkeit und die Transportfähigkeit der Güter. Unter Transportempfindlichkeit versteht HAVIGHORST[29] den Grad der Fähigkeit eines Gutes, "...Transporten und Behandlungen während des Transports (z.B. Umladevorgänge) ohne Beeinträchtigung der objektiven Qualität zu widerstehen". Die Transportempfindlichkeit des Produktes stellt somit spezifische Anforderungen an die Sicherheit des Verkehrsmittels, welche dessen Fähigkeit wiedergibt, "...Beförderungsvorgänge ohne Beeinträchtigung der Qualität bzw. des Wertes des zu befördernden Gutes... zu möglichst niedrigen Kosten durchzuführen".[30] Die artspezifischen Anforderungen variieren mit den physikalischen Eigenschaften (Aggregatzustand), mit der äußeren Form (Gestalt), mit dem Gewicht sowie mit dem Grad der Verderblichkeit der Güter.

(1) *Form und Gewicht.* Form und Gewicht der Güter beeinflussen nicht nur deren Handlichkeit und Stapelfähigkeit oder die Eignung des Gutes, in ein modulares Verpackungssystem eingebunden werden zu können, sondern auch die Klassifizierung der Güter in Gewichts- oder Volumengüter. Diese Klassifizierung ist deshalb relevant, da das Volumen-/

[28] Vgl. Piontek, Jochem: Internationale Logistik. Stuttgart 1994, S. 154.

[29] Havighorst, Dirk: Konzept und Leistungspotential der Marketing-Logistik, Weinheim 1980, S. 194 - 195.

[30] Voigt, Fritz: Verkehr - Die Theorie der Verkehrswirtschaft, erster Band, erste Hälfte, Berlin 1973, S. 90.

Gewichtsverhältnis der Frachtberechnung dient (Ladekoeffizient, Staufaktor).

(2) ***Verderblichkeit.*** Besondere Anforderungen an die Qualität der Verkehrsleistung können schließlich aus dem individuellen Verderblichkeitsgrad eines Gutes resultieren. Die Verderblichkeit wird maßgeblich durch die Temperatur- und Lichtempfindlichkeit, die Feuchtigkeitsempfindlichkeit sowie die Druck-, Stoß- und Rüttelempfindlichkeit bestimmt (z.B. bei Joghurt). Aus diesen Verderblichkeitsmaßstäben können vor allem im Export hohe Anforderungen an die Qualität einer Verkehrsleistung erwachsen. Dies gilt beispielsweise dann, wenn Länder unterschiedlicher klimatischer Gegebenheiten den Einsatz durchgehender, technisch einheitlicher Tansport- bzw. Kühlketten erforderlich machen.

Die Druck-, Stoß- und Rüttelempfindlichkeit ist insbesondere dann von Bedeutung, wenn im Rahmen eines gebrochenen Verkehrs Umschlagprozesse stattfinden. Die Minimierung oder gar Vermeidung etwaiger Qualitätsverluste infolge des Umschlags von einem Verkehrsträger auf einen anderen wird in den meisten Fällen erst durch die Bildung einer Container-Transportkette ermöglicht. Derartigen Transportrisiken ist grundsätzlich mit einer verkehrsmittelgerechten Verpackung zu begegnen. Modulare Verpackungssysteme wie Container scheinen Probleme dieser Art im Schienen-, Seeschiffs- und Luftfrachtverkehr am ehesten lösen zu können.

(3) ***Die mengenspezifischen Anforderungen.*** Die Massenleistungsfähigkeit eines Verkehrsmittels bemißt sich nach dem Grad seiner Eignung, einem wechselnden Mengenanfall von Gütern (Nachrichten und Personen) im Rahmen der Transportdurchführung unter möglichst niedrigen Kosten zu entsprechen.[31] Sie wird durch technische Daten des Verkehrsmittels und durch rechtliche Verfassungen begrenzt. Allerdings stehen die Anforderungen der Molkereiunternehmen an die Wertigkeitsebene Massenleistungsfähigkeit in unmittelbarem Zusammenhang mit der Leistungserstellung bzw. mit dem nach Menge und Umfang determinierten Output des Unternehmens. Ausgehend von der in bezug auf den Export nach Spanien und Portugal im allgemeinen kleindimensionierten Leistungserstellung werden den Molkereiunternehmen Verkehrsleistungen regelmäßig von Verkehrsmitteln mit geringer Massenleistungsfähigkeit bereitgestellt. Hierzu zählt in erster Linie der LKW und in Ausnah-

---

[31] Vgl. Voigt, Fritz: Verkehr - Die Theorie der Verkehrswirtschaft, erster Band, erste Hälfte, Berlin 1973, S. 83.

men für Messen und kurzfristige Angebotsaktionen im Handel das Flugzeug.

(4) ***Die raumspezifischen Anforderungen.*** Diese finden ihren konkreten Ausdruck in der Fähigkeit zur Netzbildung. Dabei wird unter Netzfähigkeit der Grad der Eignung eines Verkehrsmittels verstanden, kostengünstige Transporte von einem Ort eines Raumes zu allen anderen Orten direkt ohne Umladevorgänge zu ermöglichen. Diese Fähigkeit wird entscheidend von der Anbindung einzelner Verkehrsmittel an feste Verkehrswege sowie von der Möglichkeit, an jedem einzelnen Punkt auf den vorgegebenen Verkehrswegen Frachtgut oder Personen aufnehmen zu können, bestimmt.[32] Ökonomische Gründe beschränken die Anzahl potentiell gegebener Verladestationen auf bestimmte Punkte. So setzen z.B. moderne Containerschiffe oder Großraumflugzeuge der Neunziger Jahre ein gebündeltes und nachhaltiges Verkehrsaufkommen voraus, so daß die Masse korrespondierender Zubringer- und Verteilerverkehre zur Zentralisierung zwingt.[33]

(5) ***Die zeitspezifischen Anforderungen.*** Im Mittelpunkt der zeitspezifischen Anforderungen steht die Bedeutung der Wertigkeitsebenen Schnelligkeit, Berechenbarkeit und Häufigkeit der Verkehrsleistung für ein Molkereiunternehmen im Rahmen seiner Exporttätigkeit. Diese Teilwertigkeiten stehen nicht nur in unmittelbarem Zusammenhang mit dem Lieferservice, sie beeinflussen darüber hinaus in entscheidender Weise die Lagerhaltungspolitik des Unternehmens. Das Qualitätsmerkmal Schnelligkeit einer Verkehrsleistung charakterisiert den Grad der Fähigkeit eines Verkehrsmittels, eine seinen technischen Merkmalen entsprechende Verkehrsleistung bereitzustellen, die, unter Zugrundelegung spezifischer Kosten, durch ein der Entfernung Abgangsort/Zielort entsprechendes Zeitintervall gekennzeichnet ist. Die Relevanz der Transportgeschwindigkeit im Export ergibt sich einerseits aus ihrer Einflußnahme auf die Lieferzeit - in diesem Zusammenhang ist die Zeitelastizität der Transportgüter von besonderer Bedeutung -, andererseits aus der Entfernung der ausländischen Absatzmärkte von der heimischen Produktionsstätte des Molkereiunternehmens.

---

[32] Vgl. Voigt, Fritz: Verkehr - Die Theorie der Verkehrswirtschaft, erster Band, erste Hälfte, Berlin 1973, S. 85.

[33] Vgl. Ihde, Gösta B.: Transport, Verkehr, Logistik. München 1984, S. 50. Ramcke, Peter: Der Aufbau von Container-Transportsystemen als Planungsproblem der Güterverkehrsbetriebe, Hamburg 1972. Für weitere Informationen vgl. Kapitel 2.3.3 der vorliegenden Arbeit.

Um als Wettbewerbsinstrument dienen zu können, erfordert die Lieferzeit eine Transportgeschwindigkeit, die geeignet ist, die Vertragsleistung ebenso schnell zu erfüllen wie potentielle Konkurrenten. Die mit der Transportgeschwindigkeit korrelierende Transportdauer nimmt darüber hinaus unmittelbaren Einfluß auf die Zinsbelastung, resultierend aus der Kapitalbindung während des Transportprozesses. Die Wirkung der Kapitalbindung als Markteintrittsbarriere ist auf der Basis der Transportkostenempfindlichkeit der Güter zu analysieren. Nicht jedes Molkereiprodukt, das auf den spanischen oder portugiesischen Markt verbracht wird, ist dabei in der Lage, diesen Kostennachteil durch einen entsprechend höheren Abgabepreis am Markt wettzumachen. Gerade im Hinblick auf die zu untersuchenden Märkte Spanien und Portugal, die im Vergleich zu anderen Mitgliedstaaten der EU räumlich weit vom Ursprungsland Deutschland entfernt sind, nimmt die Wertigkeitsebene Schnelligkeit der Verkehrsleistung einen hohen Stellenwert ein. Denn die zunehmende Schnelligkeit der grenzüberschreitenden Verkehrsleistung hat zur Folge, daß die Bedeutung räumlicher Distanzen im Export zugunsten zeitlicher Distanzen relativiert wird: Die ausländischen Absatzmärkte rücken trotz ihrer hohen räumlichen Entfernung zeitlich näher an die heimischen Produktionsstätten heran. Gerade die Reduzierung zeitlicher Distanzen ermöglicht in vielen Bereichen sogar erst den Export (z.B. Export von Molkereifrischprodukten).

Eine besondere Situation ergibt sich allerdings dann, wenn das deutsche Molkereiunternehmen aus Wettbewerbsgründen zu einer Erhöhung der Transportgeschwindigkeit neigt, um gegenüber im Zielmarkt produzierenden oder räumlich näher gelegenen Konkurrenten keine Marktanteilsverluste durch längere Lieferzeiten hinnehmen zu müssen. Dies wäre nur mit höheren Kosten realisierbar (z.B. zweiter Fahrer auf dem LKW), wodurch allerdings konsequenterweise wiederum die Absatzpreise der Exportgüter erhöht werden müßten, und/oder das Molkereiunternehmen mit geringeren Gewinnmargen operieren müßte. Diese Tatsache könnte unter Umständen dazu führen, daß sich die Wettbewerbssituation des Molkereiunternehmens im Zielmarkt eher verschlechtert als verbessert.

Den zeitspezifischen Anforderungen läßt sich außerdem die Teilwertigkeit Berechenbarkeit der Verkehrsleistung zuordnen. Dieses Qualitätsmerkmal bemißt den Grad der Fähigkeit eines Verkehrsmittels, die festgelegte genaue Abfahrts-, Fahrt- und Ankunftszeit bei Transportvorgängen möglichst kostengünstig einhalten zu können.[34] Die Möglichkeit, die Berechenbarkeit einer Verkehrsleistung zu quantifizieren, ist von außerordentlicher Wichtigkeit für zentrale unternehmenspolitische Funktionsbereiche. Hiervon wird die Terminierung des Produktionsprogramms im Produktionsunternehmen, insbesondere die Festlegung des Fertigstellungszeitpunktes,[35] aber auch in erheblichem Maße die Gestaltung der operativen Lagerpolitik des Empfängers im Zielland beeinflußt. Neben der Schnelligkeit entscheidet in diesem Fall in erster Linie die Berechenbarkeit der Verkehrsleistung über Ausmaß und Umfang vorzuhaltender Sicherheitsbestände.

2.3 Die physische Distribution im Rahmen der internationalen Distributionslogistik

2.3.1 Die Ausgangssituation für den Transport temperaturgeführter Güter im internationalen Straßengüterverkehr

(1) Allgemeine Entwicklungen

Der Straßengüterverkehr hat sich in Europa zur wichtigsten Transportart entwickelt. Zu diesem Erfolg hat die seit dem Ende des Zweiten Weltkrieges zu beobachtende Verschiebung der Anteile von vergleichsweise geringwertigen, transportkostenempfindlichen und Massengütern hin zu höherwertigen und eilbedürftigeren Transportobjekten, die außerdem immer häufiger in kleineren Mengen anfallen, beigetragen. Obwohl man bereits in den 30er Jahren dieses Jahrhunderts begann, zum Schutz der Bahn in das Wettbewerbsverhältnis Schiene/Straße lenkend einzugreifen, konnte der Straßengüterverkehr bis heute in den Industrieländern Anteile von mehr als 50 % am Gütertransportaufkommen auf sich ziehen. Fördernd wirkte der umfassende Straßenausbau, durch den eine erheblich höhere Netzbildungsfähigkeit des Straßenverkehrs im Vergleich zu den Konkurrenten Bahn und Binnenschiffahrt erreicht werden konnte.[36]

Der Eingriff in das Wettbewerbsverhältnis Schiene/Straße erfolgte in der Bundesrepublik Deutschland über die ordnungspolitischen Instrumente

---

[34] Vgl. Voigt, Fritz: Verkehr - Die Theorie der Verkehrswirtschaft, erster Band, erste Hälfte, Berlin 1973, S. 86.

[35] Dies ist insbesondere bei Frischprodukten mit relativ kurzem Haltbarkeitszeitraum bedeutsam, die über eine längere Strecke transportiert werden sollen.

[36] Vgl. Ihde, Gösta B.: Transport, Verkehr, Logistik. München 1984, S. 64.

des **beschränkten Marktzugangs** und der Preisregulierung. So werden vom Bundesverkehrsminister für den gewerblichen Güterfernverkehr auf der Straße, "unter Berücksichtigung des öffentlichen Verkehrsbedürfnisses und der Verkehrssicherheit auf den Straßen, die Höchstzahl der Kraftfahrzeuge" festgelegt (§ 9 Abs. 1 GüKG). Diese quantitative Kapazitätsregulierung resultiert in der Vergabe von Kontingenten für den Güterfernverkehr im Inland. Diese Kontingentierung ist seit 1993 im grenzüberschreitenden Güterfernverkehr aufgehoben.

Für Güterverkehrsunternehmer gibt es mittlerweile auch eine qualitative Marktzutrittsregulierung. Das bedeutet, daß diese eine Konzession dann erhalten, wenn sie die persönliche Eignung für die Durchführung von Transporten nachweisen können.[37] Die Konzessionen unterscheiden sich farblich je nach Verkehrsart (Nah-, Fernverkehr Inland, grenzüberschreitender Verkehr, Transitverkehr).

Hinsichtlich der **Preisregulierung** galten im Inlandsfernverkehr bis zum 31.12.1993 Margentarife, die zum 01.01.1994 aufgehoben wurden. Im Nahbereich gilt bereits seit dem 01.01.1993 Tariffreiheit. Im grenzüberschreitenden Verkehr gilt die Tariffreiheit seit 1990.

Im Rahmen der EU-Maßnahmen zur Regulierung der Verkehrsmärkte sei an dieser Stelle auf die **Kabotageregelung** (EG-Verordnung 4059/89/EWG vom 01.07.1990) hingewiesen, die es einem Spediteur eines EU-Staates lange nicht erlaubte, innerhalb eines Landes, in dem er nicht ansässig war, Transporte durchzuführen. Kabotage war bis 1990 grundsätzlich verboten und ist zur Zeit in begrenztem Umfang möglich. Transporte im Rahmen der Kabotage darf nur durchführen, wer eine der kontingentierten Genehmigungen besitzt.[38] Die Kabotage soll voraussichtlich endgültig zum 01.07.1998 freigegeben werden. Bis zu diesem Zeitpunkt wird das Kabotagekontingent jährlich um 30 % aufgestockt.[39]

---

[37] EG-Richtlinie 89/438/EWG über den Zugang zum Beruf des Güterkraftverkehrsunternehmers vom 21.6.1989. Allerdings hat die EU-Kommission festgestellt, daß kein Mitgliedsstaat in der Lage war, diese Richtlinie zum vorgesehenen Termin (1.1.1990) in nationales Recht zu überführen. Dies liegt u.a. an den teils erheblichen Unterschieden der einzelnen Mitgliedstaaten, die einen Unternehmer zum Erhalt einer Konzession befähigen. Zentraler Punkt ist die von den einzelnen Mitgliedstaaten geforderte unterschiedliche Kapitalausstattung eines Unternehmers als Voraussetzung für den Erhalt einer Konzession. Vgl. o.V.: Zur Anwendung der EG-Berufszugangsrichtlinie. In: Der Spediteur, 42. Jg. (1994), Heft 2/1994, S. 44.

[38] 1992 sind ca. 18.000, 1994 ca. 30.000 Kabotage-Genehmigungen ausgegeben worden.

[39] Vgl. May, Willi: Ohne Tarif (über)leben. In: Der Spediteur, Heft 1/1994. S. 2.

Dabei gilt die Kabotage-Genehmigung nur für den Lastzug, in dem die Urkunde mitgeführt wird, und auch nur für den in der Genehmigungsurkunde eingetragenen Zeitraum von einem oder zwei Monaten. Ausländische Unternehmer müssen für Kabotageverkehre innerhalb Deutschlands einen Nachweis über eine der Ladung entsprechenden KVO-Versicherung erbringen und einer Außenstelle des Bundesamtes für Güterverkehr (BAG) aushändigen. Soweit das Fahrzeug technisch dafür geeignet ist, ist es deutschen Unternehmen seit neuestem möglich, bei Kabotageverkehren im Ausland die in anderen EU-Staaten gültigen Gewichtsvorschriften auszunutzen. Innerhalb der EU variieren die national zulässigen Höchstgewichte zwischen 38 t in Großbritannien und 50 t in den Niederlanden.[40]

Aus dem im Juli 1994 von der BAG herausgegebenen Bericht über Kabotagebeförderungen der Straßenverkehrsunternehmen wird deutlich, daß im dritten Jahr nach der Ausgabe der Kabotagegenehmigungen (1993) die EU-Kabotagebeförderungen im Vergleich zum zweiten Ausgabejahr (1992) um 18,1 % auf 778,9 Mio. tkm angestiegen sind. So konnte in diesem Zeitraum ein deutlicher Zuwachs ausländischer Unternehmer (+ 24,7 %) auf 725,6 Mio. tkm und ein drastischer Rückgang der Leistungen deutscher Unternehmer (- 31,4 %) auf 53,3 Mio. tkm beobachtet werden. Dabei haben Unternehmer aus den Niederlanden und Belgien aufgrund der deutlichen Zunahme der Beförderungsleistungen im 3. Ausgabejahr rund 60 % aller Kabotage-Beförderungsleistungen erbracht.[41]

Neben den eher politisch motivierten Regelungen sind bei der Ausübung internationaler Transporte/Verkehre auch rechtliche Regelungen zu beachten. Dabei sei hier lediglich auf die im zwischenstaatlichen Straßengüterverkehr[42] wichtigste rechtliche Grundlage hingewiesen, auf das "Gesetz zum Übereinkommen über den Beförderungsvertrag im

---

[40] In den zum 01.01.1995 der EU beigetretenen Staaten Schweden und Finnland beträgt das zulässige Gesamtgewicht im Inland sogar 70 t. Vgl. hierzu: BAG: Merkblatt für Kabotagebeförderungen. In: Der Spediteur, Heft 3/1994, S. 78. Vgl. auch o.V.: Höhere Gewichte bei Kabotage im Ausland. In: BMV (Hrsg.): Verkehrsblatt, Heft 8, 30.04.1994, S. 352. Zitiert in: Der Spediteur, 42. Jg. (1994), Heft 6/1994, S. 187 und o.V.: 44-t-Regelung? In: Der Spediteur, 42. Jg. (1994), Heft 5/1994, S. 141.

[41] Vgl. BAG: Presseinformation Nr. 7/94: Kabotage in der Europäischen Union. Zitiert in: Der Spediteur, 42. Jg. (1994), Heft 7-8/1994, S. 221 - 222.

[42] Rechtsgrundlage für Transporte im Inland (Bundesrepublik Deutschland) bilden die Allgemeinen Deutschen Spediteursbestimmungen (ADSp).

internationalen Straßengüterverkehr" von 1956 (CMR).[43] Dieses Übereinkommen, dem zur Zeit fast alle europäischen Staaten angehören, gilt für alle Straßengütertransporte, bei denen der Versand- und/oder der Bestimmungsort in einem der Vertragsstaaten liegen. Von besonderer Bedeutung ist der Artikel 23 CMR, der die Haftung des Frachtführers auf Schadensersatz bei teilweisem oder gänzlichem Verlust einer Ladung regelt. In den CMR-Geltungsbereich fallen außerdem Beförderungen, die von Staaten bzw. von staatlichen Einrichtungen oder Organisationen (außer Post und Bahn) durchgeführt werden, einschließlich einer Teilbeförderung zur See, einer Beförderung per Eisenbahn (Huckepackverkehr), per Binnenschiff oder Flugzeug. Darüber hinaus enthält das CMR länderspezifische Regelungen sowie bilaterale und multilaterale Abkommen, z.B. im Hinblick auf Straßenverkehrsrecht und -sicherheit, Genehmigungsverfahren, Tarifpolitik und gemeinschaftliche Versandverfahren wie das Carnet TIR.[44]

(2) Die Festlegung und Berechnung von Frachtraten

Aufgrund der Tariffreiheit im grenzüberschreitenden Verkehr bilden sich die Frachtraten entsprechend der Nachfrage und dem Angebot bezüglich der zu transportierenden Güter und der LKW-Kapazitäten am Markt. Für die Berechnung der Frachtraten sind die Entfernung zwischen Verlader und Empfänger, das Gewicht der Ladung und die Art des Gutes, die über die Art des einzusetzenden LKW (mit Plane oder Kastenaufbau, mit/ohne Kühlaggregat) entscheidend. Darüber hinaus sind vom Spediteur die Kosten für den Fuhrpark, Abschreibungen, Personalkosten und LKW-spezifische Kosten zu berücksichtigen, um auch langfristig Vollkostendeckung zu erreichen. Seit 01.01.1995 sind für die Beförderung innerhalb Deutschlands bis zu den Landesgrenzen bei der Frachtberechnung zusätzlich die Straßenbenutzungsgebühren auf Bundesautobahnen[45] zu berücksichtigen. Daneben gelten seit 1. Juli 1995 geänderte Steuersätze für LKW.[46]

---

43 CMR: Convention relative au contrat de transport international des Marchandises par Route.

44 Vgl. Jahrmann, Fritz-Ulrich: Außenhandel. 7. überarbeitete und erweiterte Auflage. Ludwigshafen 1994, S. 138. Piontek, Jochem: Internationale Logistik. Stuttgart 1994, S. 69.

45 Die Gebühren werden für alle Fahrzeuge mit zulässigem Gesamtgewicht von mindestens 12 t erhoben, die ausschließlich für den Güterkraftverkehr eingesetzt werden. Für Kfz bis zu 3 Achsen beträgt sie rund DM 1.500,--/Jahr, für Kfz mit 4 oder mehr Achsen rund DM 2.500,--/Jahr. Vgl. o.V.: LKW-Gebühr ab 01.01.1995. In: Der Spediteur, 42. Jg. (1994) Heft 7-8/1994, S. 220 - 221.

46 Dabei soll der bislang geltende einheitliche Steuersatz von DM 10.500,-- auf DM

(3) Informations- und Kommunikationssysteme (IKS) im Straßengüterverkehr

Informations- und Kommunikationstechnologie wird im Straßengüterverkehr, verglichen mit anderen Branchen, erst seit etwa zehn Jahren verstärkt eingesetzt.[47] Vorreiter der Nutzung der EDV waren die verladende Wirtschaft und einige wenige sehr große nationale und internationale Dienstleister, die sehr bald die Vorteile hinsichtlich Rationalisierung und Standardisierung der Arbeitsabläufe, Zeitersparnis und größere Flexibilität erkannt hatten. Der Großteil der Speditionen, die am ehesten von dieser Entwicklung hätten profitieren können, stehen den neuen Technologien vielfach auch heute noch mit großem Vorbehalt gegenüber. Die Ursachen für diese Haltung sind vielfältig und teilweise widersprüchlich.

In erster Linie sollen die IKS Erleichterungen in der alltäglichen Geschäftsabwicklung sowie in der Kostenrechnung und im Controlling schaffen. Die lange Zeit durch die Tarifierung geschützte Branche hatte kaum einen Überblick über die tatsächliche Kostensituation im Unternehmen. Der Frachtpreis, der durch den Tarif bedingt oberhalb des tatsächlich am Markt zu realisierenden Preises lag, stand fest, Konkurrenzpreise gab es nicht, so daß sich auch eine Kostenrechnung erübrigte. Die Notwendigkeit hierzu ergab sich erstmals nach der Freigabe der Preise im grenzüberschreitenden Güterfernverkehr in 1990 und im Inland erst, als die Aufhebung sowohl des Güternahverkehrs- als auch des Güterfernverkehrstarifs endgültig feststanden. Speditionen waren gezwungen, innerhalb kürzester Zeit aussagefähiges Zahlenmaterial aus ihren Unternehmen zu sammeln, um überhaupt in der Lage zu sein, einigermaßen realistische Marktpreise für ihre Leistungen zu errechnen.[48] Die Vielfalt der für das speditionelle Abrechnungswesen angebotenen Software

5.000,-- für LKW gesenkt werden, die noch nicht der Euronorm entsprechen, auf DM 3.500,-- für Euro-1 LKW und auf DM 2.800,-- für Euro-2 LKW. Euro-1 und Euro-2 bezeichnen die Fahrzeuge, die festgelegten Anforderungen hinsichtlich Abgasausstoß und Lärmemission entsprechen. Vgl. Dr. Sandhäger (BMV): EG-Harmonisierung - Chance für den deutschen Güterkraftverkehr. Vortrag vom 29. November 1993 in München im Rahmen der Vortragsveranstaltungen der Deutschen Verkehrswissenschaftlichen Gesellschaft e.V., Bezirksvereinigung Südbayern.

[47] Vgl. Grandjot, Hans-Helmut; Katharina Dahrendorf,; U. Bogendale; E. Frieling; Jörg Hentrich; Volker Roth und Pfitzmann: EDV-Einsatz in Speditionen. Ökonomische und soziale Erfahrungen in mittelständischen Unternehmen. In: Schriftenreihe Verkehr (IVT Heilbronn). Hrsg.: Prof. Hans-Helmut Grandjot und Prof. Dr. Heinz Hautzinger. Heilbronn, September 1991, S. 13 - 14.

[48] Anhaltspunkte für die Berechnung bietet im Güterkraftverkehr das System "Kurt" (Kostenorientierte unverbindliche Richtpreis-Tabellen).

sowie die ständigen technischen Neuerungen verunsicherten verständlicherweise die im Umgang mit EDV bislang weitgehend unerfahrenen Unternehmer. Verschiedene Studien, die zum Thema EDV in Speditionen angefertigt wurden,[49] kamen zu dem Ergebnis, daß die Anzahl der konsequenten Anwender immer noch recht gering ist.

Im Einsatz befinden sich mittlerweile EDV-Programme für die Auftragserfassung, Abrechnung, Statistik, Disposition, Tourenplanung, Lademittelverwaltung und Zollabfertigung. In dem Maße, in dem das Controlling auch im speditionellen Bereich Einzug hält, gehen vor allem die großen Unternehmen dazu über, einen Bordcomputer in ihren LKW zu installieren, der sowohl eine jederzeitige Kommunikation im In- und Ausland mit dem Fahrer (in Kombination mit einem Faxgerät) erlaubt, aber auch eine lückenlose Aufzeichnung aller relevanten Fahrer- und Fahrzeugdaten ermöglicht. Die gestiegenen Anforderungen an die Qualität des Transportvorganges seitens der Verlader hat dazu geführt, daß dem den Güterfluß begleitenden und vorauseilenden Informationsfluß ständig steigende Bedeutung beigemessen wird. Hier vermag die Satellitentechnik den Spediteur bei der Fahrzeugidentifikation und Fahrzeuglokalisation sowie bei der Sendungsverfolgung zu unterstützen. Dabei ist der Einsatz von Satellitenverfolgungssystemen insbesondere bei sensiblen und hochwertigen Gütern sowie auf bestimmten Relationen von Vorteil.[50]

(4) Technische Innovationen im Straßengütertransport

Das für den internationalen Straßengütertransport wohl innovativste Konzept ist im Doppelstock-LKW realisiert, den es auch in der Frischdienst- und Tiefkühlausführung gibt. Der Aufbau, der von der Firma Doppeldecker Transportsysteme GmbH aus Weinstadt-Endersbach (Baden-Württemberg) in Zusammenarbeit mit dem irischen Aufbauhersteller Wilson entwickelt wurde, kann in der 3-Achs-Ausführung mit 48 Europaletten bzw. 89 Paletten/Rollcontainer mit dem Grundmaß 82 x

---

[49] Vgl. z.B. EDV-Einsatz in kleinen und mittleren Speditions- und Lagereiunternehmen: betreut von Arbeits- und Organisationspsychologen der Universität Oldenburg und von der Unternehmensberatung Spedition und Lagerei GmbH (USL), Bonn, 1992. Grandjot, Hans-Helmut; Hautzinger, Heinz (Hrsg.): EDV-Einsatz in Speditionen. Ökonomische und soziale Erfahrungen in mittelständischen Unternehmen. Institut für angewandte Verkehrs- und Tourismusforschung e.V. an der Fachhochschule Heilbronn, 1991.

[50] Als Beispiel seien hier Geld- und Wertpapiertransporte in den Orient oder nach Rußland, aber auch Transporte von hochveredelten Molkereiprodukten nach Italien genannt.

70 cm beladen werden. Die Innenhöhe des Aufbaus wird mit 3,80 m angegeben, was zwei Ladeebenen à 1,83 m Höhe entspricht. Die wesentlichen Vorteile dieser LKW-Aufbauvariante werden vom Hersteller mit einem erhöhten Auslastungsgrad des Transportfahrzeugs, mit einer Reduzierung der Transportverpackungen als Beitrag zur Müllvermeidung aufgrund der zweiten Ladeebene sowie mit der Verkehrsentlastung durch drastische Reduzierung von Leerfahrten angegeben. Das letzte Argument trifft beispielsweise für die Relation Deutschland - Spanien oder Portugal nur bedingt zu. Ein deutscher Spediteur ist zwar in der Lage, das Frachtaufkommen mehrerer Molkereien und Käsereien besser zu bündeln, steht sich aber unter Kostengesichtspunkten schlechter als mit einem herkömmlichen LKW, wenn er im Zielland nicht genügend oder gar keine Rückfracht aufnehmen kann und leer bis Frankreich zurückfahren muß.

2.3.2 Die Ausgangssituation für den Transport temperaturgeführter Güter im internationalen Schienengüterverkehr

(1) Allgemeine Entwicklungen

Die Eisenbahnen, die ihren klassischen Vorteil im Transport von Massengütern über lange Distanzen aufweisen, sind durch die sich in den letzten Jahrzehnten verändernde Güterstruktur zunehmend in Schwierigkeiten geraten. So hat die sozioökonomische Entwicklung der westeuropäischen Volkswirtschaften dazu geführt, daß die Nachfrage nach Massengütertransporten ständig gesunken ist und dagegen das Aufkommen höherwertiger, veredelter Produkte für spezielle Bedarfe angestiegen ist. Diese Tatsache resultiert u.a. aus der zunehmenden Sättigung der Märkte für Grundbedarfe, durch die die Nachfrage verstärkt auf hochwertige Güter gelenkt wird, die spezialisierte Problemlösungen bieten und somit entweder hochveredelt oder immaterieller Natur sind (Dienstleistungen). Man spricht in diesem Zusammenhang auch von Entmaterialisierung als Folge der Substitution von schwer transportierbaren und ortsgebundenen durch leicht transportierbare und ortsungebundene Roh-, Hilfs- und Betriebsstoffe.[51] Außerdem ist eine zunehmende Verlagerung der Transformationsprozesse an die Rohstoffursprungsgebiete festzustellen. Hier spielen in erster Linie wirtschaftliche Gründe eine Rolle, wie ein geringeres Lohnniveau, günstigerer Endprodukttransport im Vergleich zum Rohstofftransport und eine günstigere Flächenverfügbarkeit. In zunehmendem Maße gibt es aber auch andere Gründe für eine solche

[51] Vgl. Ihde, Gösta B.: Transport, Verkehr, Logistik. München 1984, S. 106.

Verlagerung wie geringere Umweltauflagen, Subventionierung von Verarbeitungsindustrien in strukturschwachen oder benachteiligten Gebieten oder aber die sog. Local Content-Regelungen, die eher als dirigistische Maßnahme bzw. als Nichttarifäres Handelshemmnis eines Rohstoffursprungslandes anzusehen sind, um sich einen höheren Wertschöpfungsanteil im Land vorzubehalten.[52]

All diese beschriebenen Entwicklungen führten dazu, daß die Eisenbahnen heute keine so deutlich ausgeprägten Eignungsschwerpunkte im Vergleich zu anderen Verkehrsmitteln mehr aufweisen. So ist die Eisenbahn bei Betrachtung der Luftfracht dieser hinsichtlich Flexibilität, Schnelligkeit und Flächendeckung unterlegen. Unterlegen ist sie auch dem Straßengüterverkehr hinsichtlich Flexibilität, Schnelligkeit und Netzbildungsfähigkeit, was insbesondere bezogen auf den Linien- und Streckenverkehr im Nah- und Flächenverkehr sichtbar wird. Lediglich im traditionellen Massengütertransportbereich ist die Bahn den Verkehrsmitteln LKW und Binnenschiff überlegen, wenn es sich um Ganzzüge oder komplette Wagenladungen handelt und die Empfangs- oder Ausgangspunkte nicht an Gewässern liegen.[53]

Speziell im Außenhandel mit Gütern nennt JAHRMANN[54] unter Kosten- und Zweckmäßigkeitsaspekten folgende Vorteile für den Bahntransport:

- Es können fast alle Güterarten transportiert werden und zwar sowohl großvolumige und sperrige als auch Massengüter, Flüssiggut, wertvolle Großsendungen und Gefahrgut;
- Der Schienenverkehr ist unabhängig von Feiertags- und Sonntagsverboten des Straßengüterverkehrs sowie von stoßweisen Verkehrsaufkommen zu bestimmten Uhrzeiten oder auf bestimmten Relationen;
- Die Bahn eignet sich als Transportmittel v.a. bei langem, direktem Landtransport (z.B. Hamburg - Istanbul);
- Der Transport erfolgt relativ erschütterungsfrei;
- Innerhalb eines Industriegebietes werden von der Bahn Vergünstigungen bei Anlage eines Gleisanschlusses gewährt, wenn mit einem hohen Frachtaufkommen gerechnet werden kann.

Die rechtliche Basis für den Schienengüterverkehr bildet die Eisenbahnverkehrsordnung (EVO), die den nationalen Bereich sowie den Verkehr

---

52 Vgl. Ihde, Gösta B.: Transport, Verkehr, Logistik. München 1984, S. 44.
53 Vgl. Piontek, Jochem: Internationale Logistik. Stuttgart 1944, S. 74.
54 Vgl. Jahrmann, Fritz-Ulrich: Außenhandel, 7. überarbeitete und erweiterte Auflage. Ludwigshafen 1994, S.137.

mit ausländischen Bahnen regelt, soweit nicht andere Bestimmungen vorliegen. Die EVO bezieht sich unter Berücksichtigung bestimmter Regelungen darüber hinaus auf den Frachtverkehr mit den CIM-Mitgliedstaaten. Dabei ist CIM[55] eine Vereinbarung, die sowohl die Beziehungen zwischen den Mitgliedstaaten als auch Haftungs- und Frachtfestsetzungsfragen regelt.

(2) Die Festlegung und Berechnung von Frachtraten

Aufgrund der Themenstellung soll hier nur die Frachtberechnung im grenzüberschreitenden Schienengüterverkehr betrachtet werden. Auch wenn mittlerweile der Europäische Binnenmarkt Realität geworden ist und die Grenzkontrollen weitgehend aufgehoben worden sind, existieren die Grenzen noch immer für den Schienenverkehr: Die unterschiedlichsten Stromversorgungssysteme, unterschiedliche Spurbreiten[56] und die qualitative wie quantitative Ausstattung der europäischen Eisenbahnen mit rollendem Material sowie der in einigen Ländern noch praktizierte Linksverkehr verdeutlichen die Problematik des grenzüberschreitenden Schienengüterverkehrs.[57] Hieraus folgt, daß technisch bedingte Wartezeiten an den Grenzbahnhöfen oder den ihnen vorgelagerten Bahnhöfen nicht immer auszuschließen sind. Hierzu gehören z.B. die Lokumspannung[58] oder die wagentechnischen Untersuchungen.[59]

---

[55] Convention Internationale concernant le transport des Marchandises par chemin de fer, Internationales Übereinkommen über den Eisenbahn-Frachtverkehr.

[56] Spanien und Portugal weichen mit 1676 mm, Irland mit 1600 mm und Finnland mit 1524 mm von der Normalspur ab, die 1986 für Europa durch das Berner Abkommen auf 1435 mm festgelegt worden ist. Vgl. Adler, Gustav: Lexikon der Eisenbahn, 7. Auflage, Berlin 1983, S. 728.

[57] Vgl. hierzu Union Internationale des Chemins de Fer (UIC) (Hrsg.): Statistiken der Bahnen, verschiedene Jahrgänge.

[58] Vorausgesetzt, es sind keine Mehrsystemtriebfahrzeuge einsetzbar. Vgl. hierzu Wagner, N.: Die Zugförderung der Deutschen Bahnen an der Landesgrenze. In: Eisenbahntechnische Rundschau, 30. Jg. (1981), Nr. 6, S. 461 - 463.

[59] Seit einigen Jahren besteht die Möglichkeit, zwischen den beteiligten Eisenbahnen die sog. Vertrauenslösung anzuwenden, wonach die entsprechenden technischen Untersuchungen bereits in den Abgangsbahnhof oder allgemein ins Binnenland vorverlagert werden können. Die ausländische Bahn verzichtet dann darauf, am Grenzübergang eine entsprechende Kontrolle durchzuführen. Vgl. European Conference of Ministers of Transport (ECMT) (Hrsg.): Report on the ways in which international freight transport by rail might be improved. In: Improvements in international railway transport services, Paris 1985, S. 103. (CM(84)29). Zitiert in Jäntschi-Haucke, Karin: Zusammenarbeit europäischer Bahnen, München 1991, S. 157.

Dagegen ist das bislang nötig gewesene Rangieren und Umbezetteln von Wagen an den Grenzübergängen durch ein internationales Richtpunktsystem, mit dem der Beförderungsweg von vornherein festgelegt werden kann, weggefallen.[60] Mittlerweile sind auch einige Verbesserungen realisiert worden, die in ein einheitliches Frachtrecht mündeten, wonach Sendungen im grenzüberschreitenden Verkehr in einem einheitlichen Transportvorgang und mit einem Frachtvertrag befördert werden können. Der Tarif für diese sog. "Bahn-zu-Bahn"-Abfertigungen wird jedoch noch durch den Zusammenstoß[61] der einzelnen Inlandstarife errechnet. Dies bedeutet aber, daß jeweils an der Landesgrenze die Frachtberechnung neu beginnt und somit keine Frachtkostendegression durch Entfernung wahrgenommen werden kann. Dieser Nachteil wird durch Prozentabschläge auf den Frachtbetrag teilweise abgeglichen.
Mittlerweile wird allerdings von fast allen Eisenbahnen im Export der internationale Tarif angewandt, der zum einen nach Schnittfrachtsätzen und zum anderen als Globalfracht bestimmt werden kann. Bei der Festlegung mit Hilfe von Schnittfrachtsätzen werden zunächst die Frachtsätze der einzelnen Bahnen getrennt berechnet, in der jeweiligen Landeswährung angegeben und schließlich durch Addition die Gesamtfracht bestimmt. Wird der internationale Tarif als Globalfracht angegeben, ist er in einer Währung ausgewiesen, wobei dann nicht mehr nachvollzogen werden kann, wie der Tarif zustande gekommen ist. Vorteile dieser Kalkulation sind ihre Übersichtlichkeit, insbesondere, wenn mehrere Bahnen wie im vorliegenden Beispiel Spanien und Portugal beteiligt sind, sowie ein geringeres Risiko durch instabile Währungsparitäten.[62] Um Frachtangebote im grenzüberschreitenden Verkehr zügiger abwickeln zu können, haben sich mehrere europäische Eisenbahnen dem "Abkommen über die gegenseitige Ermächtigung zur Gewährung von Frachtnachlässen" angeschlossen.

---

[60] Vgl. Bauer, H.: Güter rollen schneller über die Grenze. In: Die Bundesbahn, Jg. 65 (1989), Nr. 7, S. 565. Zitiert in Jäntschi-Haucke, Karin: Zusammenarbeit europäischer Bahnen, München 1991, S. 158.

[61] Zusammenstoß bedeutet im Internationalen Übereinkommen über den Eisenbahn-Frachtverkehr (CIM) eine Aneinanderreihung der nach den Bahntarifen anwendbaren Teilfrachten. Vgl. des weiteren auch: Wegscheider, Wilhelm und Burkhart Krähe: Europäische Zusammenarbeit im Rechnungswesen - Kalkulation von Transportkosten im grenzüberschreitenden Güterverkehr. In: Die Bundesbahn, Heft 7, 1990, S. 666 - 668.

[62] Vgl. Jäntschi-Haucke, Karin: Zusammenarbeit europäischer Bahnen, München 1991, S. 133.

Der Güterverkehr wird seit 1976 durch das gemeinsame Güterverzeichnis[63] erleichtert. Seit 1. Januar 1994 gilt der sechsstellige Code des "Harmonisierten Güterverzeichnisses"[64], womit nun ein einheitliches, harmonisiertes System zur Kodifizierung der Waren existiert, das sowohl von den Transporteuren im Straßen- und Bahnverkehr als auch von den Zolldienststellen angewendet wird.[65] Hierdurch wird außerdem die Einführung des elektronischen Frachtbriefes DOCIMEL erleichtert, der als Produktionsplanungs- und Steuerungssystem zwischen den Eisenbahnen, Kunden und Zollbehörden dienen soll.

Die Einnahmen aus den internationalen Güterverkehrsströmen müssen nun noch zwischen den beteiligten Bahnen aufgeteilt werden. Hierfür gibt es keine verbindlichen Bestimmungen, so daß es zwischen den Bahnen zu gegenseitigen Vereinbarungen bzgl. der Frachtverteilung kommen muß. Zur Frachtverrechnung wendet sich jede Bahn an die Allgemeine Ausgleichsstelle (BCC)[66] der UIC. Seit 1990 wird zwischen den Bahnen innerhalb der EU in ECU abgerechnet.[67]

(3) Informations- und Kommunikationssysteme (IKS) im Schienengüterverkehr

Bereits seit 1971 beschäftigt man sich beim Internationalen Eisenbahnverband mit dem Aufbau eines Informations- und Kommunikationsnetzes zwischen den Eisenbahngesellschaften, damit die Daten aus bestehenden nationalen Systemen auch im grenzüberschreitenden Schienenverkehr weitergeleitet und bearbeitet werden können. 1978 entschied man sich für das Datenkommunikationssystem HERMES[68], da es in der Lage war, die Daten nationaler Systeme ohne größere Umstellungen der vorhandenen Systeme zu bearbeiten.[69] Neben den Gründerbahnen (British Rails,

---

[63] Nomenclature Commune des Marchandises (NCM).

[64] Nomenclature Harmonisé des Marchandises (NHM).

[65] Vgl. Mitteilung in der Intercontainer-Interfrigo-Gazette Nr. 1/1994, Basel 1994.

[66] Bureau Central de Compensation.

[67] Der ECU löste die Verrechnungseinheit UIC-Franken ab, einem Mischkurs aus 17 Währungen, der keine große Stabilität gezeigt hatte. Wegscheider, Wilhelm und Burkhart Krähe: Europäische Zusammenarbeit im Rechnungswesen - Kalkulation von Transportkosten im grenzüberschreitenden Güterverkehr. In: Die Bundesbahn, Heft 7, 1990, S. 666 - 668.

[68] **H**andling through **E**uropean **R**ailways **M**essage **E**lectronic **S**ystem; Elektronisches Nachrichten-Übermitt-lungssystem der europäischen Eisenbahnen.

[69] Dies geschieht durch Vorschalten von Umsetzstationen an das jeweilige nationale Rechenzentrum mit seinem nationalen Datenübertragungsnetz. Vgl. Schenk, Otto: Hermes, eine entscheidende Komponente für die Einheit der Eisenbahnen Europas. In: Die Bundesbahn, 64. Jg. (1988), Nr. 10, S. 953. Zitiert in Jäntschi-

DB AG, FS, SBB, SNCB und SNCF) nehmen seit 1989 auch die NS, die DSB und die SJ am Hermes-Netz teil. Die ÖBB und die RENFE stehen noch in Verhandlungen. Als Benutzer ist auch die Firma Intercontainer/Interfrigo angeschlossen, die gegen eine Gebühr die technischen Anlagen benutzen kann, selbst aber keine besitzt. Über HERMES können Daten über den Zustand und die technischen Eigenschaften der Fahrzeuge, den gegenwärtigen Standort, Informationen über die Fracht sowie die Frachtberechnung und Vormeldung von Güterzügen ebenso wie die Daten zur Abrechnung von gegenseitigen Leistungen der Bahnen abgefragt werden.[70]

Das im grenzüberschreitenden Schienengüterverkehr im Kühlbereich tätige Unternehmen Intercontainer/Interfrigo mit Sitz in Brüssel arbeitet seit 1983 mit dem System TRANSINFO, einem Wagenlaufüberwachungssystem. Dieses dient dazu, grenzüberschreitende Transportpläne aufzustellen, Unregelmäßigkeiten beim Transport zu erfassen sowie die Kunden über den Beförderungsablauf zu informieren. Daneben gibt es noch eine Reihe von Einzelprojekten, die von den Bahngesellschaften eingerichtet wurden, die alle ähnliche Ziele verfolgen wie die oben genannten Systeme, jedoch oftmals nur die direkten Nachbarbahnen mit einbeziehen.[71]

(4) Technische Innovationen im Schienengütertransport

Von Bedeutung ist hier das Trailerzugsystem, das in den letzten Jahren zur Reife gelangt ist. Dabei besteht das von der UIC zugelassene System aus zwei voneinander unabhängigen Komponenten, dem **Sattelauflieger** und einem Drehgestell. Bedingt durch die für den Schienenbetrieb nötigen Verstärkungen reduziert sich die Nutzlast des Trailers im Vergleich zu einem normalen Sattelauflieger um ca. eine Tonne. Die Kapazität ist mit 33 Europaletten gleich. In einem Trailerport oder einem eingeebneten Gleisanschluß wird der Sattelauflieger rückwärts mit einer Zugmaschine auf ein zweiachsiges Drehgestell geschoben und dort arretiert. Das Straßenfahrwerk wird pneumatisch angehoben und verriegelt. Da pro Sattel-

Haucke, Karin: Zusammenarbeit europäischer Eisenbahnen, München 1991, S. 111.

[70] Schenk, Otto: Hermes, eine entscheidende Komponente für die Einheit der Eisenbahnen Europas. In: Die Bundesbahn, 64. Jg. (1988), Nr. 10, S. 953. Zitiert in Jäntschi-Haucke, Karin: Zusammenarbeit europäischer Eisenbahnen, München 1991, S. 111, S. 954.

[71] Zur Problematik der internationalen Zusammenarbeit zwischen den einzelnen Bahnen, nicht nur im Informatikbereich, vgl. Jäntschi-Haucke, Karin: Zusammenarbeit europäischer Eisenbahnen, München 1991, Kapitel 3 und 4.

auflieger nur ein Drehgestell benötigt wird, reduziert sich der Abstand zwischen zwei auf der Schiene fahrenden Aufliegern auf 300 mm. Dies verringert den Luftwiderstand auf der Schiene und halbiert somit die Lärmemission im Vergleich zu den üblichen Werten bei Güterzügen. Der Zeitaufwand für das Aufsetzen des Sattelaufliegers auf das Drehgestell und die Arretierung beträgt ca. drei Minuten. Innerhalb Europas ist das Trailerzug-System in Großbritannien, Dänemark, Schweden, Deutschland, Frankreich, in der Schweiz, in Österreich, Italien und in Ungarn im Einsatz. [72]

Dieses System weist folgende entscheidende Vorteile auf:

- Da die Verladung kranlos erfolgt, werden keine kostenintensiven Terminals benötigt.
- Der Handlingaufwand ist gering.
- Dadurch, daß keine Waggons benötigt werden, sind Totgewicht und Totraum gering.
- Eine höhere Wirtschaftlichkeit als beim konventionellen Kombinierten Verkehr resultiert aus niedrigen Frachtkosten, aus einer gesteigerten Produktivität, aus einer geringeren Ressourcenbindung und einer erhöhten Streckenauslastung.
- Darüber hinaus wird der ökologische Vorzug dieses Trailerzug-Systems hervorgehoben, der sich in einer geringeren Lärmemission, in geringerem Energieverbrauch und großer Ressourcennutzung manifestiert. Während mit der Rollenden Landstraße 22 Einheiten mit einer Nutzlast von 672 t (bei 1.500 t Zug-Gesamtgewicht) und dem Kombinierten Verkehr 27 Einheiten (812 t - 840 t) transportiert werden können, kann man auf einen Trailer-Zug 34 Einheiten mit einer Nutzlast von 952 t verladen.

Ein neues System zum rationellen Transport von **Wechselbrücken** auf der Schiene bietet der von ABB Henschel AG, Netphen, entwickelte Tragwagen, der die Wechselbrücke selbständig mit Druckluft-betriebenen Hubschwingen auf- und ablädt. Dabei funktioniert dieses WaS-System (Wechselbrücke auf Schiene-System) so, daß der LKW-Fahrer nach Absetzen der Wechselbrücke den Tragwagen mit einer Kuppelstange unter den Wechselbehälter schiebt und anschließend mit den Bremsschlauch versieht. Hierdurch werden mit dem bordeigenen Druckluftsystem die Hubschwingen an den Radsatzfedern betätigt. Die Füße der Wechselbrücke werden eingeklappt und arretiert. Der 16,7 m lange

---

[72] Vgl. Bayerische Trailerzug Gesellschaft für bimodalen Güterverkehr mbH: Road Railer - Zwei in Einem, Rosenheim 1993.

Tragwagen kann zwei Wechselbrücken befördern. Das System ist bei der Spedition Pracht aus Haiger im Einsatz.[73]

Ein weiterer Bereich, auf dem sich in den letzten Jahren technische Neuerungen ergeben haben, ist der der Kühlmittel.[74] Allerdings soll auf den Einsatz der verschiedenen Übergangskühlmittel, die aufgrund des Verbotes des Einsatzes von Fluorchlor-Kohlenwasserstoff-haltigen Kühlmitteln (FCKW)[75] entwickelt worden sind, im Rahmen dieser Arbeit nicht näher eingegangen werden.

(5) Der Straßen- und Schienengüterverkehr unter ökologischen Aspekten

In den letzten Jahren wird im Zusammenhang mit dem ständig steigenden Verkehrsaufkommen (Individual- wie Güterverkehr) auf der Straße immer häufiger dessen Einfluß auf die Umwelt diskutiert. Dabei wird von unterschiedlichsten Institutionen versucht, diesen Umwelteinfluß in Ökobilanzen zu quantifizieren, mit dem Ziel, diese entstandenen externen Kosten zu internalisieren. Unter externen Kosten oder auch sozialen Kosten sind "alle Aufwendungen zu verstehen, die ihr Verursacher nicht selbst trägt, sondern die von Dritten oder der Gesamtheit getragen werden müssen" (Gemeinlastenprinzip).[76] Dies sind neben den Kosten für Verkehrssicherheit/Personenschäden durch (nicht versicherte) Verkehrsunfälle vor allem Kosten, die durch die Umweltbelastung entstehen wie Schadstoffemissionen, Lärm, Flächenverbrauch und Flächenversiegelung, Energie- und Rohstoffverbrauch. So kommt die Essener Planco Consulting GmbH[77] in einer Studie zu dem Schluß, daß der Straßenverkehr jährlich 46 Mrd. DM solcher sozialer Kosten produziert (vgl. Abb. 7). Das Heidelberger Umwelt- und Prognoseinstitut kommt bei

---

[73] Vgl. o.V.: Wechselbrücken - LKW belädt Bahnwaggon. In: Eurocargo, 7. Jg. (1995), Nr. 3/1995, S. 20. Zu neueren Umschlagtechniken s. z.B. auch Eurocargo Nr. 3/1995, S. 24.

[74] Vgl. z.B. Hochhaus, Karl-Heinz: Developments in refrigerated container technology. In: Intercontainer/Interfrigo (Hrsg.): EuroModal Nr. 1/94, S. 16 - 19.

[75] Vgl. Jehle, Rüdiger: Qualitätssicherungssysteme für Hersteller und Spediteure. In: Food in Europe 1993/94. Handbuch europäischer Kühlgut-Logistik, 2. Aufl., München, Juni 1993, S. 168. Hochhaus, Karl-Heinz: Developments in refrigerated container technology. In: Intercontainer/Interfrigo (Hrsg.): EuroModal Nr. 1/94, S. 15.

[76] Vgl. Burkhardt, Martin: Volkswirtschaftliche Wirkungen des Kombinierten Verkehrs Straße/Schiene. In: Forschungskonsortium Kombinierter Verkehr, FKV-Schriftenreihe Band 2, Neu-Isenburg, 1988, S. 7.

[77] Dogs, Ernst und Holger Platz: Planco Consulting GmbH (Hrsg.): Externe Kosten des Verkehrs - Schiene, Straße, Binnenschiffahrt. Essen 1990.

einer ähnlichen Studie zu eher noch höheren Werten. Auch auf politischer Ebene wurden und werden verkehrspolitische Maßnahmen diskutiert und teilweise schon realisiert, um dem vielseitig prophezeiten Verkehrsinfarkt vorzubeugen. So ist die zweistufige EU-weite Reduzierung der Schadstoffgrenzwerte bis 1996 beschlossen worden und, vor dem Hintergrund der durch den EU-Binnenmarkt zu erwartenden Zunahme des Güterverkehrsaufkommens um 40 bis 70 %, sind Erhöhungen von Mineralöl- und Kfz-Steuern ebenso wie europaweite Straßenbenutzungsgebühren im Gespräch und zum Teil für die kommenden zwei bis drei Jahre fest einkalkuliert.

Die Deutsche Bahn AG gibt das Verhältnis der spezifischen Schadstoff-Emissionen zwischen Eisenbahn und LKW mit 1:30 (gewichtet mit Toxizitätsfaktoren) an, das des spezifischen Endenergieverbrauchs mit 1:8,7.[78] Für den Bau einer Eisenbahntrasse bedarf es laut DB AG einer Fläche von 13,70 m, während für eine zweispurigen Fahrbahn für den Straßenverkehr 29 m benötigt werden. Hinsichtlich der Lärmbelastung erreicht ein Zug ca. 20 db (Dezibel), das Flugzeug ca. 50 db und der Straßenverkehr (LKW und PKW) 65 db.[79]

Etwa 50 % der Luftverschmutzung mit Kohlenwasserstoffen, Kohlenmonoxid und Stickstoffoxiden werden durch den Verkehr verursacht, woran zu 95 % der Straßenverkehr beteiligt ist.[80] Allerdings gibt es neuere Untersuchungen[81], die zu dem Schluß kommen, daß zwar rein rechnerisch Verbesserungen einzelner Verkehrsmittel beispielsweise durch eine Senkung des fahrleistungsspezifischen Kraftstoffverbrauchs oder die Verlagerung von Gütern auf die Bahn und das Binnenschiff zu einer Verringerung des Gesamtenergieverbrauchs und der Gesamtemissionen führen. Eine konkrete Aussage zum Primärenergieeinsatz und zu CO_2-Emissionen läßt sich jedoch erst dann treffen, wenn der Analyse konkrete Transportaufgaben zugrunde gelegt werden (z.B. Transport

78 DBAG (Hrsg.): Transportperspektiven - Die neue Güterbahn, Frankfurt 1994, S. 3.

79 DBAG (Hrsg.): Kombinierter Verkehr - Systemvorteile intelligent verknüpft, Frankfurt 1/1994, S. 9 - 10.

80 Forschungskonsortium Kombinierter Verkehr: Volkswirtschaftliche Wirkungen des Kombinierten Verkehrs Straße/Schiene. FKV-Schriftenreihe, Band 2. Auswertung einer Untersuchung zum Kombinierten Verkehr von A.T. Kearney (1987) im Auftrag des BMFT, Bonn 1991, S. 13 - 21.

81 Vgl. hierzu die Ergebnisse der Studie: Berechnungen für konkrete Transportaufgaben: Primärenergieeinsatz und CO_2-Emissionen im Personen- und Güterverkehr von Liebscher, Peter, Ulrich Fahl, Alexander Kolb und Manfred Wacker. In: Internationales Verkehrswesen, Fachzeitschrift für Wissenschaft und Praxis. 47. Jg. (1995), Nr. 4/95, S. 171 - 179.

einer Wagenladung von 15 t von einem Quell- zu einem Zielort). Hier kann es u.U. zu ganz erheblichen Abweichungen von der ursprünglich als unter ökologischen Aspekten "beste Lösung" angesehenen Transportalternative kommen.[82]

Abb. 7: Die externen Kosten im Güterverkehr im Vergleich zwischen LKW, Eisenbahn und Binnenschiff

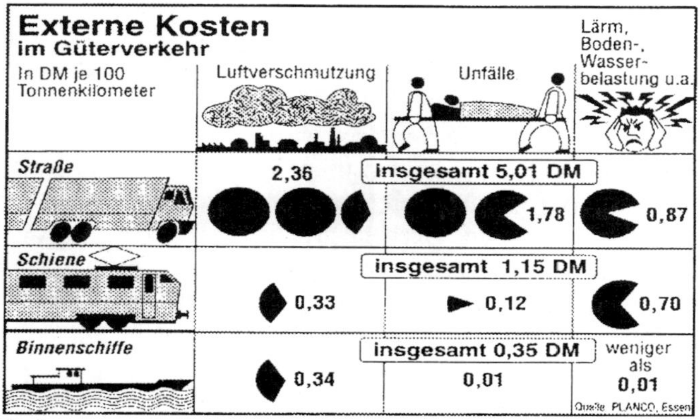

Quelle: Planco Consulting GmbH Essen. In: Kundenbrief der DB, Nr. 2/1994, S. 23.

2.3.3 Die Ausgangssituation für den Transport temperaturgeführter Güter im internationalen Seefrachtverkehr

(1) Allgemeine Entwicklungen

Prinzipiell wird im Seefrachtverkehr zwischen der Linien- und Trampschiffahrt unterschieden.[83] Während erstere routengebunden ist und fahrplanmäßigen Sammel- und Verteilungsverkehr zu feststehenden Beförderungsbedingungen und -preisen durchführt, werden im Trampschiff Massengüter in geschlossenen Schiffsladungen bei unregelmäßigem Bedarf transportiert. Beförderungsbedingungen und -preise orientieren sich hier

---

[82] Vgl. hierzu die Ergebnisse der Studie: Berechnungen für konkrete Transportaufgaben: Primärenergieeinsatz und CO_2-Emissionen im Personen- und Güterverkehr von Liebscher, Peter, Ulrich Fahl, Alexander Kolb und Manfred Wacker. In: Internationales Verkehrswesen, Fachzeitschrift für Wissenschaft und Praxis. 47. Jg. (1995), Nr. 4/95, S. 171 - 179.

[83] Vgl. Jahrmann, Fritz-Ulrich: Außenhandel, 7. überarbeitete und erweiterte Auflage. Ludwigshafen 1994, S. 127.

an Angebot und Nachfrage. Vorteile der **Linienschiffahrt** sind einerseits eine klare Terminkalkulation bezüglich der Frachtgestellung. Andererseits kann von der Reederei oder dem Schiffsagent ein eindeutiger Ankunftstermin genannt werden, da die Linienschiffe unabhängig vom Frachtaufkommen in regelmäßigen Abständen Standardhäfen anfahren. Weitertransport und Weiterverkauf der Ware am Zielort werden hierdurch planbar. Um günstige Prämiensätze in der Transportversicherung zu erlangen, aber auch aus Imagegründen, werden im Linienverkehr ausschließlich Schiffe mit guter Klassifizierung eingesetzt, die mit entsprechenden Ladefacilitäten für den Stückgutverkehr ausgestattet sind.[84]

Der Abschluß von Charterverträgen mit sog. Befrachtungsmaklern ist für die **Trampschiffahrt** charakteristisch. Von Vorteil ist, daß die Trampschiffe auf allen gewünschten Seewegen verkehren und selbstgewählte Hafenanlagen anlaufen. Auch in preislicher Hinsicht gibt es dadurch Vorteile, daß keine Bindung an die "Conference Terms"[85] besteht. Im Bereich der Trampschiffahrt sind v.a. Outsider[86] tätig, die über sehr günstige Konditionen versuchen, Marktanteile zu erobern.[87]

Rechtliche Grundlage für den internationalen Seeverkehr bilden die Haager Regeln, die sich auf den Stückgutverkehr beziehen und nur im Zusammenhang mit der Ausstellung eines Konnossements Gültigkeit haben. Da sich die Verfrachterhaftung in den Haager Regeln lediglich auf den reinen Seetransport beschränkte, wurde 1978 von 78 Staaten ein neues Seefahrtsrecht unter dem Namen "Hamburger Regeln" verabschiedet, in dem die Haftungsrisiken stärker auf den Verfrachter (Reeder) verlagert sowie vermehrt den neuen Transporttechnologien Rechnung getragen wurde.[88]

(2) Festlegung und Berechnung der Frachtraten

Die Frachtsätze werden in der Seeschiffahrt auf zwei Arten festgesetzt. Während in der Trampschiffahrt die Preise durch den Markt reguliert

---

84 Vgl. Jahrmann, Fritz-Ulrich: Außenhandel, 7. überarbeitete und erweiterte Auflage. Ludwigshafen 1994, S. 128.

85 Conference Terms: Konferenzraten. Hierzu und zu Konferenzen vgl. Fußnote 89.

86 Outsider sind Reedereien, die keiner Schiffahrtskonferenz (siehe dort) angehören. Durch entsprechend variable Fahrdienstgestaltung können sie die Konferenzraten erheblich unterbieten. Vgl. Piontek, Jochem: Internationale Logistik, Stuttgart 1994, S. 79.

87 Zu den Nachteilen vgl. Jahrmann, Fritz-Ulrich: Außenhandel. 7. überarbeitete und erweiterte Auflage, Ludwigshafen 1994, S. 131.

88 Vgl. Piontek, Jochem: Internationale Logistik. Stuttgart 1994, S. 78.

werden, sind in der Linienschiffahrt die Frachtraten festgelegt. Diese einheitlichen Tarife werden in Schiffahrtskonferenzen[89] festgeschrieben, die den Wettbewerb zwischen den unabhängigen Reedereien regeln. Die Reedereien, die auch mehreren Konferenzen angehören können, sind in der Regel Konferenzmitglied in den Fahrtgebieten, in denen sie Liniendienste betreiben. Linienreedereien können darüber hinaus auch als Außenseiter[90] tätig werden.

Frachtraten bestimmende Bestandteile für die gemeinsamen Frachtraten der Konferenzen sind die Maße oder das Gewicht der Fracht, die Entfernungszonen, die Transport- bzw. die Reiseroute, die Art der Güter und des Schiffes sowie die Konkurrenzverhältnisse (Trampschiffe, Outsider, andere Verkehrsträger). Dabei entscheidet der Verfrachter, ob er für die Berechnung das Maß in cbm oder eher das Gewicht (t/1000 kg) seiner Frachtberechnung zugrundelegt.[91]

Die internationale Seeschiffahrt hat durch das Größenwachstum der Schiffe und insbesondere durch die Containerisierung erheblich an Bedeutung zugenommen. Die Containerschiffe haben seit Eröffnung des Containerverkehrs in 1966 sehr schnell erhebliche Marktanteile gewinnen können. Bedingt durch die hohe Fixkostenbelastung der Containerdienste ist eine möglichst hohe Ladekapazitätsauslastung der Schiffe sowie eine höhere Umlaufgeschwindigkeit der einzelnen Schiffe (Verkürzung der Liegezeiten im Hafen) erforderlich und anzustreben, was jedoch eine intensive Kooperation der Reedereien untereinander voraussetzt. Eine Unterstützung durch moderne Informations- und Kommunikationstechnologien ist unerläßlich. In den letzten Jahren ist die Tendenz zum sog. One-Port-Verkehr zu beobachten.[92] Dabei werden einige wenige Häfen aufgrund ihrer internen Dienstleistungen und Infrastruktur- sowie Hinterlandgegebenheiten zu zentralen Umschlagplätzen ausgewählt. Von diesen Umschlagplätzen verkehren dann leistungsfähige Zubringerschiffe (Feeder) zu den übrigen Hafenrelationen. Dies ist unter

---

[89] "Eine Schiffahrtskonferenz ist ein Übereinkommen, das zwischen Schiffahrtsunternehmen, die Liniendienste betreiben, mit der Absicht getroffen wird, den Wettbewerb zu regeln oder einzuschränken." In den in der Regel internationalen Konferenzen arbeiten unabhängige, konkurrierende Schiffahrtslinien zusammen. Sie beschränken ihr Interesse auf den Verkehr zwischen zwei geographischen Regionen. Vgl. Ihde, Gösta B.: Transport, Verkehr, Logistik. München 1984, S. 48.

[90] Zur Definition von Außenseitern oder Outsidern siehe weiter oben.

[91] Grundsätzlich gilt 1 t = 1 cbm. Bei kleinen Ladeeinheiten gelten Mindestfrachtraten, bei sperrigen Gütern das Verhältnis 3,5 cbm = 1 t. Vgl. Piontek, Jochem: Internationale Logistik, Stuttgart 1994, S. 78.

[92] Vgl. Ihde, Gösta B.: Transport, Verkehr, Logistik. München 1984, S. 50.

anderem auch deshalb nötig, weil in der Regel das Aufkommen in einem Hafen allein nicht ausreicht, um die großen Schiffe mit Ladung zu füllen.

Seereedereien sind in zunehmendem Maße in Bereiche des traditionellen Kontinentalverkehrs eingedrungen und bieten sogar Haus-Haus-Transporte an, indem sie im Inlandstransport die schnellen Binnenverkehrsträger (Bahn und LKW) einsetzen. Dies ist auf die steigende Beliebtheit der Containertransporte zurückzuführen.[93] Vorteil des Containers ist der Wegfall umfangreicher seetauglicher Verpackungen sowie der schnelle und technisierte Handlingvorgang beim Be- und Entladen. Bei Verladung von Waren in Containern wird dessen Leergestellung dem Verlader in Rechnung gestellt. Üblicherweise gibt es drei Möglichkeiten der Seefrachtberechnung für Container durch die Konferenzen bzw. Reedereien:

- Commodity Rate: die effektive Auslastung des Containers wird berücksichtigt (Frachttonnen x Rate).
- Commodity Box Rate (CBR): Unabhängig vom Gewicht der transportierten Güter wird je Container eine produktbezogene Pauschalfracht festgesetzt.
- Box- oder FAK-Rate (Free all kind): Unabhängig von der Güterart wird pro Container eine Pauschalfracht festgelegt, die alle Zu- bzw. Abschläge enthält.[94]

(3) Informations- und Kommunikationssysteme (IKS) im Seetransport

Zur Effizienzsteigerung bei der Abwicklung von Seefracht und einer Beschleunigung der Informationsbereitstellung ist mittlerweile eine Reihe von EDV-Systemen in Anwendung, die nicht nur die Arbeit zwischen und innerhalb großer Hafenbetriebe erleichtern sondern auch Spediteuren und Expediteuren Zugang zum umfangreichen Datenpool ermöglichen. Nachfolgend sind einige Beispiele für solche Systeme aufgeführt:

- SEEDOS (Seehafen Dokumentationssystem) ermöglicht dem Seehafenspediteur die komplette Abwicklung seiner Dokumentation und Fakturierung.
- CONDICOS (Container-Dispositions- und Controllsystem) wurde im Auftrag von fünf Kaibetrieben als Serviceangebot für Linienagenten entwickelt, die für die Containerkontrolle und -disposition der von ihnen vertretenen Reedereien ver-

---

[93] Vgl. hierzu auch die Konferenzregeln "Carrier's haulage" und "Merchant's haulage". Vgl. Ihde, Gösta B.: Transport, Verkehr, Logistik, München 1984, S. 50.

[94] Vgl. Ihde, Gösta B.: Transport, Verkehr, Logistik. Stuttgart 1984, S. 86.

antwortlich sind. Hier besteht ein Kommunikationsaustausch mit und innerhalb der Containerterminals in Hamburg sowie mit den Kaibetrieben in Bremen und Rotterdam.
- CONTRADIS (Container-Trans-Dispositionssystem) stellt im Rahmen der DAKOSY-Anwendung (Daten-Kommunikations-System des Hamburger Hafens) die Kommunikation zur Transfracht und Deutschen Bahn AG bzgl. Transportaufträgen, Containernummern, Wagennummern und Gleisspiegel etc. her. Über den Kommunikationsrechner GATEWAY erhält das Dispositionssystem Zugang zu den Transfrachtsystemen Container-Voranmeldung (CVM) und Fahrzeug-Informations- und Voranmelde-System (FIV). Hierdurch wir der Ablauf der Importcontainer aus dem Hafen ins Hinterland erheblich beschleunigt.[95]

Neben diesen Systemen gewinnen im Seeverkehr wie auch im Kontinentalverkehr in zunehmendem Maße Satellitenkommunikationssysteme zur Sendungsverfolgung an Bedeutung. So werden bereits seit längerem von seiten der Telekom Inmarsat-Dienste angeboten. Inmarsat[96] ist 1979 in London gegründet worden. Aufgabe der Inmarsat ist es, weltweite Möglichkeiten zur Nutzung von mobilen Kommunikationsdiensten per Satellit zu schaffen. Inmarsat läuft über vier Satelliten.[97]

2.3.4 Die Ausgangssituation für den Transport temperaturgeführter Güter im internationalen Luftfrachtverkehr

(1) Allgemeine Entwicklungen

Der Luftfrachtmarkt unterscheidet sich von den übrigen Verkehrsmärkten durch kurze Beförderungszeiten auf weiten Distanzen, geringe Beförderungskapazitäten, hohe Transportkosten und eine begrenzte Netzdichte, bedingt durch die Fixierung aus Sicherheitsgründen auf ausgewählte Luftwege und Flughäfen.[98] Aus diesen Eigenschaften, die den Luftfrachtmarkt charakterisieren, resultiert, daß von den Leistungsmerkmalen des Luftverkehrs wie Schnelligkeit, Sicherheit, Zuverlässigkeit und Bedienungshäufigkeit primär zeitkritische und/oder hochwertige Güter profitieren.

---

95 Vgl. Piontek, Jochem: Internationale Logistik. Stuttgart 1994, S. 49 - 50 und 86 - 87. Stabenau, Hanspeter: Verkehrsbetriebslehre. Bremen 1990, S. 47 - 48.
96 International Maritime Satellite Organization
97 Vgl. Piontek, Jochem: Internationale Logistik. Stuttgart 1994, S. 61 - 63.
98 Vgl. Piontek, Jochem: Internationale Logistik. Stuttgart 1994, S. 88.

Prägend für die seit dem Ende des zweiten Weltkriegs stürmische internationale Entwicklung des Luftfrachtaufkommens waren Fortschritte im technischen Bereich (Düsenflugzeuge und Großraumflugzeuge), im rechtlichen und ökonomischen Bereich. Als rechtliche Grundlagen gelten das Chicagoer Abkommen, die Gründung der ICAO[99] (1947), das Warschauer Abkommen von 1955 sowie das Haager Protokoll in der Neufassung von 1971. Nationale Abkommen, die davon abweichen, sind im Verkehr zwischen den Mitgliedstaaten nichtig. Die Festlegung von Beförderungsbedingungen und Regelung der Haftung im internationalen Flugverkehr sind Aufgaben, die die IATA[100] wahrnimmt. Wesentlicher Vorteil einer (freiwilligen) IATA-Mitgliedschaft sind die einheitlichen Transportdokumente, Belade- und Sicherheitsstandards.[101]

Hinsichtlich der Entwicklung im ökonomischen Bereich läßt sich feststellen, daß durch die Schnelligkeit der Luftfracht für zahlreiche Produkte neue Märkte erschlossen werden konnten. Hier sei auf die "off-season"-Versorgung der Bevölkerung mit Obst und Gemüse aus südlichen Ländern hingewiesen. Bedingt durch die zunehmende Öffnung der Märkte und die Internationalisierung innerhalb der gesamten Logistikkette kommt insbesondere hochwertigen und zeitkritischen Gütern im Luftverkehr große Bedeutung zu.

(2) Festlegung und Berechnung der Frachtraten

Basis für die Frachtratenberechnung bilden die von den jeweiligen Regierungen genehmigten Beschlüsse der IATA-Verkehrskonferenzen. Dabei gelten die Struktur von Angebot und Nachfrage nach Frachtleistungen bezogen auf bestimmte Verkehrsrelationen, die Güterart (Wert, Volumen, Gewicht), die wirtschaftliche Struktur des Einzugsgebietes, die Entfernung zwischen Abgangs- und Bestimmungsort sowie die Wettbewerbsverhältnisse als frachtbildende Faktoren.[102]

Frachtkosteneinsparungen lassen sich durch geringere Verpackungskosten, aufgrund der niedrigeren Beschädigungsgefahr, durch geringere Versicherungsprämien wegen des als niedrig eingestuften Schadenauf-

---

99 International Civil Aviation Organization

100 International Air Transport Association

101 Zur Problematik der Verkehrsrecht und Freiheiten der Luft vgl. Ihde, Gösta B.: Transport, Verkehr, Logistik. München 1984, S. 71 - 74.

102 Vgl. Walldorf, Erwin Georg: Internationale Frachtbedingungen. In: Handwörterbuch Export und Internationale Unternehmung. Hrsg. Klaus Macharzina und Martin Welge. Stuttgart 1989, Sp. 698 - 711.

kommens im Flugverkehr sowie durch Inanspruchnahme des Luftverkehrsspediteur-Sammelgutverkehrs erzielen. Hier werden die Einzelsendungen zu Ladungen gebündelt und in Nur-Fracht-Flugzeugen befördert.[103]

(3) Die Bedeutung von Informations- und Kommunikationssystemen im Flugverkehr

Bedingt durch den ständig steigenden Anteil der Luftfracht im Flugverkehr nimmt auch die Bedeutung der EDV-gesteuerten Informations- und Abfertigungssysteme zu. Im Einsatz sind zur Zeit die Systeme ALFA (automatisches Luftfracht-Abfertigungssystem), CIS (Cargo Information System) und LOG-Luft (Logistische Optimierung der Güterverkehrs-Luftfracht).

(4) Der Flugverkehr im Lebensmittelbereich unter ökologischen Aspekten

Der seit Jahren stark ansteigende Personen- und Güterverkehr mit Luftfahrzeugen führt zunehmend zu Kapazitätsengpässen auf den Flughäfen. IATA-Studien[104] haben ergeben, daß bis zum Jahre 2010 13 der 27 größten Flughäfen Europas sogar dann Engpässe aufweisen werden, wenn die vorliegenden Ausbaukonzepte umgesetzt werden. Die bis zum Jahr 2010 prognostizierte Verdoppelung der Flugbewegungen wird nach IATA-Angaben zwar bei "koordiniertem Management" nicht unbedingt zu einem Engpaß im Luftraum führen, wird aber entscheidend zu einem noch schärferen Wettbewerb der Flughäfen untereinander hinsichtlich der zu erbringenden Dienstleistungen, der Infrastruktur des Flughafens und des Preis-Leistungs-Verhältnisses der Leistungen führen. Daneben ist auch auf die negativen Auswirkungen dieses Anstiegs im Luftverkehr auf die Umwelt insgesamt sowie auf die Lebens-, Wohn- und Landschaftsqualität im direkten Umfeld eines Flughafens hinzuweisen.[105]

---

[103] Vgl. Piontek, Jochem: Internationale Logistik. Stuttgart 1994, S. 89 - 90 und Ihde, Gösta B.: Transport, Verkehr, Logistik. München 1984, S. 73 - 76.
[104] Vgl. Piontek, Jochem: Internationale Logistik, Stuttgart 1994, S. 91.
[105] Vgl. Piontek, Jochem: Internationale Logistik, Stuttgart 1994, S. 91.

2.4 Zusammenfassung des Kapitels "Grundlagen der internationalen Distributionslogistik in der deutschen Molkereiwirtschaft"

Der Erfolg eines international tätigen Unternehmens hängt in erheblichem Maße von der optimalen Ausgestaltung der Distributionslogistik ab, die an die Erfordernisse des jeweiligen Auslandsmarktes angepaßt werden muß. Eine besondere Bedeutung kommt dem Logistikservice zu, der sich in die Komponenten Lieferzeit, Lieferzuverlässigkeit, Lieferungsbeschaffenheit, Lieferflexibilität und Informations- und Kommunikationsbedarf zerlegen läßt. Bei deren gezieltem Einsatz als Differenzierungskriterien zwischen den Marktpartnern wird diesen Komponenten im Rahmen des Marketing-Mix eine nicht zu unterschätzende akquisitorische Wirkung zugesprochen. Es liegt daher nahe, das Distributionslogistiksystem sowohl unter qualitativen Aspekten als auch unter Kostengesichtspunkten zu bewerten. Das Bewußtsein, Logistikkosten im Unternehmen zu erfassen, ist in der Praxis zwar gewachsen, eine verursachungsgerechte und leistungsorientierte Zuordnung zu den tatsächlich betroffenen Bereichen im Unternehmen wird jedoch nach wie vor nicht durchgängig praktiziert.

Milchverarbeitende Unternehmen stellen spezielle Anforderungen an die Logistik und den Lieferservice für temperatursensible Milchprodukte. So haben Form und Gewicht sowie der Grad der Verderblichkeit der Molkereiprodukte, die durch die Licht-, Feuchtigkeits- und Temperaturempfindlichkeit sowie durch die Druck-, Stoß- und Rüttelempfindlichkeit bestimmt werden, Einfluß auf den Lieferservice und die Wahl des Transportmittels. Der Transport in Länder wie Spanien und Portugal, die stark unterschiedliche oder schwankende klimatische Gegebenheiten aufweisen, setzt außerdem eine lückenlose und funktionsfähige Kühlkette voraus. Dem Faktor Zeit kommt dabei für Molkereifrischprodukte mit kurzem Mindesthaltbarkeitsdatum eine besonders große Bedeutung zu.

Als Grundlage für die im Rahmen dieser Arbeit vorzunehmende quantitative und qualitative Bewertung der Verkehrsmittel LKW, Eisenbahn, Schiff und Flugzeug im grenzüberschreitenden Verkehr mit Spanien und Portugal dient die Erörterung rechtlicher und politischer Spezifika, des Zustandekommens der Frachtraten, der Bedeutung von Informations- und Kommunikationssystemen sowie der technischen Innovationen und ökologischen Aspekte bei der Nutzung der einzelnen Verkehrsmittel.

3 Rahmenbedingungen für Aktivitäten deutscher Hersteller am spanischen und portugiesischen Markt für Molkereiprodukte

3.1 Der spanische Markt für Milch und Molkereiprodukte

3.1.1 Geographische Gegebenheiten und politische Hintergründe

(1) Landesfläche und Klima

Das Staatsgebiet des Königreichs Spanien umfaßt 504.782 km^2 einschließlich der Balearen (5.014 km^2), der Kanarischen Inseln (7.242 km^2) sowie der beiden Enklaven Ceuta und Melilla an der marokkanischen Küste (32 km^2).
Klimatisch ist der Nordteil der iberischen Halbinsel (Galizien, Asturien, Baskenland und Pyrenäen) ozeanisch geprägt. Im übrigen Spanien herrscht ein sommertrockenes, mediterranes Klima, das in den Binnenlandschaften stark kontinentale Züge aufweist.

(2) Staatsform und Verwaltung

Staatsform ist seit 1975, dem Todesjahr des Diktators Franco, eine Monarchie auf parlamentarisch-demokratischer Grundlage. 1955 wurde Spanien Mitglied der UNO, 1981 der NATO und seit dem 01.01.1986 ist Spanien Mitglied der Europäischen Union. Spanien ist in 17 autonome Regionen mit insgesamt 52 Provinzen eingeteilt.
Staatssprache ist spanisch, wobei die spanische Schriftsprache auf der kastilischen Mundart beruht. Katalanisch (von 6 Mio. Einwohnern gesprochen), baskisch (von einer Million Einwohnern gesprochen) und galizisch (von 2,5 Mio. Einwohnern gesprochen) sind als Nationalsprache anerkannt.

(3) Bevölkerung

Nach der Volkszählung im Jahre 1991 hatte Spanien 38,9 Mio. Einwohner. Daraus ergibt sich eine Bevölkerungsdichte von 77 Einwohnern pro km^2. Für den Zeitraum von 1981 bis 1991 wird eine durchschnittliche Wachstumsrate von 0,5 % angegeben. Die regionale Verteilung der Bevölkerung ist äußerst ungleichmäßig. Während die Gebiete im Landesinnern Dichtewerte von unter 15 Einwohnern je km^2 aufweisen, erreichen die Ballungsgebiete sowie die Talzüge und die Ebenen der Küstenlandschaften teilweise weit überdurchschnittliche Werte (vgl. Tab. 1 und Abb. 8).

Die Spanier gehören fast ausschließlich der römisch-katholischen Religionsgemeinschaft an. Die Analphabetenquote lag 1990 bei 4,6 % der Bevölkerung im Alter von 16 Jahren und älter.

Tab. 1: Die Bevölkerungsverteilung in Spanien (1991)

Autonome Regionen	Anzahl der Einwohner (in 1.000)	Bevölkerungsdichte (Einw./km²)
Andalusien	6.940,5	79,5
Aragonien	1.188,8	24,9
Asturien	1.093,9	103,5
Baskenland	2.104,0	289,8
Extremadura	1.061,9	25,5
Galizien	2.731,7	92,8
Kastilien-León	2.545,9	27,0
Kastilien-La Mancha	1.658,4	20,9
Kantabrien	527,3	99,7
Katalonien	6.059,5	189,8
Madrid	4.947,6	618,8
Murcia	1.045,6	92,4
Navarra	519,3	49,8
La Rioja	263,4	52,3
Valencia	3.857,2	165,5
Balearen	709,1	141,4
Kanarische Inseln	1.493,8	205,4
Ceuta	67,6	3.756,4
Melilla	56,6	4.042,9

Abb. 8: Die Bevölkerungsdichte in Spanien (Einw./km²)

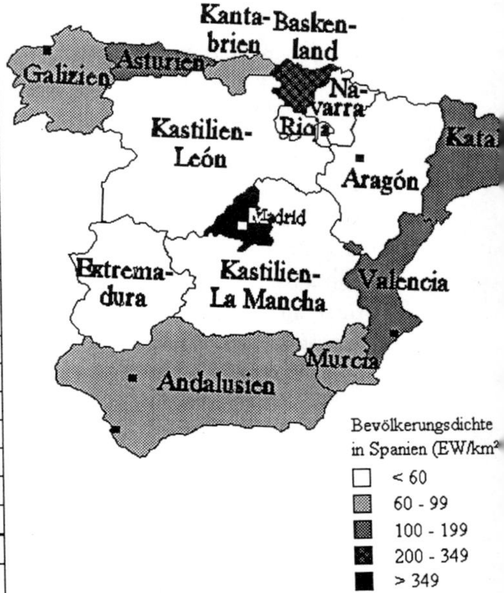

Quelle: Länderbericht Spanien 1991, S. 29 - 31; Anuário El País 1993, S. 408.

(4) Wirtschaft

Spanien erwirtschaftete 1994 ein Bruttoinlandsprodukt zu Marktpreisen in Höhe von 482,8 Mrd. US-Dollar. Die Inflationsrate, die in Spanien vor dem EU-Beitritt noch bei 8,8 % lag, konnte bis 1994 auf 4,8 % gesenkt werden. Die Auslandsverschuldung lag 1992 bei 770 Mio. US-Dollar. Die Bank von Spanien verfügte 1992 über Reserven in Höhe von 52,4 Mrd. US-Dollar. Die Erwerbsquote lag 1993 bei 30,0 %, die Arbeitslosenquote bei 22,7 %.[1]

[1] Zahlen aus Anuário El País 1993, S. 351 - 352, 408 - 413, 425 - 426 und Anuário El País 1995, S. 375, 381 - 384 und 431 - 439, FAZ Nr. 181, 07.08.1995, S. 10.

Innerhalb der spanischen Wirtschaft hat der Agrarsektor mit einem Anteil am Bruttoinlandsprodukt von 3,8 % in 1992 und einem Anteil von 9,5 % der Erwerbspersonen eine leicht rückläufige Bedeutung. 45 % der Landesfläche werden land- und forstwirtschaftlich genutzt. Innerhalb der landwirtschaftlichen Besitzstruktur finden sich kleine Familienunternehmen mit einer durchschnittlichen Fläche von 0,4 ha (Minifundias). Diese liegen in erster Linie im regenreichen Norden von Spanien. In Zentral- und Südspanien herrscht dagegen Goßgrundbesitz vor mit Flächen, die 500 ha übersteigen (Latifundias). Spanien ist außerdem ein bedeutender Fischproduzent mit einem Anteil an der gesamten EU-Fangquote von 40 %.

Tab. 2: Kennzahlen von Spanien

Staats- und Regierungsform	Monarchie auf parlamentarisch demokratischer Grundlage (seit 1975)
Verwaltungsgliederung	17 autonome Regionen und 52 Provinzen (seit Februar 1983)
Landesfläche	504.782 km² (davon Balearen 5.014 km², Kanarische Inseln 7.273 km² und Ceuta und Melilla zusammen 32 km²)
Bevölkerungsanzahl	39,2 Mio. (1994)
Einwohner pro km²	77,0 35 % der Bevölkerung leben an der Küste
Ballungsgebiete	Großraum Madrid: 4 Mio. Einwohner, Großraum Barcelona: 3,5 Mio. Einwohner; Valencia: 800.000 Einwohner; Sevilla: 650.000 Einwohner
Bruttoinlandsprodukt zu Marktpreisen (1994)	482,8 Mrd. US-Dollar
Außenhandel (1994) Einfuhr Ausfuhr Einfuhrüberschuß	 92,5 Mrd. US-Dollar 73,3 Mrd. US-Dollar 19,2 Mrd. US-Dollar
Inflationsrate (1994)	4,8 %
Arbeitslosenquote (1994)	24,1 %
Infrastruktur: Eisenbahnnetz Straßennetz	16.700 km, 7.000 km elektrifiziert 3.000 km Fernverkehrsnetz (1990) 80.000 km Nationalstraßen 70.000 km Landstraßen
Internationale Flughäfen	10
Seehäfen	> 200 (die wichtigsten in Bilbão, Tarragona, Barcelona, Valencia, Cádiz, Vigo, Sevilla [größter Binnenhafen])

Quelle: Statistisches Bundesamt Wiesbaden: Länderbericht Spanien 1991; FAZ Nr. 181, 07.08.1995, S. 10; Anuário El País 1993, S. 351 und 1995, S. 375, 381.

(5) Verkehrsinfrastruktur

Das spanische Eisenbahnnetz umfaßt nahezu 16.700 km (vgl. Tab. 2). Davon sind etwa 7.000 km elektrifiziert. 80 % des Bahnnetzes weisen eine Spurbreite von 1.676 mm auf und weichen damit von der internationalen Spurbreite (1.435 mm) ab. In den letzten Jahren tätigt man umfangreiche Investitionen in die Modernisierung des rollenden Materials und den Ausbau der Bahnanlagen.

Das Straßennetz in Spanien umfaßt die vom Staat gebauten und ohne Gebühren benutzbaren Fernverkehrsstraßen (Autovías) sowie die von Privatunternehmen gebauten und nur gegen Gebühren benutzbaren Autobahnen (Autopistas). Ferner gibt es über 80.000 km Nationalstraßen und über 70.000 km Landstraßen.

Die mehr als 200 Häfen sind entlang der Küsten Spaniens verteilt, wobei Bilbao, Tarragona, Barcelona und Valencia die wichtigsten sind. Der größte Binnenhafen ist Sevilla. Der Seeverkehr ist ein wichtiger Bestandteil des Außenhandels Spaniens, die Handelsflotte steht an zwölfter Stelle der Welt, die Fischfangflotte ist die größte Europas.
Spanien verfügt über 45 Zivilflughäfen, davon sind zehn internationale Flughäfen.

3.1.2 Die Angebotssituation am spanischen Markt für Milch und Milchprodukte

In Spanien wird neben Kuhmilch traditionell auch Milch von Schafen und Ziegen gewonnen und dem Verarbeitungsprozeß zugeführt. Tabelle 3 zeigt die Entwicklung der Produktion aller drei Milcharten zwischen 1980 und 1993 auf.

Tab. 3: Die Entwicklung der Milchproduktion in Spanien zwischen 1980 und 1993 (in 1.000 t)

Jahr	Milch gesamt	Kuhmilch	Ziegenmilch	Schafmilch
1980	6.543	6.047	299	197
1984	7.040	6.431	364	245
1987	6.529	5.941	352	236
1990	6.570	5.752	488	330
1993	6.535	6.028	430	275

Quelle: A. Lacasa Godina: Die Milchwirtschaft in Spanien. In: DMZ Lebensmittelindustrie und Milchwirtschaft, 113. Jg. (1992), Nr. 8/1992, S. 226. ZMP-Bilanz Milch 1992, S. 169 und 1995, S. 169.

3.1.2.1 Milcherzeugung und Milcherfassung in Spanien

Die höchste Kuhmilchmenge wurde 1984 mit 6,4 Mio. t produziert. Die folgenden Jahre waren durch einen kontinuierlichen Produktionsrückgang gekennzeichnet, was u.a. auf den EU-Beitritt und die durch die EU-Kommission anfangs zugebilligte Milchquote von lediglich 4,5 Mio. t **Kuhmilch** zurückzuführen ist. Um weitere Überschüsse abzubauen und die erzeugte Kuhmilchmenge um 800.000 t zurückzunehmen, wurde 1992 von der spanischen Regierung ein Milchrentenprogramm gestartet. Ebenfalls 1992 wurde von der EU-Kommission die Milchquote um 650.000 t auf 5,15 Mio. t heraufgesetzt, so daß sich die Produktion seitdem in etwa auf der Höhe der Quote einpendelt.[2]

Tab. 4: Milchproduktion nach autonomen Regionen (1990 in t)

Autonome Region	Milch gesamt	Kuhmilch	Schafmilch	Ziegenmilch
Galizien	1.466.412,60	1.463.401,34	1.126,13	1.885,13
Kastilien-León	1.266.626,61	1.032.985,97	204.225,64	29.414,99
Asturien	663.021,07	662.333,26	368,82	318,99
Katalonien	627.596,39	621.115,75	0,00	6.480,64
Kantabrien	458.677,14	457.759,81	529,40	387,93
Andalusien	614.331,47	385.923,49	429,94	227.978,04
Baskenland	288.437,54	278.405,91	9.428,64	602,99
Kastilien-La Mancha	322.328,03	158.353,23	88.259,95	75.714,85
Balearen	158.314,22	155.692,74	1.766,38	855,10
Navarra	157.108,83	150.536,56	5.946,64	625,63
Extremadura	150.726,37	118.870,24	2.945,35	28.910,78
Aragón	102.620,98	99.278,61	25,90	3.316,47
Madrid	109.483,93	92.032,56	8.763,52	8.687,85
Kanarische Inseln	130.276,63	66.811,98	6.708,10	56.756,55
C. Valenciana	61.137,46	40.736,50	457,91	19.943,05
R. de Murcia	42.955,59	20.121,05	0,00	22.834,54
La Rioja	16.731,22	14.904,10	247,60	1.579,52
Spanien gesamt	**6.636.786,07**	**5.819.263,10**	**331.229,92**	**486.293,05**

Quelle: Maria José Rubio: Cambio de tendencia. In: ARAL, 25. Jg. (1992), Nr. 1134, 8. - 15. Februar 1992, S. 21; eigene Berechnungen.

Während die Reglementierung durch die EU ein kontinuierliches Sinken der Kuhmilchproduktion bedingt, waren sowohl bei der spanischen Schaf- als auch der Ziegenmilchproduktion hohe Steigerungsraten fest-

2 Vgl. o.V.: EG fordert Superabgaben wegen Überziehung der Milchquoten. Agra Europe. In: Die Molkerei-Zeitung Welt der Milch 46. Jg. (1992), Nr. 45/1992, 6.11.1992, S. 1452. O.V.: Milchquoten-Aufkaufprogramm stieß auf geringe Resonanz. In: Agra Europe Nr. 21/96 vom 20.05.1996, Länderberichte 23.

zustellen. Zwischen 1980 und 1992 ist die Produktion von Schafmilch um knapp 40 % und die der Ziegenmilch um fast 44 % angestiegen, wobei jedoch bei beiden Milcharten im Vergleich zur Kuhmilchproduktion keine nennenswerten Mengen erzeugt werden. Tabelle 4 gibt einen Überblick über die Erzeugung von Kuh-, Schaf- und Ziegenmilch in 1990.

Durch die Aufschlüsselung nach 17 der 19 autonomen Regionen lassen sich die Haupterzeugungsregionen für die einzelnen Milchsorten ablesen. Ein deutlicher Produktionsschwerpunkt für Kuhmilch liegt dabei in den nördlichen Landesteilen (Galizien, Asturien, Kastilien-León und Katalonien).

Ende 1994 wurden in Spanien rund 1,4 Mio. Kühe mit einer durchschnittlichen Milchleistung von 4.230 kg pro Jahr registriert. Spaniens Milchleistung lag somit knapp 21 % unter dem EU-Durchschnitt von 5.330 kg/Jahr.[3] In einer Untersuchung von 1991 wurden in Spanien rund 185.000 milcherzeugende Betriebe gezählt, wobei dies bei einem Milchkuhbestand von 1.516.000 einem durchschnittlichen Milchviehbestand von 8,2 je Betrieb entsprach. Tabelle 5 gibt die Größenverteilung der milcherzeugenden Betriebe in 1991 wieder. Auffallend ist, daß in 91 % der Betriebe lediglich zwischen 1 und 19 Stück Milchvieh gehalten wurden.

Tab. 5: Größenstruktur der milcherzeugenden Betriebe in Spanien in 1991

Zahl der Tiere	**Anzahl der Betriebe**		**Anzahl der Kühe**	
	absolut	**in %**	**absolut**	**in %**
1 - 9	132.000	71,4	485.000	32,0
10 - 19	36.000	19,5	447.000	29,5
20 - 29	9.000	4,9	204.000	13,5
30 - 59	6.000	3,2	189.000	12,5
mehr als 60	2.000	1,0	1913000	12,6
Insgesamt	**185.000**	**100,0**	**1.516.000**	**100,0**

Quelle: A. Lacasa Godina: Die Milchwirtschaft in Spanien. DMZ Lebensmittelindustrie und Milchwirtschaft, 113. Jg. (1992), Nr. 8/1992, S. 223; ZMP-Bilanz Milch 1995, S. 82 - 83.

Von der gesamten 1990 erzeugten Kuhmilch wurden 77,9 % (4,53 Mio. t) an milchverarbeitende Unternehmen angeliefert. Dieser deutlich unter dem EU-Durchschnitt von 90,5 % liegende Wert war durch den hohen Anteil der Eigenverwendung und Kälbermast am Hof von 12 %

3 Vgl. ZMP-Bilanz Milch 1995, S. 82 - 86.

sowie durch den hohen Anteil der Direktvermarktung ab Hof von 9,9 % bedingt.[4] Bis 1994 stieg der Anteil der an Molkereien angelieferten Milch auf 84,9 % oder 4,93 Mio. t an (vgl. Tab. 6).[5]

Ziegenmilch wird nur in geringem Maße als Trinkmilch verzehrt, der überwiegende Anteil wird zu Käse verarbeitet. Von den insgesamt 486.293 t Ziegenmilch, die 1990 in Spanien erzeugt wurden, gelangten knapp 77 % in milchverarbeitende Unternehmen. Während die Direktvermarktung von Ziegenmilch nur in Katalonien eine große Rolle spielt (20,6 %), ist die direkte Verarbeitung auf dem Bauernhof von Ziegenmilch zu Ziegenkäse sehr verbreitet.

Tab. 6: Kuhmilchanlieferung an milchverarbeitende Unternehmen zwischen 1975 und 1993 in %

Jahr	**1975**	**1980**	**1985**	**1987**	**1990**	**1991**	**1992**	**1993**
Spanien	50,0	69,7	74,6	75,8	88,1**	88,1**	88,5**	88,8**
Deutschland	90,0	93,0	92,0	91,0	91,7	90,9 *	91,5 *	92,6 *

* Gesamtdeutschland; ** Neue, geschätzte Reihe.

Quelle: Alimarket: Estudio del Sector Lácteo Español, 1988; ARAL, 25. Jg. (1992), Nr. 1134, 8. - 15. Februar 1992, S. 21; ZMP-Bilanz Milch verschiedene Jahrgänge.

Schafmilch wird ebenso wie Ziegenmilch in der Regel zu Käse verarbeitet. Der wohl bekannteste und am weitesten verbreitete Schafmilchkäse ist der Manchego, der entweder zu 100 % aus der Milch der Manchega-Schafe hergestellt oder mit Kuh- und Ziegenmilch gemischt als Tipo Manchego auf dem Markt angeboten wird. Auch bei der Schafmilchverwendung ist der Anteil der Verarbeitung zu Käse am Hof von Bedeutung.

Ein Problem, vor das die spanische Molkereiwirtschaft gestellt ist, resultiert aus dem starken Ungleichgewicht zwischen den Produktions- und Konsumregionen Die traditionellen Milcherzeugerregionen befinden sich im Norden Spaniens, konsumiert werden die Molkereiprodukte jedoch in Mittelspanien, entlang der Mittelmeerküste und in Andalusien. Dies bedingt erhebliche Mehrkosten zum einen für den Transport von Rohmilch in die Verarbeitungsbetriebe, die nicht innerhalb der Produktionsregionen angesiedelt sind, zum anderen für den Transport von Fertigprodukten

4 Vgl. Rubio, Maria José: Cambio de tendencia. In: ARAL, 25. Jg.(1992), Nr. 1134, 8./15. Februar 1992, S. 22.

5 Vgl. ZMP-Bilanz Milch 1995, S. 85 - 86.

in die Hauptabsatzregionen. In einer Studie[6] wurde festgestellt, daß rund 2,5 Mrd. l Milch, sei es als Frischmilch, Rohmilch oder als verpacktes Endprodukt, pro Jahr im Durchschnitt zwischen 300 und 400 km transportiert werden müssen.[7] Die Behandlung und Verarbeitung der gewonnen Milch am Hof ist vom Gesetzgeber nur noch in den sog. "industrias integradas" erlaubt.

Bei der **Milcherfassung** sind rechtsformimmanente Unterschiede von Bedeutung: Genossenschaftliche Molkereien lassen die Milch durch ihre Genossen anliefern. Die übrigen Industriebetriebe erfassen den Rohstoff direkt ab Hof oder ab Milchsammelstelle. Die Häufigkeit der Rohmilcherfassung ist je nach Region und Unternehmen unterschiedlich und variiert in erster Linie entsprechend der am Hof zur Verfügung stehenden Kühlkapazitäten. Verfügt ein Landwirt über ausreichende Kühlanlagen, erfolgt die Abholung der Rohmilch täglich oder zweitägig. Bei unzureichenden Kühlmöglichkeiten erfolgt die Abholung zweimal täglich. Dabei sind unabhängig von Rechtsform und Größe der Molkereiunternehmen schriftliche Anlieferungsverträge zwischen der Molkerei oder Käserei und dem Milcherzeuger nicht üblich. Es bestehen lediglich mündliche Abmachungen.[8]

In verschiedenen Fachkreisen wird immer wieder der geringe Rationalisierungsgrad bei der Rohstoffbeschaffung moniert, der zu einem großen Wettbewerbsdruck zwischen den Molkereien führt, um sich genügend Rohstofflieferanten für die benötigte Milchmenge zu sichern. Man versucht, dies über den Auszahlungspreis zu manipulieren, was die Kostenbelastung der Molkereien noch zusätzlich zu den bereits erwähnten

---

6 Vgl. Alimarket und Agro SPC: Estudio del Sector Lácteo Español, Madrid Mai 1988, S. 11 - 13.

7 Vor diesem Hintergrund wurde in der genannten Studie die Hypothese aufgestellt, daß das Defizit in der Region Katalonien durch Milchimporte aus Frankreich mit geringen Kosten ausgeglichen werden könnte. Die bereits existierenden Anlagen müßten modernisiert und vergrößert werden, um so aus diesem Gebiet eine Überschußregion zu bilden, die das übrige Spanien mit Molkereiprodukten versorgen könnte. Die typischen Milcherzeugerregionen Galizien, Asturien, Kantabrien und Kastilien-León würden ebenfalls ihre Verarbeitungsbetriebe erweitern und verstärkt Endprodukte statt Rohmilch in andere Gebiete Spaniens versenden. Ihr Standortvorteil läge im günstigen Rohstoff. Was die konsumstarken Regionen Madrid, Levante und Andalusien sowie die von Touristen besuchten Regionen angeht, könnten diese mit Endprodukten versorgt werden, die entweder aus den nördlichen Landesteilen stammen oder aus anderen EU-Staaten importiert würden, wobei der Preis der entscheidende Wettbewerbsfaktor würde.

8 Vgl. Ministerio de Economía y Hacienda: Comercialización de leche, productos lácteos y helados. Madrid 1989, S. 446.

Transportkosten ungünstig beeinflußt.[9] Der Milchauszahlungspreis lag im milchwirtschaftlichen Jahr 1992/1993 bei 3.828 Pts./100 kg Rohmilch (49,88 DM/100 kg).[10] Hinsichtlich der Beurteilung der Milchqualität gilt seit 01.01.1994 die EU-Milchhygienerichtlinie (92/46 EWG vom 16.06.1992).

3.1.2.2 Struktur und Entwicklung milchverarbeitender Unternehmen

Bezogen auf die gesamte spanische Ernährungswirtschaft erwirtschaftete die spanische Milchindustrie 1990 einen Bruttoproduktionswert von 12,4 %. Dieser Anteil hat sich seit dem Beitritt zur EU ständig erhöht wie Tabelle 7 zeigt.

Tab. 7: Entwicklung der Bruttoproduktionswerte der Ernährungsindustrie und der Milchindustrie Spaniens von 1985 - 1990

Jahr	**Ernährungsindustrie** (in Mio. Pts.)	**Milchindustrie** (in Mio. Pts.)	**Milchindustrie/ Ernährungsindustrie** (in %)
1985	3.993.000	423.097	10,6
1987	4.705.000	505.173	10,7
1989	5.202.000	628.000	12,1
1990	5.436.000	676.473	12,4

Quelle: Haro, Fernando de: ¿Qué comemos? In Distribución Actualidad, Nr. 191, Februar 1992, S. 3; Anuário El País 1993, S. 369; eigene Berechnungen.

Im gleichen Zeitraum war jedoch auch eine starke Abnahme der Zahl der Betriebe festzustellen. Während 1981 noch 1.079 Betriebe Milch zu Trinkmilch und anderen Molkereiprodukten verarbeiteten, sank diese Zahl bis 1991 auf 497 Betriebe (vgl. Tab. 8). Spanien ist das einzige Land der europäischen Gemeinschaft, in dem der Sektor Milch und Milcherzeugnisse weitgehend von privatwirtschaftlich orientierten Unternehmen bestimmt wird. Die zehn größten Unternehmen erfassen und verarbeiten nahezu zwei Drittel der gesamten Milch aus der Garantiemenge.[11]

[9] Vgl. Ministerio de Economía y Hacienda: Comercialización de leche, productos lácteos y helados. Madrid 1989, S. 446.

[10] Vgl. ZMP-Bilanz Milch 95, S. 89. Die Umrechnung erfolgte mit Hilfe des Devisenkurses der Frankfurter Börse im Durchschnitt des Jahres 1993: Pts. 100,- = DM 1,303.

[11] Vgl. EU-Generaldirektion VI (Hrsg.): Die Struktur der Milchverarbeitungsindustrie in der Gemeinschaft im Jahre 1994 sowie Veränderungen seit 1991. Brüssel 1996, S. 53.

Tab. 8: Anzahl der milchverarbeitenden Betriebe in Spanien zwischen 1981 und 1991

Jahr	**1981**	**1983**	**1985**	**1987**	**1991**
Anzahl der Betriebe	1.079	993	875	571	497

Quelle: INE 1992; Ministerio de Agricultura, Pesca y Alimentación, Boletín Mensual de Estadística, verschiedene Jahrgänge; A. Lacasa Godina: Die Milchwirtschaft Spaniens. In: DMZ Lebensmittelindustrie und Milchwirtschaft, 113. Jg. Nr. 8/1992, S. 230, ZMP-Bilanz Milch 1994, S. 87 - 88.

Im Industriereport 1985 - 1988, der im Auftrag des Instituto Nacional de Estadística erstellt wird, sind die Betriebe u.a. nach der Anzahl ihrer Beschäftigten aufgeführt. Tabelle 9 macht deutlich, daß der massive Rückgang der Unternehmen zwischen 1985 und 1988 um 32,2 % in erster Linie auf das Verschwinden vieler Kleinstbetriebe mit weniger als 20 Beschäftigen zurückzuführen ist. Auffallend ist auch der starke Einbruch im Jahre 1987, also dem Jahr nach dem Beitritt Spaniens zur EU. Nach Aussagen im Industriereport ist diese Tatsache v.a. durch die schlechte Rentabilität der kleinen Betriebe im Vergleich zu den kostengünstiger operierenden ausländischen Großunternehmen bedingt, die nach Spaniens EU-Beitritt ins Land strömten. Lediglich Kleinbetriebe mit Spezial- und Nischenprodukten, hier sind in erster Linie Käsereien gemeint, konnten und können sich bislang diesem Druck weitgehend entziehen.

Tab. 9: Strukturdaten der milchverarbeitenden Betriebe in Spanien in 1985 und 1988

	1985	**1988**	**Veränderung in %**
1. Betriebsgröße			
0 < 20 Mitarbeiter (MA)	716	415	- 42,1
20 < 50 MA	72	80	+ 11,1
50 < 100 MA	35	36	+ 2,8
100 < 500 MA	46	52	+ 13,0
> 500 MA	6	10	+ 66,7
Gesamtzahl der Betriebe	875	593	- 32,2
2. Beschäftigtenzahl	25.879	25.502	- 1,5
Beschäftigtenzahl pro Betrieb	29,58	43,01	+ 45,4
3. Personalkosten (Mio. Pts.)	44.932	55.113	+ 22,7
Personalkosten je MA (Pts.)	1.736.234	2.161.125	+ 24,5
4. Bruttoproduktionswert (Mio. Pts.)	432.097	543.038	+ 25,7
5. Vorleistungen (Mio. Pts.)	327.449	415.988	+ 27,0
davon: Rohstoffkosten	280.592	347.959	+ 24,0
Energiekosten	10.246	15.654	+ 52,8
Hilfskosten	19.127	31.200	+ 63,1
6. Wertschöpfung (Mio. Pts.)	104.648	127.050	+ 21,0
7. Bruttoüberschuß (Mio. Pts.)	59.716	71.937	+ 20,5

Quelle: INE. In: Estructura y características de la industria láctea en España. In: Revista Española de Lecheria, 3. Jg. (1991), Nr. 32, Nov./Dez. 1991, S. 43.

Trotz des Einbruchs bei Kleinbetrieben ist die Anzahl der Beschäftigten im Beobachtungszeitraum nur marginal gesunken. Dies läßt sich dadurch erklären, daß das Personal der kleinen Betriebe bei Fusionen zum Großteil übernommen wurde. Dies belegen auch die durchschnittliche Anzahl der Beschäftigten, die 1985 bei rund 30 lag und bis 1988 auf 43 anstieg, sowie die zwischen 1985 und 1988 um 22,7 % auf rund 55 Mrd. Pts. gestiegenen Personalkosten.

Von den 593 Betrieben, die 1988 gezählt wurden, gehörten 415 oder 70 % der Gruppe der Kleinbetriebe mit weniger als 20 Beschäftigten an. 80 Betriebe hatten zwischen 20 und 49 Beschäftigte und lediglich 10 mehr als 500 Mitarbeiter. 1988 kontrollierten 60 Betriebe 90 % der gesamten Produktion, während eine Gruppe von 533 Firmen, die in der überwiegenden Mehrzahl den handwerklichen Käsereien und Trinkmilchabfüllungsunternehmen zuzuordnen sind, die übrigen 10 % auf sich verteilten.

Hinsichtlich der regionalen Verteilung der Molkereien und Käsereien gilt es festzuhalten, daß in den Gegenden mit der höchsten Milchdichte nicht unbedingt auch die meisten Milchverarbeitungsbetriebe angesiedelt sind. So haben in den milchreichen nördlichen Regionen Galizien, Asturien, Kantabrien und Teilen des Baskenlandes ca. 29 % der Molkereien ihren Sitz. Die Regionen Kastilien-León (26,8 %), Kastilien-La Mancha (12 %) und Madrid (6 %) vereinen fast die Hälfte (45 %) aller Molkereiunternehmen Spaniens auf sich.

Die folgenden Ausführungen sollen einen kurzen Überblick über das Angebot der spanischen Unternehmen an Milch und Molkereiprodukten geben. Tabelle 11 faßt die Entwicklung der Produktionsmengen einzelner Produkte zwischen 1989 und 1993 noch einmal zusammen.

- Von den 4,2 Mrd. l Milch, die 1991 in Spanien an Molkereien angeliefert wurden, sind knapp 58 % zu **Konsummilch** verarbeitet worden. Innerhalb der Konsummilchproduktion ist der starke Rückgang im Bereich der pasteurisierten Milch hervorzuheben, deren Produktionsvolumen im Jahr 1991 nur noch 57,3 % des Volumens von 1989 betrug. Ebenfalls im Rückgang begriffen ist sterilisierte Milch. Diesen beiden rückläufigen Trends steht die ständig wachsende Produktionsmenge an UHT-Milch gegenüber (vgl. Tab. 10).

- Die Produktion von **haltbarer Milch** wurde 1990 in erster Linie von 33 Molkereiunternehmen bestritten, wobei der größte Hersteller Leche Pascual mit einem Jahresausstoß von 335 Mio. l ist, gefolgt von der Grupo Lesa mit einer Jahresproduktionsmenge von 307,5 Mio. l. Den größten Anteil der in Spanien konsumierten **pasteurisierten Milch** stellten 1990 29 Molkereien her, wobei die Grupo Clesa mit einer Verarbeitungsmenge von 57,5 Mio. l, Puleva mit 52 Mio. l und die Central Lechera El Prado, S.A. mit ca. 50 Mio. l die ersten Plätze in der Rangskala einnahmen.[12]

Tab. 10: Anteile der verschiedenen Milcharten an der Gesamtproduktion von Konsummilch

Jahr	Pasteurisierte Milch	Sterilmilch	UHT-Milch
1986	29,3 %	29,7 %	40,9 %
1989	17,0 %	27,3 %	55,7 %
1991	13,2 %	19,4 %	67,4 %
1994	6,2 %	18,5 %	75,3 %

Quelle: Ministerio de Economía y Hacienda: Comercialización de leche, productos lácteos y helados, S. 316 und eigene Berechnungen aus FNIL Statistiken.

- **Joghurt und Milchmischgetränke**

Joghurt wurde 1989 von 54 Unternehmen hergestellt. Daneben gab es eine Vielzahl unabhängiger, sehr leistungsfähiger Unternehmen mit großen Verarbeitungskapazitäten, die Eigentum der großen multinationalen Produzenten oder ihnen angegliedert sind. Beherrscht wurde der Joghurtmarkt von Danone mit einem Marktanteil von 57 %, gefolgt von Yoplait mit 17 % und Chambourcy (Nestlé) mit 10 %. Thermisierter Joghurt wurde v.a. von ausländischen Herstellern geliefert, z.B. von Südmilch AG (Fruddis, Cremolo und Sabores, die aromatisiert sind, sowie Cesta de frutas mit Fruchtzusatz), Elle & Vire (aromatisierter Fruchtjoghurt), Bauer KG (Postre de leche y frutas) oder Zott KG (Zottis).

Die Gruppe der **puddingartigen Erzeugnisse** wie Flan, Natillas, Cremas u.a. (Gelificados) wurde ebenfalls von den Marken Danone, Chambourcy und Yoplait dominiert. Führende Marken im Bereich der **Milchmischgetränke** (Batidos) sind z.B. Okey (Okey), Puleva (Puleva, früher Uniasa), RAM, Nesquik und El Castillo.[13]

12 Vgl. o.V.: Envasada: con la leche al cuello. In: Revista Alimarket, Nr. 36, Dezember 1991, S. 74 und 77. o.V.: El Sector Lácteo, entre el cambio y la incertidumbre. In: Revista Alimarket, Nr. 36, Dezember 1991, S. 60 - 65.

13 Das Milchmischgetränk von El Castillo wird von der frischli Milchwerke GmbH Rehburg-Loccum hergestellt und im Rahmen der Sortimentsergänzung des Partnerunternehmens Granja Castello S.A. unter der Marke El Castillo vermarktet.

- **Käse**
  1990 wurden 86,4 % der gesamten in Spanien produzierten Käsemenge (250.000 t) von 90 Käsereien hergestellt. Die übrige Menge verteilte sich auf Unternehmen, die weniger als 500 t Käse im Jahr fertigen, sowie auf handwerkliche Betriebe. Lediglich neun große Unternehmen mit mehr als 5.800 t Jahresproduktion wurden 1990 erfaßt, wobei es sich bei den vier größten Käsereien um die Industria Quesera Menorquina, S.A. (14.844 t, Mahón), das Unternehmen Lácteas García Baquero, S.A. (11.250 t, Ciudad Real), die Kraft General Foods, S.A. (11.000 t, Madrid) und um das Unternehmen Forlasa (10.000 t, Villarobledo) handelte.[14] Neben den über 150 einheimischen Käsearten, deren wichtigste Vertreter der Manchego*, Tipo Manchego (Mischung aus Kuh-, Schaf- und Ziegenmilch), Idiazabal*, Roncal*, Mahón*, Tronchon, Ibores, Cantabria*, Cabrales*, San Simon und Tetilla sind,[15] werden eine Reihe ausländischer Käsesorten am spanischen Markt angeboten.

  Der **Frischkäsemarkt** wird von einigen wenigen spanischen (Arias), v.a. aber französischen (Danone), multinationalen (Kraft) und deutschen Unternehmen (Hochland, Karwendel) dominiert. **Hart- und Schnittkäse** werden von spanischen Unternehmen wie Forlasa aber auch von potenten ausländischen Unternehmen wie Fromageries Bel, Baars Kaas, Coberco, Kraft General Foods sowie von den deutschen Herstellern Hochland Gruppe und Karwendel-Werke angeboten. Bei **gereiftem Kuhmilchkäse/Camembert** dominieren deutlich französische Hersteller. **Blauschimmelkäse** aus Kuh- oder Schafmilch wird in erster Linie von deutschen (Bergader Weichkäserei, BMU), französischen und dänischen Produzenten angeboten. **Reibekäse** liefern u.a. Kraft GF, Forlasa und Grünland. Das Angebot **kalorienreduzierter Käsesorten** konzentriert sich auf die Unternehmen Bel, Hochland, Kraft und Karwendel.

- Der Bereich mit dem rasantesten Wachstum in den letzten Jahren war der des **Schmelzkäses**. Sieben der 13 in Spanien produzierenden Unternehmen befinden sich im Norden, drei in Kastilien-La Mancha, zwei in Katalonien und das größte auf den Balearen. Zu den wichtigen Schmelzkäseherstellern zählen die Kraft General Foods S.A. España,

---

Vgl. o.V.: Los derivados y postres lácteos en el mercado de Madrid: Danone y poco más. Studie der Planesic Madrid. In: ARAL, 25. Jg. (1992), Nr. 1134, 8. - 15. Februar 1992, S. 24 - 34.

14 Vgl. o.V.: Quesos, en periodo de maduración. In: Revista Alimarket Nr. 36, Dezember 1991, S. 83 - 85.

15 Die mit * gekennzeichneten Käsearten tragen eine Denominación de Origen.

Fromageries Bel, Nestlé, Hochland España S.A., Grünland, Bayernland und Hochland Reich, Summer & Co.

- In der Regel stehen in den spanischen Molkereien nur geringe Kapazitäten für die Butterherstellung zur Verfügung. Die **Buttererzeugung** (v.a. gesalzene Butter) dient in erster Linie dazu, die bei anderen Produktionsprozessen angefallenen Fettüberschüsse zu verwerten. Neben spanischer und französischer Butter findet man vereinzelt und regional begrenzt deutsche Butter der Firmen Nordmilch eG, MZO Oldenburg-Botterblom eG und Meggle.

Tab. 11: Produktionsspiegel der spanischen Milchindustrie (1989-1993)

	1989	**1990**	**1991**	**1994**
Kuhmilchanlieferung (1000 l)	4.243.260	4.370.558	4.220.079	5.350.000
Konsummilch gesamt (1000 l)	2.566.846	2.429.877	2.433.959	2.984,700
UHT - Milch (1000 l)	1.430.046	1.524.715	1.631.614	224.748
Sterilisierte Milch (1000 l)	700.540	582.080	552.210	55.217
Pasteurisierte Milch (1000 l)	436.260	323.082	250.135	18.505
Sauermilchprodukte (1000 l)	278.782	254.835	274.710	344.400
Käse (ohne Schmelzkäse) (t)	140.991	141.513	139.393	239.000
Aromatisierte Milchprod. (1000 l)	102.562	97.895	105.332	-
Puddingartige Erzeugnisse	71.527	68.373	78.714	-
Sahne (t)	35.514	38.273	42.665	51.700
Butter (t)	30.139	45.464	37.529	18.600
Schmelzkäse (t)	29.700	31.513	31.640	239.000
Kondensmilch (t)	46.310	31.000	30.827	39.800
Milchpulver (entrahmt) (t)	31.406	45.030	30.032	14.600 (93)
Milchpulver (vollfett, teilentrahmt) (t)	27.925	11.649	16.865	8.400 (93)
Eingedampfte Milch (t)	7.384	5.794	9.037	-

Quelle: A. Lacasa Godina: Die Milchwirtschaft in Spanien. In: DMZ Lebensmittelindustrie und Milchwirtschaft, 113. Jg., Nr. 8/1992, S. 232. ZMP-Bilanz Milch 1995, S. 169. EU-Generaldirektion VI (Hrsg.): Die Struktur der Milchverarbeitungsindustrie in der Gemeinschaft im Jahre 1994 sowie Veränderungen seit 1991. Brüssel 1996, 201 - 219.

- **Schafmilch** wurde 1990 von 193 Unternehmen zu Käse verarbeitet. Die meisten Verarbeitungsstandorte befanden sich in Kastilien-La Mancha und Kastilien-León. Neben sieben großen und 24 mittelgroßen Unternehmen handelte es sich bei der überwiegenden Mehrzahl um kleine Käsereien.

- In den südöstlichen Provinzen Málaga, Granada und Almería verfügen einige Trinkmilchhersteller über Anlagen, die ausschließlich für die Verarbeitung von **Ziegenmilch** genutzt werden. Ein Teil dieser Milch wird für die lokale Verwendung pasteurisiert. Dagegen wird Käse aus

Ziegenmilch von 22 kleinen Käsereien hergestellt, die ebenfalls im Südosten des Landes und auf den Kanarischen Inseln angesiedelt sind. Die Herstellung von **Ziegenkäse** hat erst vor wenigen Jahren industriellen Charakter bekommen.

Seit dem Beitritt Spaniens zur EU ist das Interesse ausländischer Unternehmen an Unternehmen der spanischen Ernährungwirtschaft im allgemeinen und an denen der spanischen Milchwirtschaft im speziellen ständig gewachsen. Wie stark das internationale Engagement im Bereich der spanischen Milchwirtschaft ist, macht die folgende Tabelle deutlich. Sie gibt darüber hinaus Aufschluß über Höhe der Umsatzerlöse und Zahl der Beschäftigen der einzelnen Unternehmen.

Tab. 12: Die 50 führenden Unternehmen des spanischen Milchsektors (Stand: Juli 1994)

Unternehmen	**Beschäftigte**	**Umsatz (Mio. Pts.)**	**Ausländische Beteiligungen**
Danone S.A.	4.098	66.500	51 % Danone (F)
Leche Pascual	1.616	46.071	
Clesa, S.A. (Gruppe)		37.704	
Central Lechera Asturiana	825	32.517	
Celbasa Ato, S.A.	709	31.349	98,0 % ULN (F)
La Lactaría Española	962	30.886	
Uniasa	1.316	29.907	6 % Post Office Bank (GB)
Iparlat, S.A.	650	25.000	Campina Melkunie (NL)
Ind. Lácteas Asturianas	300	24.500	
Grupo Larsa	850	20.000	100 % ULN (F)
Sodiber, S.A.	516	17.000	50 % Sodiaal (F)
Clesa, S.A.	508	15.262	
S.A. Letona	420	13.533	
Granja Castello	316	13.523	bis 1992: 50 % Nestlé (CH)
Forlasa	150	12.000	
Coop. Ganadera Valle de Pedroches	110	11.000	
José Sanchez Peñate, S.A.	550	10.600	
Industrial Quesera Menorquina, S.A.	368	10.105	Kraft G. F. S.A. (SP)
Central Lechera El Prado, S.A.	300	9.500	
Queserias Ibericas, S.A.	149	9.384	
Lácteas García-Baquero, S.A.	100	9.000	
Lácteas de Atlántico, S.A.	208	8.256	
Leyma, S.A.	248	7.110	
Yogures Andaluces, S.A.	175	7.029	
Coop. Feiraco	239	7.017	
Mantequerias Arias, S.A.	275	5.600	100 % Bongrain Niederlande B.V. (F)
Lácteos de Galicia, S.A.	68	5.325	100 % Besnier España (Sp)
Ind. Láct. de Canarias, S.A.	225	5.291	70 % Danone (F)
Especialidades Lácteas Intern., S.A.	300	5.180	

Tab. 12f:

Unternehmen	Beschäftigte	Umsatz (Mio. Pts.)	Ausländische Beteiligungen
Dhul, S.A.	260	5.118	
Colecor	191	4.600	
Comercial Láctea Industrial, S.A.	110	4.300	
Besnier España, S.A.	107	4.249	100 % Besnier (F)
Lácteos Lence, S.L.	35	4.225	
Cadi, S. Coop. Ltda.	115	4.134	
Grupo Polienvasados Ibéricos, S.A.	47	4.129	
Agrup. Lletera del Montseny, S.A.	44	3.500	70 % Veregigne Coop Coberco (NL)
Industrias Lech. Pirenaicas, S.A.	80	3.400	
Ind. Láct. Manzano, S.A.	20	3.100	
Gregorio Diaz-Miguel, S.A.	50	3.000	
Lácto Manufacturas, S.A.	37	2.795	
Agama, S.A.	180	2.743	
La Central Quesera, S.A.	100	2.740	
Granja La Luz, S.A.	69	2.700	
Riespri Producciones, S.A.	50	2.660	100 % Kraft (USA)
Granjas Braut, S.A.	22	2.459	
Quesos Frias, S.A.	62	2.400	
Serv. Insular Abastec. Leche, S.A.	90	2.344	
Ind. Lácteas Montelarreina, S.A.	60	2.300	noch 3DC (DK)
Lácteos San Servando, S.A.	62	2.258	
Belisa S.A.	110	2.086	100 % From.'s Bel S.A. (F)
Bel Asturias S.A.		1.500	100 % From.'s Bel S.A. (F)
Hochland España S.A.	32	1.400	100 % Hochland, Reich, Summer & Co (D)
Queserias de Trijillo S.A.	18	1.000	49 % From. Bresse-Bleu (F)
Explot. Puerto de Vallehermosa S.A.	45	850	100 % Gebr. März KG (D)
Madibic España S.A.	12	-	8 % Darolles, M. (B) und 92 % Madibic Belgien (B)
Granja Arjeriz S.A.	199	-	ULN (F)
Unión Quesera Manchega S.A.	6	190	50 % ULN (F)
Comercial Rubio S.A. (Q. Gramt)	4	90	100 % Coop A.G. (D)
Fromandal S.A.	12	-	90 % Coop. Poitouraine (F)

Quelle: Alimarket, Informe Anual de Alimentación 1991, Seite 32 - 42; S. 384 - 386 sowie aktuelle Meldungen der milchwirtschaftlichen Presse.

3.1.3 Die Nachfragesituation für Milch und Milchprodukte in Spanien

3.1.3.1 Grundlegende Aspekte

In diesem Kapitel sollen die Lebens-, Verzehrs- und Einkaufsgewohnheiten der spanischen Bevölkerung beleuchtet werden. Ausgangspunkt bildet die kurze Beschreibung der Einkommenssituation und -verteilung innerhalb des Landes sowie der Überblick über die Ausgabenstruktur spanischer Haushalte.

Die Einkommenssituation der Angestellten und Arbeiter Spaniens hat sich in den letzten Jahren ständig verbessert. Abb. 9 gibt einen Überblick über die Entwicklungen der letzten Jahre, aufgeteilt nach Beschäftigten im Industrie-, Bau- und Dienstleistungsgewerbe. Umgerechnet in DM verdiente ein Arbeitnehmer 1993 im Durchschnitt 2.368 DM brutto im Monat, ein Angestellter 3.000 DM und ein Arbeiter 1.888 DM.[16]

Abb. 9: Durchschnittlicher Bruttomonatsverdienst in Spanien zwischen 1982 und 1993

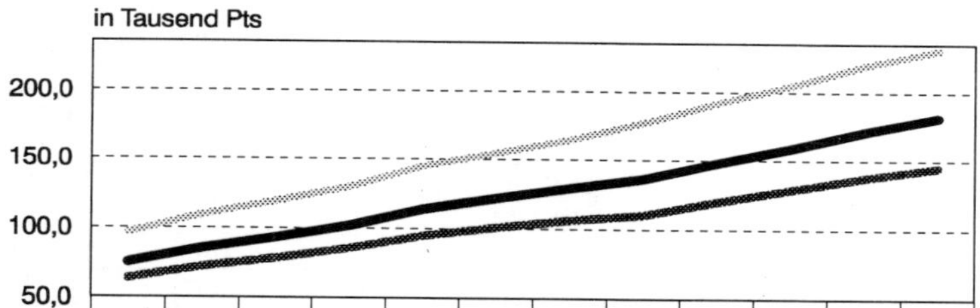

	1982	1983	1984	1985	1986	1987	1988	1989	1990	1991	1992	1993
Arbeitnehmer insg.	75,0	85,1	92,9	101,8	113,4	121,5	128,7	136,1	147,7	158,9	170,9	181,7
Angestellte	96,5	109,3	118,7	129,3	144,6	154,6	164,3	177,4	192,0	205,1	219,6	230,3
Arbeiter	63,5	71,6	78,0	85,4	94,7	101,0	106,0	110,2	119,6	128,3	137,1	144,9

Arbeitnehmer insg. Angestellte Arbeiter

Quelle: Anuário El País 1995, S. 436. Umrechnungskurse: 100 Pts. = 1,586 (1990), 1,597 (1991), 1,529 (1992), 1,303 DM (1993).

Bei der Betrachtung der Ausgabenseite sei zum Vergleich ein deutscher Haushalt aufgeführt (vgl. Tab. 13). Da im Statistischen Jahrbuch der Bundesrepublik Deutschland keine Durchschnittszahlen über alle deutschen Haushalte abgebildet werden, wurde Haushaltstyp 2 ausgewählt, der am ehesten den charakteristischen deutschen Durchschnittshaushalt repräsentiert.

Der geringere Lebensstandard in Spanien wird zum einen an den um 45 % geringeren Gesamtausgaben je Monat deutlich, die ein Durchschnittshaushalt im Vergleich zum deutschen Pendant tätigt. Zum anderen gilt der hohe Ausgabenanteil für Nahrungsmittel, Getränke und Tabakwaren (+ 14,7 Prozentpunkte im Vergleich zu HH-Typ 2), der nach dem Engel'schen Gesetz mit steigendem Einkommen abnimmt, als Indi-

[16] Umrechnungskurs: 100 Pts. = 1,303 DM.

kator hierfür. Diese Aussage wird außerdem durch einen anderen Faktor bestätigt, der sich aus der Betrachtung der Ausgabenanteile für bestimmte Molkereiprodukte ergibt: Es wird proportional mehr Geld für Produkte mit geringer Wertschöpfung und niedrigem Preis ausgegeben, z.B. für Trinkmilch. Die hohen Ausgaben für Kondensmilch sind u.a. durch deren Verwendung für den Café con leche, dem typischen spanischen Milchkaffee, bedingt.

Tab. 13: Anteil der Ausgaben für Nahrungsmittel und Wohnungsmieten in Spanien und Deutschland (je Haushalt und Monat in 1991)

Ausgabenart	Spanien			BR Deutschland	
	je Haushalt in Pts.	je Haushalt in DM *	Ausgaben je HH in % **	HH-Typ 2 in DM ***	Ausgaben HH-Typ 2 in %
Ausgabefähiges Einkommen/Einnahmen	**178.455,20**	**2.364,53**	**100,00**	**4.905,00**	**100,00**
Nahrungsmittel, Getränke, Tabakwaren	50.617,58	670,68	28,36	280,59	18,00
Trinkmilch	2.766,92	36,66	1,55	21,47	0,44
Kondensmilch	320,08	4,24	0,18	2,09	0,04
Übr. Mopros, Joghurt	797,92	10,57	0,45	11,22	0,23
Käse	1.375,00	18,22	0,77	34,34	0,70
Butter	59,83	0,79	0,03	8,01	0,16
Ausgaben f. Wohnungsmieten u. Energie	17.959,83	237,97	10,06	994,00	20,30

* Umrechnungskurs Pts. 100,-- = DM 1,597

** Angaben in % der Gesamtausgaben

*** Haushaltstyp 2: 4-Personen-Haushalte von Angestellten und Arbeitern mit mittlerem Einkommen. Eine Durchschnittszahl über alle deutschen Haushalte wird nicht ausge wiesen.

Quelle: Anuário El País 1993, S. 414; Statistisches Jahrbuch 1992 für die Bundesrepublik Deutschland, S. 558, 559; eigene Berechnungen.

Während die Ausgaben für Joghurt und übrige Molkereiprodukte in deutschen und spanischen Haushalten annähernd gleich sind, was aus dem kontinuierlich steigenden Joghurtkonsum in Spanien resultiert, wird die große Diskrepanz bei Produkten mit hoher Wertschöpfung wie Käse deutlich. Käse ist in Spanien zum einen sehr teuer, zum anderen ist er so gut wie nie fester Bestandteil einer Hauptmahlzeit sondern wird in der Regel als Vorspeise oder als Häppchen zwischendurch verzehrt. Der geringe Ausgabenanteil für Butter resultiert aus der Tatsache, daß deren Verwendung im spanischen Haushalt nicht üblich ist, da sie in ihrer Funktion durch Olivenöl und andere pflanzliche Fette substituiert wird.

Hinsichtlich des Pro-Kopf-Verbrauchs ausgewählter Molkereiprodukte (Tab. 14) ist der stetige Rückgang im Trinkmilchkonsum festzustellen.

Dabei präferieren spanische Verbraucher in zunehmendem Maße UHT-Milch statt pasteurisierter Milch oder Sterilmilch. In den letzten Jahren haben sich außerdem in immer stärkerem Maße fettarme, vitaminisierte und mit Mineralstoffen angereicherte Milchsorten bei den Verbrauchern durchgesetzt. So wird mittlerweile eine Vielzahl von Spezialprodukten auf dem spanischen Trinkmilchmarkt angeboten, die auf die Ernährungsbedürfnisse bestimmter Zielgruppen zugeschnitten ist.[17]

Tab. 14: Pro-Kopf-Verbrauch ausgewählter Molkereiprodukte in Spanien

Molkereiprodukte	1987	1989	1991	1994
Trinkmilch insgesamt (in l)	124,6	115,7	110,6	122,0
davon pasteurisiert	23,4	17,4	13,7	k.A.
davon UHT und sterilisiert	67,0	68,8	64,7	k.A.
übrige Kuhmilch * (in l)	2,4	1,7	1,5	k.A.
Milchmischgetränke/Batidos de leche (in kg)	1,6	1,6	1,9	k.A.
Trinkjoghurt/Batidos de Yogur (in kg)	0,2	0,3	0,3	k.A.
Butter (in kg)	0,5	0,3	0,3	0,5
Joghurt (in kg)	8,6	8,1	8,4	7,1
natur	3,9	3,8	3,4	k.A.
aromatisiert	3,1	3,4	4,2	k.A.
mit natürlichen Zusätzen	1,1	0,9	0,7	k.A.
Käse (in kg)	6,0	6,0	5,9	8,7
Frischkäse	1,7	1,8	1,7	k.A.
Schmelzkäse	1,0	1,0	1,0	k.A.
Hart- und Schnittkäse insgesamt	3,3	3,2	3,2	k.A.
Übrige Molkereiprodukte** (in kg)	1,9	2,6	3,3	k.A.

* Kondensmilch, Milchkonzentrat, eingedampfte Milch, Milchpulver
** Puddingartige Erzeugnisse (Flan, Natillas etc.), Quark, Desserts, Sahne, Eiscreme u.a.
Quelle: MAPA: La Alimentación en España 1991. Anuario El País 1993, S. 147. ZMP Milch 1995.

3.1.3.2 Entwicklungen im Konsum- und Einkaufsverhalten der spanischen Bevölkerung

Das Konsum- und Einkaufsverhalten der spanischen Bevölkerung wird durch verschiedene landesspezifische Charakteristika beeinflußt. So prä-

---

[17] Beispiele hierfür sind die unter den Marken Candia und Leche Pascual angebotenen Milchen für stillende Mütter, Babys und Kinder verschiedener Altersgruppen.

gen den Norden und den Süden Spaniens jeweils verschiedene Lebensweisen. Während der Norden starke Anlehnung an die mitteleuropäische Lebensweise erkennen läßt, kennzeichnet den Süden eindeutig eine südländische Lebenskultur. Außerdem haben Traditionen in Spanien noch einen sehr hohen Stellenwert. Dies gilt auch in bezug auf die Ernährungsgewohnheiten. Die wachsende Mobilität der Bevölkerung und der Einfluß der Medien sowie der Tourismus tragen aber auch in Spanien dazu bei, daß sich das Konsumverhalten immer mehr dem der übrigen westeuropäischen Länder angleicht.

Die Spanier leben, wie sie zu sagen pflegen, "en la calle", d.h. Hotels, Restaurants und vor allem die Bars haben in Spanien eine große Bedeutung, was sich auf der Ausgabenseite des verfügbaren Haushaltseinkommens widerspiegelt. Die Hauptmahlzeit der Spanier ist das Mittagessen, das meist aus drei Gängen besteht. Das Frühstück hat in Spanien - wenn man von dem obligatorischen Kaffee absieht - nur eine geringe Bedeutung. Durch die klimatisch bedingten längeren Mittagspausen wird abends länger gearbeitet, wodurch das Abendessen vieler Spanier recht einfach ausfällt.[18]

Unter dem Titel "La Alimentación en España" gibt das Ministerium für Landwirtschaft, Fischerei und Ernährung[19] einen Ernährungsbericht heraus. Im allgemeinen entspricht die spanische Ernährung weitgehend den Anforderungen an eine gesunde, ausgewogene Ernährung. Als besonders positiv wird der hohe Konsum pflanzlicher Fette und Öle angesehen, was aufgrund des hohen Anteils ungesättigter Fettsäuren zu einem günstigen P/S-Quotienten[20] der Nahrung führt. Außerdem wird der hohe Obst- und Gemüseverzehr der spanischen Bevölkerung wegen des hohen Ballaststoffanteils sowie des Gehalts an Vitaminen und Mineralstoffen positiv bewertet. Ein dritte Säule der mediterranen Ernährung stellt der hohe Verzehr an Fisch und Meeresfrüchten dar, die nicht nur zu einer günstigen Versorgung mit Jod und anderen Spurenelementen beitragen, sondern auch einen geringen Anteil gesättigter Fettsäuren enthalten.

Neben dieser positiven Basis der spanischen Ernährung sind jedoch auch einige negative Entwicklungen zu konstatieren. So werden im Ernährungsbericht von 1991 folgende Veränderungen der Verzehrsgewohnheiten aufgezeigt:

---

[18] Vgl. Haro, Fernando de: ¿Qué comemos? In: Distribución Actualidad, Nr. 191, Februar 1992, S. 8.

[19] Ministerio de Agricultura, Pesca y Alimentación (MAPA).

[20] P/S-Quotient: Quotient aus dem Anteil ungesättigter und gesättigter Fettsäuren in der Nahrung (polyunsaturated fatty acids/saturated fatty acids).

- Ein kontinuierlicher Rückgang beim Verzehr von Brot, Reis und Getreideprodukten, wodurch der Ballaststoffgehalt und Anteil an für den Körper besser verdaulichen Polysacchariden zurückgeht.
- Ein rückläufiger Hülsenfruchtkonsum führt zu einer verminderten Aufnahme von pflanzlichen Proteinen und Ballaststoffen.
- Ein starker Anstieg im Konsum von Nahrungsmitteln tierischen Ursprungs wie Eier, Fleisch, Wurstwaren, Fisch, Milch und Milchprodukte. Dies hat zum einen im Vergleich zur Empfehlung eine übermäßige Zufuhr von Protein zur Folge, so daß der Teil des nicht mehr für Funktion, Aufbau und Aufrechterhaltung des körpereigenen Zellstoffwechsels notwendigen Proteins in Energie umgewandelt wird. Zum zweiten hat der hohe Konsum dieser Nahrungsmittel eine erhöhte Aufnahme gesättigter Fette zur Folge, wodurch eine Reihe von ernährungsbedingten Dysfunktionen ausgelöst werden kann.
- Darüber hinaus ist ein zunehmender Verzehr verarbeiteter und veredelter Produkte festzustellen. Hier sind neben den für Spanien charakteristischen Produkten wie Schinken, Pökelfleisch und anderen luftgetrockneten Nahrungsmitteln Hamburger und Wurstwaren, Fischkonserven, verarbeitetes Obst und Gemüse, Kuchen und andere Süßwaren mit hohem Zucker- und gesättigten Fettsäureanteil sowie Fertiggerichte zu nennen.
- In einem weiteren Punkt der globalen Analyse der spanischen Verzehrsgewohnheiten wird auf den kontinuierlichen Rückgang im Weinkonsum hingewiesen. Dadurch geht jedoch nicht etwa der Alkoholkonsum insgesamt zurück, sondern der rückläufige Weinkonsum wird durch den höheren Verzehr von Bier und höherprozentigen Alkoholika kompensiert.

Bei Teilen der spanischen Bevölkerung ist aber auch ein zunehmendes Gesundheits- und Kalorienbewußtsein sowie eine Nachfrage nach qualitativ höherwertigen Nahrungsmitteln erkennbar. So ist bei dieser Käufergruppe, die in erster Linie kaufkraftstärkeren Haushalten zuzuordnen ist, bereits in geringem Maße ein Rückgang im Verzehr von Produkten mit hohem Kaloriengehalt wie Schweinefleisch, Vollmilch, Fette und Öle festzustellen.

Ein weiterer Trend läßt sich aus der steigenden Nachfrage nach Convenience-Produkten ableiten. Dieser Trend manifestiert sich in einem verstärkten Konsum von Konserven und Tiefkühlprodukten, von Weich-, Schalen- und Krustentieren, Fertiggerichten, Frucht- und Gemüsekonserven sowie Kartoffelprodukten. Er resultiert u.a. aus der immer schnellebigeren Zeit und zunehmenden Berufstätigkeit der Frau.

Neben der qualitativen und quantitativen Analyse des spanischen Ernährungsverhaltens werden im Rahmen des Ernährungsberichtes die Konsum- und Einkaufsgewohnheiten der spanischen Bevölkerung untersucht. Als Ergebnis erhält man einen umfangreichen Überblick über die regionale Verteilung des Konsums einzelner Produktgruppen, über Anzahl, Art und Ort der eingekauften Produkte, über Durchschnittspreise sowie über den Anteil eines jeden Produktes am Lebensmittelwarenkorb. Einige wichtige Ergebnisse für den Verbrauch von Milch und Milchprodukten gibt Tab. 15 wieder. Die einzelnen Handelsformen wiesen für Milch und Molkereiprodukte zum Teil erhebliche Preisunterschiede auf. Einen Überblick über die Jahresdurchschnittspreise in 1990 gibt Tabelle 16.

Tab. 15: Die Einkaufs- und Verzehrsgewohnheiten der spanischen Bevölkerung (1990)

Produkte	Pro-Kopf-Verbrauch pro Jahr	Ø Ausgaben pro Jahr in Pts.	Anteil am Warenkorb in %	Bevorzugte Einkaufsstätten
Trinkmilch	100 l	7.825	6	Supermärkte, Autoservicios
Steril-/UHT-Milch	64,7 l	5.272	4	Supermärkte, Autoservicios
Käse	5,1 kg	4.384	3,3	Supermärkte, Autoservicios, traditioneller LEH
Joghurt	7,1 kg	1.734	1,3	Supermärkte, Autoservicios
Pasteurisierte Milch	13,7 l	1.152	0,9	Supermärkte, Autoservicios
Milchmischgetränke	0,952 kg	128	0,1	Supermärkte, Autoservicios
Butter	0,129 kg	122	0,1	Supermärkte, Autoservicios, traditioneller LEH
Trinkjoghurt	0,293 kg	53	0,04	Supermärkte, Autoservicios
Übrige Mopros *	2 kg	873	0,7	Supermärkte, Autoservicios, traditioneller LEH

* Eiskrem, Quajada, Sahne, Desserts auf Milchbasis, Flan, Natillas u.a.
Quelle: MAPA: La Alimentación en España 1990.

Tab. 16: Preisgefälle für Molkereiprodukte zwischen dem traditionellen Lebensmitteleinzelhandel, Supermärkten und Hypermärkten in 1990 (Jahresdurchschnittswerte in Pts.)

Milch und Molkereiprodukte	Traditioneller LEH	Autoservicios/ Supermarkt	Hypermarkt	Traditioneller LEH/Hypermarkt in %
Butter (1 kg)	1.000,0	928,6	901,5	+ 10,9
Käse (1 kg)	918,0	839,6	793,2	+ 15,7
übrige Kuhmilch * (1 kg)	386,1	398,4	378,3	+ 2,1
Joghurt (1 kg)	265,4	244,2	214,5	+ 23,7
Trinkjoghurt (1 kg)	191,0	193,3	186,4	+ 2,5
Milchmischgetränke (1 kg)	160,2	127,7	123,1	+ 30,1
Pasteurisierte M. (1 l)	87,2	82,9	78,7	+ 10,7
Trinkmilch (1 l)	87,8	81,2	73,4	+ 19,7
Steril-/UHT-Milch (1 l)	93,3	80,9	73,2	+ 27,5
Übrige Molkereiprodukte ** (1 kg)	489,2	413,5	403,8	+ 21,2

* Kondensmilch, Milchkonzentrat, eingedampfte Milch, Milchpulver.
** Puddingartige Erzeugnisse (Flan, Natillas etc.), Quark, Sahne, Desserts, Eiscreme.
Quelle: MAPA: La Alimentación en España 1990.

3.1.3.3 Reaktionen der spanischen Milchwirtschaft auf die Entwicklungen im Konsum von Milch und Milchprodukten

Auf die oben genannten Gegebenheiten und Entwicklungen im Konsumverhalten reagierte die spanische Milchindustrie unter anderem durch folgende Maßnahmen:

- Dem fallenden Trinkmilchkonsum versuchte die Milchindustrie durch verstärkte Werbeaktivitäten unter Herausstellung des Frische- und Gesundheitsaspektes der Milch zu begegnen. Hier ist insbesondere Leche Pascual zu erwähnen, die ihre Produkte durch ein sehr hohes Werbeaufkommen im Hochpreissegment plazieren konnte (s. Tab. 17).

Tab. 17: Der Werbeaufwand des spanischen Milchsektors (1988-1990)

	1988	1989	1990
Werbeaufwand (Mio. Pts.)	7.650	8.660	12.120
Umsatzerlöse (Mio. Pts.)	520.000	550.000	594.000
Werbeaufwand/Umsatzerlös in %	1,47	1,57	2,04

Quelle: Agro SPC.

- Bei den Milchfrischprodukten erhöhte sich das Werbeaufkommen ebenfalls, wobei sich die Werbeaktivitäten stark auf die Fernsehwerbung konzentrieren (s. Tab. 18 und 19).

Tab. 18: Werbeaufwand der großen Konsummilchunternehmen im Medium Fern sehen (1990)

	Umsatzerlöse in 1.000 Pts.	**TV-Werbe-aufwand**	**TV-Werbeaufwand/ Umsatzerlös in %**
Leche Pascual	46.071	2.056	4,46
Grupo Clesa	33.000	130	0,44
Lesa	30.086	382	1,24
Uniasa	29.907	359	1,20
Iparlat	25.000	109	0,43
Celbasa Ato	20.500	109	0,53
Granja Castello	13.523	128	0,95
Lagisa	5.325	98	1,84
Konsummilchsektor gesamt	**270.000**	**3.600**	**1,30**

Quelle: Universal Media.

- Im Käsebereich wird durch eine konsequente Markenpolitik versucht, den Konsum von spanischem Käse zu fördern und die an die ausländische Konkurrenz verlorenen Marktanteile wieder zurückzugewinnen. Für verschiedene Käse wurden Herkunftsbezeichnungen ("Denominación de Origen") eingeführt, mit denen eine festgelegte Rohstoffzusammensetzung und Qualitätsanforderung verbunden sind.

Tab. 19: TV-Werbeaufwand der spanischen Milchindustrie im Jahr 1990 nach Produktgruppen

Produkt	**Umsatzerlöse in Mio. Ptas.**	**TV-Werbeaufwand in Mio. Ptas.**	**TV- Werbeaufwand/ Umsatzerlös in %**
Konsummilch	270.000	3.600	1,30
Käse	178.000	1.690	0,95
Frischesegment	100.000	2.740	2,74
Total	**548.000**	**7.050**	**1,29**

Quelle: Agro SPC; Alimarket.

Detailliertere Angaben über die Werbeetats für Presse, Radio, Fernsehen und Zeitschriften liegen für die wichtigsten Vertreter am spanischen Joghurtmarkt vor (vgl. Tab. 20).

Tab. 20: Werbeetats der wichtigsten Anbieter von Joghurt am spanischen Markt im Zeitraum von Januar bis August 1990 (Presse, Radio, Fernsehen und Zeitschriften u.a.)

Marke/Hersteller	**Etat in 1.000 Pts.**
Yogur Danone	491.903
Bio Danone	115.051
Desnatado (entrahmt) Danone	134.645
Dan'Up	183.940
Danone insgesamt	**925.503**
Yop Yoplait	2.676
Yoplait Ofilus	110.231
Yogur Yoplait	194.810
Yoplait insgesamt	**307.717**
Fruddis Südmilch	**207.576**
Chambourcy Nestlé	133.070
La Lechera Nestlé	8.495
Sveltesse Nestlé	41.995
Nestlé insgesamt	**183.560**
Yogur Clesa	71.428
Yogur Kalise	15.253
Bio Kalise	6.648
Yogur Líquido Kalise	7.373
Kalise insgesamt	**29.274**
Yogur Celgan	3.622
Andere Marken	360
Joghurt insgesamt	**1.729.040**

Quelle: Duplo. In: CMA Erfolgreich nach Spanien exportieren - Milchprodukte, Bonn 1992, S. 35.

3.1.4 Der Außenhandel Spaniens mit Milch und Milchprodukten

Im folgenden soll kurz der Außenhandel Spaniens mit landwirtschaftlichen Produkten und Ernährungsgütern sowie mit Milch und Milchprodukten vorgestellt werden, bevor aus den empirisch gewonnenen Daten die Bedeutung der deutschen Molkereiprodukte am spanischen Markt abgeleitet wird.

1994 beliefen sich die Exporte im Bereich landwirtschaftlicher Erzeugnisse (ohne Fischerei) auf 1.661 Mrd. Pts., was einem Anstieg um 24,7 % im Vergleich zu 1993 entsprach. Importiert wurden Waren im Wert von 1.711,8 Mrd. Pts. (+ 27,6 % seit 1993), so daß der Außenhandel Spaniens im landwirtschaftlichen Sektor ein Defizit von 50,8 Mrd. Pts. aufwies. Dies entsprach einer Veränderung zu 1993 um 477,3 %. Der einzige Bereich mit positiver Handelsbilanz ist der der Land- und

Ernährungswirtschaft (Agroalimentaria), der ca. 82 % des Außenhandelsvolumens im landwirtschaftlichen Sektor ausmacht. Der Wert der Importe belief sich auf 1,3 Mrd. Pts., der der Exporte auf 1,4 Mrd. Pts.

Betrachtet man Spaniens Außenhandel nach Ländern bzw. Ländergruppen, so fällt auf, daß 73 % der Exporte und 55 % der Importe auf die EU entfallen (vgl. Tab. 21). Im Außenhandel mit der EU wurde eine positive Außenhandelsbilanz in Höhe von 176 Mrd. Pts. erzielt. Wichtigste Partner der spanischen Land- und Ernährungswirtschaft im Exportbereich sind Frankreich, das 24 % aller EU-Exporte Spaniens, v.a. Gemüse, Erdbeeren, Olivenöl, Rind- und Schweinefleisch, aufnahm. An zweiter Stelle rangierte Deutschland mit 20,7 % der spanischen EU-Ausfuhren (Obst, Gemüse, Schweinefleisch und Wein). Es folgten Italien (Exportvolumen von 14,3 %), Portugal (Exportvolumen von 13,2 %), Großbritannien (12,3 %) und die Niederlande (9,3 %). Die Bedeutung der übrigen Mitgliedstaaten für den Export Spaniens lag unter 5 %. Auch bezogen auf die Importe spielte Frankreich die wichtigste Rolle mit einem Anteil an den gesamten Importen aus der EU nach Spanien von 34,3 %. Frankreich versorgte Spanien v.a. mit Milch und Molkereiprodukten, lebenden Rindern, Mais, Fleisch, Fisch, Weichweizen und Zucker. An zweiter Stelle stand das Vereinigte Königreich als Lieferant von Whisky, Fisch und Weichweizen. Die Niederlande mit einem Anteil von 12,8 % an den Importen nach Spanien in 1994 lieferten v.a. Käse, Fleisch, Bier und lebende Schweine. Deutschland wies 1994 einen Anteil von 9,2 % an den Importen Spaniens auf, die in erster Linie auf Milchprodukte und Tabakwaren entfielen. Der Außenhandel mit landwirtschaftlichen Gütern mit den neuen EU-Mitgliedstaaten Österreich, Schweden und Finnland hatte mit 68 Mrd. Pts. nur geringe Bedeutung. Auch hier konnte Spanien mit 16 Mrd. Pts. eine positive Handelsbilanz verbuchen.

Tab. 21: Der Außenhandel Spaniens mit Produkten der Land-, Ernährungswirtschaft und Fischerei nach Ländergruppen (1994)

Ländergruppen	**Exporte**		**Importe**		**Außenhandelssaldo**
	Mrd. Pts.	in %	Mrd. Pts.	in %	Mrd. Pts.
EU	1.312,3	73,0	1.136,3	55,0	176,0
übrige OECD-Länder	171,6	9,5	261,1	12,7	- 89,5
Lateinamerika	41,1	2,3	281,1	13,6	- 240,0
Nordafrika (Magreb)	53,0	3,0	46,8	2,3	6,2
Neue EU-Mitglieder *	41,8	2,3	25,8	1,2	16,0
Übrige Länder	177,8	9,9	314,4	15,2	- 136,6
Außenhandel gesamt	**1.797,6**	**100,0**	**2.065,5**	**100,0**	**- 267,9**

* Schweden, Finnland und Österreich

Quelle: Ministerio de Agricultura, Pesca y Alimentación: El Comercio exterior agrario pesquero en 1994. Madrid 1995. 100 Pts. = 1,303 DM.

Von den 1994 im Wert von 110,8 Mrd. Pts. importierten Milch und Molkereiprodukten entfielen Importe im Wert von 48,1 Mrd. Pts. auf Milch (+ 29 % im Vergleich zu 1993) und im Wert von 40,7 Mrd. Pts. auf Käse (+ 24 % zu 1993). Die Entwicklung der Importe und Exporte der Warengruppe 04 (Milch und Milchprodukte, Hühnereier, Honig und andere tierische Erzeugnisse, die nicht in anderen Kapiteln der Zollstatistik berücksichtigt sind) zeigt Tabelle 22 auf.

Tab. 22: Der Außenhandel mit Milch und Milchprodukten zwischen 1990 und 1994 (in Mio. Pts. und t)

	1990		**1992**		**1994**		**1994 in % des Außenhandels im Agrarbereich**	
	Mio. Pts.	t	Mio. Pts.	t	Mio. Pts.	t	bezogen auf den Wert	bezogen auf das Gewicht
Exporte								
weltweit	16.892	82.069	21.272	90.565	30.610	142.979	1,7 %	1,0 %
EU	13.822	68.596	15.384	61.769	25.320	122.786	1,9 %	1,2 %
Importe								
weltweit	46.657	338.708	65.891	451.232	110.790	735.941	5,4 %	3,2 %
EU	43.181	325.820	60.699	427.766	103.668	700.098	9,1 %	7,4 %

Quelle: Ministerio de Agricultura, Pesca y Alimentación: Comercio exterior agrario pesquero y de la industria alimentaria. Dezember 1994, S. 30, 32, 33, 35, 40, 42, 43, 45, eigene Berechnungen.

Tab. 23: Entwicklung der Ausfuhr deutscher Molkereiprodukte nach Spanien (in t)

	1992	**1993**	**1994**	**1995**
Käse insgesamt	-	4.226,0	5.990,2	7.471,7
Hartkäse	279,1	722,3	2.337,6	1.743,1
Käse gerieben, in Pulverform	71,8	164,2	234,4	149,1
Schnittkäse, halbfester Schnittkäse	2.683,3	2.845,7	2.585,8	3.635,1
Weichkäse	31,7	3,3	61,6	62,2
Schmelzkäse	427,9	364,5	388,9	617,7
Frischkäse und Quark	129,8	126,0	381,9	1.273,5
Joghurt natur	260,3	3,5	904,5	2.718,5
Joghurt mit Zusätzen	10.255,3	9.690,3	1.204,0	4.871,2
Andere Sauermilcherzeugnisse natur und mit Zusätzen	47,6	5.283,1	18.714,8	8.301,1
Milchmischgetränke	771,4	1.323,9	1.015,3	1.450,9
Butter	135,0	52,1	880,1	67,7

Quelle: Milchindustrieverband: Zollstatistik Bundesrepublik Deutschland 1992 bis 1995.

Tabelle 23 gibt die Entwicklung der Ausfuhren deutscher Molkereiprodukte nach Spanien zwischen 1992 und 1995 in Tonnen wieder. Auffallend ist der starke mengenmäßige Rückgang zwischen 1992 und 1994 bei Joghurt mit Zusätzen und der gleichfalls stark steigende Anteil bei anderen Sauermilcherzeugnissen natur und mit Zusätzen. Dies resultiert u.a. aus der Ausgliederung des Postens "Thermisierter Joghurt" aus der Kategorie "Joghurt" in diejenige der "anderen Sauermilcherzeugnisse". Hiermit wurde also der Auffassung der südeuropäischen Staaten, Joghurt müsse lebende Kulturen enthalten, von seiten der Kommission nach jahrelangem Tauziehen stattgegeben.

Holländischer Käse hatte 1992 einen Anteil von 36 % an Spaniens gesamter Käseeinfuhr und nahm somit Platz eins am spanischen Markt ein, gefolgt von französischem Käse mit 24,4 %, Käse aus Deutschland mit 11,5 %, aus Dänemark mit 11,4 % und schließlich finnischem Käse mit einem Anteil von noch 4,4 %.[21]

Anläßlich des Beitritts Spaniens zur Europäischen Union in 1986 wurden in der Beitrittsakte umfangreiche Maßnahmen vereinbart, die eine schonende Eingliederung der spanischen Wirtschaft in das System der EU vorsahen. Hierzu gehörten z.B. der stufenweise Abbau der Einfuhrzölle und die stufenweise Angleichung der Preise. Bis zur völligen Aufhebung der Übergangsregelungen durften sog. Beitrittsausgleichsbeträge[22] im Handel mit EU- und Drittländern zum Ausgleich der Preisdifferenzen erhoben bzw. erstattet werden. Bedingt durch das komplizierte Beantragungsverfahren und die ständig variierenden Zuteilungsmengen im Rahmen des Erweiterten Handelsmechanismus, wurde Herstellern aus EU- und EFTA-Ländern der Zutritt zum spanischen Markt sehr erschwert. Diese griffen deshalb zu unterschiedlichen Methoden der Markterschließung. Während multinationale und große französische Molkereien in die Offensive gingen und spanische Molkereien entweder übernahmen, sich kapitalmäßig an ihnen beteiligten oder neue Unternehmen gründeten, eröffneten niederländische Hersteller eigene Vertriebsbüros in Spanien. Deutsche Unternehmen, aber auch dänische und wenige kleinere französische sowie italienische Produzenten arbeiten mit verschiedenen Importeuren und/oder Handelspartnern zusammen.

---

[21] Vgl. Montse Mera: Los Quesos de Holanda se abren camino en España. In: Super Aral Lineal, 26. Jg./1993, Nr. 38, 28.10. - 3.11.1993, S. 40.

[22] MCA: Montantes Compensatorios de Adhesión.

3.1.5 Die Bedeutung deutscher Molkereiprodukte am spanischen Markt

Im September 1992 wurden umfangreiche Storechecks im spanischen Einzelhandel durchgeführt (vgl. Kapitel 1.2 Methodik der Informationsgewinnung), um einen Einblick in das heimische und ausländische, speziell deutsche Angebot von Milch und Milchprodukten zu erhalten. Die Ausführungen in diesem Abschnitt konzentrieren sich dabei auf die Vielfalt deutscher Erzeugnisse.

Um einerseits Unterschiede im Produktsortiment bzw. in der Preisgestaltung seitens der einzelnen Handelsformen deutlicher herauszuarbeiten und andererseits regionale Absatzschwerpunkte von deutschen Molkereiprodukten leichter lokalisieren zu können, wurden die besuchten Handelsunternehmen in vier große Gebiete eingeteilt, nämlich in die beiden Großräume Madrid und Barcelona sowie in die Küstenregion (Mittelmeerküste) und das Landesinnere. Ausschlaggebend für die Auswahl dieser Gebiete waren die Aussagen der deutschen und spanischen Interviewpartner auf die Frage nach den Hauptabsatzgebieten für deutsche Molkereiprodukte in Spanien, die durch Storechecks überprüft wurden. Hierdurch konnten auch frühere Untersuchungen bestätigt werden, in denen das Thema Absatzgebiete ausländischer und insbesondere deutscher Produkte in Spanien bearbeitet wurde.[23]

Entlang der **Küstenregion** zwischen der spanisch-französischen Grenze und Cádiz beeinflußt die große Anzahl der Touristen seit langen Jahren das Nahrungsmittelangebot und verändert hierdurch außerdem nachweislich die Verzehrsgewohnheiten der dort lebenden spanischen Bevölkerung. **Madrid** als Hauptstadt des Landes und Sitz von Ämtern, Behörden, Banken und großen Unternehmen stellt gleichzeitig eine Agglomeration kaufkräftiger Personengruppen dar, was auch durch Art und Anzahl der Lebensmittelgeschäfte deutlich wird. **Barcelona** als zweitwichtigster Ballungsraum ist ebenfalls aufgrund der Kaufkraft der dort

[23] Vgl. CFCE: Les Circuits d'importation et de distribution en Espagne et aux Canaries - Produits d'alimentation générale. Paris, März 1984. CMA: Der Markt für Milch und Milcherzeugnisse in Spanien inkl. Kanarische Inseln, Bonn 1989, S. 76 - 79. Grebe, Ulrike v.: Absatzchancen für deutschen Käse in Spanien. Unveröffentlichte Diplomarbeit an der Landwirtschaftlichen Fakultät der Rheinischen Friedrich-Wilhelms-Universität Bonn, Mai 1990. Hermann, Dietrich: Absatzförderung für bayerische Lebensmittel im spanischen Lebensmittelhandel. Unveröffentlichte Diplomarbeit am Institut für Wirtschafts- und Sozialwissenschaften, Lehrstuhl für Marktlehre der Agrar- und Ernährungswirtschaft Weihenstephan, Freising, August 1990. CMA: Erfolgreich nach Spanien exportieren, der Lebensmittelsektor. Bonn, Januar 1992.

ansässigen Bevölkerung eine geeignete Absatzregion für Importprodukte aller Art. Besondere Bedeutung hat diese Region durch die Nähe zu Frankreich und somit zu den nördlichen europäischen Staaten. Dies, sowie die Tatsache, daß die dort ansässige Bevölkerung sehr offen für neue und ausländische Produkte ist, hat die wichtigsten Importeure dazu bewegt, ihren Sitz nach Barcelona oder Katalonien zu verlegen und diese Region auch als bevorzugtes Absatzgebiet zu nutzen. Als Kontrast zu den drei genannten Regionen wurde das Gebiet "**Landesinnere**" gewählt. Auch wenn die Stichprobe relativ klein ist, lassen sich doch merkliche Unterschiede in der Vielfalt und Art der deutsche Produkte führenden Lebensmittelgeschäfte feststellen. Daß die verschiedenen Einzelhandelsformen nicht in jeder der vier großen Gebiete gleichmäßig berücksichtigt sind, liegt u.a. daran, daß in den südlichen Landesteilen, v.a. in der Küstenregion, deutsche Produkte fast ausschließlich in größerem Umfang in Hypermärkten und Supermärkten, dagegen so gut wie gar nicht im traditionellen Lebensmitteleinzelhandel zu finden waren.

Aus der Vielzahl der besuchten Handelsunternehmen, die die Basis für die nachfolgende Bewertung bilden, wurden Handelsformen herausgearbeitet, die in nennenswertem Umfang deutsche Produkte führten. Aufgrund der Fülle von Produkten, die gerade in Hypermärkten und den Lebensmittelabteilungen des Kaufhauses El Corte Inglés anzutreffen waren und oft mehrere 100 m^2 der Verkaufsfläche einnahmen, beschränkt sich die Erhebung der Übersichtlichkeit und Vergleichbarkeit wegen auf die folgenden "Kernprodukte": Joghurt, Weichkäse, Blauschimmelkäse/ Edelpilzkäse, Frischkäse, Hart- und Schnittkäse aus Kuhmilch, Camembert und Brie, Schmelzkäse und Schmelzkäsezubereitungen, Milchmischgetränke (Kakao und Fruchtmixgetränke), Sahne, Butter und Quark.

Deutsche Produkte waren 1992 in ganz Spanien zu finden, wobei jedoch Unterschiede in Abhängigkeit von den Handelsformen sowie in der regionalen Verteilung festzustellen waren. Die größte Vielfalt deutscher Produkte konnte in spanischen Supermärkten verzeichnet werden, dicht gefolgt von den Lebensmittelabteilungen des Kaufhauses El Corte Inglés und den Hypermärkten (vgl. Abb. 10 - 11).

Bei den Produkten, die am häufigsten in diesen Handelsformen zu finden waren, handelte es sich um Blauschimmelkäse/Edelpilzkäse, Schmelzkäse, Weichkäse, Joghurt und Desserts sowie um Frisch-, Schnitt- und Hartkäse. Mit Ausnahme der drei letztgenannten Produkte fanden sich die übrigen Produkte auch im traditionellen Lebensmittelhandel wieder.

Abb. 10: Art und Häufigkeit deutscher Molkereiprodukte im spanischen Handel

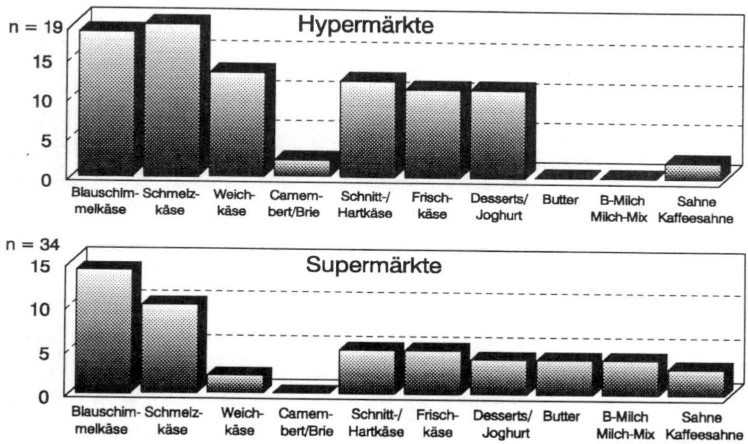

Quelle: Eigene Erhebungen

Abb. 11: Art und Häufigkeit deutscher Molkereiprodukte im spanischen Handel

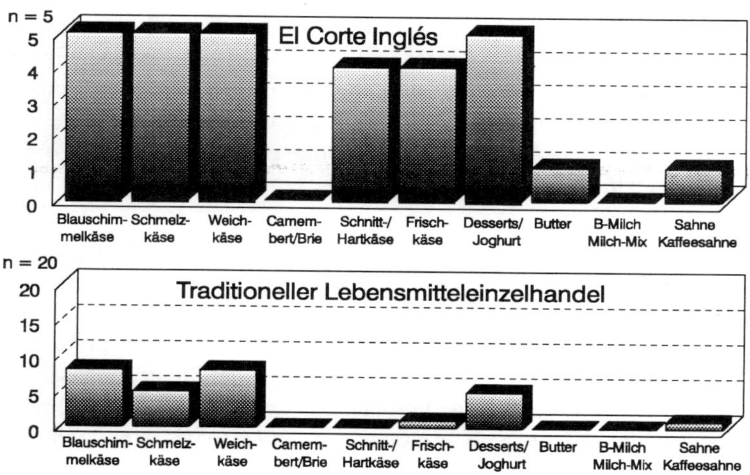

Quelle: Eigene Erhebungen

Hinsichtlich der geographischen Verteilung deutscher Molkereiprodukte auf die vier Gebiete Großraum Barcelona, Großraum Madrid, Küstenregion und Landesinnere sowie der Preisgestaltung der Handelsformen lassen sich folgende Aussagen treffen:

- Die oben aufgeführten "Kernprodukte" wurden bei **El Corte Inglés** zentral gelistet und somit auch in allen 20 Kaufhausfilialen angeboten. Dies trifft auch weitgehend für das Sortiment an deutschen Molkereiprodukten der 10 Kaufhaus-eigenen Hypermärkte Hipercor[24] zu. Aufgrund der bevorstehenden Aktionswoche "Deutsche Woche" der Centralen Marketinggesellschaft der deutschen Agrarwirtschaft mbH (CMA) im Oktober 1992 und der Nähe zum Sitz der wichtigsten Importeure deutscher Molkereiprodukte, konnte in einer der beiden Filialen des Kaufhauses in Barcelona ein umfangreicheres Sortiment registriert werden. Das Kaufhausunternehmen genießt in Spanien einen sehr guten Ruf aufgrund der qualitativ hochwertigen Produkte sowie wegen des hohen Anteils an Importwaren (30 %) im Sortiment, auf die durch regelmäßig durchgeführte Länderwochen besondere Aufmerksamkeit gelenkt wird.

  Hinsichtlich der **Preisgestaltung** wird landesweit eine einheitliche Preisstrategie für Importprodukte, weitgehend aber auch für einheimische Produkte, gefahren. Dies gilt sowohl für SB- als auch für Thekenware und Sonderangebote. Die Beschaffung der Produkte erfolgt zum einen in Madrid zentral für Spanien oder über Importeure, zum anderen verfügt El Corte Inglés in verschiedenen europäischen Städten über Einkaufsbüros, um mit den ausländischen Herstellern direkt in Kontakt zu treten. In Deutschland ist die Ibérica Trading GmbH Frankfurt/Main für Einkäufe zuständig. Die einheimischen und importierten Waren werden an das Zentrallager bei Madrid geliefert, von wo aus die landesweite Distribution mit eigenem Fuhrpark vorgenommen wird.

- **Hypermärkte** führten i.d.R. ein mengenmäßig recht umfangreiches Angebot an deutschen Produkten, wobei es einige Besonderheiten herauszustreichen gilt. Die Hypermärkte entlang der Mittelmeerküste wiesen mit Abstand das größte Sortiment auf, wobei hier besonders die Hypermarktkette Euromarket an der Costa del Sol erwähnt sei. In diesen Märkten wurden die Verbraucher zweisprachig (spanisch und englisch) durch Lautsprecheransagen auf Sonderangebote aufmerksam gemacht.

  Neben Euromarket und der bereits erwähnten Hypermarktkette Hipercor ist sowohl in den Continente- als auch in den Alcampo-

[24] Seit Juni 1995 gehört nun auch die Warenhauskette Galerías Preciados zu El Corte Inglés (ECI). Auf diese Weise nimmt ECI eine fast monopolartige Stellung in den spanischen Innenstädten ein, da es in Spanien keine zweite Warenhauskette mehr gibt. Vgl. Frankfurter Allgemeine Zeitung Nr. 131, 08.06.1995, S. 22.

Hypermärkten entlang der Küste eine starke Präsenz der "Kernprodukte" deutscher Herkunft festzustellen. Hier sind Blauschimmelkäse/Edelpilzkäse, Schmelzkäse und Hart-/Schnittkäse sowohl im SB-Regal als auch in der Käsetheke zu finden. Darüber hinaus wurden Frischkäse (SB) und Weichkäse (Theke) sowie Joghurt und Desserts angeboten. Das engste Sortiment war in diesem Gebiet bei der Hypermarktkette Pryca zu finden. Das Angebot beschränkte sich dort auf Blauschimmelkäse/Edelpilzkäse, Schmelzkäseprodukte und auf Weichkäse. Das Centro Comercial Pryca S.A. mit Sitz in Madrid ist 1978 durch ein Joint Venture des französischen Hypermarktkonzerns Carrefour und des spanischen Handelsunternehmens Simago S.A. entstanden und war 1994 das größte Hypermarktunternehmen in Spanien. Der Einkauf wird über die Einkaufsgesellschaft Coresa getätigt.

Zur **Preisstrategie** der einzelnen Hypermarktketten ist anzumerken, daß Pryca in allen vier untersuchten Regionen einheimische und importierte Thekenware mit Abstand am günstigsten anbietet. Während die Endverbraucherpreise im SB-Bereich bei Pryca in etwa mit denen der übrigen Hypermarktketten zu vergleichen waren und manchmal um nur wenige Peseten abwichen, lag die Differenz für Thekenware bei 100 - 500 Pts. je kg Ware. Die These, daß von den Pryca-Märkten, die finanziell autonom sind, eine Niedrigpreisstrategie verfolgt wird, wird in der Literatur bestätigt.[25] Kennzeichnend für Pryca ist außerdem der hohe Anteil der Pryca-Eigenmarken, die ca. 400 Produkte umfassen.

Das zweitgrößte Hypermarktunternehmen Centro Comercial Continente S.A., eine Tochter der französischen Promodèsgruppe, und das drittgrößte spanische Hypermarktunternehmen Alcampo S.A., ein Tochterunternehmen der französischen Hypermarktkette Samu-Auchan mit rein französischer Geschäftsführung, verfolgen landesweit keine einheitlichen Preisstrategien. Die Preisunterschiede innerhalb der einzelnen Märkte betragen bei vergleichbarer SB-Ware ca. 10 - 25 Pts., wobei die größten Schwankungen in den einzelnen Märkten entlang der Küstenregion registriert wurden. Auch im Thekenbereich wurden die importierten Molkereiprodukte in allen vier Gebieten zu weitgehend ähnlichen Preisen angeboten. Es schien jedoch so zu sein, daß Molkereiprodukte auch deutscher Herkunft im Landesinneren und in der Küstenregion von Continente günstiger angeboten werden als

[25] Vgl. Hipermercado Pryca S.A. In: CMA: Der moderne Lebensmitteleinzelhandel und seine führenden Unternehmen in Spanien 1992, Bonn 1992. o.V.: Pryca, el más barato entre los hiper. "Compra Maestre", Studie der Verbraucherzeitschrift OCU. In: Super ARAL Lineal, 27. Jg., Nr. 1194, 25.4. - 1.5.1994, S. 15.

im Großraum Madrid. Der Einkauf erfolgt bei beiden Unternehmen zentral, bei Continente über die hauseigene Einkaufszentrale und Distributionsfirma Sidam S.A. und bei Alcampo über die Einkaufsgruppe Alcampo. Letztere nimmt nur Waren ins Sortiment, die eine hohe Turn-over-Rate aufweisen. Handelsmarken werden im Gegensatz zu den beiden anderen Konkurrenten aus Frankreich nicht geführt. Die Einkaufsgruppe erstellt einen Produktkatalog für die Chefeinkäufer der einzelnen Hypermärkte, die ihr Sortiment durch lokale Produkte ergänzen können. Die Auswahl der Produkte erfolgt halbjährlich durch die Zentrale in Anwesenheit der Chefeinkäufer aller Alcampo-Hypermarktfilialen.

- Betrachtete man das Angebot deutscher Produkte in spanischen **Supermärkten**, fiel auf, daß es im Landesinnern und entlang der Mittelmeerküste vielfältiger ausfiel als in Madrid oder Barcelona. Es muß jedoch präzisiert werden, daß besonders einige Supermärkte aus dem Nordosten Spaniens zur breiten Vielfalt der Palette deutscher Molkereiprodukte beigetragen haben, was mit Sicherheit auf die zum Teil regional sehr starke Position einiger Importeure zurückzuführen ist. Es waren in erster Linie die großen Supermärkte, die deutsche Produkte führten, während in den kleinen fast ausschließlich spanische, durch französische Produkte ergänzte Sortimente angeboten wurden. Die größte Supermarktkette Spaniens ist die 1981 gegründete Mercadona S.A. mit Sitz in Valencia. Es handelt sich um eine unabhängige Kette mit landesweit 140 Filialen, deren Sortiment auf gehobene Käuferschichten ausgerichtet ist. Es wird sehr viel Wert auf ein sauberes und elegantes Ambiente bei der Einrichtung und Ausstattung der Supermärkte gelegt.

- Hinsichtlich des Sortiments deutscher Produkte im **traditionellen Lebensmitteleinzelhandel** lagen Barcelona und Madrid vorne, wobei hier einschränkend zu erwähnen ist, daß die Gesamtzahl der untersuchten Geschäfte inklusive der Markthallen lediglich 20 betrug. Während im traditionellen Lebensmitteleinzelhandel Barcelonas deutsche Produkte in erster Linie im belebten und von Touristen stark frequentierten Altstadtkern zu finden waren, beschränkte sich das Angebot in Madrid auf wenige Spezialitätengeschäfte und Markthallen in bevorzugten Wohngebieten.

  Im Landesinneren und auch entlang der Mittelmeerküste bot der traditionelle Einzelhandel in der überwiegenden Mehrzahl spanische Produkte an, wobei das Sortiment im allgemeinen durch französische Produkte und niederländischen Edamer in Kugelform ergänzt wurde.

Insbesondere im kleinstrukturierten Handel und auf Märkten stellt man regionale Unterschiede bei der Plazierung von Milch und Milchprodukten fest. So wurden diese in Zentralspanien häufig zusammen mit Back- und Konditoreiwaren, in der Levante mit Wurst- und Räucherwaren, in Katalonien und Aragón mit Fleischwaren, Obst und Gemüse angeboten. Butter und Sahne sind oft zusammen mit Räucher- und Wurstwaren sowie mit Obst und Gemüse anzutreffen.

Bevor aus den vorgenannten Erhebungsergebnissen in einem weiteren Schritt alternative Distributionsstrategien für deutsche Molkereiprodukte abgeleitet werden können, bedarf es zunächst noch eines Überblicks über die Struktur des Handels in Spanien und dessen Entwicklungen. Dies soll getrennt nach Groß- und Einzelhandel im folgenden Abschnitt geschehen.

3.1.6 Der Handel in Spanien - eine Handelsstrukturanalyse

3.1.6.1 Generelle Entwicklungen im spanischen Handel

Spaniens Handelsstruktur ist noch immer durch in erster Linie kleinflächige Handelsunternehmen charakterisiert. Ihre Entwicklung bis zur heutigen Form hat sich stufenweise vollzogen. CASARES und BRIZ[26] beschreiben in ihrem geschichtlichen Abriß über die Entwicklung des Handels in Spanien zwei große Zeitabschnitte, die maßgeblichen Einfluß auf die Strukturierung des Handels, wie man ihn heute antrifft, hatten. Der erste Zeitabschnitt von der Jahrhundertwende bis 1959 war gekennzeichnet durch eine stetige Zunahme der Stadtbevölkerung, bedingt durch die fortschreitende Industrialisierung im Land und durch eine Abwanderung aus dem primären zum sekundären und tertiären Wirtschaftssektor. Die Lage in Spanien verbesserte sich ab 1950, wobei als Höhepunkt der Konsolidierungsphase das Jahr 1959 angesehen werden kann, in dem der "Plan zur Stabilisierung der spanischen Wirtschaft" (Plan de Estabilización) in Kraft getreten ist, der zu einem wirtschaftlichen Aufschwung in Spanien führte.

Mit dem Ziel der Rationalisierung und transparenteren Gestaltung des Binnenhandels wurden 1957 die Generaldirektion für den Binnenhandel und wenig später die Comisión Nacional de Productividad sowie die Handelskammern ins Leben gerufen. Diese Institutionen starteten ge-

[26] Vgl. Casares, Javier und Julián Briz: Una Revision histórica del comercio español. In: La Economía de la Distribución, Barcelona 1987, S. 94 - 107.

meinsam mit Institutionen aus den Vereinigten Staaten ein Kooperationsprogramm, dessen Ergebnis die Errichtung des ersten Supermarktes in Feria del Campo in Madrid war.

1959 beginnt der von CASARES und BRIZ beschriebene zweite Zeitabschnitt, der durch die Schaffung neuer Handelsformen und verstärkte Distributionstätigkeit aufgrund zunehmender Mobilität der Bevölkerung charakterisiert war. Während zwischen 1960 und 1973 eine Ausweitung der Anzahl von kleinflächigen Handelsunternehmen mit geringer Kapitalausstattung und nur wenigen Beschäftigten zu beobachten war, gewannen nach 1973 eher die neuen Vertriebsformen mit größeren Verkaufsflächen, moderner Lager- und Vertriebstechnik, verbessertem Kundendienst und professionellerer Betriebsführung an Bedeutung. In rascher Folge wurden freiwillige Handelsketten und genossenschaftliche Handelsformen des Selbstbedienungstyps gegründet. Deren Anzahl, die 1959 noch bei 14 lag, stieg bis 1973 auf 7.335 Unternehmen an. Die Wirtschaftskrise in den 80er Jahren und die zunehmende Anzahl der Arbeitslosen hat auch den Handel mit primär familiärem Charakter getroffen, der aufgrund seiner Arbeitsplätze traditionell als "Zufluchtssektor" gilt.

Da die Verbraucher in immer stärkerem Maße tiefere und breitere Sortimente wünschen, erforderte dies zum einen eine Ausdehnung der Verkaufsflächen in den Handelsunternehmen, und zum anderen eine Umstrukturierung im Hinblick auf die Beschaffungsformen: Horizontale und vertikale Konzentrationen entstanden zwischen den Handelsunternehmen mit dem Ziel, günstigere Konditionen für eine größere zu beschaffende Produktmenge zu erzielen. Viele Handelsketten dehnten ihren Wirkungskreis auf Nachbarprovinzen oder gar auf ganz Spanien aus, um einen größeren Verhandlungsspielraum den Herstellern gegenüber zu erlangen und um sich Wettbewerbsvorteile gegenüber Mitwettbewerbern im Handel zu sichern. Dies führte zur Bildung des integrierten und assoziierten Handels. So waren bereits 1984 41 % aller spanischen Handelsunternehmen in irgendeiner Form an eine Handelsgruppe, z.B. innerhalb einer freiwilligen Kette, einer Einzelhandelsgenossenschaft oder als Filialist, gebunden. Im allgemeinen Lebensmittelhandel betrug der Anteil 64 %, bei SB-Geschäften, den sog. "Autoservicios" mit einer Verkaufsfläche von weniger als 120 m^2, lag der Anteil sogar bei 79 %. Die ersten freiwilligen Ketten, die sich in Spanien niedergelassen haben, waren Spar (1959) und Végé (1960).

1973 wurde der erste Hypermarkt eröffnet. Seitdem ist eine duale Entwicklung im spanischen Handel festzustellen: Auf der einen Seite steht der traditionelle, kleinstrukturierte Lebensmitteleinzelhandel, auf der anderen Seite die zunehmend an Stärke und Marktmacht gewinnenden modernen Formen des Einzelhandels, modern hinsichtlich ihrer organisatorischen Aufgaben, ihrer Größe und eingesetzten Technologien in Distribution und Warenverkauf.

Mit dem Beitritt Spaniens zur Europäischen Gemeinschaft (1986) beschleunigte sich der Strukturwandel im spanischen Lebensmittelhandel noch stärker und weist nun zunehmend Entwicklungstendenzen und Charakteristika auf, die bereits seit längerem in den nördlichen EU-Mitgliedstaaten zu beobachten sind. Als Beispiele sind hier die sich verkürzenden Produktlebenszyklen, der zentralisierte Einkauf, die Entwicklung neuer Spezialitätenmärkte und - da die Grundbedürfnisse im Prinzip gedeckt sind - das Wecken neuer Bedürfnisse, um einen Kaufanreiz zu schaffen, zu nennen. Die Ursache für diese Entwicklung lag nicht zuletzt auch an der zunehmenden Internationalisierung des Handels durch die Schaffung von national und international operierenden Einkaufszentralen sowie durch die starke Präsenz ausländischer Investoren, die ganze Handelsketten aufgekauft oder neu gegründet haben. Außerdem sind die Verbraucher u.a. durch die steigende Anzahl berufstätiger Frauen und die in den letzten Jahren gestiegene Kaufkraft z.B. im Hinblick auf Öffnungszeiten, Parkmöglichkeiten und zügige Bedienung oder auf ein Produktangebot in unterschiedlichen Qualitäten anspruchsvoller geworden und favorisieren aus diesem Grund in zunehmendem Maße das breite Dienstleistungsangebot der modernen Handelsformen.

3.1.6.2 Der Großhandel in Spanien: Charakteristika, Probleme, Trends

Der Großhandel in Spanien bereitet aufgrund seiner Heterogenität und der schwierigen Abgrenzung zwischen den Handelsbetreibenden besondere Probleme hinsichtlich seiner Systematisierung. Neben den eigentlichen Großhandelsunternehmen übernehmen nämlich ein großer Teil der vornehmlich kleinen Einzelhandelsunternehmen und solcher mit hohem Spezialisierungsgrad verschiedene Großhandelsfunktionen. Darüber hinaus wird ein Teil der Großhandelsdistribution direkt von den Herstellern kontrolliert.

Die Absatzformen des Großhandels in Spanien unterscheiden sich nicht von denen in Deutschland. Man stößt auf den traditionellen oder Zustellungsgroßhandel und auf den Selbstbedienungsgroßhandel (Cash & Carry-Unternehmen), auf unabhängige Unternehmen, Formen des assoziierten Handels (freiwillige Ketten und Massenfilialbetriebe) und auf Einkaufszentralen ebenso wie auf Fachgroßhändler, die v.a. im Vertrieb von

Käse, Speiseeis und Tiefkühlkost eine wichtige Rolle spielen. 1989 gehörten in den Bereichen Lebensmittel und Drogeriewaren 54 % der Großhandelsunternehmen dem assoziierten Handel an, 39 % der Unternehmen waren unabhängig.[27]

Die genaue Anzahl der spanischen Großhandelsunternehmen läßt sich nur schätzen. Konkretes Zahlenmaterial entstammt dem letzten Handelszensus von 1980, aus Umfragen, die 1983 durchgeführt worden sind, sowie aus Gemeindestatistiken über Handelslizenzen von 1986. Basis für die Schätzungen bilden die ausgegebenen Handelslizenzen, bei denen es sich um Gewerbesteueranmeldungen für einzelne Produktbereiche handelt. Es kann davon ausgegangen werden, daß die effektive Anzahl der Großhandelsunternehmen heute ca. 30 % der Anzahl der ausgegebenen Lizenzen entspricht.[28] Die Anzahl der Großhandelslizenzen, die in den Bereichen agrarische Rohstoffe, Lebensmittel, Getränke und Tabak vergeben war, lag 1985 bei 52.671, was einem Anteil von 40,1 % aller in diesem Jahr gezählten Großhandelslizenzen entsprach. 1990 wurden 24.294 Großhandlesunternehmen im Lebensmittelbereich gezählt.[29]

Charakteristisch für den spanischen Großhandel sind nach wie vor die geringe Reichweite und Ausdehnung der Unternehmen, die sich meist auf eine Region oder gar nur auf eine Provinz beschränken. So hatten 1989 89 % der Großhandelsunternehmen im Lebensmittelbereich lediglich eine Niederlassung. Des weiteren wiesen die meisten Großhandelsunternehmen eine nur geringe Lager- und Kühlkapazität auf. Investitionen wurden aufgrund der knappen Finanzdecke kaum getätigt, und auch das Ausbildungsniveau der in diesen Unternehmen Beschäftigten war

---

[27] Vgl. Weitzmann, Igor: Distributionswege für Konsumgüter in Spanien. In: DIHT: EG-Binnenmarkt - Distributionswege für Konsumgüter, Brühl 1989, S. 151.

[28] Vgl. Weitzmann beruft sich auf Zahlen aus dem Jahr 1987. 173.000 Großhandelslizenzen waren zu dieser Zeit vergeben, was nach den Aussagen des Autors ca. 50.000 - 60.000 Großhandelsniederlassungen entspräche.

[29] CASARES und BRIZ geben für den von ihnen betrachteten Zeitraum der 80er Jahre eine andere Schätzungsbasis an. Sie gehen davon aus, daß die Anzahl der Großhandelsunternehmen um 30 % unter der Zahl der ausgegebenen Lizenzen liegt. Diese Schätzungsgröße verliert jedoch ihre Aussagekraft, wenn man den konstanten Anstieg der ausgegebenen Lizenzen in den letzten 10 bis 15 Jahren in betracht zieht. Dieser Anstieg bedeutet keineswegs, daß mehr Großhandelsunternehmen gegründet wurden, sondern spiegelt die Tatsache wider, daß zum einen neue Aktivitäten in den Tätigkeitsbereich des Großhandels übernommen wurden, für die neue Lizenzen geschaffen wurden und zum anderen, daß Produktgruppen in das Lizenzsystem aufgenommen wurden, für die ein Großhandelsunternehmen vorher keine Lizenz benötigte.

niedrig.[30] Aufgrund der weitgehend lokalen bis regionalen Ausdehnung der selbständigen Großhandelsunternehmen ist deren Marktmacht eher als gering einzustufen. Ihre Anzahl sinkt konstant, bedingt durch Geschäftsaufgaben oder durch Kooperationen und Fusionen mit anderen Großhandelsunternehmen. Einen größeren Einfluß haben sie jedoch immer noch auf die traditionellen, kleinstrukturierten Lebensmitteleinzelhandelsgeschäfte, deren wichtigste Versorgungspartner sie darstellen.

Es hat sich gezeigt, daß neben großen Filialunternehmen mit z.T. eigener Einkaufszentrale gerade die freiwilligen Handelsketten an Bedeutung gewinnen. So kommt es immer häufiger vor, daß Supermarktketten, Vereinigungen von Einzelhandelsgeschäften und kleine Filialbetriebe, aber auch Großverbraucher über diese Handelsstufe einkaufen.[31] Die wichtigsten und größten freiwilligen Handelsketten sind national präsent und verfügen über gute Kontakte zu ausländischen Unternehmen. Die unter IFA Española firmierende zweitgrößte spanische Einkaufsgruppe des Lebensmittelhandels wurde 1967 gegründet. Der Umsatz belief sich 1990 auf 401 Mrd. Pts. Die Handelsmarke IFA wird v.a. im Lebensmittelbereich eingesetzt und auf ca. 50 Produkte des Grundnahrungsmittelsortiments appliziert.[32] Die Anzahl der modernen Selbstbedienungsgroßhandelsunternehmen oder Cash & Carry-Märkte sinkt dagegen kontinuierlich; 1991 wurden noch 49 C&C-Märkte gezählt.[33]

3.1.6.3 Der Einzelhandel in Spanien: Charakteristika, Probleme, Trends

Der spanische Lebensmitteleinzelhandel ist durch seine ambivalente Erscheinungsform gekennzeichnet: Auf der einen Seite weist er die typischen Merkmale des Handels südeuropäischer Länder auf, nämlich eine große Anzahl kleiner und kleinster Geschäfte, in denen die traditionelle Verkaufstechnik der Bedienung praktiziert wird. Auf der anderen Seite gewinnen die modernen Formen des Lebensmitteleinzelhandels (LEH), wie sie für die nördlichen Staaten der Europäischen Union charakteristisch sind, auf dem spanischen Markt kontinuierlich an Bedeutung.

---

[30] Vgl. Casares, Javier, Julián Briz, Alfonso Rebollo und Pablo Muñoz Gallego: La Economía de la distribución comercial. Barcelona 1987, S. 129 - 131.

[31] Vgl. CMA: Der moderne Lebensmitteleinzelhandel und seine führenden Unternehmen in Spanien 1992, Bonn 1992, S. 23.

[32] Vgl. CMA: Der moderne Lebensmitteleinzelhandel und seine führenden Unternehmen in Spanien 1992, Bonn 1992, S. 50.

[33] Vgl. Valentin, Juan Pedro: Los hipermercados continúan ganando cuota de mercado en alimentación. In: Aral, 25. Jg. (1992), Nr. 1129, 4. - 11.1.1992, S. 43.

Tab. 24: Entwicklung der Lebensmitteleinzelhandelsgeschäfte zwischen 1986 und Januar 1991

	1986	1988	1990	1991	Anteil am LEH (1991 in %)
Traditioneller LEH	94.230	86.251	77.097	71.734	73,7
Autoservicios (SB-G.)	16.893	18.410	18.371	18.072	18,9
Kleine Supermärkte	4.146	5.217	5.647	5.941	6,4
Große Supermärkte	552	691	725	746	0,8
Supermärkte gesamt	**4.698**	**5.908**	**6.372**	**6.687**	**7,1**
Hypermärkte	89	108	128	151	0,2
Gesamt	**115.910**	**110.677**	**101.968**	**96.644**	**100,0**

Quelle: Nielsen. In: ARAL, 25. Jg. (1992), Nr. 1129, 4./11. Januar 1992, S. 41 - 43.

Bezogen auf die Anzahl der Geschäfte spielt der traditionelle Lebensmittelhandel mit einem Anteil von 73,7 % an der Gesamtzahl der Einzelhandelsunternehmen[34] eine wichtige Rolle bei der Versorgung der spanischen Bevölkerung. Jedoch weisen die kleinen Geschäfte eine Reihe von Eigenschaften auf, die bereits seit 10 Jahren zu einem kontinuierlichen starken Rückgang dieser Einzelhandelsform geführt haben. Zwischen 1980 und Juli 1991 sank die Zahl der traditionellen Lebensmittelgeschäfte von 101.593 auf 70.195, was einem Rückgang von 31 % entsprach[35] (vgl. Tab. 24). Es sind vor allem die folgenden Nachteile, die zu dem dramatischen Rückgang geführt haben:

- Geringe Verkaufsfläche: Die durchschnittliche Verkaufsfläche lag 1991 bei 34,2 m^2 (vgl. Tab. 25).
- Unternehmensführung und -form: In erster Linie handelt es sich um Familienbetriebe ohne eigene Rechtspersönlichkeit; im Durchschnitt aller traditionellen Geschäfte wurden 1,4 Angestellte beschäftigt.
- Ungenügende Fachkenntnisse: 75 % der Eigentümer haben lediglich Grundschulkenntnisse. Mangels der Fachkenntnisse sind moderne Methoden der Betriebsführung weitgehend unbekannt: 21 % der Inhaber führen überhaupt nicht Buch über die Geschäftsvorgänge. Warenkunde, Kenntnisse über die Psychologie der Kunden oder gar über Merchandising sind sehr selten anzutreffen.
- Verkaufstechnik: Die Verkaufstechnik der Selbstbedienung wird in nur 60 % der Geschäfte praktiziert.

---

[34] Vgl. Nielsen: Anuário Evolución 1991, Madrid 1991.

[35] Vgl. Casares, Javier, Julián Briz, Alfonso Rebollo und Pablo Muñoz Gallego: La Economía de la Distribución Comercial 1987, S. 129 und Valentin, Juan Pedro: Los hipermercados continúan ganando cuota de mercado en alimentación. In: ARAL, 25. Jg. (1992), Nr. 1129, 4. - 11. Januar 1992, S. 41.

Tab. 25: Charakteristika des Lebensmitteleinzelhandels (1990)

	Anzahl der Geschäfte (in %)	Umsatz (in %)	Verkaufsfläche (m^2)	Beschäftigte	Anzahl der Kassen	Flächenproduktivität (Pts.)	Umsatz je Beschäftigtem (in Pts.)
Trad. LEH	74,2	19,4	34,2	1,4	-	1.007.284	28.704.324
Autoservicios	18,7	14,6	85,3	2,2	1		
Kl. Supermarkt	6,1	29,8	286,4	6,5	2,5	565.789	25.671.000
Gr. Supermarkt	0,8	12,1	1.079,00	27,5	7	612.992	22.789.000
Hypermarkt	0,2	24,1	6.336,00	197	33,5	1.076.106	33.626.000
LEH Gesamt	**96.644**	**100,0**	**77,2**	**2,4**	**-**	**3.262.171**	**110.790.324**

Quelle: Valentin, J.P.: Los Hipermercados continúan ganando cuota de mercado en alimentación. In: ARAL, 25. Jg. (1992), Nr. 1129, 4. - 11. Januar 1992, S.41 - 43, eigene Berechnungen.

- Finanzierung: Die Finanzdecke der kleinen Geschäfte ist sehr dünn, nur 20 % der Unternehmer nahmen nach einer von der Deutschen Industrie- und Handelskammer 1987 durchgeführten Studie Kredite auf, wobei 83 % der Investitionen 5 Mio. Pts. nicht überschritten.
- Mangelhafte technische Ausstattung: Aus dem letztgenannten Punkt resultiert auch die geringe technische Ausrüstung in den Geschäften. Kühlmöbel sind oft alt und/oder eingeschränkt funktionsfähig, zum Teil werden sie über Nacht nicht mit Strom versorgt. Auch elektronische Registrierkassen oder Waagen sind sehr selten zu finden.
- Ungünstige Eigentumsverhältnisse: Ca. 60 % der Ladenlokale sind gemietet, was zum einen aus der geringen Finanzkraft der Mieter resultiert und zum anderen aus der Tatsache, daß die durchschnittliche Lebensdauer eines solchen, neu am Markt etablierten Einzelhandelsgeschäfts lediglich drei Jahre beträgt. Dies und die in Ballungsräumen stark steigenden Mietpreise erklären auch den allgemein schlechten baulichen Zustand dieser Ladenlokale.
- Geringer Konzentrationsgrad im traditionellen Einzelhandel: Nur knapp 6 % der Unternehmen sind in irgendeiner Weise im Handelsgefüge integriert oder assoziiert.
- Sortimentsgestaltung: Die angebotenen Food- und Non-Food-Sortimente sind aus Platzmangel eng und flach. In der Regel werden Artikel des kurzfristigen Bedarfs von durchschnittlicher Qualität in der mittleren bis oberen Preiskategorie vermarktet.[36]

[36] Vgl. Deutsche Industrie- und Handelskammer in Spanien (Hrsg.): Die Struktur des spanischen Handels sowie zukünftige Entwicklungsmöglichkeiten. 1987, S. 151 - 152 und CMA: Der moderne Lebensmittelhandel und seine führenden Unternehmen in Spanien 1992, S. 6.

Der Umsatzanteil des kleinflächigen Handels ist in den letzten Jahren ebenfalls stark gesunken. Während er 1977 noch bei 63 % lag, ist er bis 1985, dem Jahr vor dem EU-Beitritt Spaniens, auf 36 % am gesamten Lebensmittelumsatz gesunken. Nielsen gibt für Juli 1991 einen Umsatzanteil des traditionellen Lebensmittelhandels am Gesamthandel von lediglich noch 19,4 % an.[37] Die Gründe für den stetigen Bedeutungsschwund des traditionellen Lebensmitteleinzelhandel sind außerdem in einem sich ändernden sozialen Gefüge und einem sich vollziehenden Wertewandel[38] zu suchen, die die Verbreitung der im folgenden zu charakterisierenden modernen Formen des Lebensmitteleinzelhandels begünstigen. Auch wenn diese kleinen Geschäfte nie ganz verschwinden werden, ist doch ein weiterer drastischer Rückgang dieser Einzelhandelsform aufgrund der Verdrängung durch Supermärkte und Hypermärkte voraussehbar. Langfristig wird sich der Umsatzanteil wahrscheinlich auf einem Wert um 10 % einpendeln.[39]

Das französische Institut für Selbstbedienung (IFLS) und die OECD klassifizieren die Handelsformen nach der Größe ihrer Verkaufsfläche wie folgt:

	Verkaufsfläche
Autoservicio (SB-Geschäft):	zwischen 40 und 119 m^2
Superservicio (etwa kleiner Supermarkt):	120 bis 399 m^2
Supermercado (etwa großer Supermarkt):	400 bis 2.499 m^2
Hipermercado (Hypermarkt):	> 2.500 m^2

Während hinsichtlich der Umsatzentwicklung ein leichtes, doch kontinuierliches Absinken des Anteils am Gesamtumsatz des Lebensmitteleinzelhandels bei Autoservicios zu beobachten ist, konnten die kleinen Supermärkte und Hypermärkte erhebliche Zuwachsraten bei der Umsatz-

[37] Vgl. Nielsen: Anuário Evolución 1991. In: Distribución Actualidad Nr. 191, 2/1992, S. 12. Casares, Javier, Julián Briz, Alfonso Rebollo, Pablo Muñoz Gallego: La Economía de la Distribución Comercial 1987, S. 129.

[38] Vgl. hierzu auch Kapitel 3.1.2.2 "Die Nachfragesituation".

[39] Zum Vergleich: In der Bundesrepublik Deutschland wurden nach Angaben vom Deutschen Handelsinstitut Köln e.V. 1989 6.909 Bedienungsläden gezählt, was einem Anteil von 11,4 % am Gesamthandel entsprach. Ihr Umsatzanteil lag bei 1,3 % des gesamten Lebensmittelhandels (1,7 Mrd. DM absolut). Bedingt durch den kleinstrukturierten Handel in der ehemaligen DDR ist die Anzahl der Bedienungsläden nach der Wiedervereinigung auf 16.590 oder 19,6 % angestiegen. Quelle: Lebensmittel Zeitung Report 1992/93, S. 457/458.

entwicklung verbuchen. Dagegen ist der Umsatzanteil der großen Supermärkte im gleichen Zeitraum konstant geblieben (Abb. 12).[40]

Betrachtet man die Verteilung der einzelnen Handelsformen auf Nielsengebiete wird deutlich, daß der Umsatzanteil des traditionellen Lebensmitteleinzelhandels in allen Regionen rückläufig ist. Andalusien hat sich aufgrund seiner großen Fläche noch eine Vielzahl kleiner Geschäfte bewahrt.

Abb. 12: Umsatzentwicklung im Lebensmitteleinzelhandel zwischen 1989 und 1991

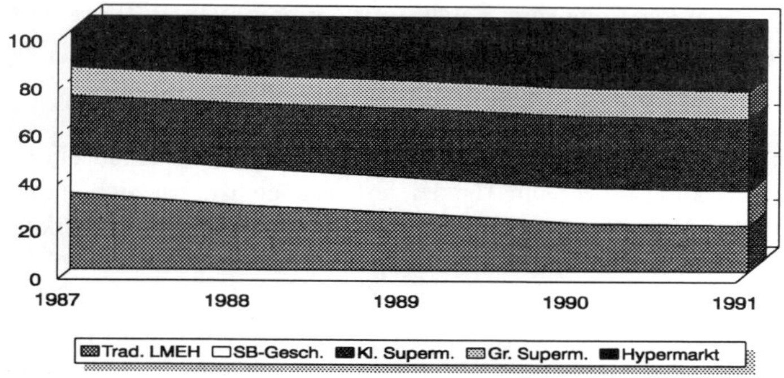

Quelle: Nielsen, Juli 1991.

Die neben dem traditionellen Lebensmitteleinzelhandel am weitesten verbreitete Einzelhandelsform war im Juli 1991 das SB-Geschäft oder **Autoservicio** mit 18.034 Geschäften. Im landesweiten Durchschnitt ermittelte Nielsen 1991 einen Umsatzanteil von 14,6 %. Die Gründe für eine rückläufige Entwicklung dieser Handelsform sind zum einen in der kleinen Verkaufsfläche von 40 - 119 m² zu suchen. Zum anderen weisen diese in der Regel als Familienbetriebe geführten Geschäfte ähnliche Charakteristika auf wie der traditionelle Lebensmitteleinzelhandel.

Die Anzahl der **großen Supermärkte** stieg zwar in den letzten Jahren langsam an, wies jedoch umsatzmäßig seit 1987 eher eine Stagnation auf. Nielsen geht bei dieser Handelsform mittel- bis langfristig von einem wert- und zahlenmäßig langsamen Wachstum aus. Ihre größte Verbreitung finden sie in der Levante.

---

[40] Vgl. o.V.: El Comercio de alimentación: Más moderno, más concentrado. In: Distribución Actualidad 1991, 2/92, S. 13 und Valentin, Juan Pedro: Los hipermercados continúan ganando cuota de mercado en alimentación. In: ARAL, 25. Jg. (1992), Nr. 1129, 4. - 11. Januar 1992, S. 41.

Die **kleinen Supermärkte**, die nach den Hypermärkten die expansivste Handelsform darstellen und zahlenmäßig die größten Zuwachsraten verbuchen konnten, wiesen 1990 eine durchschnittliche Verkaufsfläche von 304 m^2 auf. Während die durchschnittliche Anzahl der Beschäftigten leicht rückläufig zu sein scheint, ist der Umsatz zwischen 1990 und 1991 um 13,2 % gestiegen.

Zuwachsraten, die jenseits sämtlicher Prognosen lagen, wiesen die **Hypermärkte** auf. 1970 in Spanien noch gänzlich unbekannt, sind sie mittlerweile in ganz Spanien, v.a. in Ballungsgebieten zu finden. 157 Märkte wurden im Juli 1991 gezählt, wobei Andalusien mit 49 Hypermärkten den ersten Platz einnahm. Landesweit verzeichneten 1991 die 157 Hypermärkte - also 0,2 % der Einzelhandelsunternehmen Spaniens - 24,1 % der Umsätze im Lebensmittelbereich.

Während in den nördlichen EU-Ländern bereits seit Jahren ein starker Konzentrationsprozeß im Handel festzustellen ist, hat sich dieser mit zeitlicher Verzögerung seit einiger Zeit auch in Spanien bemerkbar gemacht. Vier Billionen Pts. setzten 1991 die 200 führenden Einzelhandelsunternehmen Spaniens um, wobei 40,6 % auf die Kaufhauskette El Corte Inglés, die vier größten Hypermarktunternehmen Pryca, Continente und Alcampo sowie auf die Supermarktkette Mercadona entfielen.[41]

Hinsichtlich der Bedeutung der **Vermarktung von Milch und Molkereiprodukten** über den gesamten Lebensmitteleinzelhandel zeigte sich, daß in rund 43 % der Geschäfte ein Umsatzanteil mit dieser Warengruppe zwischen 5 und 10 % des Gesamtumsatzes ermittelt wurde. Der Verkaufsanteil von Molkereiprodukten lag dabei um so höher, je größer das Einzelhandelsunternehmen war.[42]

Die den Lieferanten gewährten Zahlungsbedingungen sehen v.a. Zahlungen auf Rechnung mit sehr langen Laufzeiten vor, die in den letzten Jahren oft die 120 Tage überschritten. Diese Praktik ist v.a. beim Großflächenhandel weit verbreitet. Spezielle Einkaufskonditionen wie Sonder-

---

41 Vgl. o.V.: Líderes - Mucho en pocas manos. In: Distribución Actualidad, Nr. 191, 2/1992, S. 19.

42 Ergebnisse aus der Einzelhandelsbefragung von INMARK (1988). Die Stichprobe für diese Einzelhandelsuntersuchung umfaßte 1.500. Unternehmen Angaben zu Auswahl der Unternehmen und Quotenmerkmalen in: Ministerio de Economía y Hacienda, Secretaria de Estado de Comercio Dirección General de Comercio Interior: Comercialisación de leche, productos lácteos y helados, Madrid 1989, S. 19 - 24.

angebote, Rabatte für pünktliche Zahlung (sog. "Rapeles"), die während der Jahresgespräche ausgehandelten Details wie Liefertermine, Verkaufsförderungs-, Werbemaßnahmen und Verkostungsaktionen sowie Rabatte bzw. Nachlässe für zentralisierte Zahlung wurden am häufigsten großen Handelsunternehmen gewährt. Bei Verfalldatumsüberschreitung von noch nicht verkaufter Ware oder bei deren Beschädigung wird diese in der Regel frachtfrei vom Lieferanten umgetauscht.

Die durchschnittliche Anzahl der **Herstellermarken** für Milch je Lebensmitteleinzelhandelsunternehmen variierte stark nach der Milchart, wobei die meisten Marken mit durchschnittlich 2,4 bzw. 3,2 auf Steril- und UHT-Milch entfielen. 2,3 Marken entfielen auf den Bereich Joghurt, Desserts und andere Milchfrischprodukte. Lebensmitteleinzelhandels-Unternehmen führten außerdem im Durchschnitt 2,3 Buttermarken. Die Anzahl der Herstellermarken für Käse wurde im Durchschnitt des befragten Einzelhandels mit drei Marken bei Schnittkäse und 3,5 Marken bei den sog. "anderen Käsesorten", zu denen auch Blauschimmelkäse und Käsespezialitäten zählen, angegeben. An dritter Stelle folgten Hart- und Schmelzkäse in Portionen mit je 2,5 Marken im Durchschnitt des LEH. Eine eigene **Handelsmarke** oder weiße Marke wurde am häufigsten für UHT-Milch vergeben.

Zum Abschluß dieses Kapitels sei kurz auf die Besonderheiten bei der Konditionenaushandlung mit Hypermarktketten hingewiesen, die sich im Verlauf der Gespräche mit den Interviewpartnern immer wieder als großes Problem herausgestellt haben. Auch wenn die Hypermärkte in Spanien einer Kette angehören, sind doch einige von ihnen in ihrem Beschaffungs- und Abrechnungswesen aber auch bzgl. der Konditionengestaltung völlig autonom. So kommt es nicht selten vor, daß bei einer nationalen Listung eines Produktes erst mit der Zentrale der Kette verhandelt wird, um dann in einem nächsten Schritt mit den einzelnen autonomen Filialen noch einmal extra die verschiedenen Konditionen auszuhandeln. Neben dem Produktpreis und den Vereinbarungen über Lieferhäufigkeit, -menge und Zahlungsziele, die eher bei 120 Tagen liegen, sind hier noch die Gebühren dafür zu nennen, daß man diesen Hypermarkt beliefern darf (ca. 1 Mio. Pts.). Des weiteren sind Mittel für Angebotsaktionen, aber auch für verschiedenste Anlässe wie z.B. für den jährlichen Geburtstag der Filiale oder für den neuen Fassadenanstrich bereitzustellen. Darüber hinaus sind Sonderangebotsaktionen aller Art (z.B. 3:2-Aktionen), Werbe- und Verkaufsförderungsmaßnahmen (pro Jahr ca. 5 Aktionen) und WKZ, Jahresboni in Höhe von 5 %, Treue- und sonstige Rabatte, 5 % Skonto auf jede Rechnung und natürlich Listungsgebühren (in der Regel 200.000 Pts. je Produkt) sowie Zweitplazierungsgebühren mitzutragen. Diese Angaben entsprechen Durchschnittswerten, die nur für ein Produkt gelten. Diese äußerst harten Konditionengespräche stellen für Importeure/Großhändler insofern ein Problem dar, als daß sich diese geforderten Summen nur teilweise auf den ausländischen Produzenten abwälzen lassen. Während solche Aktionen für große Unternehmen noch finanziell verkraftbar sind, können kleinere und mittelständische Importeure/Großhändler bei einer nationalen Listung meist nicht mehr mithalten. Sie verzichten auf die nationalen Absprachen und begnügen sich damit, mit den einzelnen Märkten, die innerhalb einer oder mehrerer Provinzen oder Regionen liegen, zu verhandeln.

3.1.6.4 Distributionswege für inländische und ausländische Molkereiprodukte in Spanien

Der Transport von deutschen Molkereiprodukten nach Spanien erfolgt mit ganz wenigen Ausnahmen auf der Straße. Dies hat die Auswertung von 35 Interviews mit deutschen und spanischen Speditionen und Molkereiunternehmen ergeben. Die Ausnahmen betreffen Transporte per Schiff und Flugzeug. Relationen zwischen Deutschland und Spanien für Kühlgut sind von der Firma Intercontainer/Interfrigo in Zusammenarbeit mit den jeweiligen nationalen Eisenbahngesellschaften bereits eingerichtet worden. Bisherige Versuche des Transports von temperaturgeführten Gütern auf der Schiene scheiterten jedoch an der nicht garantiert lükkenlos geschlossenen Kühlkette während der Fahrt, an dem hohen Beschädigungsgrad der Waren, bedingt durch unsachgemäßes Handling beim Ver- bzw. Umladen, sowie an dem üblicherweise den Bahnen angelasteten Bürokratismus, der sich in langen Aviszeiten und langer Transportdauer äußert.

Per Schiff wurden bislang in erster Linie H-Produkte (H-Milch), Milchpulver und andere länger haltbare Produkte versandt, die für die Kanarischen Inseln bestimmt waren. In wenigen Fällen gilt auch Bilbao als Ziel für Schiffsladungen.

Eine Transportvariante, die vor allem für empfindliche Molkereiprodukte sowie für Messen verwendet wird, ist die der Luftfracht. Sie ist zwar verhältnismäßig teuer, stellt aber die einzige Möglichkeit dar, frische Produkte schnellstmöglich zum Zielort zu transportieren.

Die weitaus üblichere Transportform ist die per LKW. Hier werden LKW mit Sattelauflieger (Kühlkoffer) mit einer Nutzlast von 21 t bis 24 t eingesetzt. Von Norddeutschland aus wird nach Aussagen der befragten Speditionen der Grenzübergang Aachen passiert, um dann Belgien und

Frankreich zu durchqueren. Eine zweite Möglichkeit besteht darin, über Saarbrücken zu fahren. Von Süddeutschland aus bieten sich die Grenzübergänge Kehl/Straßburg, Lauterbourg oder Neuenburg/Rhein an. Im südwestlichen Baden-Württemberg steht noch der Übergang in Mühlhausen zur Verfügung. Welche Route in Frankreich eingeschlagen wird, hängt vom Bestimmungsort in Spanien ab. Soll die Ware nach Barcelona transportiert werden, passiert der LKW die französisch-spanische Grenze südlich von Perpignan bei La Jonquera. Soll die Ladung nach Valladolid, Madrid oder gar nach Portugal gefahren werden, steuert er den Übergang Irún südlich von Bayonne/Biarritz an. Außerdem besteht die Möglichkeit, über einen kleinen Grenzübergang in den Pyrenäen (Pulgcerda) auszuweichen. Routenänderungen können vorgenommen werden, wenn eine spediteurseigene Niederlassung angefahren werden soll oder der Kunde eine Route vorschreibt, um unterwegs Waren zuzuladen.

Die Fahrtdauer von Deutschland nach Spanien wurde von den befragten Spediteuren im Durchschnitt mit zweieinhalb bis drei Tagen angegeben. Die Angaben zur Häufigkeit von Molkereiprodukte-Lieferungen nach Spanien variieren von "täglich" über "2 - 10 Ladungen pro Woche" und "wenige Male im Monat" bis "sporadisch". Zwei Speditionen hatten die Transporte nach Spanien aufgrund der Lizenzprobleme und der zu geringen Rückfracht bereits völlig eingestellt. Mit Ausnahme von zwei Speditionen, die im Lebensmittelbereich auch Teilladungen abwickeln, werden nur Komplettladungstransporte angeboten. Kleinere Molkereiprodukte-Sendungen werden nicht als Beifracht zu anderen Gütern im Kühlkoffer gestellt, weil das Risiko der Beeinträchtigung durch Ausdünstungen u.ä. der übrigen Fracht zu groß ist. Auch Sammelladungsverkehre im Lebensmittelbereich sind auf der Relation nach Spanien nicht üblich.

Die Waren werden von der Mehrzahl der Speditionsunternehmen nicht mehr kommissioniert, sondern beim Verlader - hier der Molkerei oder Käserei - fertig palettiert, im Kühlbereich vor der Rampe oder dem Kühllager abgeholt und direkt zum Empfänger gefahren. Die Verlader avisieren die Fracht ein bis zwei Tage vor dem Lieferdatum, Verträge zwischen Verlader und Spediteur sind nicht üblich. Die für die Waren nötigen Papiere wurden vom Verlader ausgestellt und dem Fahrer mitgegeben. Insbesondere für Produkte, die dem erweiterten Handelsmechanismus (EHM) unterlagen, mußte die entsprechende Lizenz rechtzeitig beim zuständigen Zollamt eingegangen sein, um deren Verfall nach 21 Tagen Laufzeit zu verhindern, was unweigerlich den Verlust der geleisteten Kautionszahlung bedeutet hätte. Für die Ausfuhr nach Spanien und Portugal werden die Ausfuhrerklärung, der Frachtbrief, die Handelsrechnung oder ein Akkreditiv, das T2-Papier für den Warenverkehr innerhalb der EU, eine Genußtauglichkeitsbescheinigung oder ein Veterinärzeugnis, evtl. weitere Zollpapiere bei Messelieferungen (temporäre Einfuhr) sowie herstellerspezifische Papiere und Formulare benötigt. Etwaige Schäden an den Waren, die während des Transports verursacht werden, sind über die CMR-Versicherung abgedeckt. Bedient sich ein Spediteur gecharterter LKW, so hat er zusätzlich die Speditions- und Rollfuhrversicherung (SVS/RVS) abzuschließen.

Mit Ausnahme der befragten drei spanischen Speditionen mit ihrer Niederlassung in Deutschland sowie der Spezialisten für Spanienverkehre nahmen die Transporte nach Spanien für die übrigen interviewten Spediteure eine kleine, umsatzmäßig eher unbedeutende Stellung innerhalb der gesamten Geschäftstätigkeit ein. Dies ist ein Merkmal, das sich in stark schwankenden Frachtsätzen für die Transporte der temperaturgeführten Lebensmittel nach Spanien widerspiegelt. So lagen die Sätze für Komplettladungen zwischen DM 2.000,- und DM 4.000,-. Teilladungen waren erheblich teurer: 1 Tonne Ware wurde im Durchschnitt mit einem Preis von DM 0,44/kg, 10 t mit DM 0,22/kg bis DM 0,23/kg belastet.

Ein weiterer und nicht zu unterschätzender Grund für die Frachtsatzschwankungen kommt außerdem jedes Jahr dadurch zustande, daß es trotz der großen Anzahl verfügbarer LKW bei spanischen und deutschen Speditionen während der Obst- und Gemüseerntezeiten im Sommer zu erheblichen Engpässen kommt. Von Vorteil ist jedoch, daß es in dieser Zeit keinerlei Schwierigkeiten bereitet, in Spanien eine Rückfracht zu finden. Außerhalb der Erntesaison sind zwar wieder genügend LKW verfügbar, dafür müssen unter Umständen etliche Leerkilometer in Kauf genommen werden, bis eine für Deutschland gedachte Rückladung organisiert ist. Drittlandverkehre (z.B. Spanien - Frankreich - Deutschland) sind nur mit einer EU-(CEMT-) Genehmigung erlaubt, über die nicht jeder Spediteur verfügt. Weiterhin sei zu erwähnen, daß es sich außerhalb der Erntezeiten nur selten um Lebensmittel handelt, die in Kühl-LKW nach Deutschland zurückgebracht werden. Oft sind es Haushaltsgeräte oder Ersatzteile aller Art, Chemikalien oder andere Nonfoodartikel, die für gewöhnlich nicht der Kühlung bedürfen, jedoch aus Gründen des Warenschutzes im LKW mit Kastenaufbau statt im Planenfahrzeug transportiert werden.

Große Speditionsunternehmen haben hier gewisse Vorteile aufgrund ihrer internationalen Verflechtungen und Kontakte. In zunehmendem Maße wird dem Problem der Suche nach einer Rückfracht durch EDV-mäßige Vernetzung der einzelnen Niederlassungen oder durch Ausrüstung der Fahrzeuge mit modernen Kommunikationstechniken begegnet (vgl. hierzu auch Kapitel 2.3.1). Eine weitere Initiative seitens der Spediteure zur Verringerung der Leerkilometer ist in der Errichtung internationaler Speditionsnetzwerke zu sehen.[43] Dagegen fahren gerade kleine und mittelständische Speditionen auch schon einmal bis Frankreich leer zurück, bevor neue Ware geladen werden kann.

Die Gebiete, die von den Speditionen am häufigsten angefahren werden, sind Barcelona, wo die Mehrzahl der wichtigen Importeure ihren Sitz hat, Madrid, Bilbao und die Region um Valencia. Nach Aussagen der Spediteure werden sowohl Endprodukte als auch Rohware, die in spanischen Verarbeitungsbetrieben veredelt wird, transportiert. Die Waren werden mit wenigen Ausnahmen cif oder franco Zollager Barcelona oder Lager des Importeurs ausgeliefert. Frei Rampe wird v.a. dann vereinbart, wenn die Transporte von spanischen oder französischen Spediteuren durchgeführt bzw. von einem spanischen Importeur organisiert werden. Hauptmotiv für diese Entscheidung sind die zum Teil günstigeren Frachtsätze. Ein Vergleich der Aussagen von deutschen Produzenten und Importeuren ergab jedoch hier keine nennenswerten Preisdifferenzen. Auch wenn einige wenige Produzenten mit 30 bis 40 Pfg/kg Ware bei Komplettladungen kalkulierten, lag der Frachtpreis bei der überwiegenden Mehrzahl der befragten Unternehmen zwischen 12 und 20 Pfg/kg Ware. Hierbei sei angemerkt, daß die spanischen Transporteure im oberen Abschnitt dieser Preisskala lagen und diese z.T. sogar überschritten. Der von deutschen Spediteuren genannte Mindestpreis von DM 1,80 bis DM 2,- je gefahrenem Kilometer, der erwirtschaftet werden muß, um auf der Relation Deutschland - Spanien einigermaßen die Kosten abzudekken, ergibt umgerechnet auf eine Komplettladung und in Abhängigkeit von der Entfernung einen Satz von ca. 15 Pfg/kg Ware. Für Teilladungen wurden Werte zwischen 45 und 80 Pfg/kg Ware angegeben.

Der Grund für diese geringen Preisdifferenzen liegt in dem bereits erwähnten Problem des - übers Jahr betrachtet - geringen Frachtaufkommens zwischen Deutschland und Spanien. Wirft man einen Blick auf die Frachtraten, die für Waren aus den Niederlanden und Frankreich berechnet werden, ergibt sich folgendes Bild: Die durchschnittliche Frachtrate für Molkereiprodukte aus Frankreich wurde mit ca. 13 Pts. (≈ 17,5 Pfg) je kg angegeben, Waren aus den Niederlanden wurden durchschnittlich mit 8,7 bzw. 10 Pts. je kg (≈ 12 bzw. 13,7 Pfg/kg) belastet. Diese Angaben stammen von drei Interviewpartnern, wobei der günstigere Preis für die niederländische Fracht mit dem regen Warenaustausch zwischen beiden Ländern kommentiert wurde. Der einzige Rohstoff-

---

[43] Zu Definition, Ausprägungen, Bedeutung und Erfolg dieser Netzwerke vgl. Stahl, Dirk: Die organisatorische Gestaltung internationaler Speditionsnetzwerke. In: Internationales Verkehrswesen, 47. Jg., Nr. 7/8 1995, S. 437 - 444.

transport, der in diesem Rahmen berücksichtigt wird, betrifft Transporte von Rohware für die Schmelzkäseherstellung. Hier erfolgt ein direkter Transport von deutschen Produzenten zum spanischen Verarbeitungsbetrieb in Barcelona. Der Vertrieb von Endprodukten ist im Vergleich hierzu um einiges komplexer. So haben die Expertengespräche ergeben, daß es verschiedene Absatzkanäle gibt, um ausländische Produkte auf den spanischen Markt zu bringen, die jedoch mengen- und wertmäßig nicht gleichbedeutend sind.

Die größte Bedeutung hat der Absatzweg über den Importeur, der seit der Realisierung des Europäischen Binnenmarktes nur mehr als Großhändler fungiert. Der Deutlichkeit halber wird er im folgenden als "Importeur/Großhändler" bezeichnet. Dieser Weg wird von der Mehrzahl der deutschen Produzenten eingeschlagen. Im Kundenkreis der Importeure/Großhändler befinden sich jedoch auch potente Anbieter aus Dänemark, Frankreich, Großbritannien, Irland, Italien, den Niederlanden sowie aus Österreich, Norwegen, Schweden und Finnland, die allerdings nicht ausschließlich diesen Absatzweg beschreiten, um ihre Produkte am spanischen Markt zu plazieren.

Ein Importeur/Großhändler hat in der Regel gute Kontakte zu Supermärkten und Hypermärkten sowie zu Gastronomie, Hotellerie und anderen Großverbrauchern. Er ist jedoch als Großhändler traditionell mit dem atomistischen, kleinflächigen Lebensmitteleinzelhandel eng verbunden. Die Aufgaben, die von ihm im allgemeinen wahrgenommen werden, sind die folgenden:

- Er verfügt über ein ausreichend großes Kühllager zwischen 50 m^2 und 1.000 m^2 Fläche. Die Produkte werden je nach Bestellung der einzelnen Handelsgeschäfte kommissioniert, wobei hier zum Teil bereits elektronische Bestelldatenübermittlungsverfahren (Modems) zum Einsatz kommen.

- Gerade bei Käse wird von manchen Großhändlern eine Portionierung, Umverpackung und sogar Preisauszeichnung für den SB-Bereich vorgenommen. Als Beispiel hierfür sei das im Großflächenhandel weit verbreitete Angebot von drei bis fünf verschiedenen Käsesorten auf einem mit Folie abgedeckten Styroportablett genannt. Auch das Herstellen und Eintüten von geriebenem Emmentaler oder Parmesankäse ist anzutreffen. Darüber hinaus betätigen sich einige der Großhändler als Affineure von inländischem aber auch ausländischem Käse. Hierfür stehen Reifekammern zur Verfügung.

Neben diesen Aktivitäten führt die Mehrzahl der Importeure/Großhändler die **Feindistribution innerhalb ihres Aktionsradius** selbst durch (vgl. Abb. 13). Dazu unterhalten sie einen eigenen Fuhrpark, der bei den befragten Unternehmen zwei bis 20 Fahrzeuge mit einer Nutzlast zwischen einer und drei Tonnen umfaßt. Während einzelne Hypermärkte täglich und mancher Supermarkt mehrmals wöchentlich direkt angefahren werden, ist bei der Belieferung des traditionellen, kleinflächigen Lebensmitteleinzelhandels oft noch die Stufe eines regionalen oder lokalen Großhändlers zu überbrücken. Dieser wird in der Regel einmal wöchentlich bedient.

Abb. 13: Vertriebswege für ausländische Molkereiprodukte in Spanien

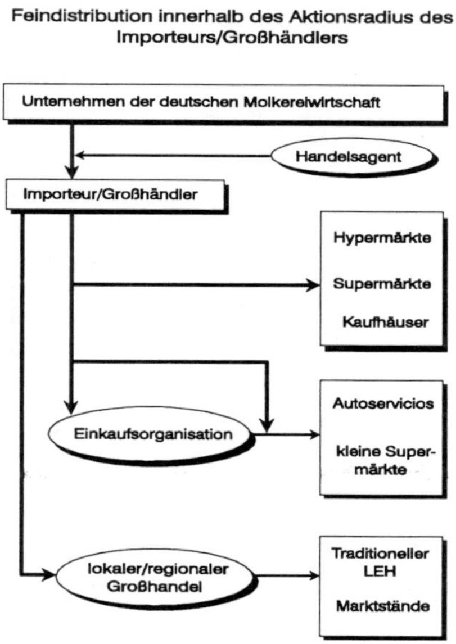

Quelle: Eigene Darstellung

- Das Kaufhaus El Corte Inglés und einige andere Lebensmittelhandelsunternehmen, die über einen zentralen Einkauf verfügen, bilden eine besondere Belieferungsgruppe: Sie erhalten zwar ihre Waren generell über ihr Zentrallager. Darüber hinaus erhalten sie unter besonderer Berücksichtigung des Frischeaspektes einige Waren direkt vom Importeur/Großhändler. Dies ist eine Variante, die vor allem bei den Handelsniederlassungen in Barcelona anzutreffen ist.

Bei der Betrachtung der **nationalen Distribution** importierter Milchprodukte ergibt sich ein noch komplexeres Verteilsystem. Ein Importeur/

Großhändler unterhält ein mehr oder weniger dichtes Netz von Distributeuren mit und ohne Kühllägern, die die Feinverteilung in ihrem Absatzgebiet vornehmen. Sind dies größere Absatzgebiete wie beispielsweise der Großraum Madrid oder auch Teile Andalusiens, kann diesem Distributeur wiederum eine Anzahl lokaler Distributeure unterstehen (vgl. Abb. 14).

Abb. 14: Vertriebswege für ausländische Molkereiprodukte in Spanien

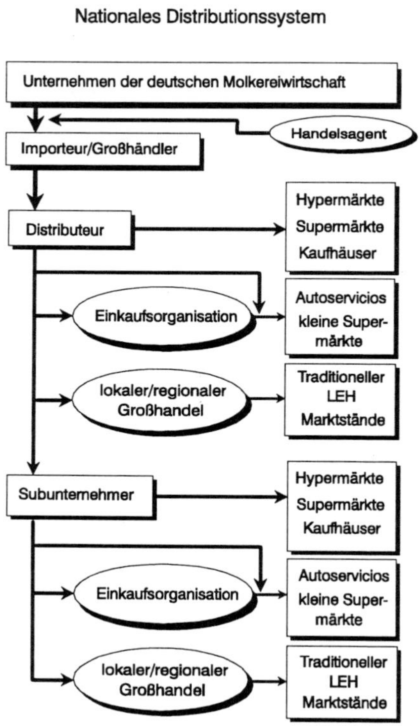

Quelle: Eigene Darstellung

Hypermärkte und verschiedene größere und kleinere Supermärkte werden auch hier direkt von den Distributeuren beliefert. Manche Autoservicios und etliche kleine Supermärkte sind aufgrund der sich intensivierenden Handelsverflechtungen einer Einkaufsgemeinschaft angeschlossen, zu deren Lager die Waren transportiert werden. Die Feinverteilung übernimmt dann in einem weiteren Schritt die Einkaufsorganisation oder -gemeinschaft selbst oder beauftragt hierfür ihrerseits kleine Speditionen. Der traditionelle Einzelhandel sowie die Vielzahl der Markthallen werden über regional oder lokal tätige Großhändler bedient.

Unter diesen Gegebenheiten kann man davon ausgehen, daß Milchprodukte zwischen 8 und 11 Tagen unterwegs sind, bis sie in die Handelsregale eingeräumt werden. Dies stellt in erster Linie für Frischprodukte, wie z.B. Joghurt mit einer Haltbarkeit von 21 Tagen, ein Problem dar. Aber auch die länger haltbaren Produkte haben unter den weiten Transportwegen und dem häufigen Umschlag zu leiden, da bei der Vielstufigkeit des Vertriebskanals die Wahrscheinlichkeit einer Unterbrechung der Kühlkette, sei sie auch unfreiwillig, recht hoch ist. So war u.a. in Erfahrung zu bringen, daß im lokalen bis regionalen Absatzradius teilweise Planenfahrzeuge eingesetzt werden, da die Anschaffungskosten für einen Kühl- oder Frigo-LKW für einen kleinen Spediteur oftmals zu hoch sind. Außerdem läßt es sich nicht immer vermeiden, daß - aus Gründen der besseren Auslastung einer Tour - Molkereiprodukte zusammen mit anderen, evtl. Nonfood-Waren, verladen werden.

Eine leichte Veränderung innerhalb des Absatzkanals ergibt sich dann, wenn der Importeur kein Großhändler ist, sondern ein Handelsagent. Er verfügt nicht über die nötige Infrastruktur (Kühllager und eigener Fuhrpark), sondern vermittelt die Waren an Distributeure weiter, die u.a. Großhändler sind und wiederum auch ihre Produkte selbst international beschaffen können. Der weitere Ablauf der regionalen bzw. nationalen Distribution ist mit dem oben beschriebenen identisch.

Eine weitere Möglichkeit der Plazierung ausländischer Produkte am spanischen Markt ist die über Einkaufszentralen des Handels. Hier wird der Handel direkt angesprochen bzw. der Handel wird über seine Einkaufsabteilung selber tätig und ordert die von ihm gewünschten in- und ausländische Waren. Dies wird zu einem Großteil bereits vom Kaufhaus El Corte Inglés praktiziert, das neben der spanischen Einkaufszentrale am Hauptsitz in Madrid in einigen Ländern Einkaufsbüros unterhält (vgl. auch Kapitel 3.1.3.3). Auch die Hypermärkte sind bei der Beschaffung von inländischer und ausländischer Ware nicht allein von Importeuren/Großhändlern abhängig. Bedingt durch die Tatsache, daß es sich bei vier der fünf großen Hypermarktketten um Tochterunternehmen französischer Hypermarktketten und Kaufhäuser handelt, gelangt eine Reihe französischer Produkte bereits aufgrund der schon vom Mutterhaus in Frankreich für die Filialen zentral vorgenommenen Listungen nach Spanien. Über diesen Weg ist auch das eine oder andere deutsche Molkereiprodukt auf den spanischen Markt gelangt.

Abschließend läßt sich zur Beurteilung der einzelnen Absatzkanäle anmerken, daß die Verkürzung der skizzierten langen Wege durch Umgehung des Importeurs/Großhändlers, also durch Direktlieferungen an das Zentrallager eines Handelsunternehmens (Kaufhaus-, Hypermarkt-, Supermarktkette), nur dann funktioniert, wenn das Unternehmen ein eigenständiges Distributionssystem zur Belieferung seiner Filialen unterhält. Wie kompliziert dies im Fall der Hypermärkte ist, wurde geschildert. Eine Teillösung liegt evtl. in der seit längerer Zeit intensiven vertikalen und horizontalen Konzentration im spanischen Groß- und Einzelhandel, wodurch mittelfristig neue schlagkräftige Einkaufsgruppen geschaffen werden. Diese werden dann ihrerseits direkt beim aus- und inländischen Hersteller ordern und vielleicht auch über Zentralläger verfügen, an die die Waren verbracht werden können. Eine weitere Möglichkeit, die sich in Zukunft wahrscheinlich noch mehrere Produzenten zunutze machen werden, ist die der Kooperation mit spanischen Molkereiunternehmen, mit dem Ziel einer Nutzung des molkereieigenen Vertriebssystems.

3.2 Der portugiesische Markt für Milch und Molkereiprodukte

3.2.1 Geographische Gegebenheiten und politische Hintergründe

(1) Landesfläche und Klima

Das Staatsgebiet der Portugiesischen Republik umfaßt 92.389 km^2 einschließlich der Azoren mit 2.247 km^2 und der Insel Madeira mit 794 km^2 Landfläche. In Nord-Süd-Richtung erstreckt sich das Land über eine Länge von 560 km, wobei es bis zu 215 km breit ist. Das vorherrschende Klima gilt als ozeanisch beeinflußtes Mittelmeerklima.

(2) Staatsform und Verwaltung

Seit der "Revolution der Nelken" am 25. April 1974 ist Portugal wieder eine Republik, die in der am 25. April 1976 in Kraft getretenen Verfassung als parlamentarisch-demokratisch definiert wurde. In mehreren Verfassungsreformen wurden die sozialistischen Elemente nach und nach gestrichen. Die nach der Revolution vorgenommenen Enteignungen wurden seit Beginn der 80er Jahre sukzessive in Privatbesitz rückgeführt. Das Land ist heute in 22 Verwaltungsdistrikte (Distritos) gegliedert. Davon entfallen 18 auf das portugiesische Festland, drei auf die Azoren und einer auf Madeira.

Im Jahre 1949 gehörte Portugal zu den Gründungsmitgliedern der NATO, trat 1955 der UNO und 1965 der EFTA bei. Mit dem EU-Beitritt in 1986 setzte ein wirtschaftlicher Aufschwung ein.

(3) Bevölkerung

Die Einwohnerzahl betrug im Jahre 1993 10,7 Mio., die Einwohnerdichte 107,2 Einwohner/km². Portugal hat nur drei Großstädte (> 100.000 Einwohner): Lissabon, Porto und Setúbal. Während die Küstenregionen eine recht hohe Bevölkerungsdichte aufweisen (Aveiro mit 233 Einw./km², Braga mit 258 Einw./km² und Lissabon 719 Einw./km²), sind die östlichen Landesteile sehr dünn besiedelt (Beja 18 Einw./km² und Portalegre mit 24 Einw./km²). Bedingt durch den Verlust der Kolonien wanderten von Mitte der 60er Jahre bis Mitte der 70er Jahre 750.000 Rückwanderer ins Mutterland. Wirtschaftliche Probleme veranlaßten von 1977 bis 1980 70.000 Portugiesen auszuwandern. Aufgrund von Mißständen auf dem Bildungssektor und wegen Kinderarbeit liegt die Analphabetenquote in Portugal bei der überwiegend römisch-katholischen Bevölkerung bei ca. 17 %.

(4) Wirtschaft

Bis 1960 war Portugal im wesentlichen ein Agrarland. In Nord- und Mittelportugal herrscht als Auswirkung der westgotischen Erbteilungsregel Kleinbesitz vor. Dieser Einfluß ist bis heute spürbar, denn noch 1990 bewirtschafteten in ganz Portugal ca. 80 % der Landwirte weniger als 10 ha land- und forstwirtschaftliche Nutzfläche. In Regionen mit viel Kleinbesitz werden Kühe v.a. als Zugtiere gehalten. Weit verbreitet ist die Ziegen- und Schafzucht. Angebaut werden u.a. Getreide, Reis, Kartoffeln, Hopfen, Wein, Tabak, Obst, Zitrusfrüchte, Gemüse und Oliven.

Die Forstwirtschaft liefert in erster Linie Kork und Holz. Portugal ist weltweit der größte Korkproduzent und liefert 50 % des Weltbedarfs. An Bodenschätzen ist Portugal verhältnismäßig arm, allerdings beträgt die Wolframgewinnung 4 % der Weltförderung. 80 % des Energiebedarfs deckt Portugal durch Einfuhren. Die wichtigsten Außenhandelspartner Portugals sind die EU-Staaten, gefolgt von den USA. Die bedeutendsten Exportgüter sind Textilien, Schuhe, Zellstoff- und Papiermasse sowie Maschinen. Der Tourismus nimmt in Portugal einen großen Stellenwert ein. So besuchten im Jahre 1995 knapp 20 Mio. Touristen das Land.

Der eigentliche konjunkturelle Aufschwung ist erst mit Portugals Beitritt zur EU eingeleitet worden. Bedeutung hat das Land nach und nach v.a. für verschiedene Industriebetriebe aus den EU-Staaten erhalten, die aufgrund der geringen Löhne aber sorgfältigen Arbeitsweise der Bevölkerung in den letzten Jahren sehr stark in das Land investiert haben. Auch im Lebensmittelhandel hat es eine vielseitige Zusammenarbeit mit anderen Staaten gegeben, z.B. mit der brasilianischen Handelskette Pão de Açúcar (Jumbo-Hypermärkte), mit französischen Handelsketten, die ihr

Hypermarktkonzept ins Land brachten, sowie mit den Niederlanden und Deutschland durch die Einrichtung des Großhandelsunternehmens Makro und der Discountkette Lidl.

Tab. 26: Kennzahlen von Portugal

Staats- und Regierungsform	Republik auf parlamentarisch-demokratischer Grundlage
Verwaltungsgliederung	18 Festlandsbezirke und 2 autonome Regionen (Madeira und Azoren)
Fläche in km²	92.389 (davon Azoren: 2.247 km² und Madeira: 794 km²)
Bevölkerung in Mio. (1993)	10,7
Einwohner pro km²	107,2
Ballungsgebiete	Region Lissabon: 2,13 Mio. Einwohner Region Porto: 1,64 Mio. Einwohner Großraum Setúbal: 333.000 Einwohner Braga: 95.000 Einwohner
Bruttoinlandsprodukt (1994)	77,3 Mrd. US-$ (≈ 125,3 Mrd. DM)
Pro-Kopf-Einkommen	7.229 US-$ (Nom. in Dollar)
Außenhandel (1994)	Einfuhr: 26,5 Mrd. US-$ Ausfuhr: 17,5 Mrd. US-$
Inflationsrate (1994)	5,3 %
Arbeitslosenquote (1994)	6,9 %
Bruttoauslandsverschuldung	38,0 Mrd. Dollar (Schätzung für 1994)
Eisenbahnnetz (1991)	3.116,5 km, 461,6 km elektrifiziert, davon 53,5 km einspurig und 408,1 km zweispurig (u.a. 336,1 km zwischen Lissabon und Porto)
Straßennetz (1991)	9.643 km Nationales Straßennetz, 409 km Autobahn 590 km Schnellstraßen 1.045 km Landstraße
Internationale Flughäfen	3 (Lissabon, Porto, Faro)
Seehäfen	10 (Lissabon, Setúbal, Sines, Leixões, Viana do Castelo, Aveiro, Faro, Portimão, Douro, Figueira da Foz)

Quelle: FAZ Nr. 246, 23.10.1995, S. 16. CMA: Der moderne Lebensmittelhandel und seine führenden Unternehmen in Portugal, CMA 1992; INE: Estatísticas dos Transportes e Comunicações 1991, Lissabon 1992; INE: Anuário Estatístico de Portugal, 1991.

(5) Daten zur Infrastruktur

Die Länge des Eisenbahnnetzes Portugals wird für das Jahr 1991 mit 3.116,5 km angegeben, davon waren 461,6 km elektrifiziert. Von den rund 408 km, die zweispurig ausgelegt sind, verlaufen 336 Streckenkilometer zwischen Lissabon und Porto. Das nationale Straßennetz Portugals umfaßt 9.643 km, wovon 409 km als Autobahnen, 590 km als Schnellstraßen und 1.045 km als Landstraßen eingestuft sind. Neben den drei internationalen Flughäfen in Porto, Lissabon und Faro, wies Portugal im Jahr 1991 Seehäfen in Lissabon, Setúbal, Sines, Leixões, Viana do

Castelo, Aveiro, Faro, Portimão, Douro sowie in Figueira da Foz aus (vgl. Tab. 26).

3.2.2 Die Angebotssituation am portugiesischen Markt für Milch und Milchprodukte

In den folgenden Abschnitten werden die Entwicklungen in den Bereichen Milcherzeugung, Milcherfassung und Milchverarbeitung in Portugal skizziert, bevor auf die Nachfragesituation und den Außenhandel mit Milch und Molkereiprodukten eingegangen wird.

3.2.2.1 Milcherzeugung und Milcherfassung in Portugal

Portugal nimmt hinsichtlich der Milchproduktion innerhalb der 12 Mitgliedstaaten der EU den drittletzten Platz vor Griechenland und Luxemburg ein. Die Milchproduktion konzentriert sich vor allem auf die nördlichen Küstenregionen Entre Douro e Minho und Beira Litoral (vgl. Abb. 15) mit einem Anteil von rd. 60 % an der Gesamtproduktion Portugals sowie auf die Azoren mit einem Anteil von rd. 20 %.

Kennzeichnend für die portugiesische Erzeugerstruktur ist die große Anzahl kleiner Betriebe. 90 % der Betriebe halten weniger als 5 Kühe. Insgesamt wurden 1994 in Portugal 356.000 Milchkühe gezählt, das sind 10 % weniger als 1990. Während der Anstieg der Anzahl der Milchkühe bis Mitte der 80er Jahre u.a. auf eine Verordnung von 1979[1] zurückzuführen war, in der ausdrücklich die Ausweitung der Milcherzeugung und Aufstockung des Milchviehbestandes gefördert wurden, entsprach die rückläufige Entwicklung des Bestandes in der zweiten Hälfte der 80er Jahre einer Entwicklung, die auch in anderen EU-Staaten zu beobachten ist: Erfolge im Bereich der Züchtung und Fütterung haben zu einem Anstieg der Milchleistung je Kuh in Portugal von 3.045 kg/a (1988) auf 4.530 kg/a (1994) geführt.[2]

Die Erzeugerstruktur birgt eine Reihe von Problemen in sich: Der geringe Milchviehbestand, die geringe Größe der landwirtschaftlichen Betriebe und die daraus resultierenden geringen Erträge aus der landwirtschaftlichen Tätigkeit ermöglichen oft nicht die Anschaffung geeigneter

[1] Vgl. Kapitel I: Do Fomento da Produção de Leite, Artikel 1, Absatz 1 - 3 der Verordnung mit Gesetzeskraft (Decreto-lei) n° 138/79 vom 18. Mai 1979.

[2] Vgl. ZMP-Bilanz Milch 1995, S. 82 - 85.

Maschinen und Anlagen zur ordnungsgemäßen Behandlung der Milch am Hof. Die kleinen Milchmengen, die weite Streuung der Höfe sowie die zurückzulegenden Wege zu den nicht immer in den rohstoffreichen Regionen angesiedelten Verarbeitungsbetrieben hemmen darüber hinaus eine Rationalisierung und wirtschaftlichere Gestaltung des Milcherfassungsvorgangs, was z.T. die Qualität der Rohmilch ungünstig beeinflußt. Die Größenstruktur im Erzeugerbereich veränderte sich in den letzten 25 Jahren jedoch nur sehr langsam.

Abb. 15: Portugal und seine sieben Regionen

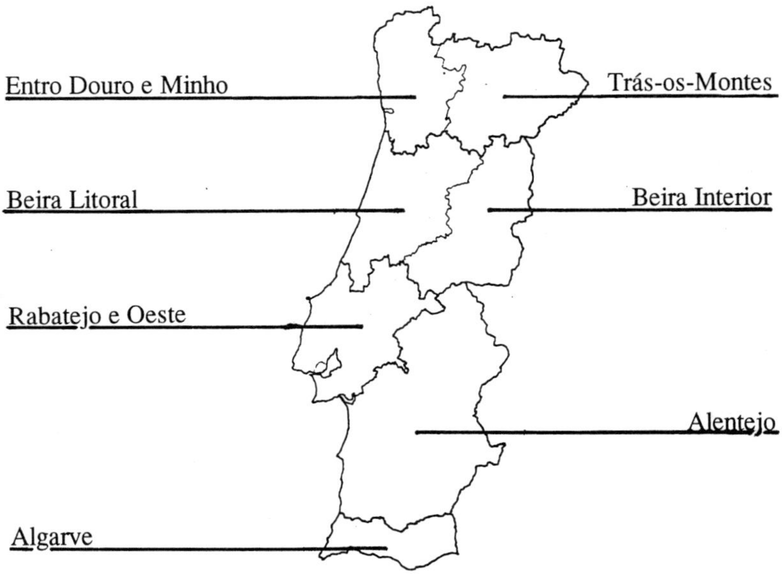

Im allgemeinen ist eine Milcherfassung ab Hof erst ab einer täglichen Milchmenge von mindestens 200 bis 250 l je Betrieb unter Kostengesichtspunkten als wirtschaftlich anzusehen. Aus Tab. 27 geht jedoch hervor, daß Ende der 80er Jahre immer noch über 90 % der Landwirte zwischen 1 und 9 Kühe je Betrieb hielten, so daß die geforderte Mindestmilchmenge nicht erreicht wurde.

Um die Milcherfassung aufgrund der o.g. schwierigen Ausgangssituation auf Erzeugerebene zu rationalisieren und um negativen Auswirkungen des damaligen traditionellen Systems ein Ende zu bereiten, wurde bereits Anfang der 50er Jahre ein Milcherfassungssystem entwickelt, dessen Auswirkungen bis heute die portugiesische Molkereistruktur nachhaltig prägen. Während das alte System es jedem Landwirt ermöglichte, seine Milch selbst am Markt anzubieten, sah das neue System die Errichtung eines Milchsammelstellennetzes in den einzelnen Regionen vor, denen der Landwirt künftig seine Milch anzudienen hatte. Das in der Verordnung mit Gesetzeskraft Nr. 39 178 vom 20. April 1953 festgeschriebene System hatte zum Ziel, den Verbraucher vor verfälschter und hygienisch nicht einwandfreier Milch durch gezielte Kontrollen der Rohmilch an den Sammelstellen zu schützen, eine gerechtere und angepaßte Entlohnung der Landwirte zu ermöglichen, eine effizientere Verarbeitung sowie eine kontrollierbarere Vermarktung der Milch zu gewährleisten. Zu diesem Zweck wurde die Einrichtung von örtlichen und regionalen Milchsammelstellen[3] beschlossen. Die Landwirte hatten die i.d.R. ungekühlte Milch an die örtlichen Sammelstellen abzuliefern, wobei vor Ort von jeder Anlieferungsmilch eine Probe gezogen wurde. Anfänglich verfügten nur wenige **örtliche Sammelstellen** über adäquate Kühleinrichtungen, sie wurden aber im Laufe der Jahre nachgerüstet. Tanksammelwagen holten die täglich erfaßte Milch ab und brachten sie zur regionalen Sammelstelle, in der die Milch mehrerer örtlicher Sammelstellen zusammengefaßt wurde.

Tab. 27: Milcherzeugerstruktur auf dem portugiesischen Festland

	1967		1982			1989		1991	
Anzahl der Milchkühe je Erzeuger	**Anzahl der Erzeuger**	**in %**	**Anzahl der Erzeuger**	**in %**	**Anzahl der Milchkühe je Erzeuger**	**Anzahl der Erzeuger**	**in %**	**Anzahl der Erzeuger**	**in %**
1 - 10	70.176	98,5	94.660	96,6	1 - 9	94.500	91,8	93.000	92,8
11 - 20	655	0,9	2.479	2,5	10 - 19	5.800	5,6	5.000	5,0
21 - 50	343	0,5	730	0,7	20 - 39	1.800	1,8	1.400	1,4
51 - 100	67	0,1	128	0,1	40 - 59	500	0,5	500	0,5
> 100			40	0,1	> 60	300	0,3	300	0,3
Milcherzeuger ges.	71.241	100	98.037	100	Milcherzeuger ges.	103.000	100	100.200	100

Quelle: Nogueira, F.E. Basto: Economía do Leite e Lacticínios no Mundo, na CEE e em Portugal. 1987, S. 161. Statistisches Jahrbuch für Ernährung, Landwirtschaft und Forsten, Jg. 1992, S. 428 und Jg. 1994, S. 443.

Mit einer weiteren Verordnung (Nr. 138/79 vom 18. Mai 1979) wurden außerdem Melkstände[4] als Milcherfassungseinrichtungen zugelassen. Diese Initiative kann als weitere Maßnahme zur Steigerung der Milchqualität gewertet werden, denn **Melkstände** wurden v.a. in Regionen angeboten, in denen Kleinbauern ansässig waren, die kein eigenes Melk-

3 Postos de Recepção und Postos de Concentração

4 Salas Colectivas de Ordenha Mecânica (SCOM)

geschirr besaßen. Neben den Melkanlagen umfaßt ein i.d.R. genossenschaftlich betriebener Melkstand geeignete Kühleinrichtungen und Labors für die vorgeschriebene Qualitätskontrolle der Milch und bietet den Erzeugern intensive Beratung in den Bereichen Tier- und Stallhygiene sowie Fütterung an.[5] Darüber hinaus hat ein Melkstand soziale Funktion, er ist Begegnungsstätte und Ort des gegenseitigen Erfahrungsaustauschs für die verstreut lebenden Landwirte. Die hier erfaßte Milch wird anschließend der regionalen Milchsammelstelle zugeführt.

Die **regionalen Sammelstellen** verfügen obligatorisch über geeignete Kühlvorrichtungen. Auch hier werden noch einmal Proben gezogen und die Milch in Güteklassen eingeteilt. Außerdem kann an diesen Orten eine thermische Behandlung sowie die Standardisierung des Fettgehalts der Milch vorgenommen werden. Die Milch wird in einem weiteren Schritt den Molkereien angeliefert, die diese einerseits zur Herstellung von Trinkmilch, Butter und Magermilchpulver verwenden und andererseits an die weiterverarbeitende Industrie verkaufen.

Per Verordnung war die Einrichtung und Betreibung der lokalen und regionalen Sammelstellen sowie die Trinkmilchherstellung zunächst allein Erzeugergenossenschaften ersten und zweiten Grades vorbehalten (VO 47 710 vom 18. Mai 1967). Hintergrund für diese Maßnahme war die Überlegung, daß die Milcherzeugung und -erfassung sowie die Bearbeitung der Rohmilch zu Trinkmilch Tätigkeiten sind, die in den Einflußbereich des Landwirts gehören und einer staatlichen Regelung bedürfen. Die Verarbeitung zu Milchprodukten wie Käse, Joghurt und anderen höher veredelten Produkten hingegen hat nach Ansicht des Gesetzgebers mit dem eigentlichen Milcherzeugungsprozeß nichts mehr zu tun: Die Verarbeitung dient dazu, eine höhere Wertschöpfung für den Rohstoff zu erzielen, sie steht damit der Handelsstufe näher und muß folglich dem freien Wettbewerb am Markt ausgesetzt sein. Privatwirtschaftlich organisierten Unternehmen war es somit nicht gestattet, den Rohstoff Milch direkt vom Landwirt zu beziehen. Sie mußten die benötigte Milchmenge zu jährlich festgelegten Preisen bei den Genossenschaften einkaufen. Hierdurch waren die privaten Unternehmen bei der Produktion von Trinkmilch auf dem Markt nicht mehr konkurrenzfähig und mußten sich ihre Erträge durch die Verarbeitung des Rohstoffs zu höher veredelten Produkten sichern. Das Exklusivrecht der Rohstoffbeschaffung für genossenschaftliche Unternehmen wurde erst durch die Verordnung mit Gesetzeskraft N° 441/86 vom 31.12.1986 gelockert: Ab dem 01.01.1987

[5] Vgl. Regelungen über Art, Ausstattung und Funktionsweise eines Melkstandes in Decreto Regulamentar n° 7/81, vom 31. Januar 1981.

war es privaten Verarbeitungsunternehmen gestattet, 25 % ihres Rohstoffbedarfs direkt beim Erzeuger oder bei Erzeugergemeinschaften zu decken, auch Milchsammelstellen durften zu diesem Zweck errichtet werden. Die endgültige Liberalisierung des Einkaufs von Rohmilch für private Verarbeiter ist nach dieser Verordnung zum 01.01.1990 eingetreten.

Tab. 28: Kennzahlen der portugiesischen Milchwirtschaft

	1986	1988	1990	1992	1994
Anzahl der Milchkühe (in 1.000)	370	414	396	381	356
Milchleistung in kg/a	3.625	3.670	4.254	4.100	4.530
Milchproduktion insgesamt (in 1.000 t)	1.444	1.626	1.828	1.718	1.860
davon Kuhmilch	1.323	1.498	1.731	1.727	1.735
Anlieferung an Molkereien (in 1.000 t)	1.100	1.232	1.432	1.526	1.476
Anlieferung in %	76,2	82,2	82,7	88,4	85,1
Fettgehalt der Milch (%)	3,37	3,40	3,40	3,40	-
Eiweißgehalt (%)	3,0	3,03	3,06	3,06	3,17
Milchauszahlungspreis (Esc./100 kg) *	4.740	5.164	5.800	5.238	5.700
Produktion Konsummilch (in 1.000 t)	620	620	717	707	757
- Joghurt	-	54,0	73,0	-	-
- Sahne	1,2	2,0	5,0	6,0	6,6
- Butter	9,2	8,7	12,5	16,3	16,2
- Kuhmilchkäse	24,3	32,7	38,3	39,7	41,4
- Magermilchpulver	5,6	8,4	11,7	11,8	10,9
- Vollmilchpulver	4,6	5,4	5,7	6,8	7,6
- Kondensmilch	8,7	1,2	1,2	0,3	0,3
Bevölkerung (in 1.000)	9.716	10.270	9.878	9.846	9.860

* Umrechnungskurse: 1986: 100 Esc. = 1,451 DM; 1988: 100 Esc. = 1,219 DM; 1990: 100 Esc. = 1,133 DM; 1992: 100 Esc. = 1,157 DM; 1994: 100 Esc. = 0,9774 DM.
Quelle: ZMP-Bilanz Milch 1995 und eigene Berechnungen.

3.2.2.2 Die Struktur und Entwicklung milchverarbeitender Unternehmen

Die oben beschriebene und über 34 Jahre aufrecht erhaltene Regelung blieb nicht ohne Einfluß auf die Struktur der Milchverarbeitungsunternehmen, was daran erkennbar ist, daß es in Portugal heute drei Arten von Molkereiunternehmen gibt. Zum einen handelt es sich um solche, die sich auf die Herstellung von Konsummilch, Butter und Magermilchpulver konzentrieren und somit als Genossenschaften eingetragen sind. Zum anderen gibt es die traditionell privatwirtschaftlich organisierten Unternehmen, die sich auf die Herstellung von Molkereiprodukten wie Joghurt, Quark und Käse spezialisierten. Die dritte Gruppe bilden die Mischunternehmen, die sowohl im Konsummilchsektor als auch in der Veredelung tätig sind. Sie können sowohl genossenschaftlich als auch privatwirtschaftlich organisiert sein.

Tab. 29: Milchverarbeitung zu Trinkmilch und Milchprodukten von Genossenschaften und Privatunternehmen in 1986 und 1989

	1986		**1989**	
	in Mio. l	in %	in Mio. l	in %
Konsummilch				
Genossenschaften	566	89,1	647	90,6
Privatunternehmen	69	10,9	68	9,4
Produktion insgesamt	635	100,0	715	100,0
Milchpulver				
Genossenschaften	1.924	87,7	2.081	87,7
Privatunternehmen	270	12,3	291	12,3
Produktion insgesamt	2.194	100,0	2.372	100,0
Butter				
Genossenschaften	3.806	73,7	6.279	81,5
Privatunternehmen	1.360	26,3	1.425	18,5
Produktion insgesamt	5.166	100,0	7.704	100,0
Käse				
Genossenschaften	2.105	11,0	4.152	12,2
Privatunternehmen	17.047	89,0	29.827	87,8
Produktion insgesamt	19.152	100,0	33.979	100,0
Schmelzkäse				
Genossenschaften	-	-	-	-
Privatunternehmen	7.395	100,0	3.694	100,0
Produktion insgesamt	7.395	100,0	3.694	100,0
Joghurt				
Genossenschaften	9.485	27,4	13.091	24,3
Privatunternehmen	25.093	72,6	40.855	75,7
Produktion insgesamt	34.578	100,0	53.946	100,0
Desserts auf Milchbasis				
Genossenschaften	-	-	671	24,0
Privatunternehmen	2.492	100,0	2.130	76,0
Produktion insgesamt	2.492	100,0	2.801	100,0

Quelle: Ministério da Agricultura, Pescas e Alimentação, Sektorplan Milch und Milchprodukte 1991, S. 39.

Wie rigoros diese Trennung war und noch ist, machen die Zahlen in Tab. 29 deutlich. 1989 wurden 90 % des Trinkmilchmarktes von Genossenschaften kontrolliert. 87,8 % der privaten Unternehmen, aber nur 12,2 % der Genossenschaften produzierten Käse, der Schmelzkäsemarkt wurde gar zu 100 % von Privatunternehmen beherrscht. 75,7 % der Privatunternehmen und nur 24,3 % der Genossenschaften stellten 1989 insgesamt 53.946 t Joghurt her. Auch bei der Herstellung von Dessertprodukten und Puddingerzeugnissen auf Milchbasis lag der Anteil der privatwirtschaftlichen Unternehmen bei 76 % und der der Genossenschaften nur bei 24 %.

1994 wurden in Portugal 120 milchverarbeitende Unternehmen gezählt, wobei lediglich 13 Unternehmen mehr als 20.000 t Milch pro Jahr verarbeiteten.[6] Die meisten Industriebetriebe sind in den Regionen Entre Douro e Minho und Ribatejo e Oeste angesiedelt, gefolgt von Beira Interior und Beira Litoral.

Von NOGUEIRA[7] wurden in einem Bericht über die portugiesische Milchwirtschft, der im Rahmen des Entwicklungs- und Förderplans für die Landwirtschaft erstellt wurde, hinsichtlich der Ausstattung und verfügbaren Verarbeitungskapazitäten massive Mißstände aufgezeigt. Er wies hierin auf den veralteten Maschinenpark in Genossenschaften, auf einen erheblichen Personalüberhang, auf einen geringen Diversifizierungsgrad bei der Produktion sowie auf eine schlechte Qualität der Milch und Milchprodukten bei gleichzeitig hohen Herstellkosten hin. Von der portugiesischen Milchwirtschaft mußten somit erhebliche Anstrengungen unternommen werden, um zumindest in Teilbereichen auf einem Gemeinsamen Europäischen Markt konkurrenzfähig zu werden. Durch diesen Bericht rechtfertigen sich die langen Übergangsfristen von 10 Jahren, die der portugiesischen Republik bis zu einer endgültigen Öffnung ihrer Wirtschaftszweige seitens der Kommission der EU eingeräumt worden sind. Dank finanzieller Förderung und Unterstützung aus verschiedenen Quellen sind in den letzten Jahren erhebliche Fortschritte hinsichtlich der Modernisierung der technischen Anlagen und Maschinen sowie der produktionstechnischen Rationalisierung in den einzelnen Betrieben erzielt worden. Neben eigenen Initiativen sind seit dem Beitritt zur EU außerdem verstärkt ausländische Konzerne auf dem portugiesischen Milchmarkt aktiv geworden, die zu einer größeren Angebotsvielfalt durch Einführung neuer Produkte aber auch zu einer Verbesserung der Produktqualität und Anhebung des allgemeinen Qualitätsniveaus auch bei einheimischen Produkten beitrugen.

---

[6] EU-Generaldirektion VI (Hrsg.): Die Struktur der Milchverarbeitungsindustrie in der Gemeinschaft im Jahre 1994 sowie Veränderungen seit 1991. Brüssel 1996, S. 218.

[7] Vgl. Nogueira, Basto F.E.: Economía do Leite e Lacticínios no Mundo, na CEE e em Portugal. Evolução 1976 bis 1985, Situação actual, perspectivas. Lissabon 1987, S. 201 - 202.

3.2.3 Die Nachfragesituation für Milch und Milchprodukte in Portugal

3.2.3.1 Grundlegende Aspekte

Zum 31. Dezember 1990 wurden in Portugal 9,9 Mio. Bewohner gezählt, von denen 4,8 Mio. Männer (48,2 %) und 5,1 Mio. Frauen (51,8 %) waren. Der größte Teil der Bevölkerung ist entlang der Küstenregionen angesiedelt, wie Abb. 16 deutlich macht. Dabei konzentrieren sich 40 % der portugiesischen Bevölkerung auf den Großraum Lissabon und Porto (vgl. Tab. 30).

Tab. 30: Bevölkerungsverteilung und Bevölkerungsdichte in Portugal (Stand 31.12.1990)

Regionen/Distrikte	**Anzahl der Einwohner (in 1000)**	**Bevölkerungsdichte (Einw./km²)**
Portugal gesamt	**9.853,0**	**107,1**
Portugal Festland	**9.363,3**	**105,3**
Aveiro	656,0	233,6
Beja	167,9	16,4
Braga	746,1	279,1
Bragança	158,3	23,9
Castelo Branco	214,7	32,2
Coimbra	427,6	108,3
Évora	173,5	23,5
Faro	340,1	68,6
Guarda	187,8	34,0
Leiria	427,8	121,7
Lissabon	2.063,8	747,5
Portalegre	134,3	22,1
Porto	1.622,3	677,4
Santarém	442,7	65,6
Setúbal	713,7	140,9
Viana do Castelo	248,7	110,3
Vila Real	237,1	54,8
Viseu	401,0	80,1
Azoren	236,7	105,3
Madeira	253,0	318,7

Abb. 16: Die Bevölkerungsdichte in Portugal nach Distrikten (31.12.1990)

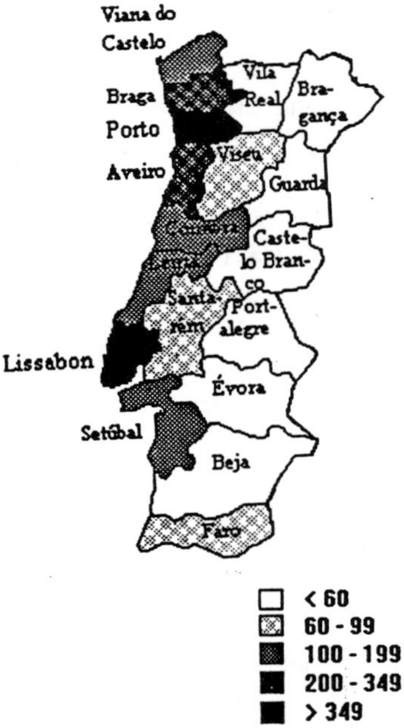

Quelle: Instituto Nacional de Estatística: Portugal em Números 1991, S. 7.

Nach der Volkszählung vom 31.12.1990 wurden in Portugal knapp 3,2 Mio. Familien gezählt, was einem Anstieg um 8,6 % seit der Volkszählung in 1981 entspricht. Dabei war ein starker Rückgang der Haushalte mit sechs und mehr Personen von 11,3 auf 5,4 % festzustellen. Einen Anstieg von 78 % auf 86 % konnten die Haushalte mit bis zu vier Personen verbuchen. Der Trend zu kleineren Haushalten und zu einer langsamen Zunahme des Anteils der älteren Bevölkerungsklassen, wie er bereits in den nördlichen EU-Mitgliedstaaten seit längerer Zeit zu beobachten ist, manifestiert sich offensichtlich nun auch in Portugal.[8]

Abbildung 17 zeigt den regionalen Kaufkraftindex für Portugal auf. Besonders deutlich ist die Konzentration der Kaufkraft auf die Regionen Lissabon, Porto und Setúbal zu erkennen, die nicht nur die höchste Industrie- und Handelsdichte aufweisen, sondern auch mit 47 % beinahe die Hälfte der Bevölkerung auf sich vereinigen.

Abb. 17: Regionaler Kaufkraftindex in Portugal 1991

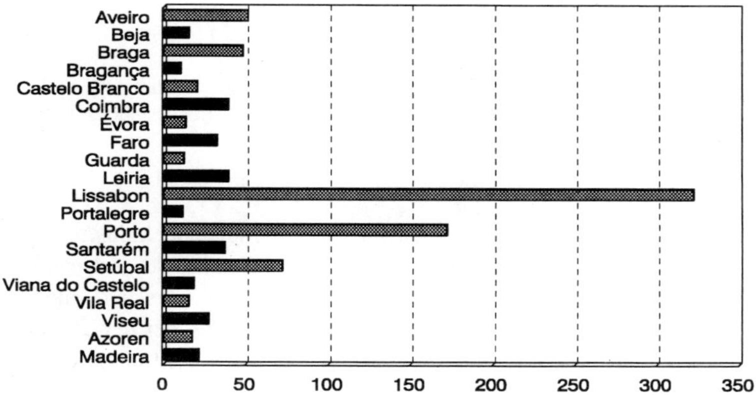

Quelle: Deutsch-Portugiesische IHK: Distributionswege für Konsumgüter in Portugal, Lissabon 1993, S. 37.

Aufschlußreich ist auch ein Vergleich der Ausgaben für den privaten Bereich eines portugiesischen und eines deutschen Durchschnittshaushaltes wie ihn Tab. 31 darlegt. Dabei fällt auf, daß ein portugiesischer Verbraucher immer noch einen hohen Prozentsatz seines Einkommens für den Kauf von Nahrungs- und Genußmitteln verwendet. Doch auch in Portugal zeigte das Engel'sche Gesetz im Verlauf der neun Jahre zwischen den beiden Volkszählungen seine Wirkung. Da davon auszugehen ist, daß in

[8] Vgl. INE: Anuário Estatístico de Portugal 1991, S. 35. Ohne die Bevölkerung Madeiras (250.000 Einwohner) und die der Azoren (240.000 Einwohner) reduziert sich die Zahl der Einwohner auf 9,36 Mio.

Portugal auch weiterhin die Einkommen ansteigen werden, ist auch mit einem weiteren Rückgang des Ausgabenanteils für Nahrungs- und Genußmittel zu rechnen. Die im Vergleich zur Bundesrepublik sehr niedrigen Ausgaben für Wohnung und Energie haben sich im Zeitraum zwischen 1981 und 1990 weiter erhöht, was in erster Linie auf die stark ansteigenden Mieten in den Ballungsgebieten Lissabon und Porto zurückzuführen ist.

Tab. 31: Ausgaben für den privaten Verbrauch - Ein Vergleich zwischen der Republik Portugal und der Bundesrepublik Deutschland (1990) in %

	Republik Portugal		B.R. Deutschland *
Art der Ausgaben	**1981**	**1990**	**1990**
Nahrungs- u. Genußmittel	40,6	33,2	18,0
Wohnung und Energie	9,2	12,1	26,9
Güter f. Bildung, Unterhaltung u. Freizeit	3,7	3,7	10,6

* Haushaltstyp 2: 4-Personen-Haushalte von Angestellten und Arbeitern mit mittleren Einkommen.

Quelle: Deutsch-Portugiesische IHK: Distributionswege für Konsumgüter in Portugal, Lissabon 1993, S. 36; Statistisches Jahrbuch der Bundesrep. Deutschland 1993, S. 580; eigene Berechnungen.

Die Entwicklung der Einkommen für die verarbeitende Industrie ist in Tabelle 32 wiedergegeben. Dabei ist das Einkommen der Angestellten zwischen 1984 und 1988 um rund 92 % gestiegen, das der leitenden Angestellten und Beamten um 101 %. Der Zuwachs bei den Stundenlöhnen für Arbeiter betrug dagegen im gleichen Zeitraum lediglich 86,3 %.

Tab. 32: Entwicklung des durchschnittlichen Monatseinkommens in der verarbeitenden Industrie

Verarbeitende Industrie	Ø Monatsverdienst eines Angestellten (in Esc.)	Ø Monatsverdienst eines leitenden Angestellten oder Beamten (in Esc.)	Ø Stundenlohn eines Arbeiters (in Esc.)
1984	30.242	46.174	163,1
1986	44.067	68.164	235,9
1987	51.331	80.449	273,1
1988	57.944	92.789	303,8

Quelle: INE: Anuário Estatístico de Portugal 1991, S. 83. Umrechnungskurse: 1984: 100 Esc. = 1,741 DM; 1986: 100 Esc. = 1,451 DM; 1987: 100 Esc. = 1,275 DM; 1988: 100 Esc. = 1,219 DM.

1989 wurde im Auftrag des Ministeriums für Raumplanung[9] vom Nationalen Verbraucherschutzinstitut[10] eine Studie über Einstellungen und Verhalten der portugiesischen Verbraucher herausgegeben. Basis dieser Studie bildete eine Befragung der portugiesischen Festlandbevölkerung über 18 Jahren. Die Stichprobe umfaßte 1001 Personen, die Informationen wurden im persönlichen Interview mit Hilfe eines standardisierten Fragebogens erhoben. Hinsichtlich des Einkaufsverhaltens konnte die Studie aufzeigen, daß monetäre Aspekte eine deutlich wichtigere Rolle bei der Einkaufsentscheidung spielten als qualitative Gesichtspunkte. Die wichtigsten Informationselemente (Abb. 18), auf die ein portugiesischer Verbraucher beim Kauf eines Produktes achtete, lauteten "Wechselgeld nachzählen" (59 % der Befragten), "auf den Preis achten" (58 % der Befragten) und "die Rechnung/Kassenbon prüfen" (53 %). Im Gegenzug spielten Elemente wie "Gewichtskontrolle", "die Beachtung des Etiketts" und der "Preis-/Leistungsvergleich mit ähnlichen Produkten" eine untergeordnete Rolle. Letzter Punkt macht deutlich, daß der portugiesische Verbraucher seine Kaufentscheidungen in hohem Maße auf rationaler Ebene fällt und die auf dem Markt dargebotene Vielfalt nur in geringem Umfang nutzt. In diesem Zusammenhang gaben 60 % der Befragten an, niemals Waren einzukaufen, die sie nicht haben kaufen wollen.

Abb. 18: Die Bedeutung einzelner Informationselemente für die Kaufentscheidung

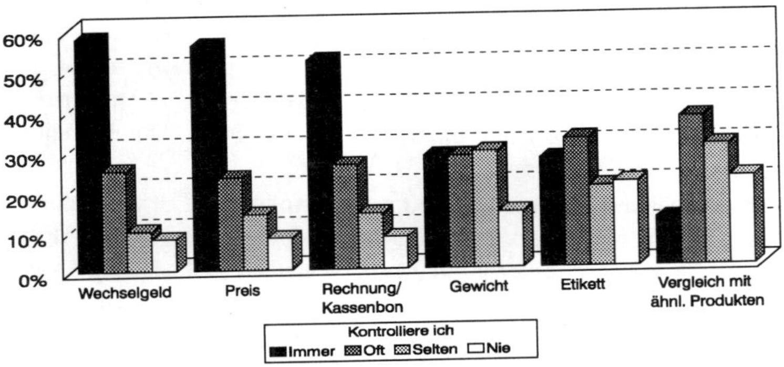

Quelle: Deutsch-Portugiesische IHK: Distributionswege für Konsumgüter in Portugal, Lissabon 1993, S. 46.

Die Befragung ergab außerdem, daß ein Großteil der portugiesischen Verbraucher immer im gleichen Geschäft einkauft. Auch eine starke Markentreue (70 %) wurde den Portugiesen bescheinigt, wobei dies für

[9] Ministério do Planeamento e da Administração do Território

[10] Instituto Nacional de Defesa do Consumidor (SEARN/MPAT)

die befragten Verbraucher über 55 Jahren in stärkerem Maße zutraf, als bei der Gruppe der 18- bis 34-Jährigen.[11]

3.2.3.2 Entwicklungen im Konsum- und Einkaufsverhalten der portugiesischen Bevölkerung

Veränderungen im Konsum und Einkaufsverhalten der portugiesischen Verbraucher liegen folgende Ursachen zugrunde:

- Die zunehmende Internationalisierung portugiesischer Produzenten führt auch in Portugal zur Herstellung europaweit angebotener Sortimente. Dies bedingt eine stetige Angleichung der Geschmackspräferenzen, zumindest bei bestimmten Konsumentengruppen.
- Die zunehmende Internationalisierung des Handels und supranationale Beschaffungssysteme führen zu einer steigenden Internationalisierung der angebotenen Produktpalette, was in Portugal besonders im Obst- und Gemüsebereich aber auch an der Vielfalt dargebotener Käsesorten deutlich wird.
- Mit zunehmendem verfügbaren Haushaltseinkommen steigen die Ansprüche an die Versorgung mit Nahrungsmitteln. Während der Durchschnittsverbraucher in Portugal seine Einkaufsentscheidung noch immer sehr stark vom Preis abhängig macht, achten jüngere Verbraucher stärker auf das Preis-/Leistungsverhältnis. Diese Konsumentengruppe ist durchaus bereit, für eine entsprechend hohe Qualität auch mehr Geld auszugeben. Sie ist darüber hinaus probierfreudiger und wechselt leichter die Marken als es für den Durchschnittskonsumenten der Fall ist.
- Eine Annäherung an nördliche Konsumgewohnheiten ist in Regionen zu beobachten, die stark vom Tourismus geprägt sind, wie der Algarve und dem Raum Lissabon. In diesen Gegenden sind besonders viele Importprodukte in den Lebensmitteleinzelhandelsgeschäften zu finden.
- Wie in den nördlichen EU-Staaten ist in Portugal ein zunehmendes Gesundheitsbewußtsein festzustellen. Dies zeigt sich daran, daß ca. 76 % der Portugiesen sich ernste Gedanken über die Sicherheit der Lebensmittel und deren Nährstoffgehalt machen. Wichtige Aspekte sind die Frische bzw. das Haltbarkeitsdatum, der (niedrige) Fettgehalt in Lebensmitteln, der (niedrige) Salz- und Zuckergehalt sowie der möglichst geringe Verarbeitungsgrad, der (geringe) Gehalt an Konservierungsstoffen und (möglichst hohe) Gehalt an Vitaminen, Mine-

[11] Vgl. Instituto Nacional de Defesa do Consumidor: Estudo sobre Atitudes e Comportamentos do Consumidor Português, Lissabon November 1989, S. 45 - 53.

ralstoffen und Spurenelementen. Dieser Trend hat zwischenzeitlich zur Einführung von Bioprodukten auf dem portugiesischen Markt geführt.

- Die zunehmende Berufstätigkeit der Frau sowie der Trend zu kleineren Haushalten führt auch in Portugal zu einer sich ändernden Angebotsform von Lebensmitteln: Die auf Großhaushalte mit vier und mehr Personen ausgelegten Gebindegrößen sind nicht mehr zeitgemäß, sie weichen zunehmend kleineren Einheiten. Convenience-Produkte wie Fertig-, Halbfertiggerichte und Tiefkühlkost werden in immer größerer Variation angeboten. Für den Einkauf steht berufstätigen, haushaltsführenden Personen nur wenig Zeit zur Verfügung. Daher kauft diese Konsumentengruppe bevorzugt in Super- und Hypermärkten ein, die fast alle Waren "unter einem Dach" und gute Parkplatzmöglichkeiten anbieten.[12]

Der Pro-Kopf-Verbrauch an Milch und Milchprodukten ist in Portugal in den letzten Jahren ständig gestiegen, was zum einen auf die bessere Qualität der Produkte und zum anderen auf deren zunehmende Vielfalt zurückzuführen ist. Tab. 33 gibt einen Überblick über den Verbrauch der wichtigsten Milchprodukte wieder. Der Butterverbrauch ist zwischen 1986 - dem Beitrittsjahr Portugals zur EU - und 1994 um 0,6 kg angestiegen, wobei gesalzener Butter eine deutliche Präferenz eingeräumt wird. Lediglich 3,6 % der angebotenen Butter wird ohne Salz angeboten.[13]

Tab. 33: Entwicklungen im Pro-Kopf-Verbrauch nach Milch und Milchprodukten

	1986	**1988**	**1990**	**1992**	**1994**
Bevölkerung (in 1.000)	9.716	10.270	9.878	9.846	9.866
Pro-Kopf-Verbrauch Butter (in kg/a)	0,9	1,0	1,4	1,4	1,5
- Käse	3,7	4,0	6,3	6,7	6,7
- Joghurt	-	5,3	7,4	•	•
- Sahne	0,1	0,2	0,5	0,6	0,6
- Konsummilch	46	70	83	88	92

Quelle: ZMP-Bilanz Milch 1994, S. 146 - 148, 168 und ZMP-Bilanz 1995, S. 150 - 153, 174.

[12] Angaben aus der Studie "Trends in Portugal - Consumer Attitudes and the Supermarket 1992", die vom Food Marketing Institute (FMI) 1992 angefertigt wurde. In: Distribuição hoje Nr. 104, 1. - 15. September 1993, S. 18 - 22; Nr. 106, 1. - 15. Oktober 1993, S. 28 - 32; Nr. 107, 16. - 31. Oktober 1993, S. 34 - 36.

[13] Vgl. o.V.: Leite e derivados - O percurso comum. In: Distribuição hoje Nr. 116, 16. - 31. März 1994, S. 58.

Der Pro-Kopf-Verbrauch von Käse weist aus drei Gründen eine leicht steigende Tendenz auf. Zum einen hat sich die Qualität des einheimischen Käseangebotes durch zunehmende Automatisierung und den Einsatz neuer Technologien stark verbessert. Zum anderen trug der steigende Fast-Food-Konsum zum Anstieg des Käseverbrauchs bei. In geringerem Umfang wirkte sich auch der Käseimport aus EU- und EFTA-Ländern verbrauchssteigernd aus. Importkäse wurde und wird in erster Linie über den Großflächenhandel auf den Markt gebracht. 1995 wurden in Portugal insgesamt 29.700 t Käse verkauft und ein Umsatz von 41 Mrd. Esc. erwirtschaftet. Dabei entfielen allein 49,4 % des Umsatzes auf den für Portugal typischen "Flamengo-" und "Tipo-Flamengo"-Käse. Der Umsatzanteil von Hart-, Schnitt- und Butterkäse lag 1995 bei 33,0 % und der von Schmelzkäse bei 4,5 % (vgl. Abb. 19).

Abb. 19: Anteil einzelner Käsesorten an der im Jahr 1995 verkauften Käsemenge von 29.700 t im Wert von rund 41 Mrd. Esc.

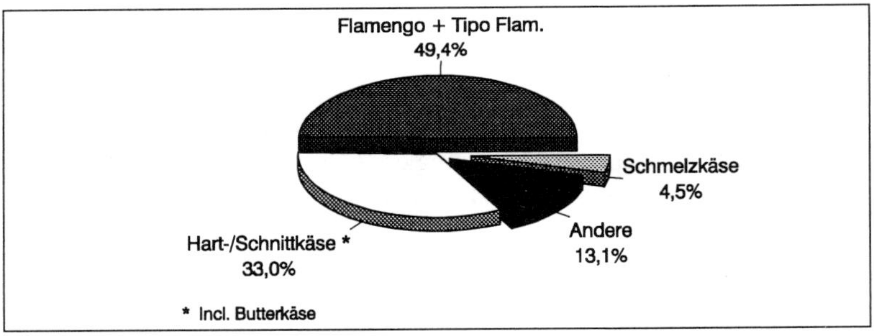

Quelle: Índice Nielsen Alimentar (auf der Basis gleitender 12-Monatsmittel von Januar bis Dezember 1995). In: Distribuição hoje, Nr. 165, 1. - 15. April 1996, S. 39.

Der Pro-Kopf-Verbrauch von Trinkmilch lag 1994 in Portugal bei 92 l. Beachtenswert ist die sich in den letzten Jahren herauskristallisierende eindeutige Präferenz für UHT-Milch zu Lasten der pasteurisierten und sterilisierten Trinkmilch. UHT-Milch rangierte mit einem Anteil am Gesamtumsatz mit Trinkmilch von 85,4 % an erster Stelle, gefolgt von pasteurisierter Milch mit 14,5 % und Sterilmilch mit einem fast vernachlässigbaren Anteil von 0,1 %. Hinsichtlich des Fettgehaltes entfielen 46,3 % des Umsatzes auf Trinkmilch mit einem durchschnittlichen Fettgehalt von 3,5 %, dicht gefolgt von der teilentrahmten Milch mit einem

Umsatzanteil von 45,3 %. Lediglich 8,4 % des Umsatzes in Höhe von 53,5 Mrd. Esc. konnte 1993 entrahmte Milch verbuchen.[14]

Was den Joghurtkonsum in Portugal betrifft, lag der Pro-Kopf-Verbrauch mit 6,7 kg in 1994 noch immer weit unter dem europäischen Durchschnitt. Doch auch hier haben moderne Technologien und die Niederlassung ausländischer Hersteller zu einer verbesserten Qualität und großen Vielfalt im Joghurtangebot geführt. Wie sich am Joghurtumsatz ablesen läßt, präferieren die portugiesischen Konsumenten nach wie vor aromatisierte Joghurterzeugnisse (45,2 % Umsatzanteil), gefolgt von Trinkjoghurt (16,3 % Umsatzanteil) und Joghurt mit Fruchtstücken (16,4 %). Der Anteil der fettreduzierten Joghurtsorten lag dabei lediglich bei 7 % (vgl. Abb. 20).

Abb. 20: Anteil der einzelnen Joghurtsorten an der im Jahr 1995 verkauften Joghurtmenge von 56,4 t im Wert von rund 26 Mrd. Esc.

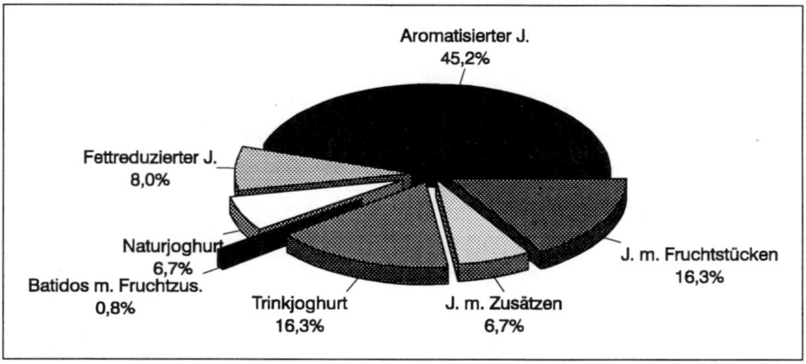

Quelle: Índice Nielsen Alimentar (auf der Basis gleitender 12-Monatsmittel von Januar bis Dezember 1995). In: Distribuição hoje, Nr. 165, 1. - 15. April 1996, S. 38.

Aus den vorgenannten Befragungen geht hervor, daß der portugiesische Verbraucher Molkereiprodukten insgesamt sehr aufgeschlossen gegenüber steht. In erster Linie sind es Joghurtprodukte, die sich steigender Beliebtheit erfreuen. Gerade jüngeren Bevölkerungsschichten mit überdurchschnittlichem Einkommen wird unter anderem bei dieser Produktgruppe eine zunehmende Probierfreudigkeit bescheinigt.

[14] Vgl. Índice Nielsen Alimentar (gleitender Jahresdurchschnitt über 12 Monate von November bis Oktober). In: Distribuição hoje Nr. 116, 16. - 31. März 1994, S. 56 - 59 und Distribuição hoje Nr. 165, 1. - 15. April 1996, S. 34 - 39.

3.2.4 Der Außenhandel Portugals mit Milch und Milchprodukten

Kapitel 4 der Europäischen Nomenklatur (NH) gibt den Import und Export von Milch, Milchprodukten, Hühnereiern und Honig und anderen, nicht spezifizierten tierischen Nahrungsmitteln, die nicht in anderen Kapiteln aufgeführt wurden, wieder. 1992 lag Portugals mengenmäßiger Import dieser Produktgruppe bei 185.004 t im Wert von 6,6 Mrd. Esc. Exportiert wurden 258.183 t im Wert von 7,6 Mrd. Esc. Dabei lag der Importanteil an Waren, die aus anderen EU-Staaten stammten, bei 174.020 t und 6,1 Mrd. Esc. In die EU wurden 1992 227.346 t im Wert von 6,2 Mrd. Esc. exportiert.

Beim Außenhandel mit Joghurt (vgl. Tab. 34) fällt der intensive Warenaustausch mit Spanien auf. Es handelt sich sowohl beim importierten als auch beim exportierten Joghurt um Produkte mit Aroma-, Frucht- oder Kakaozusätzen mit einem Fettgehalt unter 3 %. Der Grund hierfür ist, daß die großen französischen Hersteller, die sich in den letzten Jahren in Spanien oder in Portugal niedergelassen haben, von ihren jeweiligen Produktionsstandorten aus beide Märkte mit ihren Joghurtprodukten beliefern. Die Importmenge aus Deutschland teilt sich auf drei große Molkereien im süddeutschen Raum auf (Südmilch AG, Zott KG und Bauer KG).

Tab. 34: Der Außenhandel Portugals mit Molkereiprodukten mit den wichtigsten EU- und EFTA-Ländern (1992)

Produkte/Länder	Import-menge in t	Wert in Tsd. Esc.	Export-menge in t	Wert in Tsd. Esc.
Joghurt				
EU	1.603	330.015	3.434	837.992
Spanien	1.099	199.929	3.434	837.992
Deutschland	408	100.832	-	-
Frankreich	54	14.722	-	-
Butter				
EU	148	89.157	3.969	1.964.936
Niederlande	67	40.234	2.368	1.152.198
Belgien/Luxemburg	-	-	772	393.850
Frankreich	9	7.324	690	346.370
Deutschland	-	-	118	60.967
Irland	60,0	34.304	-	-
Frischkäse/Quark				
EU	1.118	429.498	1	1.290
Frankreich	635	207.849	-	-
Spanien	280	117.190	-	-
Belgien/Luxemburg	120	73.831	1	1.290

Tab. 34f:

Produkte/Länder	Import-menge in t	Wert in Tsd. Esc.	Export-menge in t	Wert in Tsd. Esc.
Geriebener Käse				
EU	153	133.888	-	-
Italien	46	45.822	-	-
Belgien/Luxemburg	41	29.023	-	-
Spanien	30	24.295	-	-
Schmelzkäse				
EU	965	659.450	493	279.542
Spanien	295	208.078	-	-
Deutschland	215	149.828	-	-
Belgien/Luxemburg	143	101.560	6	5.796
Niederlande	133	63.895	429	222.668
Frankreich	63	54.254	57	50.592
Blauschimmelkäse				
EU	70	81.750	-	-
Dänemark	27	22.821	-	-
Frankreich	24	41.140	-	-
Deutschland	16	14.983	-	-
Emmentaler u.a. Hartk.				
EU	88	79.601	5	507
Frankreich	81	73.538	-	-
Deutschland	6	5.523	-	-
Österreich	32	20.541	-	-
Schweiz	78	69.814	3	2.672
Schnittkäse				
EU	1.790	908.334	203	80.379
Niederlande	845	522.148	23	9.327
Dänemark	342	233.497	171	62.376
Deutschland	603	42.471	-	-
Andere Käse				
EU	501	442.424	6	5.551
Frankreich	365	320.206	50	41.232
Spanien	165	84.397	0,1	52
Dänemark	68	52.741	70	28.635
Deutschland	36	28.301	2	1.631
Schweiz	7	871	15	15.297

Quelle: Außenhandelsstatistiken Nahrungsmittel Kapitel 4: Milch und Milchprodukte, Hühnereier, Honig u.a., Portugal 1992, S. 97 - 118. 100 Esc. = DM 1,157.

Bei der Produktgruppe der Frischkäse und Quarkprodukte sind Frankreich und Spanien Hauptlieferanten. Geriebener Käse kommt in erster Linie aus Italien (geriebener Parmesankäse). Schmelzkäse hat in den Ländern Spanien und Portugal u.a. wegen der gestiegenen Akzeptanz von Fast-Food einen großen Markt finden können. Neben großen Lieferungen aus Deutschland versorgt außerdem ein deutsches Unternehmen, das sich in Spanien niedergelassen hat, den portugiesischen Markt mit

Käsescheibletten (Hochland España). Bei Blauschimmelkäse sind Dänemark, Frankreich (Société des Caves de Roquefort) und Deutschland (Bergader, Bayernland und BMU) führende Anbieter. Dagegen dominiert Frankreich im Hartkäse- und Emmentalerbereich mit 81 t der insgesamt 88 t, die aus anderen EU-Ländern importiert werden. Im Schnittkäsebereich liegen die Niederlande mit 845 t vor Deutschland mit 603 t und Dänemark mit 342 t. Die von Portugal exportierten Schnittkäsemengen umfassen die Sorten "Ilha S. Jorge", "Ilha", "Serra da Estrela" und "Flamengo".

3.2.5 Die Bedeutung deutscher Molkereiprodukte am portugiesischen Markt

Das deutsche Engagement im Bereich der portugiesischen Milchwirtschaft nimmt sich eher bescheiden aus (vgl. Tab. 35). Nur wenige Produkte deutscher Hersteller sind in den Regalen des portugiesischen Handels zu finden. Shopchecks in einigen Supermärkten, Hypermärkten und dem traditionellen Lebensmitteleinzelhandel haben ergeben, daß sich v.a. lang haltbare Produkte sowie Schmelzkäse in Form von Zubereitungen oder Scheibletten und Blauschimmelkäse als Spezialität im Handel etablieren konnten. Deutsche Produkte sind vorwiegend in Super- und Hypermärkten zu finden (vgl. Abb. 21), während im traditionellen Lebensmitteleinzelhandel lediglich in geringem Umfang Schmelzkäsescheibletten und abgepackter Hart- bzw. Schnittkäse angeboten werden.

Tab. 35: Entwicklung der Ausfuhren deutscher Molkereiprodukte nach Portugal

Angaben in Tonnen	1992	1993	1994	1995
Käse insgesamt	-	271,7	363,2	924,4
Hartkäse	7,9	25,2	64,9	105,6
Käse gerieben/Pulverform	-	-	-	5,1
Schnittkäse, halbfester Schnittkäse	44,8	68,4	131,3	389,5
Weichkäse	74,3	4,1	6,5	13,6
Schmelzkäse	227,7	174,0	160,5	258,4
Frischkäse und Quark	21,0	-	-	152,2
Joghurt natur	6,8	1,5	0,0	161,5
Joghurt mit Zusätzen	992,4	973,8	217,0	530,4
Andere Sauermilcherzeugnisse natur und mit Zusätzen	0,8	218,8	1.197,4	1.349,6
Milchmischgetränke	149,2	291,8	28,0	45,4
Butter	-	-	-	-

Quelle: Milchindustrieverband: Zollstatistik Bundesrepublik Deutschland 1992-1995.

Abb. 21: Art und Häufigkeit des Auftretens deutscher Produkte im portugiesischen Handel

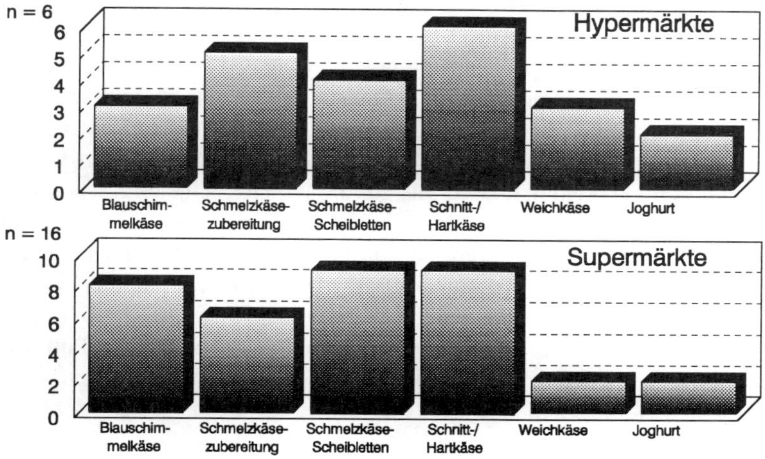

Quelle: Eigene Erhebungen

Für den geringen Marktanteil deutscher Molkereiprodukte am portugiesischen Markt sind mehrere Gründe als Ursachen zu nennen:

- Die Transportwege sind sehr lang. Speditionen benötigen für die Fahrt von Deutschland nach Porto oder Lissabon im Durchschnitt dreieinhalb Tage. Zeiteinsparungen gab es durch die Realisierung des EU-Binnenmarktes, wodurch die umständliche Verzollung der überwiegend als Teilladung versandten deutschen Waren im Zollhof von Alverca oder bei Porto weggefallen ist.
- Die Verteilung der deutschen Produkte im Landesinneren wird vornehmlich von nationalen Großhändlern durchgeführt, die vor Öffnung des Binnenmarktes als Importeure tätig waren. Während diese in der Regel über geeignete und ausreichende Kühleinrichtungen verfügen, ist dies bei regionalen oder gar lokalen Großhändlern, die vornehmlich den traditionellen Handel und kleine Selbstbedienungsläden beliefern, nicht uneingeschränkt der Fall. In den kleinen Einzelhandelsgeschäften (Groceries) sind oft nur unzulängliche Kühlmöglichkeiten vorhanden, was v.a. in ländlichen Regionen, aber auch in einzelnen Kleinstgeschäften in Lissabon beobachtet werden kann. Ab Großhandelsstufe muß man mit einer Verzögerung von zwei bis sechs Tagen rechnen, bis die Waren tatsächlich in den Regalen stehen.
- In oben genannter Studie wurde bereits auf das preisbewußte Einkaufsverhalten der Portugiesen hingewiesen. Auch wenn in

zunehmendem Maße Aspekte wie höhere Qualität, Convenience und Umweltbewußtsein die Kaufentscheidung beeinflussen, kann sich zur Zeit aufgrund der niedrigen Kaufkraft doch nur ein besser verdienender Haushalt den regelmäßigen Konsum von Käsespezialitäten (z.B. Edelpilzkäse oder Schmelzkäsetorten) leisten. Die hohen Preise für ausländische Produkte haben darüber hinaus zu einer bereits seit einiger Zeit zu beobachtenden "Buy-Local"-Einstellung der Verbraucher geführt.[15] Das mengenmäßig größte Angebot ausländischer Waren konzentriert sich in erster Linie auf die Ballungsgebiete Lissabon und Porto sowie auf die stark vom Tourismus geprägte Algarve. In diesen Regionen hat sich die größte Anzahl nationaler, aber auch französischer, spanischer und brasilianischer Handelsketten mit ihren Super- und Hypermarktfilialen niedergelassen.

- Der Pro-Kopf-Verbrauch von Molkereiprodukten liegt in Portugal weit unter dem EU-Durchschnitt. Die südländisch geprägten Verzehrsgewohnheiten und Geschmacksvorstellungen schränken einerseits die Angebotspalette ausländischer Waren ein (z.B. ist der Räuchergeschmack in Portugal weitgehend unbekannt), bieten aber andererseits auch ein neues Absatzpotential. So haben nach Aussagen von Großhändlern beispielsweise in zunehmendem Maße kalorien- und fettreduzierte oder natriumarme Produkte Chancen auf dem portugiesischen Markt. Während die Bevölkerung im Norden Portugals stärker traditionellen Verzehrsgewohnheiten verhaftet ist, läßt sich gerade an der Algarve eine deutliche Anpassung an Verzehrsmuster der Touristen feststellen. Überhaupt scheint die Bevölkerung in den südlichen Landesteilen probierfreudiger zu sein als die im Norden, wie Gespräche mit Importeuren und Verkäufern in verschiedenen Lebensmittelgeschäften ergaben.
- Die Versorgung der Bevölkerung mit Frischprodukten wie Frischkäse, Joghurt, Milchmischgetränken und Quark wird zum größten Teil durch in Portugal ansässige Milchverarbeitungsbetriebe sichergestellt. Ähnlich wie in Spanien ist auch in Portugal ein starkes Engagement französischer und multinationaler Molkereiproduktehersteller festzustellen, die sich entweder in portugiesische Molkereien eingekauft bzw. eigene Produktionsstätten errichtet haben oder aber in Portugal in Lizenz fertigen lassen. Die Produkte gelangen über den Großhandel in den Einzelhandel oder werden vom molkereieigenen Frischdienst im Streckengeschäft zu den einzelnen Handelsfilialen transportiert. Letztere Variante wird in der Regel bei Großkunden wie Hypermärkten, im Großverbraucherbereich sowie auf Rechnung

[15] Vgl. o.V.: Lacticínios representam mais de metade das vendas dos produtos de auto-servicio no Jumbo de Alfragide. In: Distribuição hoje Nr. 106, 1. - 15. Oktober 1993, S. 67.

von solchen Großhändlern durchgeführt, die nicht über eine ausreichend große Kühllagerfläche verfügen.

Die Aussichten für deutsche Produkte in Portugal sind als recht gut einzuschätzen, nicht zuletzt weil sie ein sehr gutes Image genießen und mit hoher Qualität, natürlicher Erzeugung und einer grünen, gesunden Umgebung assoziiert werden. Teile der Bevölkerung sind sicherlich bereit, für diese bessere Qualität etwas mehr zu bezahlen, von einem regelmäßigen Konsum kann zur Zeit gerade bei Spezialitäten aufgrund der Einkommenssituation noch nicht ausgegangen werden. Trotz der jetzt noch nicht sichtbaren großen Erfolge, sollte der portugiesische Markt nicht vernachlässigt werden. Mit einem rechtzeitigen Engagement und einer konsequenten Markenpolitik lassen sich mittelfristig mit Sicherheit gute Marktanteile für die Spezialitäten unter den deutschen Molkereiprodukten erzielen.

3.2.6 Der Handel in Portugal - eine Handelsstrukturanalyse

3.2.6.1 Generelle Entwicklungen im portugiesischen Handel

Die Entwicklungen im Groß- und Einzelhandel Portugals haben sich in ähnlicher Weise vollzogen wie in Spanien. Auf der einen Seite spielt der traditionelle Einzelhandel mit seiner für den mediterranen Raum typischen großen Anzahl kleiner Geschäfte eine wichtige Rolle bei der Versorgung der Bevölkerung mit Waren des kurzfristigen Bedarfs. Auf der anderen Seite haben in den letzten 15 Jahren moderne Handelsformen stark an Bedeutung gewonnen. Hypermärkte, Mini-Hypermärkte und große Supermärkte sind v.a. in den kaufkraftstarken Regionen um Lissabon, Porto und Setúbal in großer Zahl eröffnet worden, was zu tiefgreifenden Veränderungen in der Handelsstruktur aber auch bei den Einkaufsgewohnheiten der Bevölkerung geführt hat. Die Folge ist eine konstant rückläufige Anzahl der traditionellen Lebensmitteleinzelhandelsgeschäfte. Die Ursachen für diesen Rückgang sind die gleichen wie in Spanien (vgl. Kapitel 3.1.3.1). Von Vertretern der Wirtschaft und des Handels wird jedoch die Bedeutung des kleinstrukturierten traditionellen Einzelhandels für die Versorgung der portugiesischen Bevölkerung immer wieder hervorgehoben.[16] Angesichts des expansiven Groß-

[16] So fand im April 1993 zum Thema Entwicklungen im Handel, speziell zum traditionellen Einzelhandel ein Workshop im Rahmen des 4° Encontro Produtores - Distribuidores statt, das auf Initiative der Zeitschrift Distribuição hoje durchge-

flächenhandels bedeutet dies einen Umdenkprozeß beim Einzelhändler selbst, der sich in den letzten Jahren zu stark als Opfer des Großflächenhandels gesehen hat. Kundennähe, die persönliche Atmosphäre beim Einkaufen, die persönliche Beratung und die Möglichkeit der Konzentration auf Nischen (z.B. im Bereich der Frischprodukte) sind die Stärken des traditionellen Lebensmitteleinzelhandels in Portugal, die es durch Verbesserungen der Ladenausstattung, der zu erbringenden Dienst- und Serviceleistungen sowie des Sortiments und dessen Qualität zu nutzen gilt. Diese Herausforderungen sind heutzutage jedoch fast nur noch im Verbund zu bewältigen, wobei sich Zusammenschlüsse oder Kooperationen im Einkaufsbereich anbieten, die dem traditionellen Handel eine gewisse Verhandlungsmacht bieten. Hier sind es v.a. die Einkaufsgenossenschaften und Einkaufszentralen, die in Portugal seit längerer Zeit erfolgreich operieren.[17]

Die angespannte Lage im portugiesischen Handel ist auch darauf zurückzuführen, daß sowohl der Groß- als auch der Einzelhandel lange Zeit stark vernachlässigt und in ihrer Entwicklung gebremst worden sind. Grund hierfür war die länger als in anderen Ländern vertretene Ansicht, der Handel erwirtschafte keinen Mehrwert und könne somit nicht in die Wertschöpfungskette eingegliedert werden. Mit der Erkenntnis, daß der Handel eine wichtige Schnittstelle zwischen Produktion und Verbraucher ist und durchaus Aufgaben erfüllt, die einen Beitrag zur Wertschöpfung leisten, wuchs auch die Bereitschaft des Staates zur Einrichtung von Unterstützungsprogrammen und Formulierung von Gesetzen und Verordnungen. Einige der Förderprogramme werden von der EU-Kommission unterstützt bzw. kofinanziert.[18] Beispiele hierfür sind das im Jahre 1992 ins Leben gerufene Programm **SIMC** (Programa de Incentivos à

führt und von den Firmen Lactogal, TetraPak und United Distillers gesponsort wurde. Vgl. Distribuição hoje, Nr. 101, Juli 1993.

[17] Vgl. Albuquerque, Maria Teresa (Generaldirektorin der GRULA): Grula dá o exemplo aos associados. Lima Alves, Olímpio (Mitglied der GRULA): Não à inércia, sim à transformação. Graça Pereira, Mário (Generaldirektor der United Distillers): Pequeno comércio tem oportunidades na especialização. Moreira, António (Generaldirektor der Uniarme und Mitglied im Komitee der European Marketing Distribution): Papel do pequeno comércio é complementar da oferta dos outros canais. Moura Bastos, J.M. (Handelsdirektor der Lacticoop): Há sempre oportunidade para o pequeno comerciante perspicaz e inteligente. In: Distribuição hoje Nr. 101, Juli 1993, S. 42 - 48.

[18] Vgl. Moynihan, John: Novas estratégias da distribuição alimentar. In: Distribuição hoje Nr. 94, 1. - 15. April 1993, S. 8. Gama, Vasco da: Associativismo é fundamental para a modernização. In: Distribuição hoje Nr. 107, 16. - 31. Oktober 1993, S. 10 - 14. o.V.: Sob o signo da modernização: Perspectivas de evolução do comércio grossista. In Distribuição hoje Nr. 108, 1. - 15. November 1993, S. 84.

Modernização do Comércio), das Investitionen kleiner und mittlerer Groß- und Einzelhandelsunternehmen in eine Modernisierung und Ausstattung mit neuen Technologien unterstützt, oder das **Programa de Apoio à Internacionalização das Empresas Portuguesas**, das auf die Förderung der Internationalisierung des portugiesischen Handels abzielt.

Die im Inland kontrovers diskutierte Entwicklung des Großflächenhandels hat 1992 zu einer Novelle des **Gesetzes über die Genehmigung von großen Handelsunternehmen** mit einer Geschäftsfläche von mehr als 3.000 m^2 geführt.[19] Da in den letzten Jahren geradezu gigantische Hypermärkte mit einer Verkaufsfläche von über 12.000 m^2 und 70 Ausgangskassen in den kaufkraftstarken Regionen um Lissabon, Porto und Setúbal errichtet worden sind, sahen die übrigen Handelsformen in zunehmendem Maße ihre Existenzgrundlage gefährdet. Die Regierung, die ihrerseits eine schleichende "Verarmung der Handelslandschaft" feststellte, reagierte, indem sie in der neuen Verordnung neben der Herabsetzung der genehmigungspflichtigen Größe solcher Projekte von 3.000 m^2 auf 2.000 m^2 die Erstellung einer Umweltverträglichkeitsprüfung vorschrieb. Diese neue Verordnung mit Gesetzeskraft wird nur bedingt die Antragsflut für neue Groß- und v.a. Einzelhandelsprojekte eindämmen, dafür aber zu einer Auslagerung in die etwas kaufkraftschwächeren Regionen führen. In Spanien hat man bereits festgestellt, daß ein neu errichteter Hypermarkt die Kaufkraft von 100 kleinen, traditionellen Lebensmittelgeschäften auf sich vereinigt. Diese Zahl läßt sich durchaus auch auf Portugal übertragen.

In bezug auf den Großflächenhandel nimmt man in Portugal besonderen Anstoß an den recht freizügig gehandhabten Zahlungskonditionen. Den Produzenten/Lieferanten werden harte Konditionen auferlegt, der Handel aber nimmt sich Zahlungsfristen heraus, die z.T. 120 Tage weit überschreiten.[20] Um einem möglichen Konditionenmißbrauch entgegen zu wirken und einer unkontrollierten weiteren Stärkung der Marktmacht des Großflächenhandels vorzubeugen, hoffen der übrige Handel und die Produzenten/Lieferanten auf das **Wettbewerbsgesetz,** das außerdem das Miteinander zwischen traditionellem Handel und modernen Handelsformen regeln soll.

---

[19] Bei dieser Verordnung mit Gesetzeskraft (Decreto-Lei n° 258/92 vom 20. November 1992) handelt es sich um die nationale Umsetzung der Richtlinie des Rates vom 27.06.1985 (85/337/EWG) über die Umweltverträglichkeitsprüfung bei bestimmten öffentlichen und privaten Projekten.

[20] Für weitere Einzelheiten vgl. Kapitel 3.1.3.3.

3.2.6.2 Der Großhandel in Portugal: Charakteristika, Probleme, Trends

Der Großhandel hat in Portugal besonders im Lebensmittelbereich traditionell eine große Bedeutung in der Absatzkette. Lediglich große, national oder international operierende Produktionsunternehmen und Hypermarktketten führen die Distributionsaufgaben in eigener Regie durch. Bei den Großhandelsbetrieben handelt es sich im allgemeinen um Sortimentsgroßhändler. Ende 1991 wurden auf dem portugiesischen Festland 21.834 Großhandelsunternehmen gezählt, von denen etwas mehr als ein Viertel im Lebensmittelbereich tätig war (5.785 Betriebe).

(1) Konzentrationsgrad und Anzahl der Beschäftigten

Der portugiesische Großhandel ist klein strukturiert ist. Ende 1991 gehörten einem Großhandelsunternehmen im Durchschnitt 1,2 Betriebe an. Für den Lebensmittelgroßhandel geht das Innenministerium von Zahlen nahe 1,0 aus.[21] Die Anzahl der Beschäftigten verdeutlicht die Strukturdefizite im Lebensmittelgroßhandel. Während rund 66 % des gesamten portugiesischen Großhandels Ende 1991 zwischen einer und vier Personen beschäftigten, lag dieser Anteil beim Lebensmittelgroßhandel bei 99,5 %. Mehr als 5 Beschäftigte hatten im Lebensmittelgroßhandel nur 0,5 % der Unternehmen, im Gegensatz zum gesamten Großhandel mit 34 %. Hinsichtlich der Rechtsform handelt es sich bei der Mehrzahl der Großhandelsbetriebe um Personengesellschaften (ca. 68 %), nur knapp 3 % der Großhändler werden in der Rechtsform einer Aktiengesellschaft geführt.[22]

(2) Regionale Verteilung und Umsatzentwicklung

Eine Betrachtung der regionalen Verteilung der einzelnen Betriebe des portugiesischen Lebensmittelhandels ergab, daß die Mehrheit der Lebensmittelgroßhandelsbetriebe (57 %) im Großraum Lissabon und Porto angesiedelt sind, gefolgt von Aveiro und Setúbal. 1990 entfiel auf den in den beiden Wirtschaftszentren Lissabon und Porto ansässigen Lebensmittelgroßhandel ein Umsatz in Höhe von 370 Mrd. Esc. Dies entsprach einem Anteil von knapp 79 % am gesamten vom portugiesi-

[21] Vgl. Dias, Ma. Rosa und A. Miranda Ferreira: O Cadastro dos estabelecimentos comerciais em 90.12.31 - uma síntese. In: Boletim do Comércio Interno, Nr. 23/24 Januar/Juni 1991, S. 24.

[22] Vgl. Conceição Martins, Maria da: O Emprego no Comércio. In: Boletím do Comércio Interno Nr. 23/24, Januar/Juni 1991, S. 15 - 16.

schen Großhandel getätigten Umsatz.[23] Die Umsatzentwicklung im Großhandel im Zeitraum zwischen 1985 und 1992 gibt Tab. 36 wieder.

Tab. 36: Entwicklung der Anzahl und Umsätze der Großhandelsbetriebe zwischen 1985 und 1991

Jahr	Großhandel insgesamt Anzahl	Umsatz in Mrd. Esc.	Lebensmittelgroßhandel Anzahl	Umsatz in Mio. Esc.
1985	21.795	1,641	6.103	410,25
1990	20.459	-	5.680	470,00
1991	21.834	-	5.785	-

Quelle: DIHT: EU-Binnenmarkt - Distributionswege für Konsumgüter, 1989; Direcção-Geral do Comércio Interno: Estatística do cadastro comercial, Comércio e Distribuição, Nr. 24, Lissabon Oktober 1992; CMA: Der moderne Lebensmittelhandel und seine führenden Unternehmen in Portugal 1992, S. 17.

Die Bedeutung des Großhandels konnte außerdem durch die zunehmende Erweiterung des Aufgabenfeldes durch Übernahme von Merchandising-Funktionen wie Preisauszeichnung und Regalservice im Handel, Portionierung sowie Abpackung verschiedenster Waren ausgedehnt werden. Einen Überblick über die wichtigsten Großhandelsunternehmen gibt Tab. 37.

Tab. 37: Großhandelsunternehmen in Portugal

Großhandels-unternehmen	Umsatz in Mio. Esc.	Umsatzveränderung in % 1993/1994	Reinertrag in Tsd. Esc.	Anzahl der Beschäftigten	Verkaufsfläche in m²	Umsatz/ Beschäftigter in Tsd. Esc.	Umsatzrentabilität in %
Makro	115.291,5	+ 3,1	2.206.231	1.844	56.286	62.522	1,9
Recheio	50.504,8	+ 22,5	2.067.827	686	46.397	73.622	4,1
Modis	47.376,5	+ 32,8	28.342	483	43.450	98.088	0,06
Grula	37.044,6	+ 2,8	84.137	688	53.539	53.844	0,23
Coopertorres	12.522,7	+ 11,8	108.621	199	20.356	62.928	0,87
Ramazzotti	12.111,6	+ 5,4	99.495	245	21.100	49.435	0,82
Uniarme	12.030,1	+ 62,0	1.149	18	k.A.	668.336	0,01

Quelle: Distribuição hoje Nr. 152, September 1995, S. 22 - 23.

[23] Vgl. CMA (Hrsg.): Der moderne Lebensmittelhandel und seine führenden Unternehmen in Portugal 1992. Bonn 1992, S. 17.

(3) Einkaufsgenossenschaften, Einkaufszentralen und Cash und Carry-Märkte

Bedingt durch den starken Wettbewerbsdruck und die Macht des Großflächenhandels hat die Warenversorgung des kleinstrukturierten Einzelhandels durch Einkaufsgenossenschaften, Einkaufszentralen bzw. C&C-Märkte in den letzten Jahren ständig an Bedeutung gewonnen. Ohne zentralisierten Einkauf und damit ohne Bündelung der oft geringen Bestellmengen könnten diese kleinen Geschäfte ihre Produkte nicht zu einigermaßen wettbewerbsfähigen Preisen anbieten.[24] **Einkaufsgenossenschaften** entstanden erstmals während der schwierigen Zeit des politischen und wirtschaftlichen Umschwungs nach 1974. Eine hohe Inflationsrate und Arbeitslosenquote zwangen zur Zusammenarbeit innerhalb der Handelsstufen. Die Zahl der Einkaufsgenossenschaften lag 1989 bei 24, wobei jedoch die Anzahl der Mitglieder durch Konzentrationen und Fusionen gleichzeitig gestiegen ist. Bei diesen Mitgliedern handelt es sich in der Mehrzahl um kleine Einzelhandelsgeschäfte, von denen 80 % über eine Verkaufsfläche von weniger als 100 m^2 verfügen. In lediglich 26 % der Geschäfte ist das System der Selbstbedienung eingeführt.[25] Die Einkaufsgenossenschaften unterhalten in der Regel Läger, die auch mit Kühlkammern ausgestattet sind. Auch EDV- und Kommunikationstechniken werden immer häufiger zur Geschäftsabwicklung im Großhandel eingesetzt. Bedingt durch die Konzentrations- und Integrationstätigkeiten innerhalb der Einkaufsgenossenschaften ist deren Umsatz in den Jahren zwischen 1987 und 1990 von 21,5 Mrd. Esc. auf über 50 Mrd. Esc. angestiegen. Der größte Umsatzanteil (ca. 60 %) entfiel 1990 auf die fünf größten Genossenschaften Grula, Carpan, Torrental, Coopertorres und A Luta.[26]

Einkaufszentralen als Vereinigung rechtlich selbständiger Unternehmen mit gemeinsamer Großhandelszentrale zur Beschaffung der Handelswaren sind vor allem in den Distrikten Coimbra, Aveiro, Lissabon und Santarém zu finden. Gegenwärtig operieren etwa 300 Einzelhändler mit Einkaufszentralen.

---

[24] Vgl. CMA: Der moderne Lebensmittelhandel und seine führenden Unternehmen in Portugal 1992, S. 34 - 37 und Deutsch-Portugiesische IHK: Distributionswege für Konsumgüter in Portugal, März 1993, S. 29 - 33.

[25] Vgl. Deutsch-Portugiesische IHK (Hrsg.): Distributionswege für Konsumgüter in Portugal. Lissabon, 25. März 1993, S. 31.

[26] Vgl. o.V.: Torrental - Modernização fomenta comércio de lacticínios. In: Distribuição hoje Nr. 105, 16. - 30. September 1993, S. 64. O.V.: "Ranking" sectorial. In: Distribuição hoje Nr. 109, November 1993, S. 18 - 19.

Nur im Lebensmittelhandel hat sich das **Cash-and-Carry-System** in größerem Maße entwickeln können. Die meisten der C&C-Märkte sind in den Ballungsräumen Lissabon und Porto zu finden. Das Großhandelsunternehmen mit der größten Bedeutung in Portugal und einem Umsatz von knapp 100 Mrd. Esc. ist MAKRO. Das deutsch-niederländische Gemeinschaftsunternehmen wurde 1990 in Portugal gegründet und versorgte 1993 über 200.000 Einzelhändler und andere Gewerbetreibende.[27]

(4) Markenpolitik im Großhandel

Der Ursprung der Handelsmarkengebung auf Großhandelsebene lag in den 80er Jahren, als die "Weißen Produkte" aufkamen. Der Leitgedanke bei deren Einführung war, qualitativ hochwertige Produkte zu günstigen Preisen anzubieten, indem man völlig auf Werbeaussagen verzichtete. Man hatte damals festgestellt, daß Werbe- und Verkaufsförderungsmaßnahmen ein Produkt um bis zu 40 % verteuern konnten.[28]

Eine konsequent verfolgte Markenpolitik läßt sich im Großhandel heute lediglich bei Makro feststellen, deren Marke **ARO** in erster Linie im Gastronomiebereich eingesetzt wird. Kennzeichnend für ein ARO-Handelsmarkenprodukt sind die überdurchschnittlich hohe Qualität sowie ein Preisgefüge, das um ca. 20 bis 25 % unter dem vergleichbarer marktführender Markenhersteller liegt. Makro bevorzugt nationale Hersteller als Lieferanten für ARO-Markenprodukte. Hiermit unterstützt das Unternehmen die in Portugal seit einigen Jahren zu beobachtende "Buy-local"-Entwicklung bei den Verbrauchern. Die Positionierung der ARO-Produkte erfolgt unter dem Gesichtspunkt "Qualität zum richtigen Preis".

Die Einkaufsgenossenschaft Grula als zweitgrößtes Großhandelsunternehmen hat seit einiger Zeit einige Produkte mit der Marke **GRULA** im Sortiment. Hier kann jedoch nicht von einer Handelsmarke im eigentlichen Sinn gesprochen werden, da nur einige wenige, willkürlich ausgewählte Produkte diesen Namenszug tragen und dieser Markierung auch noch kein definiertes Markenkonzept zugrunde liegt.

Da bisher nur bei den beiden größten Großhandelsunternehmen Handelsmarken zu finden sind, kann davon ausgegangen werden, daß die Einfüh-

---

[27] Vgl. o.V.: "Ranking" sectorial. In: Distribuição hoje Nr. 109, November 1993, S. 18 und o.V.: Análise dos cinco primeiros retalhistas e grossistas. In: Distribuição hoje Nr. 109, November 1993, S. 30 - 34.

[28] Vgl. Seromenho Santos, Isabel: Marcas dos distribuidores. In: Distribuição hoje Nr. 109, S. 64.

rung von Marken auf Großhandelsebene auch in den nächsten Jahren nur zögerlich vonstatten gehen wird.

(5) Marketingmaßnahmen im Großhandel

Im Vergleich zum Einzelhandel wird im Großhandel nur in geringem Umfang in Werbemaßnahmen investiert. Insgesamt wurden 1992 vom Großhandel 156,4 Mio. Esc. für Werbung in den verschiedenen Medien ausgegeben (vgl. Tab. 38). Ursache hierfür ist der Einsatz anderer, gezielterer Formen der Kommunikationspolitik, z.B. in Form von Mitarbeiterschulungen (Makro) oder über das Direktmarketing. Im Bereich der traditionellen Werbung bedient sich der Großhandel immer noch vornehmlich der Fachpresse, über die gezielt der gewünschte Kundenkreis - Einzelhändler und Gastronomen - angesprochen werden kann. Allerdings hat dieses Kommunikationsmedium von 1991 auf 1992 einen starken Einbruch erlitten (- 35 %), während die Ausgaben für Fernsehwerbung im gleichen Zeitraum um 241 % angestiegen sind. Dies ist in erster Linie auf die Eröffnung neuer Großhandelsmärkte in 1992 zurückzuführen, deren Bekanntheitsgrad mit Hilfe von Fernsehwerbung gesteigert werden sollte. Der Zugang zu diesem Medium ist durch das verstärkte Auftreten von Privatfernsehsendern in den letzten Jahren sehr erleichtert worden.[29]

Tab. 38: Ausgaben für Werbung im Lebensmittelgroßhandel zwischen 1988 und 1992 (in Tsd. Esc.)

	1988		1990		1992	
Medien	**Wert**	**%**	**Wert**	**%**	**Wert**	**%**
Fernsehen	510	2	-	0	46.868	30
Radio	10.544	44	26.288	21	33.109	21
Presse	9.924	41	72.132	58	60.055	38
"Outdoor"-Werbung	3.114	13	26.340	21	16.410	11
Insgesamt	24.092	100	124.760	100	156.442	100

Quelle: Sabatina. In: Distribuição hoje Nr. 109, S. 47.

[29] Vgl. Seromenho Santos, Isabel: Investimento publicitário dos grossistas e retalhistas alimentares. In: Distribuição hoje Nr. 109, November 1993, S. 47.

3.2.6.3 Der Einzelhandel in Portugal: Charakteristika, Probleme, Trends

Während sich im Großhandel ein struktureller Wandel nur langsam vollzieht, zeichnen sich im Einzelhandel durch den aggressiven Eintritt der modernen Handelsformen deutliche Anzeichen einer Veränderung ab. Dabei wies der portugiesische Einzelhandel mit 125.792 in 1992 nach wie vor eine Vielzahl kleiner und kleinster Geschäfte auf, von denen 65.159 dem Lebensmittelhandel zuzurechnen waren. Außerdem registrierten die Behörden 1990 rund 31.000 ambulante Händler und 30.645 Gewerbetreibende auf Märkten (+ 16,2 % seit 1988), von denen 36,6 % in den Regionen um Lissabon, Porto und Setúbal angemeldet waren.[30]

(1) Konzentrationsgrad und Anzahl der Beschäftigten

Die strukturellen Probleme des Einzelhandels lassen sich auch hier an der Anzahl der Geschäfte je Unternehmen sowie an der Zahl der Beschäftigten je Geschäft verdeutlichen. Knapp 92 % der Einzelhandelsunternehmen hatten 1990 lediglich ein Geschäft. 0,4 % oder 457 Unternehmen wiesen fünf und mehr Outlets auf. Hieraus ergab sich im Durchschnitt eine Anzahl von 1,1 Geschäften je Einzelhandelsunternehmen. Die meisten Lebensmitteleinzelhandelsgeschäfte waren 1992 in Lissabon (13.721), Porto (8.631), Setúbal (6.642) und Aveiro (4.359) registriert.

Von den 313.793 Beschäftigten, die 1991 im Einzelhandel gezählt wurden, entfielen 126.572 Beschäftigte auf den Lebensmitteleinzelhandel, was einem Anteil von 40,3 % an der Gesamtzahl der im Einzelhandel Tätigen entsprach. Die durchschnittliche Zahl der Beschäftigten im Lebensmitteleinzelhandel lag mit 1,9 deutlich unter der des gesamten Einzelhandels (2,5). Dies hängt mit der geringen Größe der Geschäfte und geringen Umsätzen zusammen. In den Geschäften, die überwiegend als "Ein-Mann-Betriebe" geführt werden, helfen in erster Linie Familienangehörige mit.[31]

(2) Regionale Verteilung und Umsatzentwicklung

Analog der **regionalen Verteilung der Einzelhandelsgeschäfte** in Portugal erzielte der Einzelhandel im Raum Lissabon mit der höchsten

[30] Vgl. Pinto, Paraíso, Álvaro Soeiro: O comércio não sedentário. In: Boletim do Comércio Interno Nr. 23/24, Januar/Juni 1991, S. 19.

[31] Vgl. Conceição Martins, Maria da: O Emprego no Comércio. In: Boletim do Comércio Interno Nr. 23/24, Januar/Juni 1991, S. 11 - 18. Estatística do cadastro comercial. In: Comércio e distribuição Nr. 24, Oktober 1992, S. 58 - 60.

Bevölkerungsdichte des Landes auch die höchsten Durchschnittsumsätze. Die insgesamt geringen Umsätze je traditionellem Einzelhandelsgeschäft und die hohe Dichte der Geschäfte mit folglich kleinem Kundeneinzugsgebiet (12,4 Geschäfte je 1.000 Einwohner in 1989) bereiten den Kaufleuten zunehmend Schwierigkeiten bei der Sicherung ihrer Existenzgrundlage. Die Folge ist eine seit einigen Jahren andauernde Konzentrations-, Fusions- aber auch Geschäftsaufgabewelle. Mit zunehmendem Bildungsniveau sind die Nachkommen der kleinen Einzelhandelskaufleute außerdem immer seltener bereit, das elterliche Geschäft zu übernehmen. Andere Einzelhändler haben den Schritt der Geschäftsaufgabe durch Anschluß an eine Einkaufsgenossenschaft oder Mitbegründung einer Einkaufszentrale umgehen können. Die Entwicklung des Einzelhandels in Portugal zeigen die Tabellen 39 und 40 auf. Die Angaben beruhen auf Erhebungen des Marktforschungsinstitutes Nielsen und geben daher nur die Anzahl der Einzelhandelsgeschäfte wieder, die sich in den Nielsen-Gebieten I - V befinden.[32]

In der ersten Hälfte der 80er Jahre ist die Anzahl der Einzelhandelsgeschäfte noch leicht angestiegen. Erst mit der immer zahlreicheren Eröffnung von Hyper- und Supermärkten sank vor allem die Anzahl der kleinen, traditionellen Lebensmitteleinzelhandelsgeschäfte um ca. 23 % oder 6.408 (Tab. 39). Erhebungen des portugiesischen Innenministeriums ergaben, daß gerade in den dichter besiedelten Gebieten um Lissabon und Porto die modernen Einzelhandelsformen am stärksten vertreten sind, wodurch einer großen Zahl traditioneller Geschäfte die Geschäftsgrundlage entzogen wurde.[33]

Betrachtet man die Umsatzentwicklung im Einzelhandel in den letzten acht Jahren (Tab. 40), ist ein deutlicher Anstieg bei den Hypermärkten festzustellen (+ 759 % zwischen 1988 und 1994). Auch der Umsatz der Supermärkte konnte im gleichen Zeitraum um 294 % gesteigert werden. Trotz leicht steigender Geschäftszahl ist der Umsatz der großen Lebensmittelgeschäfte in 1994 auf 108 Mrd. Esc. geschrumpft (+ 130,3 % seit 1988). Während die Anzahl der kleinen, traditionellen Lebensmittelein-

---

[32] Diese Nielsen-Gebiete sind: Area I: Großraum Lissabon; Area II: Großraum Porto; Area III: Küstenregion von Viana do Castelo bis Setúbal (Braga, Aveiro, Coimbra, Leiria, Santarém, ohne die Großräume Porto und Lissabon); Area IV: Nordportugal (Bragança, Vila Real, Guarda, Viseu, Castelo Branco) und Area V: Südportugal (Portalegre, Evora, Beja, Faro).

[33] Hypermärkte: > 2.500 m² Verkaufsfläche; Supermärkte: 400 - 2.499 m²; SB-Geschäfte: 50 - 399 m². Große Lebensmittelgeschäfte: > 9,5 Mio. Esc. Umsatz im Jahr; kleine Lebensmittelgeschäfte: < 9,5 Mio. Esc Umsatz im Jahr. Sonstige Lebensmittelgeschäfte: Fachgeschäfte, stationäre Märkte etc.

zelhandelsgeschäfte kontinuierlich sank, konnte der Umsatz bis 1991 zunächst noch gesteigert werden. Seit 1992 ist jedoch auch hier ein massiver Umsatzrückgang festzustellen (- 19 % zwischen 1991 und 1994).

Tab. 39: Entwicklung der Anzahl der Lebensmitteleinzelhandelsgeschäfte in Portugal

	1988	**1990**	**1992**	**1994**
Hypermärkte	4	12	23	32
Supermärkte	370	417	455	644
SB-Geschäfte	2.388	2.479	2.576	2.611
große LM-Geschäfte	7.906	8.423	8.937	9.015
kleine LM-Geschäfte	27.795	25.953	23.817	21.395
sonstige LM-Geschäfte	2.717	2.086	2.045	2.075
Gesamt	**41.180**	**39.358**	**37.853**	**35.772**

Quelle: Nach Nielsen. In: Distribuição hoje Nr. 152, September 1995, S. 11.

Tab. 40: Umsatzentwicklung im portugiesischen Lebensmitteleinzelhandel
(in Mio. Esc.)

	1988	**1990**	**1992**	**1994**
Hypermärkte	61.766	162.470	308.382	469.000
Supermärkte	99.264	147.070	214.570	292.000
SB-Geschäfte	103.488	120.120	113.772	101.000
große LM-Geschäfte	82.896	110.880	140.718	108.000
kleine LM-Geschäfte	131.472	186.340	177.644	153.000
sonstige LM-Geschäfte	49.104	43.120	42.914	37.000
Gesamt	**528.000**	**770.000**	**998.000**	**1.160.000**

Quelle: Nielsen 1993 in Distribuição hoje Nr. 152, September 1995, S. 10.

Die Entwicklung bis 1991 ist unter anderem darauf zurückzuführen, daß sich zum einen viele der kleinen Geschäfte z.B. in Genossenschaften zusammengeschlossen haben und so ihre Stellung am Markt verbessern konnten, und zum anderen viele Geschäfte staatliche Unterstützungen für Modernisierungsmaßnahmen in Anspruch genommen haben. Die wichtigsten Lebensmitteleinzelhandelsunternehmen in Portugal gibt Tab. 41 wieder.

Während sich die Modernisierung im traditionellen Lebensmitteleinzelhandel noch in der Entwicklungsphase befindet, sind einige neue Technologien wie die beinahe flächendeckende Einführung von Scannerkassen und der Ausbau von durchgängigen Warenwirtschaftssystemen sowohl in einigen Großhandelsunternehmen als auch v.a. im Großflächeneinzelhandel bereits weit verbreitet. Selbst Satelliten-TV-Werbespots befinden sich in manchen Outlets in der Erprobungsphase.

Tab. 41: Die führenden Lebensmitteleinzelhandelsunternehmen in Portugal (1994)

Einzelhandelsunternehmen	Umsatz in Mio. Esc.	Umsatzveränderung in % 1993/1994	Reinertrag in Tsd. Esc.	Anzahl der Beschäftigten	Verkaufsfläche in m²	Umsatz/ Beschäftigter in Tsd. Esc.	Umsatzrentabilität in %
Continente	148.221,9	+ 7,2	6.765.093	4.925	66.358	30.096	4,6
Jumbo/Pão de Açúcar	127.522,1	+ 9,7	2.926.631	3.584	46.700	35.581	2,3
Pingo Doce	89.357,1	+ 21,5	124.815	5.200	99.745	17.184	0,1
Modelo	59.426,9	+ 28,6	k.A.	2.388	41.500	24.886	k.A.
Carrefour	51.329,7	+ 3,8	1.499.221	1.100	18.500	46.663	2,9
Feira Nova	39.394,1	+ 9,0	1.905.843	1.095	35.460	35.976	4,8
Minipreço	25.231,7	+ 63,08	501.392	838	27.580	30.109	2,0
Àgora Superm.	14.398,9	+ 401,5	- 298.384	1.304	k.A.	11.042	- 2,1
A. C. Santos	5.749,3	+ 2,8	- 113.998	303	8.793	18.975	- 2,0
Pluricoop	4.929,9	- 2,37	- 4.979	337	8.155	14.629	- 0,1

Quelle: Distribuição hoje Nr. 152, September 1995, S. 22 - 23.

Durch die zunehmende Internationalisierung des Handels einerseits und die steigende Produktvielfalt andererseits sowie durch die immer detaillierter verfügbaren Informationen über einzelne Produkte oder Sortimente denkt man auch in Portugal über neue Methoden der Bewertung und Optimierung von Sortimenten nach (z.B. Category Management und direkte Produktrentabilität, Regaloptimierung), um ein höchstmögliches Kundenzufriedenheitsniveau zu erreichen. Die kundenspezifischen Informationen wie Einkaufshäufigkeit, Art und Menge der eingekauften Waren, Höhe des Gesamteinkaufsbetrags und demographische Angaben erhält der Einzelhandel u.a. über Kundenkredit- und Servicekarten. Das Electronic-Cash-System, das sich in Portugal zunehmender Beliebtheit erfreut, ist z.B. bei Continente, SUPA/Pão de Açúcar und Pingo Doce etabliert.[34]

(3) Markenpolitik im Einzelhandel

Die Verwendung von Eigenmarken ist im portugiesischen Einzelhandel ebenso verbreitet wie im Einzelhandel anderer europäischer Staaten. Eine konsequente Markenpolitik praktizieren in Portugal v.a. Hypermärkte und Supermärkte.

[34] Vgl. Seromenho Santos, Isabel: Serviços especiais ao cliente. In: Distribuição hoje Nr. 109, S. 74 - 78.

Continente als größtes Einzelhandelsunternehmen in Portugal bietet über 200 Produkte unter der Eigenmarke **Continente** in seinen Hypermarktfilialen und unter der Marke **Modelo** in seinen Mini-Hypermärkten Modelo (ehemals Modelo-Prisunic) an. Dabei hat die Mitte 1991 eingeführte Marke Continente einen Bekanntheitsgrad von über 90 % bei den Verbrauchern. Manche Artikel mit Eigenmarke haben einen Umsatzanteil von mehr als 50 % innerhalb der Artikelgruppe. Die Continente-Produkte bieten dem Verbraucher einen Preisvorteil von bis zu 40 % gegenüber den Produkten mit Herstellermarke. Besonderen Wert legt die Handelskette auf die nationale Herkunft der unter Eigenmarke produzierten Waren. 90 % der Lieferanten sind in Portugal ansässig. Für zusätzliche Informationen über die Continente-Produkte steht den Verbrauchern außerdem ein Servicetelefon zur Verfügung.[35]

Das zweitgrößte Einzelhandelsunternehmen in Portugal, die SUPA-Holding der Pão de Açúcar-Gruppe[36], hat 1984 mit der Einführung von No-Name-Produkten begonnen. 1990 wurde die No-name-Politik aufgegeben und statt dessen die Eigenmarke **Pão de Açúcar**, der Name der früheren brasilianischen Muttergesellschaft mit dem Emblem eines Elefanten, eingeführt. Die Kombination des Schriftzuges mit dem Emblem hat sich als besonders vorteilhaft bei der Einführung der Eigenmarke herausgestellt, da der portugiesische Verbraucher mit dem Zeichen des Elefanten die Hypermarktkette Jumbo assoziiert. In der Discountschiene der SUPA-Gruppe ist außerdem seit längerer Zeit die Eigenmarke **Minipreço** (Name der Discountkette) eingeführt. Bis Ende 1993 waren bereits 200 Eigenmarkenprodukte in den Outlets der SUPA-Gruppe zu finden. Hinsichtlich der Herkunft gibt SUPA an, 28 % aller Eigenmarkenprodukte zu importieren, was einem Umsatzanteil von 15 % entspricht, wobei die Mehrzahl aus dem EU-Raum stammt.[37]

Die zur Jerónimo Martins Holding gehörende Supermarktkette Pingo Doce hat im März 1992 die ersten Produkte unter der Marke **Pingo Doce** eingeführt. Ende des Jahres war die Zahl der Produkte bereits auf

---

35 Vgl. Seromenho Santos, Isabel: Marcas dos distribuidores. In: Distribuição hoje Nr. 109, S. 64.

36 Die Pão de Açúcar-Gruppe wurde zum 1. Juli 1996 von der französischen Auchan-Gruppe übernommen, die bereits mit ihren Alcampo-Hypermärkten erfolgreich in Portugal und Spanien operiert. Vgl. hierzu Vidal, Pierre-Hubert: Auchan à conquista de Portugal. In: Distribuição hoje Nr. 164, März 1996, S. 12 - 16 und Abreu, Manuel Teixeira de: Estratégia definida até ao fim do ano. In: Distribuição hoje Nr. 179, 16 - 31. Oktober 1996, S. 12 - 15.

37 Vgl. Seromenho Santos, Isabel: Marcas dos distribuidores. In: Distribuição hoje Nr. 109, S. 64 - 66.

150 angestiegen, wobei einige Artikel innerhalb ihrer Artikelgruppe einen Umsatzanteil von 50 bis 60 % erzielen konnten. Besonders guten Anklang und rasche Akzeptanz bei den Verbrauchern haben Käse und Milch unter der Marke Pingo Doce gefunden. Auch hier legt man besonderen Wert auf die hohe Qualität der Produkte, wobei Pingo Doce eine systematische Qualitätskontrolle sicherstellt. Der Verbraucher profitiert beim Kauf der Handelsmarkenprodukte von einer Preisermäßigung um mindestens 10 % im Vergleich zu Herstellermarkenprodukten.[38]

85,5 % der in den Supermärkten Pingo Doce geführten Produkte im Bereich verderblicher Güter stammen von einheimischen Lieferanten. Die verbleibenden 14,5 % der geführten Produkte werden entweder indirekt über portugiesische Importeure (13,5 %) oder direkt (1 %) importiert. Von den 23.181 t Milchprodukte, die 1992 eingekauft wurden, stammten nach Angaben von Pingo Doce bezogen auf den Umsatz knapp 99 % aus nationaler Produktion. Lediglich Käse aus Holland wurde direkt importiert. Über Importeure wurden in erster Linie Käsespezialitäten wie Brie, Camembert, Roquefort und Emmentaler eingekauft.[39]

(4) Marketingmaßnahmen im Einzelhandel

Die Ausgaben für Marketingmaßnahmen im Einzelhandel haben sich zwischen 1988 und 1992 fast verdreifacht und erreichten 1992 knapp 1,6 Mrd. Esc. (vgl. Tab. 42). Dabei umfaßten diese Angaben lediglich die Ausgaben für traditionelle Werbung, nicht aber Direktmarketingaktionen, Point-of-Sale-Werbung, das Sponsoring oder andere PR-Aktionen. Während 1988 noch der größte Anteil der Ausgaben für Werbung gleichmäßig auf die Medien Radio, Fernsehen und Presse entfielen und der Bereich der Outdoor-Werbung eher vernachlässigt wurde, ist hier im Laufe der Jahre ein Wandel feststellbar. Wertmäßig sind zwar die Ausgaben für Medienwerbung insgesamt gestiegen, den ersten Platz nahm 1992 aber eindeutig der Posten für Outdoor-Werbung ein, gefolgt von Radio, Fernseh- und Printmedienwerbung.[40]

---

[38] Vgl. Seromenho Santos, Isabel: Marcas dos distribuidores. In: Distribuição hoje Nr. 109, S. 66 - 68.

[39] Vgl. o.V.: Escoamento da produção nacional - Que papel para a distribuição? In: Distribuição hoje Nr. 102, 1. - 31. Juli 1993, S. 24 - 25.

[40] Vgl. Seromenho Santos, Isabel: Investimento publicitário dos grossistas e retalhistas alimentares. In: Distribuição hoje Nr. 109, November 1993, S. 46.

Tab. 42: Ausgaben für Werbung im Lebensmitteleinzelhandel zwischen 1988 und 1992 (Tsd. Esc.)

	1988		1990		1991		1992	
Medien	**Wert**	%	**Wert**	%	**Wert**	%	**Wert**	%
Fernsehen	166.523	29	131.364	15	346.660	27	359.054	23
Radio	178.564	32	233.812	27	317.459	25	431.326	27
Presse	159.358	28	172.099	20	237.286	18	327.606	21
Outdoorwerbung	61.853	11	328.889	38	394.833	30	455.068	29
Insgesamt	566.298	100	866.074	100	1.296.238	100	1.573.054	100

Quelle: Sabatina, in: Distribuição hoje Nr. 109, S. 46.

3.2.6.4 Distributionswege für inländische und ausländische Molkereiprodukte in Portugal

Trotz der starken Position des modernen Filialeinzelhandels, nimmt der Großhandel immer noch eine große Bedeutung bei der Versorgung des Einzelhandels mit Waren ein. Viele dieser Großhändler betätigen sich außerdem als Importeure und nehmen damit eine bedeutende Stellung auch für den einen oder anderen Großflächenhandel ein, der nicht direkt importiert oder die ausländischen Produkte über eine zentralisierte Einkaufsabteilung ordert.

Die zunehmenden Konzentrationstendenzen im kleiner strukturierten Einzelhandel haben zu Veränderungen in der Versorgung des Einzelhandels mit Waren geführt. Abb. 22 gibt einen Überblick über die derzeitigen Absatzwege heimischer und ausländischer Molkereiprodukte. Bedingt durch die kleine Landesfläche sind die Absatzwege kürzer als in Spanien, das eine ähnliche Handelsstruktur aufweist.

In der Regel liefern sowohl inländische als auch ausländische Molkereiunternehmen ihre Waren an das Lager oder den Cash & Carry-Markt des Großhändlers, einer Einkaufszentrale oder Einkaufsgenossenschaft. Von hier aus werden sowohl die Großverbraucher als auch der traditionelle Lebensmitteleinzelhandel sowie Mitglieder und Genossen beliefert. Im Falle des C&C-Marktes ist der Einzelhändler Selbstabholer. Verfügt ein Großhandel oder eine Einkaufsgemeinschaft nicht über ausreichende Kühleinrichtungen, um die kühlungsbedürftigen Molkereiprodukte selbst zu lagern, besteht die Möglichkeit, ein Partizipationsgeschäft mit einer Molkerei abzuschließen, damit diese die Belieferung der einzelnen Mitglieder übernimmt (gestrichelte Linie **1**)). Als Beispiel kann hier die Einkaufsgenossenschaft UNICOFA mit Sitz in Faro genannt werden, die mit

Proleite/Mimosa ein solches Geschäft für Butter- und Joghurtlieferungen abgeschlossen hat. Dabei übernimmt die Einkaufsgenossenschaft das Inkasso.[41]

Abb. 22: Absatzwege für heimische und ausländische Molkereiprodukte

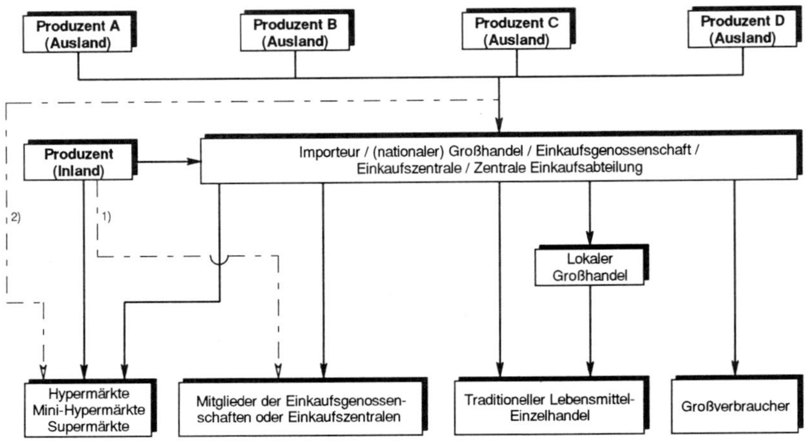

Quelle: Eigene Darstellung

1) Partizipationsgeschäft zwischen Molkerei und Großhandel

2) Direktimport seitens des Handels

Die Einkaufsgepflogenheiten des Großflächenhandels sind unterschiedlich. So praktiziert die Sonae-Gruppe (Continente-Hypermärkte) eine streng zentralistische Beschaffung, alle Waren werden ausschließlich über die ebenfalls zur Gruppe gehörenden Sonae-Comércio e Serviços geordert. Sie werden an die drei großen Auslieferungsläger in Lissabon, Porto und an der Algarve geliefert, von wo aus die Belieferung der einzelnen Filialen mit eigenen Transportunternehmen erfolgt. Dagegen praktiziert die SUPA/Pão de Açúcar-Gruppe (Auchan Portugal) eine dezentralisierte Beschaffungspolitik. Jeder Hypermarkt ist in seinem Bestellwesen autonom, die Geschäftsbeziehungen werden mit den Lieferanten und Produzenten direkt geknüpft (vgl. Kapitel 3.1.3.3).

[41] Vgl. o.V.: Unicofa - Parceria com produtor dinamiza segmento de lacticínios. In: Distribuição hoje Nr. 108, S. 83.

Um eine durchgängige Kühlkette für die empfindlichen Milchprodukte zu gewährleisten, übernehmen große Hersteller die Belieferung dieser Handelsform oft selber. Hierzu unterhält eine Molkerei einen mehr oder weniger großen Fuhrpark mit eigenen Fahrzeugen sowohl für den Überlandverkehr zur Belieferung von Handelslägern als auch für das Streckengeschäft im Nahbereich. Einen handelseigenen oder unabhängigen Frischdienst gibt es in Portugal bislang nicht.

Ein direkter Import ausländischer Waren ist eher die Ausnahme (gestrichelte Linie **2**)). Auch von potenten Hypermärkten wird derzeit noch die Bestellung über den Importeur bzw. nationalen Großhändler präferiert.[42]

Nach der Darstellung der Distributionswege für einheimische und ausländische Molkereiprodukte innerhalb Portugals, soll im folgenden ein Überblick über die Abwicklung der Transporte zwischen Deutschland und Portugal gegeben werden. Ähnlich wie in Spanien gaben die Interviewpartner auch für die Relation Deutschland - Portugal (Festland) den LKW als das wichtigste Transportmittelan. Zwar sind Porto und Lissabon auch per Bahn zu erreichen, allerdings gibt es trotz der Angebote seitens der Firma Intercontainer/Interfrigo noch immer Probleme sowohl mit der langen Transportdauer und dem hohen Handlingaufwand als auch mit der einzuhaltenden Kühlkette. Der Streckenverlauf ist in Kapitel 4.2.1.2 beschrieben. Per Schiff werden lediglich die zum portugiesischen Hoheitsgebiet gehörenden Inselgruppen Azoren und Madeira beliefert.

Im LKW-Verkehr mit Portugal werden Sattelzüge mit einer Nutzlast von 20 bis 24 t eingesetzt, die mit Kühlaggregaten ausgestattet sind. Ist der Hersteller in Norddeutschland ansässig, verläuft der kürzeste Transportweg nach Angaben der Spediteure über Aachen, u.U. auch über Saarbrücken, um Belgien und Frankreich zu durchqueren. Von Süddeutschland kommend werden die Grenzübergänge Kehl/Straßburg, Neuenburg/Rhein, Lauterbourg oder Mühlhausen passiert. Der LKW steuert zunächst Irún an, um dann an Burgos, Valladolid und Salamanca vorbei über Fuentes de Oñoro (SP) und Vilar Formoso (P) Porto oder Lissabon zu erreichen. Diese beschriebene Route stellt den einzigen, da direktesten und kürzesten Weg nach Portugal dar. Die Fahrtdauer wurde von den Spediteuren und Herstellern mit ca. drei bis dreieinhalb Tagen angegeben, wobei sich durch die Öffnung des EU-Binnenmarktes und dem Wegfall der Grenzkontrollen und zeitaufwendigen Zollformalitäten an

[42] Vgl. Deutsch-Portugiesische Industrie- und Handelskammer: Distributionswege für Konsumgüter in Portugal, Lissabon, 25. März 1993, S. 29 - 35.

den Grenzen sowie im Zollhof von Alverca Zeiteinsparungen haben erzielen lassen. Allerdings ist das Frachtaufkommen bei Lebensmitteln, die für Portugal bestimmt sind, nach wie vor recht gering. Molkereiprodukte-Lieferungen erfolgen "ein- bis zweimal pro Woche" und "wenige Male pro Monat" bis hin zu "sporadisch".[43] Problematisch hieran ist, daß der Anteil kompletter LKW-Ladungen auf dieser Relation gering ist, dafür aber sehr viel mehr Teilladungen anfallen, die jedoch aufgrund möglicher Ausdünstungen oder sonstiger Beeinträchtigungen nicht als Beifracht zu anderen Gütern transportiert werden können. Dies hat dazu geführt, daß ein Großteil der befragten Speditionen Portugalverkehre gar nicht mehr selber durchführt, sondern Aufträge gleich an solche Speditionen weiterleitet, die sich auf die Relationen Spanien und Portugal spezialisiert haben. Bei größeren Unternehmen mit einer Vielzahl von Niederlassungen werden Aufträge nach Portugal i.d.R. in einer Niederlassung konzentriert. Nur auf diese Weise sind ein einigermaßen regelmäßiges Frachtaufkommen und eine ausgewogene Frachtpreisgestaltung erzielbar. Die befragten Spediteure rechneten 1993 mit durchschnittlich DM 4.400,- für eine Komplettladung, wobei die Angaben zwischen DM 3.600,- und DM 5.000,- schwankten. Teilladungen nach Portugal waren mit durchschnittlich DM 0,70/kg erheblich teurer als solche nach Spanien. Die Schwankungsbreite der Angaben lag zwischen 0,40 DM/kg und 1,20 DM/kg, wobei allerdings zu erwähnen ist, daß die Sendungsgrößen je Lieferung mit 2 t bis 5 t angegeben wurden. Auch im Portugalverkehr gilt für die Spediteure als grobe Richtzahl, daß pro gefahrenem Kilometer mindestens DM 1,80, besser noch DM 2,- eingefahren werden müssen, um kostendeckend operieren zu können.

Von den deutschen Herstellern werden sowohl deutsche, als auch französische oder portugiesische Speditionen mit der Lieferung beauftragt. Im ersten Fall erfolgt die Lieferung cif, im letzteren Fall frei Rampe, um die günstigeren Frachtsätze in Anspruch zu nehmen. Zielorte sind Lissabon und Porto, wo alle wichtigen Importeure bzw. Großhandelspartner der deutschen Molkereiunternehmen ihren Sitz haben. Von dort aus erfolgt in der oben aufgeführten Art und Weise die Feinverteilung im Land. Bei allen Lieferungen handelt es sich um reine Endproduktsendungen, eine Rohwarenlieferung, wie sie von deutschen Unternehmen nach Spanien erfolgt, ist nicht bekannt.

Die Aviszeiten für eine Ladung liegen ähnlich wie im Spanienverkehr bei einem bis drei Tagen, Verträge zwischen Verlader und Spediteur sind

[43] Die Angaben beziehen sich auf die Nennungen in den Interviews.

nicht üblich. Die Art und Anzahl der Frachtpapiere sowie die Versicherungen sind mit denen für den Spanienverkehr identisch.

Aus Gründen der Übersichtlichkeit sollen in Kapitel 3.3 die wichtigsten Ergebnisse der beiden vorigen Abschnitte noch einmal kurz zusammengefaßt werden.

3.3 Zusammenfassung des Kapitels "Rahmenbedingungen für Aktivitäten deutscher Hersteller am spanischen und portugiesischen Markt für Molkereiprodukte"

Nach einem kurzen allgemeinen Überblick über die geographischen, politischen und sozioökonomischen Gegebenheiten folgt eine Analyse des spanischen und portugiesischen Marktes für Milch und Molkereiprodukte. Die Gliederung der einzelnen Abschnitte orientiert sich an der Wertschöpfungskette und beschreibt zunächst die Strukturen und Entwicklungen im Erzeuger- und Verarbeitungsbereich. Die wichtigsten Erzeugerregionen befinden sich in beiden betrachteten Ländern in den nördlichen, regenreichen Regionen. Charakteristisch für beide Länder ist die Tatsache, daß die Mehrzahl der Verarbeitungsbetriebe nicht in den Regionen mit hohem Rohstoffaufkommen, sondern in Konsumentennähe angesiedelt sind. Bei der Analyse der Produktionsprogramme der einzelnen portugiesischen Molkereien fällt die deutliche Trennung zwischen Genossenschaften und Privatunternehmen auf, die auf Verordnungen mit Gesetzeskraft von 1953 zurückzuführen ist. Die in den nördlichen EU-Mitgliedstaaten seit Jahren anhaltenden Rationalisierungs- und Konzentrationstendenzen in der Molkereiwirtschaft sind mit großer zeitlicher Verzögerung nun auch in Spanien und Portugal zu beobachten.

Wie dramatisch ein Strukturwandel vonstatten gehen kann, läßt sich besonders anschaulich am spanischen und portugiesischen Handel darstellen: Dem starken Rückgang der traditionellen Lebensmitteleinzelhandels-Geschäfte mit einem Anteil von 74,2 % an der gesamten Anzahl der Geschäfte und einem Umsatzanteil von knapp 20 % am Gesamthandelsumsatz steht eine rasch ansteigende Anzahl an Großflächengeschäften gegenüber. Letztere haben zwar nur einen Anteil von 0,2 % an den Handelsoutlets, erwirtschafteten aber bereits 1990 24 % des gesamten Handelsumsatzes. In Portugal ist dieses Verhältnis noch krasser. Dort erwirtschafteten die Hypermärkte (0,06 % der Handelsgeschäfte) 1992 bereits 31 % der Handelsumsätze, während die traditionellen Geschäfte (68,3 % der Handelsoutlets) einen Umsatzanteil von 22 % aufwiesen.

Nach dem Überblick über die Handelsstruktur werden die Distributionskanäle für heimische und ausländische Molkereiprodukte dargestellt, wobei hier insbesondere deren Bedeutung für deutsche Molkereiprodukte in den Vordergrund gestellt ist. Es hat sich herausgestellt, daß deutsche Produkte, die in Spanien wesentlich stärker vertreten sind als in Portugal, in beiden Ländern in erster Linie in Supermärkten und Hypermärkten und nur in geringem Umfang im traditionellen Lebensmitteleinzelhandel geführt werden. In letzterem sind eher "unproblematische" Molkereiprodukte anzutreffen wie Schmelzkäse und H-Produkte, die sich wegen der langen Haltbarkeit auch außerhalb des Kühlregals plazieren lassen, sowie Blauschimmelkäse, der in beiden Ländern aufgrund der Verzehrsgewohnheiten einen guten Absatz findet.

Die Untersuchung vor Ort hat außerdem ergeben, daß deutsche Produkte in ganz bestimmten Absatzregionen verstärkt auftreten. In Spanien handelt es sich um die Ballungsgebiete Barcelona und Madrid sowie um die Küstenregionen (Costa Brava, Costa Dourada, der südliche Teil der Costa del Azahar, Costa Blanca, Costa del Sol und der südöstliche Teil der Costa de la Luz). In Portugal konnten Lissabon, die Algarve und Porto als Hauptabsatzgebiete für deutsche Molkereiprodukte herausgearbeitet werden.

Die wichtigsten Probleme in beiden Ländern, die sich derzeit noch einschränkend auf das Engagement deutscher Molkereiproduktehersteller auswirken, sind die nicht gewährleistete durchgehend geschlossene Kühlkette sowie der sehr lange Distributionskanal, der durch häufiges Umladen, Kommissionieren und Zwischenlagern in z.T. nicht gekühlten Zonen den Handel mit den zur Zeit am Markt erhältlichen deutschen Molkereiprodukten erschwert. Ein Handel mit deutschen Frischprodukten ist auf diese Weise bislang fast unmöglich. Eine andere Schwierigkeit, die in engem Zusammenhang mit der Gestaltung der Distributionskanäle steht, ist die von deutschen Unternehmen oft beklagte langwierige Suche nach zuverlässigen Partnern in beiden Ländern. Diese sind deshalb so wichtig, weil nur wenige Lebensmittelgroß- oder Lebensmitteleinzelhändler Kontakt mit ausländischen Herstellern aufnehmen und die benötigten Waren direkt bei diesen ordern. Es ist jedoch davon auszugehen, daß sich diese traditionellen Beschaffungssysteme in den kommenden Jahren langsam ändern.

Obwohl die deutsche Milchwirtschaft beide Märkte als durchaus ausbaufähig und interessant erachtet, und auch von Seiten der spanischen und portugiesischen Importeure und Verbraucher deutsche Lebensmittel und speziell Molkereiprodukte ein gutes Image haben, liegen in den oben genannten Punkten die wichtigsten Gründe dafür, daß Spanien und Portugal von deutschen Milchverarbeitern im Augenblick nur zögerlich als potente Zielmärkte angesehen werden. Ein weiterer Grund resultiert auch aus den mittlerweile in beiden Ländern festzustellenden hohen Markteintrittsbarrieren. Diese Tatsache gilt sowohl für den Produktionsbereich, der im Frischproduktebereich durch die Unternehmen Danone, Yoplait und Nestlé dominiert wird, als auch für den Handel, der durch die französischen Hypermarktketten Carrefour mit Pryca, Continent mit Continente, Auchan mit Alcampo und Intermarché sehr stark geprägt wurde. Im Bereich Schnittkäse nehmen vor allem die niederländischen Hersteller eine dominante Stellung ein.

Bei der Analyse der Nachfrage nach Milch und Milchprodukten in Spanien und Portugal wurden neben allgemeinen Informationen zu soziodemographischen Gegebenheiten auch die Verzehrs- und Einkaufsgewohnheiten der Spanier und Portugiesen berücksichtigt. Diese Angaben sind nicht nur für die allgemeine Absatzplanung im Zielland von Bedeutung, sondern liefern, bei kontinuierlicher Beobachtung der beiden Märkte, wichtige Hinweise für die Gestaltung und Konzeption von neuen und innovativen Produkten.

4 Alternative Strategien für den Transport deutscher Molkereiprodukte nach Spanien und Portugal und deren Distribution in den Zielländern

4.1 Alternative Strategien für die Distribution von deutschen Molkereiprodukten in Spanien und Portugal

4.1.1 Die Bedeutung der Distribution im Strategieumfeld eines Unternehmens

Distributionsentscheidungen über den Aufbau der Distributionswege, die Auswahl der Distributionspartner und hinsichtlich der Vertriebsorganisation für jeden zu bearbeitenden Markt sind von strategischer Natur und somit in der Regel nicht kurzfristig revidierbar. Diese Entscheidungen werden von der Art des Markteintritts und der Distributionslogistik beeinflußt. Mögliche Markteintrittsstrategien im internationalen Rahmen sind die folgenden:

- Direkte oder indirekte Exporte. Der Hersteller fällt eine Entscheidung darüber, ob die jeweiligen Leistungsträger im In- oder im Ausland ansässig sein sollen.
- Abschluß eines internationalen Technologievertrages meist in Form eines Lizenzvertrages.
- Direktinvestitionen im Ausland in Form einer eigenen Vertriebsniederlassung, einer Kooperation mit einem ausländischen Unternehmen bzw. einer Gemeinschaftsgesellschaft (Joint Venture), einer Mehrheits- oder Minderheitsbeteiligung an einem ausländischen Produktionsunternehmen oder einer eigenen Produktionsstätte.
- Mischformen (vgl. Abb. 23).

Die einzelnen Markteintrittsformen unterscheiden sich im Hinblick auf die Ansiedlung des Unternehmens oder der Partner, im Hinblick auf den Kapitaleinsatz, die Kooperationsabhängigkeit und die Kontrollmöglichkeiten der Aktivitäten im Zielmarkt (vgl. Abb. 24). Von verschiedenen unternehmensexternen und unternehmensinternen Einflußfaktoren hängt es ab, für welche der Markteintrittsformen sich ein Unternehmen bei der Markterschließung entscheidet. Politische, rechtliche, wirtschaftliche und gesellschaftliche Faktoren, auf die ein Unternehmen keinen direkten Einfluß hat (branchenexterne Faktoren), zählen zu den unternehmensexternen Umwelteinflüssen. Faktoren, die das Verhalten des Unternehmens innerhalb seines Aktionsfeldes determinieren, werden unter dem Begriff der brancheninternen Einflüsse subsumiert. Hierzu zählen Faktoren wie die Struktur der Branche, Anzahl, Größe und Macht der Mitbewerber am Markt, die eigene Stellung innerhalb der Branche sowie das Potential der Branche an der Gesamtwirtschaft einer Volkswirtschaft. Unternehmensinterne Einflußfaktoren sind schließlich Parameter wie beispielsweise Unternehmensgröße, Anzahl der Beschäftigten, Umsatz und Gewinn, Finanzkraft, Engagement auf heimischen und ausländischen Märkten, Marken-Portfolio und Image bei den Kunden.[1]

Abb. 23: Strategien der Auslandsmarktbearbeitung

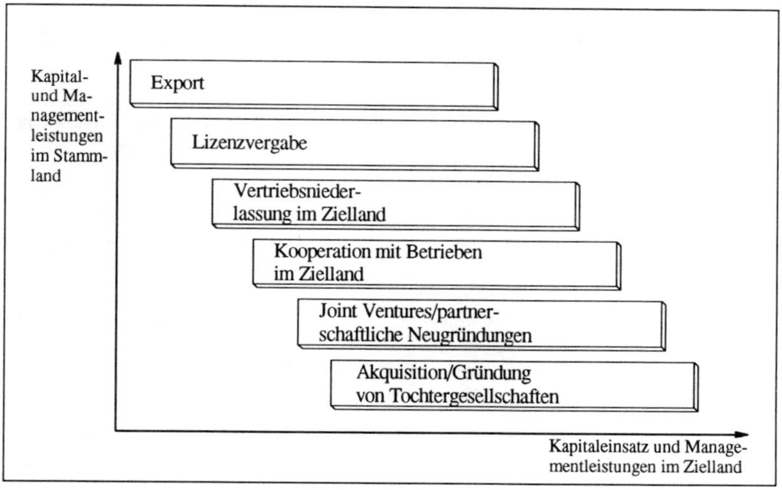

Quelle: Eigene Darstellung in Anlehnung an Meissner, Hans Georg, 1988, S. 47.

Abb. 24: Übersicht über die wichtigsten Unterschiede der einzelnen Markteintrittsstrategien

Markteintrittsform	Institutionelle Ansiedlung	Kapital-einsatz	Kooperations-abhängigkeit	Kontrolle
Export				
- direkt	Ursprungsland	gering	gering	hoch
- indirekt	Ursprungsland	sehr gering	gering	gering
Vertriebsniederlassung	Zielland	mittel bis hoch	gering	hoch
Lizenzierung	Ursprungsland	gering	mittel	gering
Auslandsproduktion	Zielland	hoch	gering	hoch
Joint Venture	Zielland	mittel bis hoch	hoch	mittel
Tochtergesellschaften	Zielland	hoch	gering	hoch

Quelle: Meffert, Heribert und Joachim Bolz: Internationales Marketing-Management, 2. Auflage, Stuttgart 1994, S. 119.

[1] Vgl. Hinterhuber, Hans Hartmann: Strategische Unternehmensführung Band I: Strategisches Denken. 4. Auflage, Berlin, New York 1989, S. 76 - 102, hier insbesondere S. 76 - 77.

Einflußfaktoren, die bestimmte Markteintrittsstrategien begrenzen oder gar ausschließen, werden als Markteintrittsbarrieren bezeichnet (vgl. Abb. 25). Sie lassen sich einerseits nach institutionellen Markteintrittsbarrieren differenzieren, zu denen tarifäre und nicht-tarifäre Hemmnisse zählen. Andererseits sind die verhaltensbedingten Markteintrittsbarrieren abzugrenzen, die in marktseitige und unternehmensseitige Barrieren aufgesplittet werden können.

Abb. 25: Beispiele für Markteintrittsbarrieren im internationalen Marketing

Markteintrittsbarrieren

Institutionelle Markteintrittsbarrieren		**Verhaltensbedingte Markteintrittsbarrieren**	
Tarifäre Barrieren	**Nicht-tarifäre Barrieren**	**Marktseitige Barrieren**	**Unternehmensseitige Barrieren**
- Zölle - Mengenzoll - Wertzoll	- Importquoten - Mindest-/Höchstpreise - Devisen-/Kapitalverkehrsbeschränkungen - Local-Content-Vorschriften - Normen und Standards - Selbstbeschränkungen	- faktisches Nachfrageverhalten - Sprache - Distributionssysteme - Administrative Hemmnisse	- Informationsverfügbarkeit - psychische Barrieren des Managements

Quelle: Meffert, Heribert und Joachim Bolz: Internationales Marketing-Management, 2. Auflage, Stuttgart 1994, S. 119.

Ergibt die Analyse der Rahmenbedingungen, daß die Aufnahme von Beziehungen mit dem Zielmarkt für das Unternehmen im Ursprungsland lohnenswert ist, sind Entscheidungen über die Gestaltung der Absatzwege und die Anzahl der Absatzstufen zu treffen. Die Distributionsstrategie ist somit als Teil eines Strategiebündels zu sehen, mit dem ein Unternehmen versucht, sich am Markt erfolgreich zu profilieren. Ausgehend von der Gewinnmaximierung als allgemein in der Betriebswirtschaftslehre formulierter Leitstrategie eines Unternehmens umfaßt dieses Bündel neben den übrigen Marketing-Mix-Strategien Marktselektions- und Marktsegmentierungsstrategien, Entscheidungen über das Marktverhalten gegenüber in- und ausländischen Konkurrenzunternehmen sowie die Intensität und Ausgestaltung des Auslandsengagements (vgl. Abb. 26).[2]

[2] Vgl. Stahr, Gunter: Auslandsmarketing. Band I: Marktanalyse, Stuttgart, 1979, S. 17 - 19; Hinterhuber, Hans Hartmann: Strategische Unternehmensführung Band I: Strategisches Denken. 4. Auflage, Berlin, 1989, S. 160 - 162; Berekoven,

Abb. 26: Bestimmung strategischer Distributionsziele

Strategische Unternehmensziele		**Strategische Marketingziele**		**Strategische Distributionsziele**
- Ziele hinsichtlich der Marktstellung des Unternehmens - Rentabilitätsziele - Ziele bzgl. der Finanzkraft des Unternehmens - Soziale Ziele innerhalb des Unternehmens - Kostenziele - Macht- und Prestigeziele	=>	- Steigerung des Marktanteils - Umsatz- und Absatzsteigerung - Steigerung der Marktdurchdringung bzw. Ausschöpfung von Marktpotentialen - Steigerung der Kauffrequenz - Erzwingung des Marktzugangs - Erhöhung des Bekanntheitsgrades - Beeinflussung von Einstellungen und Images - Präferenzsteigerungen - Steigerung der (Nach-) Kaufzufriedenheit	=>	- Auswahl eines leistungsfähigen Vertriebsweges für jedes Marktsegment - Logistikkosten senken - Distributionsgrad erhalten zw. steigern - Wirkungen des Marketing gewährleisten - Kontrolle im Absatzkanal erringen/erhalten - Anpassungsfähigkeit gewährleisten, Flexibilität erhalten - Imageaufbau im Absatzkanal - Konflikte verhindern

Quelle: Eigene Darstellung nach Becker, Jochen. In: Marketing-Konzeption - Grundlagen des strategischen Marketing-Managements, München 1992, S. 13.

Im nächsten Kapitel sollen zunächst die einzelnen Distributionsstrategien und Absatzkanalentscheidungen dargestellt werden, für die sich ein Unternehmen bei der Aufnahme internationaler Aktivitäten entscheiden kann. Danach wird gezielt auf einige ausgewählte Alternativen eingegangen, die deutschen Herstellern von Molkereiprodukten und Käse für die Distribution ihrer Produkte am spanischen und portugiesischen Markt offenstehen.

4.1.2 Auslandsmarktbezogene Distributionsstrategien

Strategien, die GRÜNEWALD[3] als eine geplante Folge von Aktivitäten definiert, mit denen langfristig gesetzte Ziele unter Beachtung des Handlungsspielraumes erreicht werden sollen, sind im Bereich des Distributionsmanagements auf die Anzahl und Art der Absatzmittler, auf die Anzahl der Distributionskanäle, auf die Anzahl und Art der zu erreichenden Endkunden, auf Maßnahmen zur Stabilisierung und Rationa-

Ludwig: Internationales Marketing. 2. Auflage, Berlin 1985, S. 39 - 56.

3 Vgl. Grünewald, Hans-Günter: Probleme der Praxis bei der Anwendung strategischer Unternehmensplanung. In: Töpfer/Afheldt (Hrsg.): Praxis der strategischen Unternehmensplanung, Frankfurt/Main 1983, S. 85.

lisierung des Distributionskanals sowie auf die Imagebildung des Unternehmens ausgerichtet. Auf diese Weise ergeben sich in Anlehnung an SPECHT[4] fünf Strategien, die im folgenden erläutert werden.

4.1.2.1 Segmentierungsstrategien im Distributionskanal

Eine Segmentierung sowohl des Zielmarktes als auch der einzuschaltenden Distributionsorgane ist wesentliche Voraussetzung für die optimale Auswahl, Gestaltung und Organisation eines Distributionskanals. Bekanntlich läßt sich jeder Absatzmarkt in Gruppen von Endabnehmern untergliedern, die aufgrund geographischer, demographischer oder sonstiger kaufverhaltensbezogener Merkmale ein vergleichbares Einkaufsverhalten aufweisen. Diese Zielgruppen können über einen bestimmten Absatzkanal erreicht oder mit Hilfe eines spezifisch auf diese Gruppe zugeschnittenen Marketing-Mix angesprochen werden. Ein Unternehmen kann die Existenz dieser Zielgruppen bei seiner Distributionsentscheidung ignorieren und somit eine undifferenzierte Strategie im Rahmen des Marketing verfolgen. Es kann aber seine Distributionsaktivitäten auch spezifisch auf mehrere Segmente oder auf lediglich ein besonders interessantes Segment ausrichten (differenzierte bzw. konzentrierte Marketingstrategie).

Nachdem sich ein Hersteller entschieden hat, "wer" mit dem angebotenen Produkt bedient werden soll, muß er sich Gedanken darüber machen, "auf welchem Weg" die Produkte zu den Endverbrauchern gelangen sollen. Ein Produzent kann sich hierbei unterschiedlicher Absatzmittler[5] bedienen. Damit der Absatzkanal möglichst effizient funktioniert, kann eine Segmentierung der Absatzmittler nach Standort, durchschnittlichem Jahresumsatz, nach Bestellhäufigkeit und Zahlungsgewohnheiten vorgenommen werden. Von Bedeutung bei der Auswahl sind auch die Bereitschaft zur Übernahme von Distributionsfunktionen sowie die Art der von den Absatzmittlern betreuten Kundengruppen und

---

4 Vgl. hierzu Specht, Günter: Distributionsmanagement, 2. überarbeitete und erweiterte Auflage, Stuttgart 1992, S. 143 - 151.

5 Umfassende Informationen über jede Art von Distributionsorgane erhält man u.a. von nationalen und internationalen Industrie- und Handelskammern, von der Bundesstelle für Außenhandelsinformation (BfAI) sowie speziell im Nahrungs- und Genußmittelbereich aus den Länderberichten der Centralen Marketinggesellschaft der deutschen Agrarwirtschaft m.b.H. (CMA), die auch eine Importeur- und Großeinkäufer-Datei sowie eine Kontaktbörse führt. Diese Institutionen nennen auch weiterführende Adressen z.B. bei Fragen zu lebensmittelrechtlichen Bestimmungen, Registrierungspflichten, Warenzeichenschutz im jeweiligen Land oder zu Kreditauskünften.

deren Machtstellung innerhalb des Kanals oder dem Hersteller gegenüber.

4.1.2.2 Selektions- und Differenzierungsstrategien

Entsprechend der anzubietenden Produkte und der anvisierten Zielgruppen am Markt trifft ein Unternehmer eine Entscheidung über die vertikale und horizontale Absatzkanalstruktur. Die Selektion auf horizontaler Ebene findet innerhalb der einzelnen Absatzstufen statt. Im Rahmen der vertikalen Selektion trifft der Unternehmer eine Auswahl über die Art und Anzahl der einzelnen Absatzstufen und legt somit die Länge des Distributionskanals fest. Man unterscheidet kurze und lange Absatzkanäle, wobei als kurzer Kanal ein einstufiges Absatzsystem (Direktabsatz) bezeichnet wird, während lange Kanäle immer mehrstufig organisiert sind. Prinzipiell lassen sich drei Strategien abgrenzen, die einen Einfluß auf die Anzahl und Art der Absatzmittler, auf deren Behandlung sowie auf die Art des Distributionskanals haben:

- Eine **intensive Distribution** mit dem Ziel, daß das angebotene Produkt auf dem gesamten Markt überall erhältlich sein soll, setzt eine hohe Anzahl von Absatzmittlern voraus.
- Bei einer **selektiven Distribution** werden nur solche Absatzmittler berücksichtigt, die die geforderten Distributionsleistungen im Hinblick auf einen bestimmten Abnehmerkreis zur Zufriedenheit des Produzenten erbringen können. Der Hersteller stellt dabei gewisse Anforderungen an die Ausstattung (z.B. Geschäftsgröße, Kundendiensteinrichtungen, Geschäftslage), aber insbesondere auch an die Marketingaktivitäten der Absatzmittler, die sich z.B. in Preisaktivitäten oder Kooperationsbereitschaft äußern können. Beliebtes Auswahlkriterium ist außerdem die Abnahmemenge.
- Für eine **exklusive Distribution** wählt der Hersteller eine eingeschränkte Anzahl von Distributionsorganen für eine Region aus. Dies kann im Extremfall zum Abschluß von gebietsbezogenen Exklusivverträgen führen. Dabei erwartet der Hersteller von dieser Art der Distribution einerseits intensivere und aggressivere Verkaufsbemühungen seitens des Absatzmittlers, andererseits eine bessere und leichtere Kontrolle über die Leistungen und Preise für seine Produkte im Zielland.

Die Intensität der Distribution hängt zum einen von den Produkteigenschaften ab, zum anderen von der Intensität des Engagements des Herstellers für den ausländischen Absatzmarkt und zum dritten von der Fähigkeit des Herstellers zur Motivation des bzw. der Absatzmittler, sich für die Produkte des Herstellers auch nachhaltig einzusetzen. MEFFERT und ALTHANS[6] schlagen vor, die Absatzmittler und Handelsformen anhand der folgenden 5 "C" auszuwählen, wobei sie jedoch darauf hinweisen, daß die endgültige Entscheidung natürlich auch unter Berücksichtigung der Kostenseite sowie der Flexibilität und Anpassungsfähigkeit der Absatzmittler zu erfolgen hat.

1. **C**harakter im Hinblick auf das Sortiment, die Zielgruppen und das Image,
2. **C**overage als Ausdruck für den Distributionsgrad,
3. **C**ost als Indikator für eingeräumte Rabatte und Provisionen,
4. **C**ontrol; gemeint sind hier in erster Linie Preiskontrollen und Informationen über Absatzmengen, Hauptabsatzregionen etc.,
5. **C**ontinuity, in der sich die dauerhafte Leistungsfähigkeit ausdrückt.

Im Rahmen der Selektionsentscheidungen sind geeignete Maßnahmen zu ergreifen, um die Einkäufer ausgewählter Handelsunternehmen dazu zu veranlassen, die Produkte eines Herstellers in ihr Sortiment aufzunehmen und dessen Marketingaktivitäten zu unterstützen. Um dieses Ziel zu erreichen, stehen dem Hersteller drei Konzepte zur Verfügung: Der Hersteller kann versuchen, durch intensive Werbemaßnahmen den Verbraucher so zu mobilisieren, daß eine aktive Nachfrage nach einem Produkt ausgelöst wird, die den Handel zwingt, dieses Produkt zu führen (**Pull-Konzept**). Das aktive Nachfrageverhalten des Verbrauchers bewirkt somit den Sog des Produktes in die verschiedenen Absatzkanäle. Dieses Konzept allein reicht aufgrund des starken Verdrängungswettbewerbs auf den meisten Märkten heute als Maßnahme nicht mehr aus. Daher kann sich der Hersteller ergänzend des **Push-Konzepts** bedienen, indem er durch aktive "Hineinverkaufsmaßnahmen" wie einem intensiven persönlichen Verkauf, besondere Serviceleistungen (Regalservice, Displays mit Zweitnutzen) oder durch Preisausschreiben für die Handelsangestellten den Handel zum Führen des Produkts in seinem Sortiment zu bewegen versucht.

Sowohl die Pull- als auch die Push-Strategie sind zu Zeiten entstanden, als der Handel in erster Linie Verteilerfunktion hatte, wir es also mit Verkäufermärkten zutun hatten. Im Zeitalter des Käufermarktes und der intensiven Konkurrenz zwischen den Herstellern sowie der zunehmenden Internationalisierung und Zentralisierung des Handels lassen sich allein mit diesen beiden Konzepten fast keine Produkte mehr auf den Markt

[6] Vgl. Meffert, Heribert und Jürgen Althans: Internationales Marketing, Stuttgart 1982, S. 164.

bringen. So findet mittlerweile eine dritte Strategie Anwendung, die als Kooperationsstrategie bezeichnet wird. Ihr liegt die Überzeugung zugrunde, daß die Ziele sowohl des Handels als auch des Herstellers gemeinsam leichter zu realisieren sind, als wenn beide Verhandlungspartner gegeneinander agieren. Trotz dieser mittlerweile weit verbreiteten Erkenntnis, ist es äußerst schwierig, diese Strategie aus der Ebene der reinen Absichtserklärungen auf die Ebene der praktischen Durchführung zu bringen, da sich die Ziele der beiden Partner in Teilen ganz erheblich unterscheiden.[7]

Neben der Selektion der Absatzmittler ist eine Differenzierung in Form einer unterschiedlichen Behandlung der Distributionsorgane möglich und auch üblich. Der Hersteller versucht dabei, die zuvor in Segmente eingeteilten Absatzorgane mit spezifischen Kombinationen absatzpolitischer Maßnahmen zu beeinflussen. Dies geschieht in erster Linie durch eine Differenzierung der angebotenen Produkte, der Preise, der Zahlungs- und Lieferbedingungen oder der Kommunikationsbeziehungen, um hier nur einige Möglichkeiten zu nennen. Die Tatsache, daß die einzelnen Segmente auf die eingesetzten Marketinginstrumente unterschiedlich reagieren, läßt eine Steigerung des akquisitorischen Potentials durch Differenzierung zu. Welche Auswirkungen die Differenzierungsmaßnahmen auf die Kosten- und Erlössituation des Unternehmens haben, ist jeweils zu prüfen.

4.1.2.3 Stabilisierungsstrategien

Um einen konstant hohen Distributionsgrad der angebotenen Produkte und einen Erfolg am Zielmarkt zu gewährleisten, wird ein Unternehmen bestrebt sein, das aufgebaute Distributionssystem möglichst langfristig zu stabilisieren. Dies kann sowohl dadurch geschehen, daß alle oder die wichtigsten Distributionsorgane vertraglich an den Hersteller gebunden werden, als auch durch konsequente Endverbraucherwerbung, mit dem Ziel, eine langfristige Sogwirkung im Absatzkanal aufrecht zu erhalten ("Pull-Konzept"). Ein vertraglich gebundenes Distributionssystem ermöglicht dem Hersteller eine bessere Kontrolle der im Kanal erbrachten Leistungen, so daß die Stabilität von Preis, Service und Qualität leichter gewährleistet werden kann. So werden die selektive und exklusive Distribution in der Regel immer vertraglich abgesichert, um hierdurch die

---

[7] Vgl. Becker, Jochen: Marketing-Konzeption. 4. Auflage, München 1992, S. 524 - 527. Specht, Günter: Distributionsmanagement. 2. überarbeitete und erweiterte Auflage, Stuttgart 1992, S. 149.

Effizienz des Systems zu erhöhen und eine Systemstabilität durch Vereinbarung gemeinsamer Zielvorgaben zu erlangen.

4.1.2.4 Rationalisierungsstrategien

Ständige Veränderungen im unternehmerischen Umfeld wirken sich gleichfalls auf die Struktur des Distributionskanals eines Herstellers aus. So haben politische Veränderungen innerhalb eines Landes, aber auch solche innerhalb von Länderbündnissen, ganz erhebliche Auswirkungen auf seit langem etablierte Distributionssysteme. Durch solche Umweltveränderungen (makroökonomische Rahmenbedingungen) in einem Zielmarkt ergeben sich veränderte oder sogar völlig neue Strukturen, die sich ein Hersteller für seine dort durchzusetzende Distributionspolitik zunutze machen kann. Rationalisierungseffekte werden immer dann erzielt, wenn bei verändertem Entscheidungsumfeld die Wahl und Realisierung einer Handlungsalternative zu einer optimalen Zielerreichung führt.[8]

Ein Ziel des Distributionsmanagements ist die Erfüllung der notwendigen Distributionsaufgaben zu minimalen Kosten. Im Rahmen einer Rationalisierungsstrategie sind demnach neben der Beobachtung der Entwicklungen am Zielmarkt die Leistung des Distributionssystems und die Kosten ständig zu analysieren. So ist beispielsweise in regelmäßigen Abständen zu prüfen, ob unter Rationalisierungsaspekten alle im Kanal durchgeführten Distributionsaufgaben tatsächlich notwendig sind (Vertriebs-Audit[9]). Es kann durchaus der Fall eintreten, daß Umweltveränderungen eine Verkürzung[10] des Distributionskanals zur Folge haben. Der Verzicht auf eine nicht mehr als notwendig angesehene Aufgabe oder deren Fremdvergabe sowie die Auslagerung von Stufen aus dem Absatzkanal bergen ein erhebliches Rationalisierungspotential in sich, das sich in der Kosten- und Erlössituation des Herstellers widerspiegeln kann. So sollten insbesondere kostenintensive Bereiche des Distributionssystems aufgedeckt und regelmäßig auf deren alternative Gestaltung hin analysiert werden (Make- or Buy-Entscheidung). Im fol-

---

8 Vgl. Schweitzer, Marcell und Hans-Ulrich Küpper: Rationalisierung. In: Grochla, Erwin und Waldemar Wittmann (Hrsg.): Handwörterbuch der Betriebswirtschaft. 4. Auflage, Stuttgart 1975, Sp. 3303 - 3311.

9 Vgl. Nieschlag, Robert; Erwin Dichtl und Hans Hörschgen: Marketing. 17. Auflage, Berlin 1994, S. 466 und 475 - 478.

10 Im ungünstigen Fall bedingen solche Veränderungen auch eine Verlängerung des Distributionskanals.

genden sind einige Faktoren aufgeführt, die die Kosten innerhalb des Distributionskanals beeinflussen:

- Der **Lieferservice** beinhaltet die Gesamtheit der Qualitätskriterien absatzlogistischer Leistungen mit den Komponenten Lieferzeit, Lieferhäufigkeit, Lieferbereitschaft, Lieferzuverlässigkeit, Lieferungsbeschaffenheit, Auftrags- und Lieferungsmodalitäten.[11] Die Nichteinhaltung einer dieser Komponenten bedingt nicht nur einen Anstieg der Logistikkosten sondern auch Erlösausfälle.
- Rationalisierungspotentiale ergeben sich z.B. im Bereich des **Transports** aus der Nutzung neuer Transporttechnologien.
- Die **Lagerbestände** lassen sich durch nachfrageadäquate flexible Fertigung, z.B. durch Just-in-time-Fertigung, reduzieren.
- Mit Hilfe EDV-gestützter und -gesteuerter Lagerungssysteme können erhebliche Kosteneinsparungen im Bereich der **Lagerhaltung** erzielt werden. Auch Entscheidungen über eine zentrale oder dezentrale Lagerhaltung können zu Kostensenkungen führen.
- Der **Einzelhandel** kann durch den Einsatz moderner Warenwirtschaftssysteme (z.B. Scannerkassensysteme) erheblich zur Produktivitätssteigerung im Absatzkanal beitragen.

4.1.2.5 Imagebildungsstrategien

Imagebildungsstrategien im Distributionskanal sind eng mit den Strategien im Bereich der Kommunikationspolitik verknüpft, werden aber auch durch die Marketinginstrumente Produktqualität, Preis- und Konditionengestaltung beeinflußt. Eine Verankerung des Marken- oder Unternehmensnamens im Gedächtnis der Endverbraucher gelingt nur, wenn dieser Name auch auf allen Stufen des Absatzkanals sichtbar bleibt. Ob der Hersteller- und/oder Produktname im Kanal herausgestellt werden kann oder nicht, hängt u.a. auch vom Marketing der Absatzmittler ab. Diese Fragestellung ist vor allem bei der Wahl eines indirekten Distributionskanals relevant und hängt nicht unwesentlich von der Macht des Herstellers innerhalb dieses Kanals ab.

Image- und Präferenzbildung gehören im Zeitalter der Käufermärkte auf den gesättigten industrialisierten Märkten zu den wichtigsten und notwendigen Aufgaben eines Unternehmens. Dadurch, daß die Hersteller in den Industrieländern in der Regel einen vergleichbaren hohen Entwick-

[11] Vgl. o.V.: Lieferservice. In: Gablers Wirtschaftslexikon. 12. Auflage, Wiesbaden 1988, Sp. 131 - 132.

lungsstand aufweisen, zielt eine Imagebildungsstrategie heute in erster Linie darauf ab, technologisch verwandte oder sogar technologisch-funktional gleiche Produkte (z.B. Joghurt, H-Milch, Trinkmilch, Butter) durch Werbebotschaften oder Zusatznutzen so zu differenzieren bzw. zu individualisieren, daß sie dem Verbraucher einzigartig erscheinen (Unique Selling Proposition). Ziel dieser Aktionen ist es, einen möglichst großen Anteil der knappen Nachfrage unter gleichzeitiger Ausschöpfung von Preisspielräumen ("monopolistischer Bereich") auf sich zu lenken. Diese Strategie wird bislang vorzugsweise von Markenartikel-Anbietern praktiziert.

4.1.3 Die Gestaltungsmöglichkeiten eines internationalen Distributionskanals

Die wichtigste distributionspolitische Entscheidung, die ein Unternehmen im Rahmen des internationalen Marketing zu treffen hat, ist im Rahmen der akquisitorischen Distribution die Auswahl der Absatzwege in den jeweils zu bearbeitenden Zielländern sowie die Steuerung der in diesem Kanal aktiven Organe und Institutionen. Ein Hersteller kann sich entweder an die am Zielmarkt vorgefundenen Distributionskanäle anpassen (Adaption), die bereits vorhandenen Distributionskanäle umformen (Modifikation) und eigene oder neue Kanäle schaffen (Innovation).[12]

Je nachdem, ob ein Hersteller seine Ware bereits im Inland an einen Abnehmer verkauft, der sich um deren Vertrieb im Ausland kümmert (Binnengeschäft), oder seine Waren an einen Abnehmer im Ausland absetzt, spricht man von indirektem oder direktem Export.[13] Im Zusammenhang mit dem indirekten Export ist zu beachten, daß der Hersteller vor dem Hintergrund des Produkthaftungsgesetzes vom 01.01.1990 (§§ 1 und 4 Abs. 1) auch bei solchen Binnengeschäften mit den Folgen eines Exportgeschäfts konfrontiert werden kann. Entsprechend der Anzahl der gewählten Distributionskanäle kann ein Hersteller seine Produkte außerdem eingleisig oder mehrgleisig distribuieren, er kann also gleichzeitig mehrere Distributionsalternativen nutzen. In diesem Fall determiniert der

[12] Vgl. Meffert, Heribert und Jürgen Althans: Internationales Marketing, Stuttgart 1982, S. 161. Specht, Günter: Distributionsmanagement. 2. überarbeitet und erweiterte Auflage, Stuttgart 1992, S. 165.

[13] Detaillierte Angaben hierzu finden sich bei Walldorf, Erwin Georg: Auslandsmarketing. Wiesbaden 1987, S. 29 - 32. Berekoven, Ludwig: Internationales Marketing. 2. erweiterte und verbesserte Auflage, Berlin 1985, S. 41. Jahrmann, F.-Ulrich: Außenhandel. 7. überarbeitete und erweiterte Auflage, Ludwigshafen 1994, S. 47 - 50.

Unternehmer die Absatzkanalbreite und Absatzkanaltiefe. Nachfolgende Abbildung 27 soll diese Zusammenhänge verdeutlichen. In Abhängigkeit von der Betriebszugehörigkeit können zudem betriebseigene oder betriebsfremde Organe als Distributionsorgane eingeschaltet werden.

Abb. 27: Alternative Distributionskanäle und ihr Aufbau am Beispiel internationaler Märkte

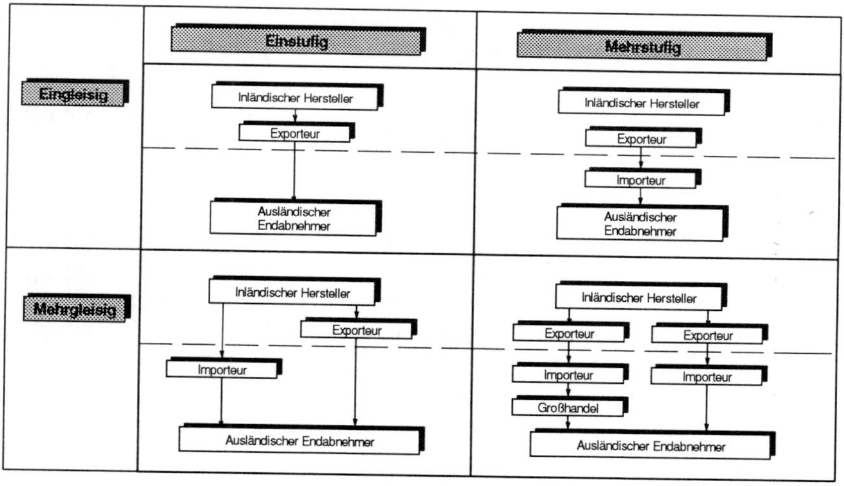

Quelle: Meffert, Heribert; Bolz, Joachim: Internationales Marketing-Management. 2. Auflage. Stuttgart 1994, S. 211.

Um aus der Vielzahl von Möglichkeiten ein oder mehrere effiziente Distributionskanäle für sein Produkt oder seine Produktgruppe auszuwählen, sollte sich der Hersteller eines mindestens zweistufigen Selektionsverfahrens bedienen. Dabei fällt er im Rahmen einer Grobselektion zunächst eine grundsätzliche Entscheidung über die Vertriebskonzeption. Der Hersteller untersucht die verschiedenen Distributionskanäle darauf, ob sie die sich aus den Anforderungen des Produkts und der Endkunden ergebenden Aufgaben und Ziele zu seiner Zufriedenheit erfüllen können. Bei dieser sog. **Inter-Channel-Analyse** stehen ihm in der Regel eher qualitative Entscheidungskriterien zur Verfügung. Als Entscheidungsfindungsverfahren bieten sich beispielsweise Punktbewertungsverfahren (Scoring-Modelle), eindimensionale Entscheidungsheuristiken, die Portfolio-Analyse oder das sequentielle Bewertungsverfahren an.[14]

[14] Vgl. Becker, Jochen: Marketing-Konzeption. 4. Auflage, München 1992, S. 345 - 456, insbesondere S. 448 - 456. Specht, Günter: Distributionsmanagement. 2. überarbeitete und erweiterte Auflage, Stuttgart 1992, S. 172 - 176.

In der anschließenden **Intra-Channel-Analyse** erfolgt eine detaillierte Untersuchung derjenigen Distributionskanalalternativen, die der Hersteller aus der Inter-Channel-Analyse herausselektiert hat.[15] Dabei werden als Teil der Selektionsstrategie Anzahl und Art der einzelnen Absatzmittler und Institutionen festgelegt. Da einem Hersteller in diesem Planungsstadium konkretere Daten bzgl. der einzelnen Distributionsorgane vorliegen, überwiegen quantitative Entscheidungskriterien, so daß Auswahlentscheidungen neben den bereits aufgeführten heuristischen Verfahren beispielsweise mit Hilfe der Investitionsrechenverfahren herbeigeführt werden können.

Die Verteilung von Distributionsaufgaben auf die einzelnen Absatzmittler ist in erster Linie von der Machtposition der einzelnen Organe im Kanal abhängig und richtet sich erst in zweiter Linie nach Effizienzgesichtspunkten. Dies gilt beispielsweise für die Überwälzung bestimmter, für den Hersteller aufwendiger oder kostspieliger Aufgaben wie Lagerhaltung oder Preisauszeichnung. So ist mit der Verlagerung der Macht vom Hersteller zum Handel eine entgegengerichtete Verlagerung einiger Aufgaben einhergegangen. Früher noch als typische Handelsaufgaben angesehen, werden Bereiche wie Regalpflege, Preisauszeichnung oder der Transport zum Point of sale in zunehmendem Maße auf den Hersteller zurückverlagert bzw. im Rahmen von Verträgen auf zwischengeschaltete Speditionen oder Frischdienste abgewälzt. Diese Verlagerung von Aufgaben kann unter Umständen zu einer Effizienzminderung des Gesamtsystems führen, was unter makroökonomischen Gesichtspunkten als dysfunktional eingestuft werden müßte.[16] Ebenfalls von der Machtstellung der einzelnen Organe im Distributionskanal abhängig ist der Integrationsgrad innerhalb des Systems. Er reicht von der totalen Integration bei herstellereigenen Vertriebssystemen (auf Auslandsmärkten z.B. nach Übernahme eines bislang selbständigen, aber eine strategisch wichtige Position einnehmenden Distributionsorgans) bis hin zu losen Verbindungen zwischen den einzelnen, nicht miteinander kooperierenden Organen (sog. free flow channels[17]). Zwischen diesen beiden extremen Formen stehen einem Produzenten eine Reihe verschiedener Kooperationsformen zur Auswahl.

---

15 Vgl. Hörschgen, Hans: Internationale Distributionskanäle. In: Handwörterbuch Export und internationale Unternehmung. Hrsg. Klaus Macharzina und Martin K. Welge. Stuttgart 1989, Sp. 346.

16 Vgl. Specht, Günter: Distributionsmanagement. 2. überarbeitete und erweiterte Auflage, Stuttgart 1992, S. 179.

17 Vgl. Bowersox, Donald J; M. Bixby Cooper; Douglas M. Lampert und Donald A. Taylor: Management in marketing channels. New York 1980, S. 11.

4.1.4 Strategien für die Distribution von Molkereiprodukten am spanischen und portugiesischen Markt

Eines der Ziele, die die vorliegende Arbeit verfolgt, ist das Aufzeigen alternativer Distributionsstrategien für deutscher Hersteller am spanischen und portugiesischen Markt für Molkereiprodukte. Nimmt man die drei deutschen Unternehmen aus, die 1993 bereits eine eigene Produktionsstätte oder eine eigene Vertriebsniederlassung unterhielten bzw. eine Vertriebskooperation praktizierten, kristallisieren sich zwei grundsätzliche Einstellungen seitens deutscher Molkereien zum Engagement auf den beiden Märkten heraus:

- Die Mehrzahl der Befragten will auch in Zukunft ausschließlich im Ursprungsland hergestellte Erzeugnisse in die beiden Zielländer liefern. Die wichtigsten Gründe hierfür sind die Verpflichtung zur Verarbeitung der heimischen Rohmilch und die angestrebte Auslastung der Kapazitäten im heimischen Werk. Daneben nannten die Interviewpartner auch das im allgemeinen sehr gute Image der deutschen Produkte und die bessere Qualität der heimischen Rohmilch als Ausgangsbedingung für ein hochwertiges Endprodukt.
- Einige wenige deutsche Hersteller bekundeten ihr Interesse, sich mittelfristig auch intensiver in Spanien und/oder Portugal zu engagieren, z.B. in Form von Kooperationen im Fertigungs- oder Vertriebsbereich.

Aufgrund der im Verlauf dieser Arbeit gewonnenen Erkenntnisse lassen sich für beide Interessensgruppen eine Reihe von Distributionsalternativen ableiten. Ausgangspunkt der Betrachtung soll dabei zum einen die Ausfuhr von deutschen Produkten nach Spanien und Portugal und zum anderen die Verlagerung der Produktion in beide Länder sein.

4.1.4.1 Distributionsstrategiealternativen bei der Ausfuhr deutscher Molkereiprodukte nach Spanien und Portugal

Das traditionelle Einkaufsverhalten des Lebensmitteleinzelhandels sowie die im Laufe des Bearbeitungszeitraumes ständig sinkende Anzahl national operierender Großhändler/Importeure zwingt zur Suche nach alternativen Distributionskanälen für deutsche Molkereiprodukte am spanischen und portugiesischen Markt. Im folgenden sollen die Vertriebskooperation mit einer spanischen oder portugiesischen Molkerei sowie die Errichtung einer eigenen Vertriebsniederlassung angesprochen werden. Positiv wirkt sich bei der Umsetzung dieser Strategien die Tatsache aus, daß deutsche Produkte im allgemeinen und Molkereiprodukte im speziellen in Spanien und Portugal einen ausgesprochen guten Ruf genießen.

Sie werden mit hoher Qualität, Frische, Natur und Natürlichkeit sowie schonender und hygienischer Verarbeitung assoziiert. Gemeinschaftswerbeaktionen der CMA und einzelner Länderministerien vertiefen dieses Image zusätzlich. Nicht von der Hand zu weisen sind allerdings die mittlerweile als sehr hoch anzusehenden Markteintrittsbarrieren im Molkereibereich in Spanien und Portugal aufgrund der potenten Stellung etlicher französischer und multinationaler Unternehmen. Diese Tatsache gilt sowohl für den Produktionsbereich, wenn man die starke Stellung der Unternehmen Danone, Yoplait und Nestlé im Frischproduktebereich und die einiger niederländischer Käseproduzenten betrachtet, als auch für den Handel, der durch die französischen Hypermarktketten sehr stark geprägt wurde.

4.1.4.1.1 Die Vertriebskooperation mit einer spanischen oder portugiesischen Molkerei

Das zentrale Entscheidungselement dieser Alternative ist die Suche nach einem geeigneten Kooperationspartner. Dabei sollte auf ein ausgewogenes Kräfte- und Machtverhältnis geachtet werden, was sich beispielsweise in einer etwa gleich großen Milcherfassungsmenge und einer vergleichbaren Gesellschaftsform widerspiegeln kann. Die deutschen Produkte, die in Kooperation mit dem Sortiment des spanischen oder portugiesischen Unternehmens vertrieben werden, sollten dessen Produktpalette ergänzen und umgekehrt. Die Kooperation erstreckt sich allein auf die gemeinsame Nutzung des Distributionssystems des jeweiligen Partners. Es ergeben sich unter Umständen Synergieeffekte durch die Ergänzungswirkung der Produkte beim Handel. Außerdem können umfangreichere Werbe- und Verkaufsförderungsaktionen gemeinsam durchgeführt und somit leichter finanziert werden. Eine Vertriebskooperation kann Ausgangsbasis für eine mittelfristig intensivere Zusammenarbeit zum Beispiel in Form einer Lizenzproduktion sein.

Bei dieser Art der Kooperation ist gegenseitiges Vertrauen besonders wichtig, da kein direkter Kontakt zum Groß- und Einzelhandel und somit kein direkter Einfluß auf Konditionen- und Preisverhandlungen bestehen. Regelmäßige Kommunikation und Kontrollen sind unerläßlich, um einer schleichenden Benachteiligung oder einem nachlassenden Interesse an den eigenen Produkten beim Kooperationspartner vorzubeugen. Diese Art von Kooperation wird in Spanien von einem deutschen Unternehmen praktiziert. Als weiteres Beispiel für eine funktionierende Vertriebskooperation steht das Unternehmen Bergader mit seinem französischen Partner Guilloteau bzw. mit dem österreichischen Partner Rupp.

4.1.4.1.2 Die Einrichtung einer unternehmenseigenen Vertriebsniederlassung in Spanien oder Portugal

Kann der deutsche Hersteller von einer ausreichenden Akzeptanz seines Produktsortiments beim spanischen und/oder portugiesischen Verbraucher ausgehen, die ihm mittelfristig eine nationale Präsenz im Einzelhandel ermöglicht, ist zu überlegen, ob die Errichtung einer eigenen Vertriebsniederlassung im Zielland nicht erfolgversprechender ist als eine Vertriebskooperation.[18] So könnte ein Markt wie der spanische oder portugiesische mit einem motivierten Verkaufsteam vor Ort konsequent aufgebaut werden. Die Vertriebsniederlassung kann anfänglich zur Risikominimierung in **Kooperation** mit einem inländischen Partner betrieben werden (max. 50 %ige Beteiligung). Dieser Partner kann ein Großhändler oder ein durch langjährige Zusammenarbeit bekannter Importeur sein. Wichtig ist, daß dieser entsprechende Kontakte zu einer möglichst großen Anzahl der anvisierten Handelsunternehmen unterhält und nicht einseitig auf bestimmte Handelsformen spezialisiert ist (z.B. vorwiegend auf den traditionellen Lebensmitteleinzelhandel). Vorteil der Zusammenarbeit mit einem Importeur/Großhändler ist, daß dieser in der Regel über die notwendigen Lagerkapazitäten sowie über ein Distributionssystem verfügt und die Abnehmer in der Region, in der er ansässig ist, mit eigenen Fahrzeugen beliefert. Ob eine solche Zusammenarbeit erstrebenswert ist, oder ob die Vertriebsniederlassung lieber von Anfang an in Eigenregie betrieben werden soll, entscheiden der Umfang der Warenlieferungen und unter Umständen die Anzahl der zu bedienenden Absatzregionen in Spanien und/oder Portugal. Stellen beide Länder mittel- bis langfristig feste Absatzmärkte im Rahmen der Internationalisierungsstrategie des deutschen Herstellers dar, empfiehlt sich die Errichtung EINER Vertriebsniederlassung für beide Länder. Als **Teilstrategie** ist außerdem zu überlegen, ob nur das Sortiment des Mutterhauses vertreten wird, oder ob Sortimente anderer deutscher oder auch ausländischer Unternehmen mit aufgenommen werden sollten. Letzteres erhöht die Attraktivität der Vertriebsniederlassung für den Handel und trägt außerdem zur Risikostreuung bei.

Möchte ein Unternehmer eine solche Vertriebsniederlassung im Zielland errichten, sind eine Reihe von Entscheidungen zu treffen, deren wichtigste die **Wahl eines geeigneten Standortes** ist. Dieser sollte sich aus organisatorischen, verwaltungstechnischen und infrastrukturellen Grün-

[18] Vertriebsniederlassungen unterhalten in 1996 ein deutsches, mehrere niederländische sowie französische Unternehmen.

den in einem der beiden spanischen Ballungsgebiete Madrid oder Barcelona oder in Lissabon oder Porto befinden.

Wird mit einem Partner aus dem Zielland zusammengearbeitet, der oft einen eigenen Fuhrpark unterhält und somit verkehrsgünstig an den großen Ausfallstraßen der Ballungsgebiete liegt, empfiehlt es sich, für die Niederlassung einen Standort in dessen Nähe zu wählen. Auf diese Weise können Informations- und innerbetriebliche Transportwege kurz gehalten werden. Die Nähe zu einem Ballungsgebiet hat den Vorteil, sich gleichzeitig in einem der drei für das jeweilige Land herausgearbeiteten Hauptabsatzregionen für deutsche Produkte zu befinden. Als weiterer Standort käme in Spanien insofern also auch die von (deutschen) Touristen stark frequentierte Süd- und Südostküste infrage. Potentielle Niederlassungsmöglichkeiten bieten sich dort zwischen dem Großraum Valencia, Alicante, Murcia und Cartagena an, wo aufgrund des umfangreichen Obst- und Gemüseanbaus eine große Anzahl potenter national und international agierender Speditionen ansässig ist, die oft große Läger unterhält. Die Algarve zählt zwar auch zu den ermittelten Hauptabsatzgebieten, sie erscheint aber als Niederlassungsort aus infrastrukturellen Gründen weniger geeignet.

Neben der Standortfrage ist zu klären, ob mit einem eigenen **Lager** gearbeitet oder ob ohne größere Schwierigkeiten auf fremde Lagerkapazitäten zurückgegriffen werden kann. So können Stellplätze in Lägern der Vertriebspartner (Importeur/Großhändler oder Spediteur) oder aber öffentliche, städtische Lagerhäuser oder private Läger Dritter angemietet werden. In allen Fällen sollten eine genaue Prüfung der Lagereinrichtungen und regelmäßige Kontrollen sowie eine vertragliche Absicherung bei Vereinbarung einer bestimmten Anzahl von Stellplätzen pro Zeiteinheit, Zugangsberechtigungen zur Ware oder ähnliche Konditionen vorgenommen werden.

Unter Umständen ist zu überlegen, ob ein eigener **Fuhrpark** eingerichtet, oder der Transport der Waren fremdvergeben werden soll. Hier muß aufgrund der zum Teil unzureichenden Infrastruktur im Landesinneren - vor allem beim Vertrieb von Frischprodukten - viel Sorgfalt auf die Auswahl von zuverlässigen Partnern verwandt werden.

Wird die Vertriebsniederlassung von Anfang an in Eigenregie betrieben, besteht die größte Schwierigkeit zunächst in der Suche nach geeigneten Distributionskanälen und dem Aufbau von entsprechenden Kundenkontakten zum Handel. Bei der **Auswahl der Handelspartner** in Spanien und Portugal sind sowohl die Besonderheiten der Handelsstruktur, als auch die Einkaufsgewohnheiten der Bevölkerung zu berücksichtigen, die Molkereiprodukte aufgrund der Nähe zum Arbeitsplatz oder zur Wohnung in erster Linie in Supermärkten einkaufen. Hypermärkte rangieren wegen des günstigen Preisgefüges auf Platz zwei der Einkaufsstättenpräferenz. Es gibt jedoch nur wenige Supermarktketten in Spanien, die national oder weitgehend national operieren. Hierzu gehören Mercadona mit Sitz in Valencia und die drei größten Einkaufszentralen Ifa mit Schwerpunkt in Katalonien, Euromadi sowie die Einkaufszentrale Vima.[19] Mercadona und die großen Einkaufszentralen verfügen über eine ausreichende Lagerfläche und können somit auch zentral beliefert werden. Die Versorgung der Outlets erfolgt mit deren eigenem Fuhrpark oder über regionale Spediteure. Die übrigen Supermarktketten haben lediglich regionale Ausbreitung wie beispielsweise die baskische Eroski-Gruppe, die katalanische Maxor-Gruppe und Ahorramás mit der Mehrzahl der Geschäfte in Madrid.[20] Diese regionalen und lokalen Supermarktketten können zwar zentral einkaufen, werden aber üblicherweise über regionale und lokale Großhändler bedient, so daß die Ware an diese Großhändler geliefert werden muß, vorausgesetzt, diese verfügen über entsprechende Lagermöglichkeiten. Ansonsten sind die einzelnen Outlets im Streckengeschäft mit den Erzeugnissen zu versorgen. Die Durchführung eines solchen Streckengeschäfts kann entweder mit einem eigenen Fuhrpark erfolgen oder an Speditionen vergeben werden. Zum Ausgleich der Nachfrageschwankungen beziehungsweise zur Aufrechterhaltung einer kontinuierlichen Lieferfähigkeit ist unter Umständen die Errichtung eines Zwischenlagers in der im Streckengeschäft zu versorgenden Region nötig. Eine Fremdvergabe der Lagerhaltung oder Mitnutzung eines Lagers statt der Eigenerrichtung sind möglich. Aus diesen Ausführungen wird deutlich, in welchem Ausmaß diese regionale Supermarktstruktur die Anzahl der verschiedenen Distributionspartner erhöht.

In Portugal sind die großen Einzelhandelsketten zwar auf die Ballungsräume Lissabon, Porto, Aveiro und Setúbal konzentriert, unterhalten aber meist landesweit Filialen. Die wichtigsten Supermärkte sind Pingo Doce, Invictos, Inô, Mordomo und Pagapouco mit überwiegend zentraler Beschaffung durch Einkaufszentralen oder Einkaufsgenossenschaften.

---

[19] o. V.: El grupo Ifa superó el billón de pesetas. In: ARAL, Jg. 28, Nr. 1224, 27.2. - 5.3.95, S. 18.

[20] o.V.: Euromadi mejora sus instalaciones centrales. In: ARAL, 28. Jg., Nr. 1219, 23. - 29.1.1995, S. 28; o.V.: Aperturas recientes. In: ARAL, 28. Jg., Nr. 1223, 20.2. - 26.2.1995, S. 27; o.V.: Aperturas recientes. In: ARAL, 28. Jg., Nr. 1220, 30.1. - 5.2.1995, S. 18.

Bei den großen Hypermarktketten sowohl in Spanien als auch in Portugal sind der Einkauf und die Anlieferung von nicht kühlungsbedürftigen Lebensmitteln sowie von Non-Food-Artikeln zentralisiert (Hipercor, Pryca, Continente, Alcampo). Die Belieferung der einzelnen Outlets erfolgt ab Zentrallager der Kette mit deren eigenem Fuhrpark oder über einen Spediteur. In gleicher Weise verläuft die Anlieferung der Waren an das Zentrallager der spanischen Kaufhauskette El Corte Inglés. Lediglich bei der portugiesischen SUPA/Pão de Açúcar-Gruppe ist die Beschaffung dezentral organisiert.[21] Die Belieferung mit Milchfrischprodukten erfolgt üblicherweise durch die Molkereien selbst oder über deren Spediteure.[22]

Mit zunehmender Ausbreitung des Discountprinzips auch auf der iberischen Halbinsel steigt die Akzeptanz der Verbraucher für diese Handelsform ebenfalls an. Eine überregionale Discountkette ist beispielsweise DIA S.A., ein Tochterunternehmen der Continente-Gruppe, die sowohl in Spanien als auch in Portugal Filialen unterhält. Daneben sind die deutschen Filialisten Lidl und Tengelmann dabei, in verschiedenen Provinzen Spaniens und Portugals Geschäfte zu eröffnen.

Betrachtet man den Distributionsvorgang als solchen etwas genauer und legt ihm das Marktselektionsprinzip als Basisstrategie zugrunde, ist zu entscheiden, ob die von der Vertriebsniederlassung angebotenen Produkte bzw. Produktgruppen national, selektiv oder exklusiv distribuiert werden sollen.[23] Die Umsetzung dieser Konzepte soll in drei Szenarien am Beispiel ausgewählter Molkereiprodukte vorgestellt werden.

Szenario 1: Nationale Distribution in Spanien und Portugal am Beispiel von thermisiertem Joghurt

Folgende Voraussetzungen sollten für eine lohnenswerte nationale Distribution erfüllt sein:

- Akzeptanz seitens der spanischen/portugiesischen Bevölkerung für diese Joghurtart, die aufgrund der auf die Verbraucherpräferenzen abgestimmten Geschmacksrichtungen, des günstigen Preises sowie der

[21] Vgl. auch Anmerkungen in Abschnitt (3), Kapitel 3.2.3.3.

[22] Vgl. hierzu auch die Aussagen in den Abschnitten 3.1.3.3 und 3.2.3.3 "Der Einzelhandel: Charakteristika, Probleme, Trends" bzw. Kapitel 3.1.3.4 und 3.2.3.4 "Distributionswege für ausländische Molkereiprodukte".

[23] Analog zu den Ausführungen in Abschnitt 4.1.2 ist die Marktselektionsstrategie durch die übrigen Strategien der Segmentierung, Differenzierung, Standardisierung, Rationalisierung und Imagebildung zu ergänzen.

langen Haltbarkeit auch außerhalb des Kühlregals/Kühlschranks gegeben ist.

- Der vom deutschen Hersteller angebotene thermisierte Joghurt sollte bereits in den wichtigsten Einzelhandelsunternehmen gelistet sein. Von nicht zu unterschätzender Bedeutung ist auch eine Listung im spanischen Kaufhaus El Corte Inglés, das traditionell großen Wert auf ein breites Sortiment qualitativ hochwertiger ausländischer Lebensmittel legt.
- Zusätzliche zuverlässige Ansprechpartner vor Ort können einem deutschen Hersteller bzw. dem Personal der Vertriebsniederlassung die Kontaktanbahnung zu weiteren interessanten Handelsunternehmen erleichtern.
- Ein gezielter Einsatz von Kommunikationsmitteln (öffentliche und private Fernsehsender, Printmedien, Plakate) und die regelmäßige Durchführung von einfallsreichen Werbeaktionen sowie Verkaufsförderungsaktionen im und für den Handel sind für die dauerhafte Aufrechterhaltung einer hohen Nachfrage beziehungsweise zu deren Ausdehnung auf dem spanischen und portugiesischen Markt unerläßlich.

Da thermisierter Joghurt keiner lückenlosen Kühlkette beim **Transport** bedarf und somit im Landesinneren auch nicht unbedingt im Frigo- oder Kühl-LKW transportiert werden muß, finden sich relativ einfach regionale Speditionen, die die Distribution dieses Produktes, eventuell zusammen mit anderen, ebenfalls nicht kühlungsbedürftigen Lebensmitteln im Kasten- oder Planen-LKW zum gewünschten Zielort durchführen.

Szenario 2: Die selektive Distribution in Spanien und Portugal am Beispiel von Schmelzkäsetorten

Für ein deutsches Unternehmen, das Schmelzkäsetorten am spanischen und/oder portugiesischen Markt anbietet, kann es unter Umständen sinnvoller sein, die Distributionspartner oder aber die Absatzregionen gezielt zu selektieren, anstatt seine Produkte über das ganze Land verstreut in kleinen Mengen abzusetzen. Die Angebotskonzentration auf bestimmte Handelspartner oder Zielregionen ermöglicht zum einen eine gewisse Planungssicherheit hinsichtlich der absetzbaren Mengen und zum anderen eine Ertragssteigerung aufgrund von Kostensenkungen unter anderem im Distributionsbereich durch den Bündelungseffekt. Dabei zeichnen sich die dargestellten Erfolge durch die Größe des Landes in Spanien eher ab als in Portugal. Im folgenden sind zwei Alternativen für eine selektive Distribution aufgeführt.

Szenario 2a: Selektive Distribution durch Beschränkung der Distribution von Schmelzkäsetorten auf die Hauptabsatzregionen für deutsche Produkte in Spanien und Portugal

Der Umfang der Warenlieferungen und die Anzahl der zu bedienenden Absatzregionen in Spanien und Portugal entscheiden darüber, ob eine Zusammenarbeit mit regionalen Großhändlern oder eine Vertriebskooperation mit einer spanischen/portugiesischen Molkerei der Einrichtung einer Vertriebsniederlassung vorzuziehen ist.

Ist der Lieferumfang jedoch noch so gering, daß die Investition in eine Vertriebsniederlassung nicht lohnt, empfiehlt sich die herkömmliche Ausfuhr in Zusammenarbeit mit einem oder mehreren regionalen Großhändlern, von denen es vor allem in Spanien einige sehr leistungsfähige gibt, an deren Lager die Waren geliefert werden. Die in den Hauptabsatzregionen ansässigen Handelspartner müssen so ausgewählt werden, daß sichergestellt ist, daß die hohen Anforderungen, die kühlungsbedürftige Produkte wie Schmelzkäsetorten an einen Zwischenhändler stellen, zu jeder Zeit erfüllt werden können. Dies setzt nicht nur Produkt-Kow-how, sondern auch das Vorhandensein eines ausreichend dimensionierten Kühllagers sowie einer leistungsfähigen Kühl-LKW-Flotte voraus, um eine bis zum Endkunden lückenlos geschlossene Kühlkette zu gewährleisten. Ist mittelfristig ein stärkeres Engagement im Zielmarkt vorgesehen, kann an dieser Stelle auch über eine Vertriebskooperation nachgedacht werden. Der Großhändler oder Kooperationspartner wickelt die Belieferung der Handelsoutlets innerhalb der vereinbarten Absatzregionen in eigener Regie ab. Dabei ergeben sich folgende Besonderheiten in den jeweiligen Hauptabsatzgebieten für deutsche Produkte in Spanien, die bei der Auswahl der Handelspartner zu berücksichtigen sind:

- Im **Großraum Barcelona** sowie überhaupt in Katalonien werden deutsche Produkte von allen Handelsformen geführt. Dies hat zum einen den Vorteil einer hohen Verfügbarkeit der Produkte mit hohem Bekanntheitsgrad, zum anderen ermöglichen die unterschiedlich strukturierten Handelsformen eine differenzierte Preisgestaltung. In dieser Region sollte daher eine breite Listung der Schmelzkäsetorten angestrebt werden.
- Der **Großraum Madrid** bündelt einen Großteil der in Spanien vorhandenen Kaufkraft. Charakteristisch ist dabei die Konzentration der Einwohner mit hohem Einkommen auf bestimmte Stadtteile Madrids (Concepción oder Salamanca), was sich auch an der Art, Aufmachung und Sortimentsgestaltung der dort angesiedelten Handelsgeschäfte

bemerkbar macht. Einige Supermärkte und eine Vielzahl traditioneller Einzelhändler bieten neben Produkten spanischer Herkunft eine große Vielfalt ausländischer Waren in oft exklusiver Atmosphäre an. In diesen Geschäften lassen sich durchaus höhere Preise realisieren als in den Geschäften anderer Stadtteile. Daneben finden sich deutsche Produkte im Großraum Madrid in allen Hypermärkten, in der Mehrzahl der Supermärkte, SB-Geschäfte und Discounter. Eine Listung der Schmelzkäsetorten sollte also auch hier in allen Handelsformen angestrebt werden, wobei bei der Auswahl traditioneller Geschäfte auf das Vorhandensein funktionstüchtiger Kühltheken und Kühlregale zu achten ist.

- Entlang der **Südostküste Spaniens** konzentriert sich das Angebot deutscher Produkte auf den Großflächenhandel und auf SB-Geschäfte. Die traditionellen Geschäfte führen in erster Linie ein spanisches Sortiment. Daher empfiehlt es sich, die Schmelzkäsetorten in den von Touristen stark frequentierten Hypermärkten entlang der Küste sowie in Supermärkten anzubieten.

In Portugal sind deutsche Produkte vornehmlich im Raum Porto, Lissabon sowie an der Algarve zu finden. Allerdings sind die absetzbaren Mengen, speziell auch in bezug auf Schmelzkäsetorten, recht gering.[24] Deutsche Molkereiprodukte finden sich in **Lissabon** sowohl in den Hypermärkten und Supermärkten als auch in einigen "Groceries" (traditioneller Lebensmitteleinzelhandel). An der **Algarve** und in **Porto** werden sie hauptsächlich in Hypermärkten und einigen wenigen Supermärkten angeboten.

Zur Bedienung des portugiesischen Marktes empfiehlt sich die Zusammenarbeit mit einem nationalen Großhändler/Importeur, der in der Regel über ein dichtes Vertriebsnetz verfügt und neben einem eigenen Fuhrpark in den drei genannten Regionen auch Niederlassungen mit kleinen Kühllägern unterhält. Regionale oder gar lokale Großhändler verfügen im allgemeinen nicht über ausreichende Produktkenntnis und auch nicht über die nötige interne Infrastruktur, die für das Handling von empfind lichen Produkten, zu denen Schmelzkäsetorten gehören, nötig sind.

Die Belieferung der Hypermärkte - mit Ausnahme der Jumbo-Hypermärkte - und der großen Supermärkte (z.B. Pingo Doce und Inô) erfolgt ähnlich wie in Spanien über Einkaufszentralen oder Einkaufsgenossenschaften, während die übrigen Handelsformen ihre Waren in der Mehr-

---

[24] Zu den Gründen für die geringen Absatzmengen vgl. Kapitel 3.2.2.4 "Die Bedeutung deutscher Molkereiprodukte am portugiesischen Markt".

zahl bei regionalen oder lokalen Großhändlern ordern. Bei der Auswahl traditioneller Einzelhandelsgeschäfte (Groceries) für den Absatz von Schmelzkäsetorten muß auf funktionsfähiges Kühlmobiliar geachtet werden.

Szenario 2b: Selektive Distribution durch Beschränkung der Distribution von Schmelzkäsetorten auf bestimmte Handelsformen mit hoher Kundenfrequenz und Kundenpräferenz

Statt einer gezielten Belieferung der Hauptabsatzregionen für deutsche Produkte kann ein deutscher Hersteller sich bei der Auswahl seiner Distributionspartner auf bestimmte Handelsformen beschränken. So besteht beispielsweise die Möglichkeit, daß ein deutscher Produzent sich auf die sowohl in Spanien als auch in Portugal zu den präferierten Einkaufsstätten für Molkereiprodukte zählenden Supermärkte und Hypermärkte als Handelspartner konzentriert. Aufgrund der Vorbildfunktion im Hinblick auf die Sortiments- und Preisgestaltung von ausländischen Produkten ist eine Listung in der spanischen Kaufhauskette El Corte Inglés beinahe unverzichtbar. Insbesondere Einkäufer der Hypermärkte und Einkaufszentralen informieren sich regelmäßig durch Shopchecks bei El Corte Inglés über neue ausländische Waren, deren Preis, Plazierung, um mit den entsprechend erworbenen Anregungen die eigenen Listungsvorstellungen zu ergänzen.[25]

Wird die Distribution nicht über die eigene Vertriebsniederlassung abgewickelt, empfiehlt sich bei dieser Art der selektiven Distribution deshalb die Zusammenarbeit mit einem spanischen oder portugiesischen Partner, weil noch immer nur wenige spanische und portugiesische Handelsketten bei der Beschaffung ausländischer Waren direkt mit den Herstellern in Kontakt treten. Ungenügende Auslands- und Außenhandelserfahrungen, Beschaffungstraditionen aus der Blütezeit des traditionellen Einzelhandels sowie die immer noch stark auf die Region beschränkte Bedeutung und somit geringe Marktmacht der Ketten stellen einige der hemmenden Faktoren dar. Diese Tatsache unterstreicht die Bedeutung der Kontakte eines einheimischen Partners zum Handel für eine Geschäftsanbahnung. Eine gewisse Erleichterung ergibt sich durch das Auftreten deutscher Handelsketten (Tengelmann und Lidl) in Spanien und Portugal. Einem deutschen Anbieter kann es durch die von diesen Ketten vorgenommene

[25] Von El Corte Inglés wird diese Art von Shopchecks nicht gerade gerne gesehen, weshalb eigens Personal abgestellt wird, das solche Aktionen seitens "verdächtiger" Personen unterbinden soll.

zentrale Listung und durch entsprechende Verhandlungen gelingen, daß seine Produkte auch in den Filialen in Spanien und Portugal geführt werden.

Szenario 3: Exklusive Distribution in Spanien und Portugal am Beispiel von Butterspezialitäten oder Quark

Kann ein deutscher Hersteller in seinem Sortiment Produkte mit ausgeprägtem Spezialitätencharakter für den spanischen oder portugiesischen Markt aufweisen, wie Butterspezialitäten und Natur- oder Fruchtquark, erscheint es zweckmäßig, diese zunächst in kleinen Mengen gezielt im höherpreisigen Fachhandel oder in solchen Geschäften anzubieten, die ein eher exklusives Publikum zu ihrer Kundschaft zählen. Diese Angebotsform stellt hohe Anforderungen sowohl an das Produkt und dessen Aufmachung, die ein besonderes Image vermitteln müssen, als auch an die Transport- und Distributionsorganisation aufgrund des geringen Lieferumfangs. Als Absatzpartner im jeweiligen Land kommen im Einzelhandelsbereich Feinkost- und Delikatessengeschäfte, Käseaffineure, die ihr Sortiment durch einheimische und ausländische Spezialitäten und Weine ergänzen, aber auch Stände in Markthallen sowie die Spezialitätentheken in der Lebensmittelabteilung der spanischen Kaufhauskette El Corte Inglés infrage. Neben dem Handel sollte der sowohl in Spanien als auch in Portugal bedeutende Bereich der Großverbraucher und hier speziell die gehobene Gastronomie nicht übersehen werden. Bei entsprechend angepaßter Angebotsform bieten sich hier durchaus lukrative Absatzchancen.

Quark (natur oder mit Früchten), der eher in das Geschmacksmuster der portugiesischen als der spanischen Bevölkerung paßt, stellt zwar aufgrund der kurzen Haltbarkeit besonders hohe Ansprüche an einen raschen Transport mit lückenlos geschlossener Kühlkette über möglichst wenige Stufen im Distributionskanal, läßt sich aber neben den bereits oben genannten Absatzmöglichkeiten zusätzlich auch als eine Art Gesundheits- oder Bioprodukt zu hohen Preisen in Reformhäusern absetzen. In dieses Distributionskonzept können auch Produkte mit probiotischer Wirkung plaziert werden. Ein sorgfältiges Handling sowie die absolute Zuverlässigkeit der Partner im Distributionskanal sind wesentliche Voraussetzungen für eine erfolgreiche Vermarktung dieser Erzeugnisse. Daneben sollte der deutsche Hersteller zusammen mit dem Partner vor Ort oder über das Personal der Vertriebsniederlassung die Verbraucher durch gezielte Werbe- und Verkaufsförderungsaktionen über die besonderen ernährungsphysiologischen Eigenschaften dieses Produktes informieren und die Natürlichkeit und Unverfälschtheit des Produkts hervorheben.

Es versteht sich von selbst, daß für die ausgewählten Beispiele nur die kaufkraftstarken Absatzregionen Madrid, Barcelona und Lissabon sowie in eingeschränkter Form Porto infrage kommen, denn nur dort wird man die gewünschten oben aufgeführten Geschäfte oder Restaurants in größerer Anzahl antreffen und eben nur dort finden sich Verbraucher mit dem entsprechenden Einkommenspotential, die sich solche Spezialitäten auch öfter leisten können. Bei diesen Bevölkerungsschichten ist bereits in beiden Ländern ein wachsendes Umwelt- und Gesundheitsbewußtsein zu beobachten, das sich unter anderem auch in einer leicht steigenden Nachfrage nach ökologisch erzeugten Produkten niederschlägt. Zwar können sich ein solches Verhalten zur Zeit vor allem besserverdienende Verbraucher "leisten", da biologisch erzeugte Produkte ausgesprochen teuer sind und nur von spezialisierten Geschäften (z.B. von Reformhäusern) geführt werden, aber die Nachfrage ist vorhanden. Diese wird sich in den kommenden Jahren langsam weiterentwickeln, da speziell das Umweltbewußtsein einen erheblichen Umdenkprozeß der spanischen und portugiesischen Bevölkerung verlangt.

4.1.4.2 Verlagerung der Fertigung ins Zielland

Kann von einer konstant hohen bzw. ausbaufähigen Nachfrage nach dem angebotenen deutschen Produkt ausgegangen werden, ist zu überlegen, ob die Verlagerung der Produktion ins Zielland nicht vorteilhafter wäre, als wöchentlich die Erzeugnisse in Form von mehreren LKW-Komplettladungen nach Spanien bzw. Portugal zu transportieren. Diese Alternative wäre aus ökologischer Sicht im Hinblick auf eine Entlastung der staugeplagten Straßen einer Produktion im heimischen Werk vorzuziehen. Dafür spricht weiterhin die Marktferne beider Länder von Deutschland aus, die sich weniger in der Höhe der Transportkosten als vielmehr in der Transportzeit niederschlägt. So hat ein Unternehmer die Möglichkeit, ein bestimmtes Produkt in Spanien oder Portugal in Lizenz herstellen zu lassen oder gleich eine eigene Produktionsstätte im Zielland zu errichten.

4.1.4.2.1 Die Lizenzproduktion im Zielland

Entscheidet sich ein deutscher Hersteller für die Produktion eines Teils seiner Produkte in Lizenz bei einer spanischen oder portugiesischen Molkerei, ist der Lizenznehmer so auszuwählen, daß das in Lizenz zu fertigende Erzeugnis dessen Produktpalette ergänzt, ohne mit ihr im Zielland in Konkurrenz zu treten. Neben einer etwa gleich starken Stellung beider Unternehmen auf ihren jeweiligen heimischen Märkten ist darauf zu achten, daß das spanische oder portugiesische Partnerunternehmen auch durch entsprechendes technologisches Know-how (z.B. Kenntnisse in der aseptischen Abfüllung) gewährleisten kann, daß das Lizenzprodukt (z.B. thermisierter Joghurt) den gleichen Qualitätsstandard beibehält wie bei der Produktion durch den deutschen Hersteller. Es sei der Vollständigkeit halber erwähnt, daß die Lizenzproduktion als solche sowie die Rechte, Pflichten und Sicherheiten der beiden Partnerunternehmen durch ein umfangreiches Vertragswerk schriftlich fixiert sein sollten, damit für den Fall von Unstimmigkeiten eine eindeutige Rechtsgrundlage gegeben ist. Eine solche Lizenzproduktion kann mit Investitionen seitens des Lizenzgebers - beispielsweise in technisches Equipment - einhergehen.

Von nicht zu unterschätzendem Vorteil bei dieser Art der Kooperation ist das Vorhandensein bereits etablierter Distributionskanäle, über die das Lizenzprodukt gemeinsam mit der übrigen Produktpalette des Lizenznehmers zum Endkunden gelangt. Molkereien in Spanien und Portugal unterhalten aufgrund der nicht durchgängig geschlossenen Kühlkette meist einen eigenen Fuhrpark, mit dem je nach Größe des Unternehmens der Handel regional oder landesweit ein- bis mehrmals wöchentlich beliefert wird. Wechselseitige Synergieeffekte wie die Listung des Lizenzproduktes in Handelsunternehmen, die bisher nur die Produktpalette des Lizenznehmers geführt haben, oder die Aufnahme weiterer Produkte aus der Palette des Lizenznehmers in den Ordersatz aufgrund der guten Erträge mit dem Lizenzprodukt, sind durchaus erzielbar. Außerdem besteht die Möglichkeit, Werbe- und Verkaufsförderungsaktionen gemeinsam durchzuführen und zu finanzieren, wodurch die Lizenzproduktion bereits Züge eines Franchisesystems annehmen kann.

Das Finden eines geeigneten Partners ist der schwierigste Schritt, da hier neben den Anforderungen an technologisches Know-how und an die technische Ausstattung auch ein erhebliches Maß an Vertrauen nötig sind. Von großer Bedeutung ist die Vertragsausgestaltung, um die Frage der Machtverteilung zu klären, beziehungsweise den Schaden von Know-how-Verlust bei Beendigung des Lizenzverhältnisses so gering wie möglich zu halten. Der deutsche Unternehmer sollte regelmäßig kontrollieren, ob der Lizenznehmer seiner Sorgfaltspflicht nachkommt und die Produkte entsprechend der vorgegebenen Spezifikationen herstellt.

4.1.4.2.2 Die Gründung eines Tochterunternehmens im Zielland

Hat sich der deutsche Hersteller auf dem spanischen oder portugiesischen Markt mit seinem Produkt oder seiner Produktpalette fest etabliert, steht ihm die Möglichkeit offen, sich dort mit einer eigenen Produktionsstätte niederzulassen. Die wichtigsten Entscheidungen umfassen zunächst die Wahl eines geeigneten Standortes und die **Festlegung der** (maschinellen und personellen) **Kapazitäten**. Die Planung der Kapazitäten ist nicht nur an der aktuellen und künftigen Marktnachfrage nach dem herzustellenden Erzeugnis zu orientieren sondern muß auch genügend Spielraum für Innovationen im Produkt- und Technologiebereich einkalkulieren. Es sollte jedoch nicht vergessen werden, daß der Rohstoff Milch in Spanien ein knappes Gut ist und Rohmilchimporte vor allem aus Frankreich stammen. Bei der **Wahl des** optimalen **Standorts** ist zu überlegen, ob sich dieser in einer der nördlichen, milchreichen Provinzen oder eher in Konsumentennähe (Zentral- bzw. Südspanien/ -portugal) befinden soll. Wird eine Produktionsstätte beispielsweise im Norden Spaniens erwogen, ermöglicht die geographische Nähe zu Portugal und Südfrankreich eine günstige Belieferung dieser beiden Märkte vom neuen Produktionsstandort aus. Falls dorthin zuvor keine Geschäftsbeziehungen bestanden haben, erleichtert der neue Standort die Erschließung dieser Regionen. Als Entscheidungshilfe bei der Standortwahl bieten sich die gängigen Investitionsrechenverfahren an. Die Nutzwertanalyse ist dann von Vorteil, wenn gleichzeitig nicht quantifizierbare Elemente in die Entscheidungsbewertung einbezogen werden sollen.

Es ist außerdem zu überlegen, ob ein eigener **Fuhrpark** für die Milcherfassung und/oder zur Belieferung des Handels vorgehalten werden soll, oder ob mit Spediteuren oder regionalen Distributeuren gearbeitet werden kann. Wegen der oft unzureichend geschlossenen Kühlkette ist es in erster Linie bei der Versorgung des Handels mit Frischprodukten üblich, daß Molkereien diesen Transport selbst durchführen. Für die Belieferung des Handels empfiehlt sich der Aufbau eines dichten Distributionsnetzes unter Einschaltung von Spediteuren. Soll (zusätzlich) ein eigener Fuhrpark vorgehalten werden - dieser kann auch bei einer Fusion mit einem Molkereiunternehmen übernommen worden sein -, ist es aus Kostengründen und zur Erleichterung des Controlling ratsam, diesen in Form eines Profitcenters aus dem eigentlichen Molkereigeschäft auszulagern.

Eine weitere Chance, die ein eigenes Produktionsunternehmen im Zielland bietet, liegt darin, daß die Möglichkeit besteht, von Anfang an konsequent eine **Marke** aufzubauen und ein entsprechendes Image zu kreieren. Dieser Schritt sollte bereits von Anfang an durch entsprechende Werbe- und Verkaufsförderungsmaßnahmen unterstützt werden.

Statt der Neugründung einer Tochtergesellschaft kann ein heimischer Unternehmer auch ein ausländisches Unternehmen akquirieren. Der Vorteil, der diesem hieraus erwächst, ergibt sich aus dem Verzicht auf eine langwierige und kostspielige Aufbau- und Anlaufphase des eigenen Auslandsunternehmens. Diese Übernahmestrategie ist insbesondere auf solchen (gesättigten) Konsumgütermärkten sinnvoll, die durch einen harten Verdrängungswettbewerb gekennzeichnet sind, auf denen eine Ausdehnung der eigenen Marktanteile also nur noch zu Lasten des Marktanteils des Mitbewerbers möglich ist. Aus distributionslogistischer Sicht von Vorteil ist, daß durch die Akquisition des ausländischen Unternehmens gleichzeitig eine etablierte Absatzstruktur mit erworben wird, die beim Aufbau unternehmenseigener Institutionen erst mühsam selbst errichtet werden muß.

4.2 Alternative Strategien für den Transport deutscher Molkereiprodukte nach Spanien und Portugal

In einer vom Autor zweimalig durchgeführten Expertenbefragung in deutschen Molkereiunternehmen bezüglich der bevorzugten Verkehrsmittel im Spanien- und Portugalverkehr mit Molkereiprodukten wurde in allen Fällen dem LKW der Vorzug eingeräumt. Allerdings antworteten von den 20 Befragten sieben, daß sie auch vom Bahntransport Gebrauch machen würden, wenn der Preis angemessen und die Kühlkette zuverlässig geschlossen wäre. Von den dreizehn Befragten, die ausschließlich den LKW präferierten, bekundeten immerhin noch drei ihr Interesse am Transport ihrer Molkereiprodukte mit der Eisenbahn. Der Bahntransport ist nach Ansicht der drei Befragten jedoch eine noch längst nicht ausgereifte Alternative zum LKW-Verkehr. Die von den Experten geäußerten Kritikpunkte und Vorbehalte waren bei beiden Befragungen die gleichen, nämlich:

- der Bahntransport ist zu teuer;
- die Bahn bietet nur einen eingeschränkten Service, der Informationsfluß weist erhebliche Lücken auf;
- Die Bahn weist wegen der engen Fahrplanbindung eine zu geringe

- Flexibilität auf, die lange Aviszeiten und einen hohen bürokratischen Aufwand nach sich zieht;
- die Bahn ist im Kühlbereich nicht zuverlässig genug, eine konstant lückenlos geschlossene Kühlkette ist nicht gewährleistet.

Aufgrund der Tatsache, daß immerhin die Hälfte aller Befragten, die die Gesamtheit der 1994 den spanischen und portugiesischen Markt bearbeitenden Unternehmen repräsentierten, Interesse am Bahntransport zeigen, erschien es angebracht, die Alternativen des LKW- und Bahntransportes etwas näher zu untersuchen und auf ihre Kosten und ihren Nutzen zu bewerten. Da von einzelnen Interviewpartnern auch der Schiffstransport nach Spanien und Portugal angesprochen wurde, soll auch dieser als Alternative in das Modell einbezogen werden.

Aus Gründen der Vollständigkeit ist in der Aufstellung der Gesamtkosten auch der Transport von Molkereiprodukten mit dem Flugzeug aufgeführt. Auch wenn eine Betrachtung der qualitativen Faktoren (Verkehrswertigkeiten) den Lufttransport positiv bewertet, zeigt ein Blick auf die Kostentabelle[1], daß sich der Einsatz lediglich für kleine Mengen, eilige Sendungen oder für besondere Anlässe, beispielsweise bei Messelieferungen, eignet. Aus diesem Grund findet der Transport von Molkereiprodukten als Luftfracht im weiteren Verlauf der Modellberechnung keine weitere Berücksichtigung.

Bevor die Ausgangsbedingungen für die Modellberechnung beschrieben und die Ergebnisse interpretiert werden, sollen in den folgenden Abschnitten in einem kurzen Überblick zunächst die Abwicklung der Transporte per LKW, Eisenbahn, Schiff und Flugzeug vorgestellt und später die verwendbaren Methoden für eine Modellberechnung und die Problematik ihres Einsatzes diskutiert werden.

4.2.1 Die Transportabwicklung beim Einsatz der verschiedenen Verkehrsträger

4.2.1.1 Der Transport auf der Straße

Der Transport von Molkereiprodukten im grenzüberschreitenden Verkehr von Deutschland nach Spanien oder Portugal erfolgt in Kühl-LKW.

[1] Vgl. Kapitel 4.2.3.1.1 "Die Transportkosten für die Verkehrsmittel LKW, Güterzug, Schiff und Flugzeug".

Dabei sind die Temperaturen für den Transport der einzelnen Molkereiprodukte in den sog. ATP-Regelungen[2] vorgeschrieben. Danach müssen Hartkäse und Schmelzkäse zwischen 0 und +15 °C, Butter zwischen +8 und +10 °C, Weichkäse und Blauschimmelkäse zwischen 0 und +8 °C sowie pasteurisierte, fermentierte und gefrorene Milch, frische Sahne und Frischkäse zwischen 0 und +6 °C transportiert werden. Diese Temperaturvorschriften gelten auch beim Transport per Bahn oder Schiff. Im Straßengütertransport erfolgt die Beförderung in vorgekühlten Sattelaufliegern oder in (ebenfalls vorgekühlten) Gliederzügen. Letztere haben den Vorteil, daß Produkte mit unterschiedlichen Temperaturanforderungen gleichzeitig transportiert werden können.

Verfügt der Verlader (die Molkerei) über eine eigene Transport- oder Exportabteilung, wird sie die entsprechenden Versandpapiere selbst erstellen und dem Spediteur aushändigen bzw. dem Empfänger zukommen lassen. Bei den übrigen Unternehmen übernimmt der Spediteur diese Aufgabe. Benötigt werden eine Handelsrechnung oder Proformarechnung, ein Akkreditiv je nach Vereinbarung, ein Gesundheitszeugnis, das die Unbedenklichkeit der Waren bestätigt[3], einen Frachtbrief, ein Ursprungszeugnis oder eine Ursprungserklärung und sonstige, speziell zwischen Verlader und Empfänger vereinbarte Dokumente. Der Spediteur schließt entsprechende Versicherungen für den Transport und die zu transportierenden Güter ab. In der Regel genügt die CMR-Versicherungspolice.

4.2.1.2 Der Transport auf der Schiene

Verfügt ein Unternehmen nicht über einen eigenen Gleisanschluß, kann es sich den kombinierten Verkehr Straße/Schiene zunutze machen.

2 Gesetzliche Temperaturbedingungen für die Beförderung von Lebensmitteln. In: Gesetz zu dem Übereinkommen vom 1. September 1970 über internationale Beförderungen leicht verderblicher Lebensmittel und über die besonderen Beförderungsmittel, die für diese Beförderungen zu verwenden sind (ATP), 26. April 1974, Bundesgesetzblatt II, Nr. 23 vom 11. Mai 1974, S. 565 - 618, insbesondere S. 617 - 618. Und Food in Europe 1993/94 Vogel-Jahrbuch, 2. Aufl., München 1993, S. 268 - 270.

3 Oft stellt der Hersteller dem zuständigen Veterinär an der Grenze bei erstmaliger Lieferung umfangreiches Informationsmaterial über die beförderten Produkte bis hin zur detaillierten Aufschlüsselung der Inhaltsstoffe und anteiligen Mengen im Produkt zur Verfügung. Vgl. Mitteilungen verschiedener hierzu befragter deutscher Molkereiunternehmen.

Dabei bedeutet kombinierter Verkehr die Beförderung von Gütern in ein und derselben Beförderungseinheit unter Benutzung mehr als eines Verkehrsträgers.[4] Ein Teilprozeß im Rahmen des organisatorischen Ablaufs des kombinierten Verkehrs stellt das Trucking dar. Hierunter versteht man die "Beförderung von Anhängern, Sattelanhängern, Wechselaufbauten oder Containern von mindestens 20 Fuß im Straßenverkehr im Vor- und Nachlauf eines kombinierten Verkehrs".[5] Der Hauptlauf wird von den Eisenbahnen abgewickelt.

Die Bahn bietet zwei Möglichkeiten des Kombinierten Verkehrs an, zum einen den Containerverkehr, bei dem ISO- und Eurocontainer[6] zur Verladung kommen, zum anderen den Huckepackverkehr, der sich in begleiteten und unbegleiteten Verkehr differenzieren läßt. Beim begleiteten Huckepackverkehr - auch Rollende Landstraße genannt - kommt der gesamte LKW samt Zugmaschine zur Verladung, dem Fahrer stehen Liege- und Gesellschaftswagen während der Fahrt zur Verfügung. Im System des unbegleiteten Huckepackverkehrs werden Sattelauflieger oder Wechselbehälter transportiert. In entsprechend dafür vorgesehenen Terminals mit den erforderlichen Umschlageinrichtungen werden die Transportgefäße für den Huckepackverkehr auf einen bereit stehenden Güterzug verladen. Am Zielbahnhof erfolgt ein erneuter Umschlag. Die Ladegefäße werden im Nachlauf entweder vom Empfänger selbst oder von einer beauftragten Spedition abgeholt.[7]

Wird die Ware in Containern oder Wechselbehältern transportiert, ist im grenzüberschreitenden Güterverkehr die Firma Intercontainer/Interfrigo zuständig. Ihr teilt der Verlader den gewünschten Zeitpunkt für die Bereitstellung des Kühlwechselbehälters (Tag und Uhrzeit), den Versandort sowie Anzahl und Behältergröße mit. Der Wechselbehälter wird

---

4 Laut Europäischem Übereinkommen über wichtige Linien des internationalen Kombinierten Verkehrs und damit zusammenhängender Einrichtungen (AGTC). Wirtschaftskommission für Europa (ECE), Binnenverkehrsausschuß, Genf, 1. Februar 1991.

5 Art. 2 Abs. 2 des Vorschlags einer Richtlinie des Rates über die Maßnahmen zur Förderung des kombinierten Verkehrs. In: Amtsblatt der Europäischen Gemeinschaften, 23. Jg. (1980), C 351 vom 31. Dezember 1980, S. 38.

6 Man unterscheidet zwischen Mittelcontainers mit einem Laderaum von weniger als 3 m³ und einer Länge bis zu 6 m (20 Fuß) und Großcontainern mit einem Laderaum von mehr als 3 m³ und einer Länge von mehr als 6 m (7 m = 30 Fuß; 12 m = 40 Fuß; 13,31 m = 43 Fuß).

7 Zu weiteren Details zum kombinierten Verkehr vgl. Bundesminister für Verkehr (Hrsg.): Kombinierter Verkehr Schiene/Straße in Deutschland. Strategiepapier und Anhänge 4 (Transportgefäße), 5 (Fahrzeuge), 6 (Umschlag) und 8 (Infrastruktur für den KV). Bonn, 4. April 1991.

an der Verladestelle bereitgestellt und nach der Beladung durch den Versender zum Weitertransport abgeholt.

Der Versender eines Wechselbehälters füllt einen internationalen Eisenbahnfrachtbrief aus, der den Kühlbehälter bis zum Endempfänger begleitet. Hierin sind Angaben über den Empfänger, die Zollbehandlung, Übergabe- und Auslieferungsbedingungen, Gewicht und sonstige Angaben sowie Informationen über die Transportkosten aufgrund des örtlichen Angebots und den Frachtzahler - in der Regel der Versender des Wechselbehälters - enthalten. Innerhalb der Umschlagbahnhöfe wird der Wechselbehälter darüber hinaus von einer Laufkarte begleitet.[8]

Am Transport von deutschen Molkereiprodukten nach Spanien und Portugal sind bis zu vier Eisenbahngesellschaften beteiligt (DBAG, SNCF, RENFE, CP).[9] Ein Wechsel der Eisenbahnen findet an den Grenzübergängen Kehl, Saarbrücken und Perl/Apach nach Frankreich statt. Nach einem Lokwechsel erfolgt die Weiterfahrt entweder über Hagondange, Paris, Tours, Bordeaux nach Hendaye/Irún oder über (Kehl, Straßburg) Hagondange, Toul, Dijon, Lyon, Perpignan nach Cerbère/Port Bou. In Hendaye (SNCF) und Irún (RENFE) sowie in Cerbère (SNCF) und Port Bou (RENFE) befinden sich die Spurwechselbahnhöfe. Dabei werden die Ladegefäße in der Regel auf einen bereitgestellten Zug mit spanischer Spurbreite umgeladen. Die Weiterfahrt erfolgt nach Barcelona zum Terminal Morrot, nach Madrid zum Terminal Abronigal Contenedores oder nach Lissabon zum Terminal Santa Apolonia. Hier wird der Wechselbehälter von avisierten Speditionen oder dem Großhändler/Importeur selbst in Empfang genommen.

4.2.1.3 Der Transport auf dem Schiff

Dem Verlader wird von der Reederei ein Container gestellt, der in der Regel bei einer Beladung innerhalb von drei Stunden kostenfrei ist. Der Vorlauf oder das Trucking zum Hafen wird entweder von der Reederei organisiert und ausgeführt, was oft aus Haftungsgründen bevorzugt wird, oder aber vom Verlader in die Wege geleitet (Werkverkehr, Spediteur).

[8] Vgl. Studiengesellschaft für den kombinierten Verkehr e.V.; Verein Deutscher Ingenieure e.V.: Zur Praxis des Containerverkehrs. In: Transportkette. Schriftenreihe der Studiengesellschaft für den kombinierten Verkehr. Heft. 29, Frankfurt/Main 1979, S. 90 - 95.

[9] Deutsche Bahn AG, Société Nationale des Chemins de Fer Français, Red Nacional de los Ferrocarriles Españoles, Caminhos de Ferro Portugueses.

An den Seehäfen haben Hafenbetriebsgesellschaften großflächige Containerterminals angelegt, in denen die auf Schiene, Straße oder Binnenwasserstraße ankommenden Container gesammelt, für den Weitertransport mit dem Schiff vorgestaut und schließlich auf die Containerschiffe umgeschlagen werden.[10] Die Abrechnung der Seefracht erfolgt dabei nach dem Stauen der Container im Containerschiff und nach der Erstellung der Transportdokumente. Wie beim Bahntransport mit Wechselbehältern muß auch für den Seetransport ein Containerfrachtbrief ausgefüllt werden. Den Nachlauf vom Ankunftshafen bis zur Entladestelle des Kunden organisiert je nach Vereinbarung (Incoterms) entweder der Verlader oder dieser avisiert den Kunden, der seinerseits die Ware abholt oder abholen läßt. Von Linienschiffen werden jedoch nur bestimmte Häfen angelaufen, so daß unter Umständen die Dienste eines Feeders (Zubringerschiffes) zur Erreichung des Zielhafens benötigt werden. Bei den Feedern handelt es sich um kleinere Frachtschiffe, die für den Containertransport für Kurzstrecken und als Zubringerdienst im Nahbereich einer kontinentalen Hafenkette konzipiert sind.[11]

Für den Schiffstransport der im nachfolgend beschriebenen Modell betrachteten Molkereiprodukte wird von der Reederei ein 40-Fuß-Reefer-Container[12] gestellt, der bei einer Beladung innerhalb von drei Stunden kostenfrei ist. Das Trucking erfolgt durch eine Vertragsspedition der Reederei bis Bremerhaven. Dort erfolgt der Umschlag auf ein Containerlinienschiff, das den oder die Container mit Molkereiprodukten schließlich nach Algeciras bringt. Zwischenzeitlich werden verschiedene Häfen in Großbritannien, den Niederlanden, Belgien und Frankreich angelaufen, woraus die in Kapitel 4.2.3.2.1 aufgezeigte lange Transportzeit resultiert. In Algeciras erfolgt ein neuerlicher Umschlag auf einen Feeder, wenn der oder die Container nach Barcelona oder Lissabon transportiert werden sollen, oder auf einen LKW, wenn Madrid als Zielort vorgesehen ist.

---

[10] Vgl. Studiengesellschaft für den kombinierten Verkehr e.V.; Verein Deutscher Ingenieure e.V.: Zur Praxis des Containerverkehrs. In: Transportkette. Schriftenreihe der Studiengesellschaft für den kombinierten Verkehr. Heft. 29, Frankfurt/Main 1979, S. 95 - 97.

[11] Vgl. Kapitel 2.3.3 und Piontek, Jochem: Internationale Logistik. Stuttgart 1994, S. 80.

[12] Reefer-Container sind Kühlcontainer, die entweder als Integrated Container mit eigenem Kühlaggregat oder als Porthole Container, der bord- oder landseitig durch zwei Öffnungen mit Kühlluft versorgt wird, konzipiert sein können.

4.2.1.4 Der Transport in der Luft

Der Vorlauf für die kühlungsbedürftigen Molkereiprodukte zum Flughafen in geeigneten Behältnissen wird vom Verlader organisiert und durchgeführt (Werkverkehr oder Spediteur). Am Flughafen erfolgt die Beladung der bereitgestellten Kühlcontainer. Die Verladung in das Flugzeug findet nach der Verzollung- und Dokumentenabwicklung (z.B. Prüfung des Luftfrachtbriefes, des Ursprungszeugnis, der Handels- oder Proformarechnung) direkt oder nach Zwischenlagerung in Flughafeneigenen Kühlhäusern statt. Im Zielland wird die Ladung nach Freigabe dem Importeur, Großhandel oder Spediteur übergeben, der die Zwischenlagerung, Kommissionierung und Auslieferung durchführt oder veranlaßt.

In diesem Zusammenhang sei auf die Entwicklung der sogenannten Integrators hingewiesen, die insbesondere im internationalen Verkehr in den letzten Jahren an Marktmacht gewinnen konnten. Es handelt sich dabei um Spediteure und Expreßdienste, die über eigene Flugzeuge verfügen und einen kompletten Haus-zu-Haus-Dienst anbieten. Der berechnete Gesamtpreis umfaßt alle Leistungen von der Abholung über die Zwischenlagerung, das Labelling bis hin zur verzollten Auslieferung.[13]

Im Rahmen der im folgenden vorzustellenden Modellrechnung wird der Luftfrachtverkehr von Molkereiprodukten lediglich im Rahmen der Kostenvergleichsrechnung aufgeführt und hier auch nur der Vollständigkeit halber, da die transportierbaren Mengen nicht mit denen des LKW-, Bahn- oder Schiffstransports vergleichbar sind.

4.2.2 Methoden zur Bewertung alternativer Transportstrategien

4.2.2.1 Die Bewertung alternativer Transportstrategien unter Kostenaspekten

Bei der Betrachtung alternativer Transportstrategien unter Kostenaspekten handelt es sich um eine klassische Investitionsentscheidung, die von Investitionsrechenmethoden unterstützt werden kann. Stehen als alleinige Datengrundlage für die Bewertung der Alternativen nur deren Kosten zur

---

[13] Solche Dienste bieten z.B. Federal Express, United Parcel Service und AirTrans von TNT sowie Kühne & Nagel an. Vgl. o.V.: Kühne & Nagel expandiert im Perishables-Geschäft. In: ZfL, 15. Jg. (1994), 2/1994, S. 53.

Verfügung, weil Angaben über künftige Erträge oder eine alternative Verzinsung nicht ermittelbar sind, kommt zur Lösung des Problems einzig das statische Verfahren der Kostenvergleichsrechnung in betracht. Kriterium für die Vorteilhaftigkeit einer Investition in eine der Transportstrategien ist die Differenz der Kosten der einzelnen Alternativen. Die ermittelten Gesamtkosten der Transportalternativen werden auf die Transportleistung bezogen und in DM je Tonne angegeben.

Nachteilig an diesem Investitionsrechenverfahren ist die sehr kurzfristige Betrachtungsweise, die eine Berücksichtigung künftiger Entwicklungen am Transportmarkt nicht ermöglicht. Darüber hinaus kann mit dieser Rechenmethode keine Aussage über die Rentabiltät der einzelnen Alternativen getroffen werden. Entscheidet sich ein Investor zugunsten der Transportalternative, die die geringsten Kosten verursacht, bedeutet dies noch nicht, daß ihm diese Alternative auch eine ausreichende Verzinsung seines eingesetzten Kapitals ermöglicht.[14] Allerdings lassen sich die genannten Nachteile der Kostenvergleichsrechnung auch mit Hilfe anderer Investitionsrechenverfahren und hier insbesondere der dynamischen Methoden nicht ohne weiteres beseitigen. Zwar berücksichtigen letztere die zeitliche Komponente, sie arbeiten aber mit groben Schätzgrößen, wenn es um die Höhe der künftigen Einzahlungs- und Auszahlungsströme geht. Auch der Kalkulationszinsfuß ist eine geschätzte Größe.[15]

Aus oben aufgeführten Punkten ist erkennbar, daß die Investitionsrechenverfahren als alleiniger Maßstab für die Bewertung alternativer Transportstrategien nicht ausreichen. Daher sollen die aus der Kostenvergleichsrechnung gewonnenen Informationen weitergehenden Bewertungsverfahren unterzogen werden. Die Notwendigkeit hierfür ergibt sich außerdem zwingend aus den verschiedenen, in Deutschland, Spanien und Portugal durchgeführten Befragungen, aus denen deutlich wird, daß die Kosten für eine Transportalternative nur ein Bewertungskriterium darstellen. Allerdings lassen sich die übrigen Kriterien nur qualitativ erfassen. Die anwendbaren Methoden für die Aus- und Bewertung der qualitativen Einflußfaktoren sowie die damit verbundene Problematik sind Gegenstand der folgenden Ausführungen.

[14] Vgl. Wöhe, Günter: Einführung in die Allgemeine Betriebswirtschaftslehre. 19. neubearbeitete Auflage, München 1996, S. 748 - 749.

[15] Vgl. hierzu auch Wöhe, Günter: Einführung in die Allgemeine Betriebswirtschaftslehre. 19. neubearbeitete Auflage, München 1996, S. 753 - 764 und Heinen, Edmund: Industriebetriebslehre - Entscheidungen im Industriebetrieb. 9. vollständig neu bearbeitete und erweiterte Auflage. Wiesbaden 1991, S. 914 - 919.

4.2.2.2 Die Berücksichtigung qualitativer Faktoren bei der Wahl alternativer Transportstrategien

4.2.2.2.1 Grundlegende Aspekte zu den Bewertungsverfahren

In der Praxis haben sich zur Bewertung der Rangfolge von Investitionen und zu deren grundsätzlicher Vorteilhaftigkeit die Kosten-Nutzen-Analyse, die Nutzwertanalyse und die Kostenwirksamkeitsanalyse durchgesetzt. Das Grundproblem all dieser Methoden ist in der Erfassung und Bewertung der verschiedenen Kosten- und Nutzenkomponenten zu suchen. Dabei ist die Quantifizierung des Nutzens und der einzelnen Teilnutzenkomponenten Voraussetzung für eine Bewertung. Dies bedeutet, daß die einzelnen, für die Entscheidung relevanten qualitativen Merkmale zunächst auf ihre Quantifizierbarkeit und Meßbarkeit hin geprüft werden müssen. Nutzen ist einer der ältesten Begriffe der Wirtschaftswissenschaften und seit jeher Mittelpunkt der traditionellen Konsumtheorie. Die Nutzenkonzeption ist, bedingt durch die Tatsache, daß Unternehmungen Entscheidungen aufgrund pluralistischer Zielsysteme fällen müssen, seit längerem auch in den Mittelpunkt der Unternehmungstheorie gerückt. Dies hat dazu geführt, daß man Unternehmer wie Konsumenten behandelt, die die Nutzenmaximierung zum Ziel haben. Hierdurch gelang es, eine Verbindung zur Konsumtheorie herzustellen.[16] Dabei sind die Nutzenkonzeption und die Entscheidungstheorie axiomatisch formuliert, wobei der Nutzenbegriff als quantitativer Begriff aufgefaßt wird. Der Nutzenbegriff bleibt solange ein rein formaler Begriff, bis nicht auf ganz bestimmte unternehmerische Ziele und deren relative Bedeutung Bezug genommen wird.

Im Rahmen der Nutzenaxiomatik werden die Forderungen angegeben, denen die kardinale Meßskala des Nutzenbegriffs genügen muß. Die axiomatisch formulierte Nutzentheorie kann als Theorie zur Erklärung der formalen subjektiven Rationalität interpretiert werden.[17] Anders ausgedrückt werden durch die Nutzentheorie, die in der wissenschaftlichen Literatur auch Präferenztheorie genannt wird, die an sich möglichen Antworten dergestalt idealisiert, daß "der typische, rational entscheiden-

[16] Vgl. Boulding, Kenneth E.: The present Position of the Theory of the Firm. In: Linear Programming and the Theory of the Firm. (Hrsg.: K.E. Boulding, W.A. Spirey). New York 1960, S. 4. Heinen, Edmund: Die Betriebswirtschaft in Forschung und Praxis, Band 1: Das Zielsystem der Unternehmung - Grundlagen betriebswirtschaftlicher Entscheidungen. Wiesbaden 1966, S. 147 - 150.

[17] Vgl. Heinen, Edmund: Die Betriebswirtschaft in Forschung und Praxis, Band 1: Das Zielsystem der Unternehmung - Grundlagen betriebswirtschaftlicher Entscheidungen. Wiesbaden 1966, S. 152.

de Mensch" repräsentiert wird.[18] Hierzu sind die folgenden Forderungen oder Axiome vonnöten:

- Das Vollständigkeitsaxiom, das besagt, daß jedes Nutzenelement (1) jedem anderen Nutzenelement (2) entweder vorgezogen, geringer geschätzt oder als gleichwertig angesehen wird:

W1 > W2 oder W2 < W1
W1 < W2 oder W2 > W1
W1 ~ W2 oder W2 ~ W1.

- Das Transitivitätsaxiom:
Diese Forderung beschreibt das Verhältnis zweier Nutzenelemente gegenüber einem dritten. Aus diesem Axiom wird die strenge Konsistenz abgeleitet. Vereinfacht läßt sich dieses Axiom wie folgt beschreiben:

Aus W1 > W2 und W2 > W 3 folgt, W1 >W3

- Das Reflexivitätsaxiom als zweites Definitionsmerkmal für die strenge Konsistenz setzt fest, daß bei völliger Übereinstimmung zweier Nutzenelemente diese beiden Elemente als indifferent zu betrachten sind.

Aus W1 = W2 folgt W1 ~ W2.

Durch diese beiden Axiome sind somit zirkuläre Präferenzbeziehungen wie W1 > W2 > W3 > W1 ausgeschlossen, da aus dem zweiten Axiom sonst die Beziehung W1 > W1 und aus dem dritten Axiom W1 ~ W1 folgen würde, was wiederum Axiom 1 widerspräche.[19]

In der praktischen Bewertungssituation scheint es allerdings notwendig zu sein, die strenge Konsistenz aufzugeben, da in vielen Fällen die Fähigkeit eines Entscheiders, Wertunterschiede festzustellen, erst ab gewissen Differenzen einsetzt. KRELLE[20] spricht im Zusammenhang mit der Feststellbarkeit von Wertunterschieden vom Schwellenwert der Fühlbarkeit. So ist es denkbar, daß der Entscheider sich hinsichtlich zweier Nutzen-

[18] Vgl. Krelle, Wilhelm: Präferenz- und Entscheidungstheorie. Tübingen 1968, S. 7.

[19] Vgl. Krelle, Wilhelm: Präferenz- und Entscheidungstheorie. Tübingen 1968, S. 7 - 9 und Bechmann, Arnim: Nutzwertanalyse, Bewertungstheorie und Planung. Hrsg.: Tuchtfeldt, Egon. Beiträge zur Wirtschaftspolitik, Band 29. Bern und Stuttgart 1978, S. 232 - 233.

[20] Vgl. Krelle, Wilhelm: Präferenz- und Entscheidungstheorie. Tübingen 1968, S. 7 - 9.

elemente indifferent zeigt, weil er die kaum merklichen Unterschiede nicht wahrnimmt. Diese minimalen Unterschiede können sich aber im Laufe des Bewertungsprozesses addieren und somit eine eindeutige Aussage erschweren. Dies bedeutet, daß die am Entscheidungsprozeß beteiligten Personen für die Erstellung eines Nutzen- beziehungsweise Präferenzmodells eine Reihe von Einflußfaktoren eliminieren müssen, die zu Ungenauigkeiten im Modell führen und somit die Aussagefähigkeit einschränken. Zu nennen sind hier die folgenden Punkte[21]:

- Der Entscheider verfügt nur über unvollständige Informationen über das Präferenzmodell;
- Eine Unschärfe von Denkprozessen kann zu Fehlbewertungen der Nutzenelemente führen;
- Die einzelnen Nutzenelemente sind nicht eindeutig definiert, so daß deren Inhalte von verschiedenen Entscheidern unterschiedlich interpretiert werden können;
- Die Tatsache, daß jeder Entscheider seine individuellen Wertstrukturen als Maßstab zur Modellbewertung ansetzt;
- Die Bewertung der Nutzenelemente wird außerdem durch eine zeitliche Komponente beeinflußt;
- Verschiedene Entscheider verfügen über unterschiedliche individuelle Fähigkeiten in bezug auf die Verknüpfung der Abhängigkeiten von entscheidungsrelevanten Variablen;
- Die Entscheider haben unterschiedlich hohe Erwartungen an das Modell.

Im folgenden werden drei mögliche Bewertungsverfahren kurz vorgestellt und auf ihre Verwendbarkeit in bezug auf die Wahl der optimalen Transportstrategie geprüft.

4.2.2.2.1.1 Kosten-Nutzen-Analyse

Einzelne Wirtschaftssubjekte berücksichtigen bei ihren Entscheidungen in der Regel nur diejenigen Wirkungen, die sie direkt betreffen. Sogenannte externe Effekte, die als Kosten oder Nutzen bei anderen Wirtschaftssubjekten auftreten, bleiben dabei meist unberücksichtigt. Andererseits ist eine Internalisierung dieser Effekte in den seltensten

---

[21] Vgl. Krelle, Wilhelm: Präferenz- und Entscheidungstheorie. Tübingen 1968, S. 7 - 9 und 20 - 21. Bechmann, Arnim: Nutzwertanalyse, Bewertungstheorie und Planung. Hrsg.: Tuchtfeldt, Egon. Beiträge zur Wirtschaftspolitik, Band 29. Bern und Stuttgart 1978, S. 52 - 58 und 334 - 336.

Fällen möglich und aus der Sicht der einzelnen Wirtschaftssubjekte auch nicht unbedingt erwünscht. Primäres Ziel der Kosten-Nutzen-Analyse (KNA) ist es jedoch, alle möglichen Wirkungen zu erfassen, die aus den Handlungen einzelner am Wirtschaftsleben teilnehmenden Gruppen oder Individuen folgen. Es werden also auch solche Wirkungen erfaßt, die im Entscheidungskalkül des Einzelnen keine Rolle spielen.

In der Theorie der Kosten-Nutzen-Analyse[22] werden drei Gruppen von Nutzenkomponenten differenziert: Zum einen gibt es Nutzenelemente, die quantifizierbar sind und sich in Geldeinheiten ausdrücken lassen. In diese Gruppe sind auch die Kosten- und Erlöskomponenten einzuordnen. Zum anderen gibt es solche Nutzenelemente, die zwar quantifizierbar sind, sich aber nicht in Geldeinheiten ausdrücken lassen (z.B. Umweltschadstoffe wie No_x oder CO_2). Die dritte Gruppe bilden die sogenannten "Intangibles" oder "Imponderabilien", also Nutzenelemente, die weder quantifizierbar sind noch sich in Geldeinheiten ausdrücken lassen.

Aufgabe der Kosten-Nutzen-Analyse ist es nun, neben den Kosten auch die ursprünglich nicht in Geldeinheiten ausdrückbaren Komponenten in monetäre Größen umzuwandeln und diese zu bewerten. Dabei werden alle Größen auf einen gemeinsamen Zeitpunkt diskontiert und miteinander verglichen. Die Diskontierungsraten orientieren sich gewöhnlich am Kapitalmarktzins.[23] Bewertungskriterium der KNA ist die Differenz zwischen den gesamten Kosten und Nutzen eines Projektes. Da jedoch nur einzelne projektbezogene Aufwendungen und Erträge sowohl identifizierbar als auch quantifizierbar sind und sich in monetären Größen ausdrücken lassen, bedeutet dies, daß die qualitativen Elemente und intangiblen Nutzen verbal definiert werden müssen. Die Gefahr besteht dabei, daß den monetär faßbaren Größen größeres Gewicht beigemessen wird als den lediglich verbal definierten Einflußfaktoren. Dies kann zu einer Unterschätzung der qualitativen Einflußfaktoren führen

---

[22] Heinen, Edmund: Industriebetriebslehre. 9. vollständig neu bearbeitete und erweiterte Auflage. Wiesbaden 1991, S. 941 - 942. Heinrichsdorf, Fritz: Nutzen-Kosten-Untersuchungen zur Bewertung von verkehrs- und umweltspezifischen Wirkungen der Bundesverkehrswegeplanung. In: Investition. Hrsg.: Bea, Franz-Xaver, Arnim Bohnet, Heribert Klimesch. Oldenbourg Verlag München 1981, S. 155 - 173.

[23] Vgl. Recktenwald, Hans Claus: Die Kosten-Nutzen-Analyse. Tübingen 1972. Heinen, Edmund: Industriebetriebslehre. 9. vollständig neu bearbeitete und erweiterte Auflage. Wiesbaden 1991, S. 942. Heinrichsdorf, Fritz: Nutzen-Kosten-Untersuchungen zur Bewertung von verkehrs- und umweltspezifischen Wirkungen der Bundesverkehrswegeplanung. In: Investition. Hrsg.: Bea, Franz-Xaver, Arnim Bohnet, Heribert Klimesch. Oldenbourg Verlag München 1981, S. 155 - 173.

und somit das Modellergebnis verfälschen. Die Tatsache, daß sich im vorliegenden Modell nicht alle Aufwendungen und Erträge für die einzelnen Transportstrategien über einen längeren Zeitraum erheben und erfassen lassen, führen zu der Feststellung, daß die Methode der KNA in dieser Arbeit keine befriedigenden Ergebnisse liefern kann.

4.2.2.2.1.2 Die Nutzwertanalyse

Im Gegensatz zur Kosten-Nutzen-Analyse verzichtet die Nutzwertanalyse auf die monetäre Bewertung nicht quantifizierbarer Faktoren. Die Vergleichbarkeit der einzelnen Alternativen und Beschreibung deren Zielerreichungsgrade erfolgt mit Hilfe von Nutzwerten. HEINEN stellt den Ablauf der Nutzwertanalyse in Anlehnung an Rinza und Schmitz[24] in sechs Arbeitsschritten dar:[25]

1. Aufstellung des Zielsystems,
2. Festlegung der Zielgewichte,
3. Aufstellung der Wertetabellen,
4. Bewertung der Alternativen,
5. Berechnung der Nutzwerte und Ermittlung der Rangfolge,
6. Nutzwert-Kosten-Gegenüberstellung.

(1) Aufstellung des Zielsystems. Von besonderer Bedeutung ist die sorgfältige Erstellung eines Zielsystems, das alle relevanten Ziele berücksichtigt und die Ziele gegeneinander so abgrenzt, daß diese nicht gegenseitig konkurrieren oder sich gar gegenseitig ausschließen, wie beispielsweise die Reduzierung der Kosten bei gleichzeitiger Steigerung des Lieferservice. Ziele sollten zweckmäßigerweise in Ober- und Unterzielkategorien zusammengefaßt werden, wodurch die Übersichtlichkeit

---

[24] Rinza, P. und H. Schmitz: Nutzwert-Kosten-Analyse. Düsseldorf 1977, ohne Seitenangabe. In: Heinen, Edmund: Industriebetriebslehre. 9. vollständig neu bearbeitete und erweiterte Auflage. Wiesbaden 1991, S. 943.

[25] Vgl. Heinen, Edmund: Industriebetriebslehre - Entscheidungen im Industriebetrieb. 9. vollständig neu bearbeitete und erweiterte Auflage. Wiesbaden 1991, S. 943 - 947. Zangemeister verwendet eine Einteilung in drei Stufen: 1. Bestimmung der situationsrelevanten Ziele und Zielkriterien, 2. Beschreibung der zielrelevanten Konsequenzen und 3. Bewertung der Alternativen unter Berücksichtigung der Zielerträge. Zangemeister, Christof: Nutzwertanalyse in der Systemtechnik. München 1973, S. 96.

erhöht und der Rechenaufwand reduziert wird. Folgende grundlegenden Aspekte sollten bei der Aufstellung eines Zielsystems gegeben sein:[26]

- Die Umsetzbarkeit der einzelnen Ziele darf nicht von vornherein unmöglich sein;
- Ziele dürfen sich nicht gegenseitig ausschließen, sollen sich aber auch nicht überschneiden;
- Die formulierten Ziele sollten das wahre Zielsystem des Entscheiders widerspiegeln. Eine falsche Zielformulierung hätte die Lösung irrelevanter Problemstellungen zur Folge;
- Die einzelnen Ziele sind nach logischen Gesichtspunkten in eine hierarchische Ordnung zu bringen;
- Die Zielhierarchie ist ständig auf ihre Vollständigkeit und Logik hin zu überprüfen.

(2) Festlegung der Zielgewichte. In einem weiteren Schritt werden die einzelnen Ziele mit Punkten gewichtet. Dabei erhält das wichtigste Kriterium eine hohe Punktzahl, das am wenigsten wichtige Zielkriterium die niedrigste Punktzahl. Die Gewichtung der einzelnen Ziele der verschiedenen Alternativen wird am zweckmäßigsten in einer Matrix dargestellt. Dies ermöglicht eine übersichtliche Gegenüberstellung der Unterschiede in der Rangfolge der einzelnen Ziele der aufgeführten Alternativen.

(3) Aufstellung der Wertetabellen und Wertefunktionen sowie (4) Bewertung der Alternativen. Zur besseren Vergleichbarkeit und Vereinheitlichung der unterschiedlichen Zielgrößen können diese in Wertetabellen graphisch dargestellt werden. Für das in dieser Arbeit verwendete Modell werden die Zielwerte und Teilnutzwerte in einer Kardinalskala dargestellt. Die kardinal skalierte Bewertung wird der ordinal skalierten deshalb vorgezogen, weil sich im Gegensatz zur letzteren konkrete Aussagen zu den Abständen zwischen den einzelnen Alternativen ableiten lassen. In einem Koordinatensystem werden auf der Abszisse die Zielwerte in aufsteigender Reihenfolge abgetragen. Die Ordinate trägt die Einheiten des jeweils zu bewertenden Teilnutzenkriteriums. Der günstigste zu erwartende Wert auf der Abszisse stellt den Eckpunkt dar, der mit dem höchsten Zielwert verbunden wird. Der ungünstigste zu erwartende Wert wird mit dem niedrigsten Zielwert verbunden. Alle übrigen Alternativen lassen sich durch ein Verbinden

---

[26] Vgl. Heinen, Edmund: Die Betriebswirtschaft in Forschung und Praxis, Band 1: Das Zielsystem der Unternehmung - Grundlagen betriebswirtschaftlicher Entscheidungen. Wiesbaden 1966, S. 89 - 92.

der auf der Abszisse aufgetragenen Punkte mit der Zielgeraden ermitteln (vgl. Abb. 28).

Im Modellfall wird von einer linearen Beziehung zwischen Nutzwert und dem Teilnutzenkriterium ausgegangen. Dies kann unter Umständen aber der Einschätzung des Entscheidungsträgers widersprechen. Im Hinblick auf die Transportkosten kann der Verlauf der Wertfunktion sowohl linear (steigende Kosten führen im gesamten Bereich zu jeweils gleich hohen Veränderungen des Zielwertes) als auch nichtlinear dargestellt werden.

Abb. 28: Bestimmung des Teilnutzwertes "Transportzeit"

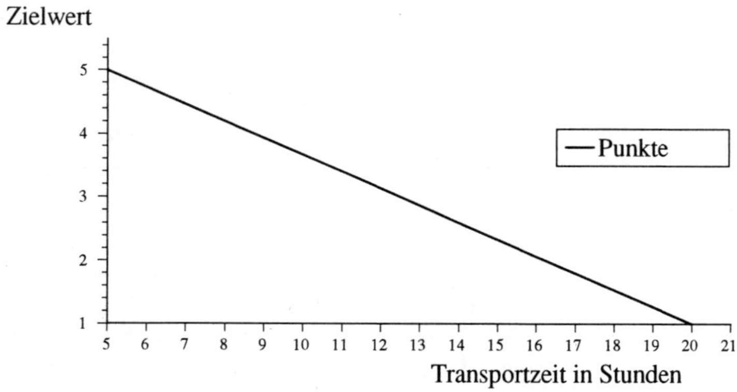

Eine Darstellung in konkaver Kurvenform würde bedeuten, daß steigende Transportkosten zunächst zu hohen, dann zu geringeren Veränderungen der Zielwerte führten, wenn der Entscheider auf die Kostenveränderungen reagiert. Auch beim Kriterium Transportzeit gibt es zwei Möglichkeiten der Darstellung. Es kann zum Beispiel davon ausgegangen werden, daß für den Entscheider ein bestimmter Schwellenwert existiert, der nicht überschritten werden darf. Vom Idealwert bis zum Schwellenwert ist ein linearer Verlauf festzustellen, der bei Überschreitung des Schwellenwertes in einen kurvenförmigen Verlauf übergeht. Dies bedeutet, daß bei geringfügiger Transportzeitüberschreitung das Verkehrsmittel überproportional schnell an Nutzen einbüßt (vgl. Abb. 29).

Abb. 29: Festlegung eines Schwellenwertes für den Teilnutzwert "Transportzeit"

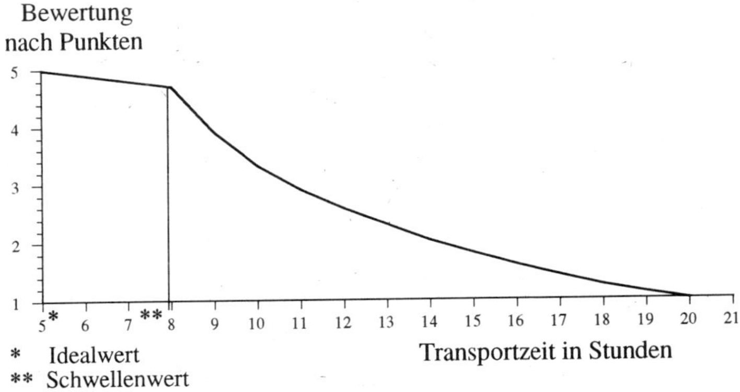

(5) Die Berechnung der Nutzwerte und Ermittlung der Rangfolge. Die in der Zielwertmatrix enthaltenen Teilnutzwerte werden in einem weiteren Schritt zum Gesamtnutzwert aggregiert. Jeder Projektalternative läßt sich somit ein Gesamtnutzwert zuordnen. Allerdings trägt nicht jeder Teilnutzwert in gleichem Maße zum Gesamtnutzwert bei. Dieser Tatsache wird durch die Wahl der Gewichtungsparameter Rechnung getragen. Erfolgt hier eine nicht den realen Präferenzen des Entscheiders entsprechende Gewichtung, kann es passieren, daß in diesem letzten entscheidenden Schritt der Nutzwertanalyse eine falsche Reihenfolge der einzelnen Alternativen abgeleitet wird. In der wirtschaftswissenschaftlichen Literatur ist dieser Problematik großes Interesse entgegengebracht worden.[27]

Bei der Aggregation der Teilnutzwerte zum Gesamtnutzwert unterscheidet man zwei Berechnungsalternativen. Zum einen die weitaus gebräuchlichste Form der additiven Verknüpfung der Teilnutzwerte sowie die multiplikative Verknüpfung. Dabei gehorcht die additive Verknüpfung dem Bernoulli-Prinzip, nach dem die Zielerwartung gleich der Summe der mit den Gewichtungsfaktoren multiplizierten oder gewichteten Zielerreichungsgrade ist. Bedingung ist, daß die Summe der Gewichtungsfaktoren 1 ist.

[27] Vgl. hierzu auch Krelle, Wilhelm: Präferenz- und Entscheidungstheorie, Tübingen 1968, S. 175 - 177; Pfohl, Hans-Christian, Günther E. Braun: Entscheidungstheorie: Normative und deskriptive Grundlagen des Entscheidens. Landsberg Lech 1981; Gäfgen, Gérard: Theorie der wirtschaftlichen Entscheidung. 2. Aufl., Tübingen 1972; Zangemeister, Christof: Nutzwertanalyse in der Systemtechnik. 3. Aufl. München 1973, S. 252.

$$Nges = \sum_{i=1}^{n} Ni * gi^{28}, \text{ wobei } \sum gi = 1$$

Dabei ist *Nges* der Gesamtnutzwert, *Ni* der Teilnutzwert, *i* der Index der Bewertungskriterien und *gi* die Gewichtung der Bewertungskriterien. Voraussetzung für diese Art der Verknüpfung ist die Unabhängigkeit der in den Gesamtnutzwert eingehenden Teilbewertungskriterien und eine einheitliche Dimensionierung aller Teilbewertungen. Da dies in der Realität nicht immer gegeben ist, muß zunächst eine Transformation dieser Einheiten in gleichdimensionierte oder dimensionslose Werte erfolgen, um zu sinnvollen Ergebnissen zu kommen. Erst nach diesem Schritt kann die additive Verknüpfung vorgenommen werden.

Die Verknüpfung der Teilnutzwerte erfolgt bei der multiplikativen Verknüpfung durch Multiplikation. Die Formel für diesen Bewertungsansatz lautet:

$$Nges = \prod_{i=1}^{n} Ni * gi$$

Eine Unabhängigkeit der Teilbewertungen wird hierbei nicht gefordert, weshalb sich starke Abweichungen von einer durchschnittlichen Bewertung auch stärker auf das Bewertungsergebnis auswirken als bei vorgenannter Methode. Dies ist der wesentliche Grund dafür, warum dieses Entscheidungsverfahren auch als realitätsnaher eingestuft wird als das der additiven Verknüpfung. Wie bei der additiven Verknüpfung fordert auch diese Methode eine einheitliche Dimensionierung der Teilnutzwerte. Es besteht die Möglichkeit, bei eng zusammenliegenden Gesamtnutzwerten der additiven Verknüpfung im Rahmen einer Sensitivitätsanalyse eine multiplikative Verknüpfung nachzuschalten, die eine stärkere Gewichtung der Randbereiche ermöglicht. Auf diese Weise kann die Stabilität der gewonnenen Lösung überprüft werden.

Die Summe bei der additiven Verknüpfung oder das Produkt bei der multiplikativen Verknüpfung der differenziert gewichteten Präferenzen des Entscheidungsträgers bildet den Gesamtnutzwert für jede einzelne zu bewertende Alternative. Dabei entscheidet die Höhe der Nutzwerte über die Vorzüglichkeit der einzelnen Alternativen. Zur Realisierung bietet sich die Alternative mit dem höchsten Nutzwert an.

---

[28] Vgl. Heinen, Edmund: Industriebetriebslehre - Entscheidungen im Industriebetrieb. 9. vollständig neu bearbeitete und erweiterte Auflage. Wiesbaden 1991, S. 946.

Entscheidender Vorteil der Nutzwertanalyse ist die nichtmonetäre Bewertung und die Aggregation von Teilnutzwerten unterschiedlicher Dimensionen (Stunden, Tonnen und andere). Außerdem ermöglicht sie eine Offenlegung von Wertentscheidungen, da der Entscheidungsträger bei der Aufstellung der Zielhierarchie, bei der Auswahl der Kriterien und deren Gewichtung, bei der Abschätzung der Zielerträge, bei der Erstellung von Wertetabellen und -funktionen und schließlich bei der Sensitivitätsanalyse seine individuellen Präferenzen als Maßstab ansetzt. Dies hat jedoch zugleich zur Folge, daß das Bewertungsverfahren einen hohen Individualisierungsgrad aufweist, so daß die Ergebnisse einer Untersuchung, die von mehreren Entscheidern bewertet wurde, nicht vergleichbar und damit objektiv überprüfbar sind.

Ein wichtiger Kritikpunkt an der Nutzwertanalyse betrifft die fehlende Möglichkeit einer mathematisch exakten Gewichtung und Bewertung der einzelnen Kriterien im Bewertungsverfahren. Besteht also Unsicherheit über die Richtigkeit der aus der Nutzwertanalyse gewonnenen Ergebnisse oder über die Richtigkeit und Genauigkeit der getroffenen Annahmen, sollte die Nutzwertanalyse durch ein weiteres Untersuchungsverfahren, beispielsweise durch eine Sensitivitätsanalyse, ergänzt werden. Dies sollte außerdem erfolgen, wenn die Nutzwerte der einzelnen untersuchten Alternativen eng beieinanderliegen.

Mit Hilfe der Sensitivitätsanalyse wird die Empfindlichkeit der gewonnenen Ergebnisse auf Änderungen der einzelnen Parameter hin untersucht. Dabei werden in erster Linie die Beiträge der Alternativen zu den Zielkriterien sowie die Gewichte der Zielkriterien kontrolliert. Zu diesem Zweck variiert man die Werte der Zielertragsmatrix. Verfügt der Entscheider nicht über genaue Angaben hinsichtlich der richtigen Größenordnung seiner Werte, wird er diese innerhalb eines von ihm geschätzten Wertebereichs verändern. Dabei besteht die Möglichkeit einer optimistischen Annahme, die ihm den höchsten vorstellbaren Wert liefert, der realistischen Annahme, die ihm den Wert mit der höchsten Wahrscheinlichkeit liefert, und einer pessimistischen Annahme, die ihm Aufschluß über den niedrigsten vorstellbaren Wert gibt. Mit Hilfe dieser Variationsrechnungen können die Auswirkungen der Annahmen auf die Reihenfolge der einzelnen Alternativen abgelesen werden. Als Ergebnis erhält der Entscheider eine veränderte Reihenfolge, die die wesentlichen Parameterveränderungen berücksichtigt.

Eine weitere wesentliche Schwäche der Nutzwertanalyse liegt darin, daß die einzelnen Ziele und Zielerreichungsgrade zur Erstellung der Teilnutzwertmatrix in der Praxis selten die geforderte Unabhängigkeit aufweisen. Aus diesem Grund ist auch bei den in dieser Arbeit erzielten Ergebnissen bezüglich der Bewertung der qualitativen Einflußfaktoren ein konzeptioneller Fehler nicht ausschließbar.

(6) Nutzwert-Kosten-Gegenüberstellung. Ein mit Hilfe der Nutzwertanalyse erstelltes Modell weist immer einen Nachteil auf, der das Modell als nicht realitätsnah genug kennzeichnet: Die für eine Investitionsentscheidung so notwendigen monetären Komponenten werden im Rahmen der Nutzwertanalyse nicht berücksichtigt.[29] Der Entscheider kann dieses Defizit jedoch dadurch umgehen, daß er die ihm entstehenden Projektkosten in einer Kostenwirksamkeitsrechnung den Nutzenkomponenten - wie im folgenden Abschnitt erläutert - gegenüberstellt.

4.2.2.2.1.3 Kostenwirksamkeitsanalyse

Mit Hilfe der Kostenwirksamkeitsanalyse ist es möglich, Elemente der Kosten-Nutzen-Analyse mit denen der Nutzwertanalyse zu verbinden, so daß zusätzlich zu den qualitativen auch die quantitativen Einflußfaktoren mit in die Wahl der optimalen Lösung einbezogen werden können. Das Berechnungsverfahren erfolgt analog zu dem der Nutzwertanalyse, allerdings mit der leichten Abwandlung, daß die Kostenwirksamkeitsrechnung die Zielerreichungsgrade der multiplen Zielsetzungen des Entscheidungsträgers den Projektkosten gegenübergestellt.[30] Eine weitere Abgrenzung zur Nutzwertanalyse ergibt sich außerdem durch die getrennte Erfassung von Kosten und Nutzen.[31]

Die Bewertung der Nutzenkomponente erfolgt analog der in der Nutzwertanalyse. Die direkten Kosten werden in Geldeinheiten ausgedrückt. Welche der aufgeführten Alternativen die vorteilhafteste bzw. vorzüglichste ist, wird durch Division der Nutzen- oder Wirksamkeitskomponenten mit der Kostenkomponente ermittelt. Finanzielle Restriktionen im Modell können mit Hilfe des fixed-cost-approach oder des fixed-effectiveness-approach Berücksichtigung finden. Im fixed-cost-approach ist die Alternative zu wählen und als die vorzüglichere anzusehen, die

---

[29] Vgl. Rürup, Bert: Die Nutzwertanalyse. In: WiSt. 11. Jg. (1982), S. 109 - 113.

[30] Vgl. Quade, Edward S.: Kosten-Wirksamkeitsanalyse. In: Kosten-Nutzen-Analyse und Programmbudget. Hrsg. Hans Claus Recktenwald. Tübingen 1970.

[31] Vgl. Fischer, Leopold: Probleme der Nutzenerfassung bei Kosten-Nutzen-Analysen und Kostenwirksamkeitsanalysen in der Verkehrsplanung. In: Zeitschrift für Verkehrswissenschaft. 44. Jg. (1973), Heft 1, S. 1 - 18.

einen vorher festgelegten Wirkungsgrad mit den geringstmöglichen Kosten erreicht. Beim fixed-effectiveness-approach hingegen wählt der Entscheidungsträger die Alternative, die bei gegebenem Kostenrahmen die höchstmögliche Wirksamkeit erzielt.

4.2.2.2.2 Beurteilung der Bewertungsverfahren und Auswirkungen auf die empirische Untersuchung

Bei der Beurteilung der einzelnen Bewertungsverfahren ist bereits zum Ausdruck gekommen, daß die einzelnen Methoden im Rahmen dieser Arbeit für sich gesehen nicht zu einem gewünschten aussagekräftigen Ergebnis führen. Die Methode der Nutzwertanalyse, kombiniert mit Elementen der Kostenwirksamkeitsanalyse, ermöglicht jedoch eine höhere Aussagefähigkeit der Ergebnisse.

Zunächst werden alle relevanten Teilnutzwertkriterien - mit Ausnahme der Transportkosten - einer Nutzwertanalyse unterzogen und durch additive Verknüpfung zum Gesamtnutzwert aggregiert. Als Ergebnis erhält man eine Rangfolge der Alternativen nach der absoluten Höhe der Nutzwerte. Liegen diese Werte eng beeinander, deutet dies unter Umständen auf ein labiles Ergebnis hin. Mit Hilfe einer anschließend durchgeführten multiplikativen Verknüpfung der Teilnutzwerte kann in diesem Fall eine genauere Aussage zur Gesamtwertigkeit getroffen werden. Die gewonnenen absoluten Werte müssen in einem weiteren Schritt in relative Nutzwerte umgerechnet werden, indem der absolute Nutzwert einer Alternative am höchsten absoluten Nutzwert aller Alternativen gemessen und das Ergebnis in von Hundert des höchsten Nutzwertes ausgedrückt wird. Ein Beispiel mit beliebig ausgewählten Teilnutzwertkriterien soll diese Vorgehensweise verdeutlichen:

Tab. 43: Absolute und relative Nutzwerte nach der Bildung von Teilnutzwerten aus qualitativen Zielkriterien

Alternative	Absoluter Nutzwert	Relativer Nutzwert
A1	4,9	100 %
A2	2,8	57,1 %
A3	3,6	73,5 %
A4	0,9	18,4 %

Die Kombination der Nutzwertanalyse und der Kostenwirksamkeitsanalyse erfolgt im zweidimensionalen Kosten-Nutzen-Diagramm, womit der Tatsache Rechnung getragen wird, daß verschiedene Alternativen sowohl unterschiedliche Kosten als auch unterschiedliche Nutzwerte aufweisen und damit eine eindeutige Entscheidung für die eine oder andere Alternative unmöglich wird. Die relativen Nutzwerte der einzelnen Kriterien werden auf der Abszisse, die direkten Kosten auf der Ordinate des Kosten-Nutzen-Diagramms aufgetragen. Die Eckpunte im Koordinatensystem bilden der absolut höchste Wert für die direkten Kosten bzw. der höchste relative Nutzwert (100 %). Nimmt man für die oben aufgeführte Alternativen direkte Kosten in Höhe von 80,- DM/t (A1), 120,- DM/t (A2), 100,- DM/t (A3) und 160,- DM/t (A4) an, ergibt sich nachfolgendes Kosten-Nutzen-Diagramm (vgl. Abb. 30).

Abb. 30: Beispiel für ein Kosten-Nutzen-Diagramm

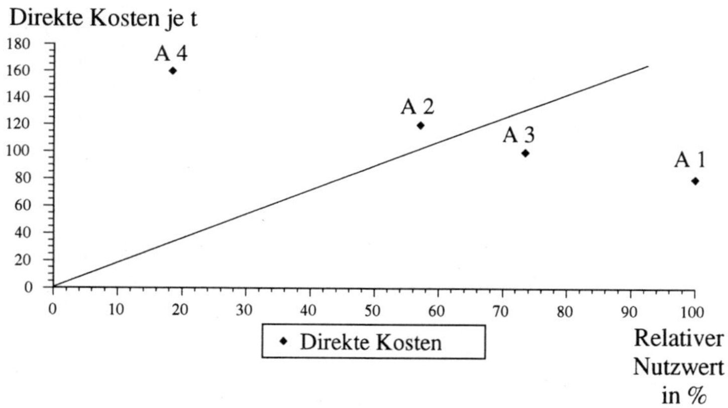

Es muß allerdings darauf hingewiesen werden, daß aufgrund der kurzfristigen Betrachtung der Kostenkomponenten keine definitive, mittelfristig gültige Aussage über die beste Alternative getroffen werden kann. Zur Absicherung der gewonnenen Ergebnisse sollte deshalb eine Sensitivitätsanalyse durchgeführt werden, in der die Parameter zu variieren sind, von denen mittelfristig Veränderungen ausgehen werden. Bleibt die beste Alternative, basierend auf den Gegenwartswerten, auch unter Berücksichtigung der Zukunftswerte optimal, kann von einer stabilen Entscheidung gesprochen werden. Fällt die heute getroffene Entscheidung jedoch bei Veränderungen, die zukünftig zu erwarten sind, gegenüber einer anderen Alternative zurück, liegt ein labiles Ergebnis vor.

Ein Entscheider kann als Hilfsmittel eine ISO-Kosten/Nutzen-Gerade in das Diagramm eintragen, wobei die von ihm gewählte Steigung der

zum Gesamtnutzen ansetzt. Es sei hier jedoch auf das hohe Maß an Subjektivität bei der Bewertung hingewiesen, da der angesetzte Winkel beim Eintragen der Geraden in das Diagramm die Alternativenrangfolge beeinflußt. Alle Punkte auf der ISO-Geraden haben das gleiche Kosten-Nutzen-Verhältnis. Die Punkte zwischen der Ordinate und der ISO-Geraden haben ein ungünstigeres, während die Punkte zwischen der ISO-Gerade und der Abszisse ein günstigeres Kosten-Nutzen-Verhältnis aufweisen. Das Kosten-Gesamtnutzen-Verhältnis wurde im Beispielfall mit 50 % zu 50 % festgelegt. Im Beispiel ist Alternative A4 die ungünstigste und A1 die günstigste Alternative.

Der Entscheidungsträger legt durch die Steigung der ISO-Geraden und die Wahl ihres Abstandes vom Ursprung bereits ein Entscheidungsfeld fest. Im vorliegenden Beispiel lautet die Forderung: "Ziehe die Alternativen näher in Betracht, die sich rechts von der ISO-Geraden befinden." Da die beiden Alternativen A4 und A2 links von der Geraden liegen, fallen sie als realisierbare Alternativen heraus. Die für den Entscheidungsträger optimale Alternative ist diejenige, deren Kostenkomponente mit dem höchsten relativen Nutzwert verbunden ist, im vorliegenden Fall die Alternative A1. A3 stellt die nächstgünstige Lösung dar.

Der Vorteil dieser Methodik liegt in der Möglichkeit einer getrennten Behandlung von Kosten und Nutzen. Es können jedoch keine Aussagen über die Höhe der Abstände zwischen den Alternativen getroffen werden. Als weiterer Nachteil erweist sich die bereits erwähnte Subjektivität bei der Wahl der Steigung der ISO-Kosten-Geraden, da das Verhältnis von Kosten und Gesamtnutzen größere Schwankungsbreiten aufweisen kann.

4.2.3 Kriterien für einzelbetriebliche Transportentscheidungen

4.2.3.1 Quantitative Entscheidungskriterien

4.2.3.1.1 Transportkosten für die Verkehrsmittel LKW, Güterzug, Schiff und Flugzeug

Unter Transportkosten sollen hier die Kosten vom Produzenten in Deutschland bis zum ersten Empfänger (Importeur/Großhändler) in Spanien oder Portugal verstanden werden, die für das jeweilige Verkehrsmittel zu veranschlagen sind. Sowohl beim Transport mit der Bahn als auch beim Transport mit dem Schiff und dem Flugzeug sind Kosten für

auch beim Transport mit dem Schiff und dem Flugzeug sind Kosten für den Vor-, Haupt- und Nachlauf zu kalkulieren, während beim LKW die gesamte Strecke den Hauptlauf darstellt.

Nach der Auswertung der Expertengespräche kristallisieren sich zwei große Regionen heraus, in denen die nach Spanien und Portugal exportierenden deutschen Molkereiproduktehersteller ansässig sind. Zum einen ist dies die Region Süd-Bayern/Süd-Baden-Württemberg und zum anderen die Region West-Niedersachsen mit Westfalen. Von diesen beiden Regionen werden die Molkereiprodukte in drei Zielregionen nach Spanien und Portugal transportiert, die mit den Standorten der wichtigsten Großhändler/Importeure identisch sind. Diese Zielregionen sind Barcelona, Madrid und Lissabon. Auf allen Relationen werden Kühlfahrzeuge oder Kühlbehälter eingesetzt.

Die der Modellrechnung zugrundegelegten Kostenkomponenten stellen beim LKW-Transport Durchschnittswerte der Angaben der Interviewpartner dar, bei Bahn, Schiff und Flugzeug basieren sie auf Angeboten der Firma Intercontainer-Interfrigo Basel, der Reederei Maersk Hamburg sowie der Luftfrachtspedition UNI-DATA aus Schwaig. Die für die jeweiligen Verkehrsmittel erhaltenen Angebote gelten für die drei Gewichtsklassen "bis 8 t", "8,1 bis 16 t" und "16,1 bis 24 t". Da in der Kostenvergleichsrechnung ein Bezug der Kosten auf eine Leistungseinheit verlangt wird, wurden die Transportkosten in der Modellrechnung für 8 t, 15 t und 24 t Ware aus den Angaben der Gewichtsklassen abgeleitet. Diese drei Gewichtsstufen entsprechen den zur Zeit nach Spanien und Portugal gesandten Tonnagen. In den Tabellen sind die exakten Zahlenwerte auf ganze Zahlen auf- oder abgerundet eingetragen. Im folgenden sollen zunächst die Ausgangsbedingungen der Modellrechnung für die einzelnen Verkehrsmittel in bezug auf die relevanten Kostenkomponenten beschrieben werden.

(1) Kosten für den LKW-Transport

Bei den in den Tabellen 44 und 45 aufgeführten Transportkosten für die jeweiligen Tonnagen und Relationen handelt es sich um Durchschnittswerte, die aus den von den Interviewpartnern aus der Molkereiwirtschaft und dem Transportgewerbe angegebenen Frachtraten ermittelt wurden. Auf allen Relationen und für alle Gewichtsklassen verkehren LKW mit Sattelauflieger (24 t Nutzlast), wobei alle Fahrzeuge mit einem Kühlaggregat ausgestattet sind. Die Abwicklung der Transporte erfolgt über Spediteure.

Tab. 44: Kosten des LKW-Transports von Süd-Bayern/Süd-Baden-Württemberg nach Barcelona, Madrid und Lissabon (in DM bzw. DM/t, Stand 1994)

Zielort	Tonnage	Frachtkosten Hauptlauf	Gesamtkosten	DM/t bei 8 t	DM/t bei 15 t	DM/t bei 24 t
Barcelona	bis 8 t	2.150	2.150	269,00		
	8,1 - 16 t	2.345	2.345		156,00	
	16,1 - 24 t	3.123	3.123			130,00
Madrid	bis 8 t	2.405	2.405	301,00		
	8,1 - 16 t	2.650	2.650		177,00	
	16,1 - 24 t	3.450	3.450			144,00
Lissabon	bis 8 t	4.580	4.580	573,00		
	8,1 - 16 t	4.790	4.790		319,00	
	16,1 - 24 t	4.580	4.580			191,00

Quelle: Eigene Berechnungen auf der Basis der Angaben aus den Interviews.

Ein Vergleich der Transportkosten aus den beiden Ausgangsregionen macht deutlich, daß der Transport von West-Niedersachsen/Westfalen nach Spanien und Portugal trotz größerer Entfernung lediglich zwischen DM 50,- und DM 200,- teurer ist, als von Süd-Bayern/Süd-Baden-Württemberg. Aus beiden Tabellen ist deutlich erkennbar, wie sich mit zunehmender Tonnage die Frachtraten verringern. Bei einer Verdreifachung der Tonnage (von 8 t auf 24 t) sinken die Kosten je Tonne auf der Relation nach Spanien um die Hälfte, beim Transport nach Lissabon sogar auf ein Drittel.

Tab. 45: Kosten des LKW-Transports von West-Niedersachsen/Westfalen nach Barcelona, Madrid und Lissabon (in DM bzw. DM/t, Stand 1994)

Zielort	Tonnage	Frachtkosten Hauptlauf	Gesamtkosten	DM/t bei 8 t	DM/t bei 15 t	DM/t bei 24 t
Barcelona	bis 8 t	2.200	2.200	275,00		
	8,1 - 16 t	2.450	2.450		163,00	
	16,1 - 24 t	3.250	3.250			135,00
Madrid	bis 8 t	2.495	2.495	312,00		
	8,1 - 16 t	2.850	2.850		190,00	
	16,1 - 24 t	3.633	3.633			151,00
Lissabon	bis 8 t	4.750	4.750	594,00		
	8,1 - 16 t	4.980	4.980		332,00	
	16,1 - 24 t	4.700	4.700			196,00

Quelle: Eigene Berechnungen auf der Basis der Angaben aus den Interviews.

(2) Kosten für den Bahntransport

Im Gegensatz zum LKW-Transport handelt es sich beim Transport im kombinierten Verkehr mit der Bahn um einen gebrochenen Verkehr. Neben den Kosten für den Hauptlauf fallen Kosten sowohl für den Vor- und Nachlauf als auch für den Umschlag an. Für die von der Firma Intercontainer-Interfrigo (ICC) in verschiedenen Größen gestellten Kühl-Wechselbehälter wird eine Mietgebühr erhoben.

In der Modellrechnung wird für alle Relationen und Tonnagen von einem 40-Fuß-Kühlwechselbehälter ausgegangen. Den Vorlauf zum Terminal sowie den Nachlauf im Zielland führen Spediteure durch, die von der Firma ICC hierzu beauftragt wurden. Dabei wurde für den Vorlauf von der Molkerei oder Käserei aus dem Raum Süd-Bayern/Süd-Baden-Württemberg zum Umschlagbahnhof München-Riem (UBM) eine durchschnittliche Entfernung von 120 km angenommen. Der nächstgelegene Umschlagbahnhof für die Region West-Niedersachsen/Westfalen, von wo aus von der Firma ICC Züge nach Spanien und Portugal angeboten werden, ist Neuss-Hessentor. Der Vorlauf wird hier auf durchschnittlich 280 km veranschlagt. Da sich die Großhändler/Importeure im Einzugsgebiet von Barcelona, Madrid und Lissabon befinden, wurde der Nachlauf auf 50 km festgelegt.

Da sowohl der Vor- als auch der Nachlauf von Spediteuren durchgeführt wird, braucht das Problem der Rückfracht hier nicht berücksichtigt zu werden. Die Tabellen 46 und 47 geben die Transportkosten auf den einzelnen Relationen wieder. Den Daten beider Tabellen liegen die Angebote der Firma Intercontainer-Interfrigo zugrunde. Obwohl die Entfernungen der beiden betrachteten Umschlagbahnhöfe in Deutschland zu denen in Spanien oder Portugal nur um wenige Kilometer differieren,[32] zeigt ein Blick auf die Tabellen 46 und 47 einen deutlichen Unterschied in den Hauptlaufkosten. Dieser kommt dadurch zustande, daß täglich lediglich einzelne Waggons mit Kühlwechselbehältern ab München-Riem in herkömmlichen Güterzügen zunächst bis Kehl und später durch Frankreich nach Spanien und Portugal geführt werden. Die Waggons werden solange verschiedenen Güterzügen angehängt, bis sie den Zielbahnhof erreicht haben.

Von Neuss-Hessentor verkehrt hingegen täglich ein eigens für die Relation Neuss-Barcelona-Valencia eingesetzter Ganzzug, so daß das auf dieser Strecke ohnehin höhere Frachtaufkommen gebündelt und zu festen

[32] Vgl. Tabelle 63-3 in Kapitel 4.2.3.2.1.

Tab. 46: Kosten des Eisenbahntransports von Südbayern/Süd-Baden-Württemberg nach Barcelona, Madrid und Lissabon (in DM bzw. DM/t, Stand 1994)

Zielort	Tonnage	Container-Miete	Vorlauf-kosten [1]	Umschlag-kosten Abgangsort [2]	Frachtkosten Hauptlauf	Umschlag-kosten Zielort [3]	Nachlauf-kosten [4]	Gesamt-kosten	DM/t bei 8 t	DM/t bei 15 t	DM/t bei 24 t
Barcelona	bis 8 t	501,00	590,00	40,00	1.776,00	44,00	75,00	3.026,00	378,00		
Morrot	8,1 - 16 t	501,00	590,00	40,00	1.900,00	44,00	93,00	3.168,00		211,00	
	16,1 - 24 t	501,00	590,00	40,00	2.519,00	44,00	93,00	3.787,00			158,00
Madrid	bis 8 t	501,00	590,00	40,00	2.343,00	44,00	65,00	3.583,00	448,00		
Abronigal	8,1 - 16 t	501,00	590,00	40,00	2.508,00	44,00	82,00	3.764,00		251,00	
Conten.	16,1 - 24 t	501,00	590,00	40,00	3.329,00	44,00	82,00	4.585,00			191,00
Lissabon	bis 8 t	501,00	590,00	40,00	3.937,00	42,00	77,00	5.187,00	648,00		
Sta. Apo-	8,1 - 16 t	501,00	590,00	40,00	3.937,00	42,00	93,00	5.203,00		347,00	
lonia	16,1 - 24 t	501,00	590,00	40,00	4.616,00	42,00	93,00	5.883,00			245,00

[1] In der Modellrechnung wird ein Vorlauf von 120 km zum Terminal angenommen.
[2] Der Betrag beinhaltet die Übergabe des Wechselbehälters auf LKW oder Abstellplatz und den Umschlag auf den Eisenbahnwaggon.
[3] Der Betrag beinhaltet die Übergabe des Wechselbehälters auf LKW inkl. Umschlag.
[4] In der Modellrechnung wird ein Nachlauf von bis zu 50 km vom Terminal angenommen.

Quelle: Eigene Berechnungen auf der Basis der Angaben aus den Interviews

Tab. 47: Kosten des Eisenbahntransports von West-Niedersachsen/Westfalen nach Barcelona, Madrid und Lissabon (in DM bzw. DM/t, Stand 1994)

Zielort	Tonnage	Container-Miete	Vorlauf-kosten [1]	Umschlag-kosten Abgangsort [2]	Frachtkosten Hauptlauf	Umschlag-kosten Zielort [3]	Nachlauf-kosten [4]	Gesamt-kosten	DM/t bei 8 t	DM/t bei 15 t	DM/t bei 24 t
Barcelona	bis 8 t	501,00	670,00	40,00	1.237,00	44,00	75,00	2.567,00	321,00		
Morrot	8,1 - 16 t	501,00	720,00	40,00	1.323,00	44,00	93,00	2.721,00		181,00	
	16,1 - 24 t	501,00	760,00	40,00	1.749,00	44,00	93,00	3.187,00			133,00
Madrid	bis 8 t	501,00	670,00	40,00	1.703,00	44,00	65,00	3.023,00	378,00		
Abronigal	8,1 - 16 t	501,00	720,00	40,00	1.822,00	44,00	82,00	3.208,00		214,00	
Conten.	16,1 - 24 t	501,00	760,00	40,00	2.415,00	44,00	82,00	3.841,00			160,00
Lissabon	bis 8 t	501,00	670,00	40,00	2.177,00	42,00	77,00	3.507,00	438,00		
Sta. Apo-	8,1 - 16 t	501,00	720,00	40,00	2.330,00	42,00	93,00	3.726,00		248,00	
lonia	16,1 - 24 t	501,00	760,00	40,00	3.092,00	42,00	93,00	4.528,00			189,00

[1] In der Modellrechnung wird ein Vorlauf von 280 km zum Terminal angenommen.
[2] Der Betrag beinhaltet die Übergabe des Wechselbehälters auf LKW oder Abstellplatz und den Umschlag auf den Eisenbahnwaggon.
[3] Der Betrag beinhaltet die Übergabe des Wechselbehälters auf LKW inkl. Umschlag.
[4] In der Modellrechnung wird ein Nachlauf von bis zu 50 km vom Terminal angenommen.

Quelle: Eigene Berechnungen auf der Basis der Angaben aus den Interviews

Zeiten nach Fahrplan in das Zielland gefahren wird. Hierdurch wird eine wesentlich günstigere Kostenkalkulation ermöglicht. Zu erwähnen ist außerdem die zentralere geographische Lage von Neuss im Vergleich zu München. Von Neuss-Hessentor aus werden von der Firma ICC direkte Zugverbindungen zu den dänischen, deutschen, niederländischen und belgischen Hafen- und sonstigen wichtigen Städten sowie bis zur polnisch-, slowakisch- und ungarisch-russischen Grenze angeboten. Der Neusser Umschlagbahnhof liegt außerdem an der Rheinschiene, die gute Nord-Südverbindungen innerhalb Deutschlands ermöglicht, aber auch eine gute Anbindung an die Staaten Frankreich, Schweiz, Österreich und Italien bietet.[33] Die Verbindungen von München nach Frankreich, Spanien und Portugal erfolgten bis Ende 1995 über Mannheim und Kehl, werden aber seit 1996 im Zuge einer Zentralisierung verschiedener Relationen auf einige wenige Grenzübergangsstationen über Saarbrücken geleitet. Dies bedeutet für einen Güterzug aus München-Riem einen Umweg über Mainz und Koblenz und hat auf jeden Fall Auswirkungen auf die gesamte benötigte Transportzeit bis zum Zielbahnhof in Spanien oder Portugal.

(3) Kosten für den Schiffstransport

Beim Schiffstransport als gebrochenem Verkehr fallen, wie beim Bahntransport, zusätzlich zu den Kosten für den Hauptlauf, Kosten für den Vor- und Nachlauf sowie für den Umschlag an. Der Transport auf der gesamten Strecke erfolgt in 40-Fuß-Reefer-Containern, die dem Verlader bis zu einer Standzeit von drei Stunden kostenfrei zur Verfügung gestellt werden. Da der Vorlauf vom Verlader zum Hafen aus haftungstechnischen Gründen oft von den Reedereien über Vertragsspediteure durchgeführt wird, soll dieser Fall auch in der Modellrechnung angenommen werden. Der Vorlauf aus Süd-Bayern/Süd-Baden-Württemberg wird in der Modellrechnung mit durchschnittlich 760 km, der von West-Niedersachsen/Westfalen mit durchschnittlich 120 km angegeben. In den Vorlaufkosten sind der Transport zum Verlader mit leerem Container sowie der Transport des beladenen Containers zum Hafen enthalten. Der Nachlauf in Barcelona und Lissabon erfolgt im Umkreis von max. 50 km vom jeweiligen Hafen. Die Berechnung der Nachlaufkosten nach Madrid orientiert sich am Gewicht und zwar:

[33] Vgl. hierzu auch die von der Firma Intercontainer-Interfrigo 1993 herausgegebene Gabaritkarte für Europa.

Tab. 48: Kosten des Schiffstransports von Südbayern/Süd-Baden-Württemberg nach Barcelona, Madrid und Lissabon (in DM bzw. DM/t, Stand 1994)

Zielort	Tonnage	Container-Miete [1]	Vorlauf-kosten [2]	Umschlag-kosten Abgangsort	Frachtkosten Hauptlauf	Umschlag-kosten Zielort	Nachlauf-kosten	Gesamt-kosten	DM/t bei 8 t	DM/t bei 15 t	DM/t bei 24 t
Barcelona	bis 8 t		2.200,00	230,00	4.460,00	230,00	77,00	7.197,00	900,00		
	8,1 - 16 t		2.200,00	230,00	4.460,00	230,00	69,00	7.189,00		479,00	
	16,1 - 24 t		2.200,00	230,00	4.460,00	230,00	78,00	7.198,00			300,00
Madrid*	bis 8 t		2.200,00	230,00	3.595,00	230,00	3.058,00	9.313,00	1.164,00		
	8,1 - 16 t		2.200,00	230,00	3.595,00	230,00	4.403,00	10.658,00		711,00	
	16,1 - 24 t		2.200,00	230,00	3.595,00	230,00	3.975,00	10.230,00			426,00
Lissabon	bis 8 t		2.200,00	230,00	4.430,00	230,00	75,00	7.165,00	896,00		
	8,1 - 16 t		2.200,00	230,00	4.430,00	230,00	63,00	7.154,00		477,00	
	16,1 - 24 t		2.200,00	230,00	4.430,00	230,00	65,00	7.155,00			298,00

* Zielhafen ist Algeciras, der Nachlauf erfolgt mit LKW ab Algeciras.

[1] Die Containermiete ist in den Vorlaufkosten inkludiert. Die Reederei verlangt bei einer Standzeit von bis zu 3 Stunden keine Gebühren.

[2] In der Modellrechnung wird von einem Vorlauf bis zum Hafen Bremerhaven von 760 km ausgegangen.

Quelle: Eigene Berechnungen auf der Basis der Angaben aus den Interviews

Tab. 49: Kosten des Schiffstransports von West-Niedersachsen/Westfalen nach Barcelona, Madrid und Lissabon (in DM bzw. DM/t, Stand 1994)

Zielort	Tonnage	Container-Miete [1]	Vorlauf-kosten [2]	Umschlag-kosten Abgangsort	Frachtkosten Hauptlauf	Umschlag-kosten Zielort	Nachlauf-kosten	Gesamt-kosten	DM/t bei 8 t	DM/t bei 15 t	DM/t bei 24 t
Barcelona	bis 8 t		725,00	230,00	4.460,00	230,00	77,00	5.722,00	715,00		
	8,1 - 16 t		725,00	230,00	4.460,00	230,00	69,00	5.714,00		381,00	
	16,1 - 24 t		725,00	230,00	4.460,00	230,00	78,00	5.723,00			238,00
Madrid *	bis 8 t		725,00	230,00	3.595,00	230,00	3.058,00	7.838,00	980,00		
	8,1 - 16 t		725,00	230,00	3.595,00	230,00	4.403,00	9.183,00		612,00	
	16,1 - 24 t		725,00	230,00	3.595,00	230,00	3.975,00	8.755,00			365,00
Lissabon	bis 8 t		725,00	230,00	4.430,00	230,00	75,00	5.690,00	711,00		
	8,1 - 16 t		725,00	230,00	4.430,00	230,00	63,00	5.679,00		379,00	
	16,1 - 24 t		725,00	230,00	4.430,00	230,00	65,00	5.680,00			237,00

* Zielhafen ist Algeciras, der Nachlauf erfolgt mit LKW ab Algeciras.

[1] Die Containermiete ist in den Vorlaufkosten inkludiert. Die Reederei verlangt bei einer Standzeit von bis zu 3 Stunden keine Gebühren.

[2] In der Modellrechnung wird von einer durchschnittlichen Entfernung bis zum Hafen Bremerhaven von 120 km ausgegangen.

Quelle: Eigene Berechnungen auf der Basis der Angaben aus den Interviews

- bei bis zu 8 t Ware: 25 Pts/kg (ca. 382 DM/t),
- bei 8,1 - 16 t Ware: 18 Pts/kg (ca. 275 DM/t) und
- bei 16,1 - 24 t Ware: 13 Pts/kg (ca. 199 DM/t).

Die aufgeführten Kosten basieren auf Angaben der interviewten spanischen und portugiesischen Großhändler/Importeure. Die hierfür zugrundegelegten Berechnungssätze sind von allen Gesprächspartnern in etwa gleicher Höhe angegeben worden. Dabei wird auf lange Distanzen innerhalb des Landes üblicherweise nach Sendungsgewicht, bei Kurzstrecken nach Kilometern abgerechnet, wobei der Begriff "Kurzstrecke" von den Gesprächspartnern nicht eindeutig definiert werden konnte.[34]

Umschlagkosten wurden für den Abgangs- und Zielhafen veranschlagt. Die Umschlagkosten in Algeciras auf den Feeder nach Barcelona und Lissabon sind Teil der Hauptlaufkosten. Die für Madrid bestimmten Container werden in Algeciras auf einen LKW verladen. Die Kosten für diesen Transport werden dem Nachlauf zugerechnet. Aufgrund der wesentlich höheren Reisegeschwindigkeit des LKW im Vergleich zu den Feedern steigt auch die Durchschnittsgeschwindigkeit für Sendungen aus den beiden Abgangsregionen Süd-Bayern/Süd-Baden-Württemberg und West-Niedersachsen/Westfalen in die Zielregion Madrid an (vgl. Tab. 51-4).

Tabellen 48 und 49 geben einen Überblick über die Kosten des Schiffstransports von Süd-Bayern/Süd-Baden-Württemberg und West-Niedersachsen/Westfalen nach Spanien und Portugal. Dabei ist zu erkennen, daß der Transport per Schiff von West-Niedersachsen/Westfalen allein aufgrund der geringeren Vorlaufkosten auf allen Relationen um bis zu 21 % günstiger ist als von Süddeutschland aus. Deutlich bemerkbar machen sich auch die Nachlaufkosten vor allem bei geringerer Tonnage nach Madrid.

(4) Kosten für den Transports mit dem Flugzeug

Aufgrund der hohen Kosten und begrenzten Ladungskapazitäten ist der Transport per Luftfracht lediglich für eilige Sendungen oder kleine Mengen wie Messelieferungen interessant. Dabei können kleine Sendungen in Isolierverpackung z.B. ex München in Passagierflugzeugen innerhalb weniger Stunden nach Spanien und Portugal versandt werden. Zu beachten ist, daß die Ware beim Einsatz von Thermobehältern, die mit

[34] Die Aussagen der Interviewpartner schwankten zwischen 50 km und 150 km.

Tab. 50: Kosten des Transports per Flugzeug ab Flughafen München nach Barcelona, Madrid und Lissabon (in DM bzw. DM/t, Stand 1994)

Zielort	Tonnage	Container-Miete [1]	Vorlauf-kosten [2]	Umschlag-kosten Abgangsort	Frachtkosten Hauptlauf	Umschlag-kosten Zielort	Nachlauf-kosten [3]	Gesamt-kosten
Barcelona	500 kg		260,00	230,00	1.325,00	50,00	77,00	1.777,00
	800 kg		260,00	230,00	2.120,00	50,00	69,00	2.564,00
	1.000 kg		260,00	230,00	2.650,00	50,00	78,00	3.103,00
Madrid	500 kg		260,00	230,00	1.550,00	50,00	77,00	2.002,00
	800 kg		260,00	230,00	2.480,00	50,00	69,00	2.924,00
	1.000 kg		260,00	230,00	3.100,00	50,00	78,00	3.553,00
Lissabon	500 kg		260,00	230,00	1.800,00	40,00	75,00	2.240,00
	800 kg		260,00	230,00	2.880,00	40,00	63,00	3.309,00
	1.000 kg		260,00	230,00	3.600,00	40,00	65,00	4.030,00

[1] Ab Bereitstellung am Flughafen steht der Container dem Verlader 24 Std. kostenlos zur Beladung zur Verfügung.
[2] Die Berechnung des Vorlaufs erfolgt per LKW mit max. 5 t Nutzlast bei einer durchschnittlichen Entfernung vom Flughafen von 150 km.
[3] Basis für die Berechnung des Nachlaufs in Barcelona, Madrid und Lissabon sind die durchschnittlichen km-Sätze für eine Entfernung von 50 km.

Quelle: Eigene Berechnungen auf der Basis der Angaben aus den Interviews

Kühlmitteln bestückt sind, als DGR-Gefahrgut gemäß der Dangerous Goods Regulation zu klassifizieren ist.

In der Modellrechnung wird ein Kühlcontainer (LD3) mit einem Volumen von 2,5 m^3, einem Leergewicht von 300 kg und einer möglichen maximalen Zuladung von 1.288 kg als Ladegefäß angenommen. Da Sendungen von zwei und mehr Tonnen die Ausnahme darstellen, wurden für den Lufttransport die Gewichtsstufen 500 kg, 800 kg und 1.000 kg gewählt. Die Transportkosten wurden auf der Basis der Frachtsätze kalkuliert, die von einer Luftfrachtspedition zur Verfügung gestellt wurden.

Der Vorlauf (durchschnittlich 150 km) ist ebenso wie die Verladung in die bereitgestellten Kühlcontainer (LD3) vom Verlader selbst durchzuführen. Der Container steht dem Verlader 24 Stunden kostenlos zur Beladung zur Verfügung. Die Kosten für den Umschlag sind vom jeweiligen Flughafen abhängig und liegen beim Flughafen München bei DM 65,-, in Barcelona und Madrid bei DM 50,- und in Lissabon bei DM 40,-.

In der Modellrechnung wird von einem LKW mit max. 5 t Nutzlast ausgegangen, der die Ware im Vorlauf zum Flughafen München bringt und diese in den bereitstehenden Kühlcontainer verlädt. Die Kosten wurden auf der Basis entsprechender Kosten- und Leistungstabellen des Lastauto - Omnibus - Katalogs 1994 (Nr. 23), bezogen auf die zurückzulegende Anzahl der Kilometer bis zum Flughafen, ermittelt.

Basis für die Berechnung des Nachlaufs in Barcelona, Madrid und Lissabon sind die von den spanischen und portugiesischen Importeuren/Großhändlern angegebenen durchschnittlichen Kilometersätze für eine Entfernung von max. 50 km vom Flughafen. Tab. 50 zeigt die Kosten für den Transport von Molkereiprodukten per Flugzeug nach Spanien und Portugal auf.

4.2.3.1.2 Kosten für den Vertrieb deutscher Molkereiprodukte nach Spanien und Portugal

Vertriebskosten fallen beim Versender und beim Empfänger an. Sie beinhalten die Kostenkomponenten, die im Verkauf, der Warenverteilung, Außendienstorganisation und der Kommunikation zwischen Produzent und Groß- bzw. Einzelhandel in Spanien und Portugal auftreten. Diese Kosten entstehen sowohl beim Transport per LKW als auch per

Bahn, Schiff oder Flugzeug. Hierin enthalten sind auch die Kosten für die Erstellung der benötigten Frachtpapiere, sofern dies nicht bereits vom Transportunternehmen erledigt wurde. Im Modell wird davon ausgegangen, daß das vorhandene Personal diese Arbeit routinemäßig bewältigt und somit für den Transport der Waren nach Spanien und Portugal keine zusätzlichen Kosten verursacht werden.

Die Vertriebskosten hängen allerdings u.a. vom Avisrhythmus (Bestellrhythmus der Transportdienstleistung) und von der jeweils zu versendenden Warenmenge ab, die sich wiederum aus den Absatzmengen eines jeden Molkereiunternehmens im Zielland ergibt. Veränderungen könnten sich dann ergeben, wenn von geringeren Liefermengen zu Komplettladungen übergegangen wird. Da die Höhe und Häufigkeit des Anfalls der Vertriebskosten vom jeweiligen Einzelfall abhängt und somit hierüber keine generellen Aussagen getroffen werden können, werden diese in der Modellrechnung nicht weiter berücksichtigt.

4.2.3.1.3 Kosten für Betriebseinrichtungen bei der Umstellung vom LKW-Transport auf den Bahn- oder Schiffstransport

Neben den Transportkosten können auch Kosten für Betriebseinrichtungen entstehen. Es handelt sich hier um Beträge, die anfallen, wenn bei Umstellung auf andere Verkehrsmittel besondere Einrichtungen zur Be- und Entladung von Containern, Umrüstkosten für LKW oder spezielle Fördermittel angeschafft werden müssen. Der Umfang der Einrichtungen, deren Kapazität sowie die Höhe der Anschaffungskosten sind jedoch abhängig von der zu transportierenden Menge und der Häufigkeit des Einsatzes des einzelnen Verkehrsmittels.

Grundsätzlich können Kosten für die folgenden Einrichtungen entstehen:

- Anschaffungskosten für Container und/oder Wechselbehälter.
  Hier sind die der Modellrechnung zugrundegelegten 40-Fuß-Reefer-Container und Kühl-Wechselbehälter zu nennen. Zu Beginn einer Umstellung auf ein anderes Verkehrsmittel als den Kühl-LKW benötigt ein Unternehmen i.d.R. noch keine eigenen Großbehälter, da diese oftmals gestellt werden. Eine Ausnahme bildet der Spanienverkehr mit der Bahn. Die spanische Eisenbahngesellschaft RENFE ist zum 1. Juli 1994 aus dem internationalen Kühlwechselbehälter-Pool ausgestiegen, was zur Folge hat, daß die Firma Intercontainer-Interfrigo keine Kühl-Wechselbehälter mehr auf dieser Relation gestellt, diese folglich von den Unternehmen gekauft werden müssen. Diese Umstellung ist aller-

dings in der Modellrechnung nicht berücksichtigt, da erwartet wird, daß die Entscheidung der RENFE wieder rückgängig gemacht wird.

- Eine Neuanschaffung von Transportmitteln für Be- und Entladevorgänge von Großbehältern (z.B. Gabelstapler) ist nicht erforderlich, da sie in der Regel im Molkereiunternehmen vorhanden sind.
- Anlagen für das Ab- und Aufladen von Containern und Wechselbehältern. Hier gibt es verschiedene Anlagentypen, die erhebliche Kostenunterschiede aufweisen. Zu nennen sind evtl. notwendige Umrüstkosten am LKW, damit entsprechende Container innerbetrieblich transportiert werden können, Anschaffungskosten für geeignete Umschlagmittel wie Seitenlader bzw. Frontlader oder Anschaffungskosten für fest installierte Umschlaganlagen. In der Startphase einer Umstellung auf ein anderes Verkehrsmittel bzw. Transportgefäß sind solche Betriebseinrichtungen allerdings noch nicht nötig.
- Behälterabstellplätze und innerbetriebliche Rangierfläche
  Hier können evtl. Kosten anfallen, wenn die nötigen lichten Maße für den innerbetrieblichen Containertransport nicht vorhanden sind. Benötigt werden Torhöhen von bis zu 5,50 m und Fahrspurbreiten bis zu 8 m. Auch für die Einrichtung von Abstellplätzen für Wechselaufbauten von ca. 31 qm/Einheit sind u.U. Kosten zu veranschlagen, wenn zusätzliche Gebäude oder Freiflächen gekauft oder angemietet werden müssen. Da diese Kosten jedoch vom jeweiligen Einzelfall abhängen, können sie in der Modellrechnung nicht berücksichtigt werden.

4.2.3.1.4 Verpackungskosten

Bei allen vier in die Modellrechnung einbezogenen Transportalternativen fallen keine zusätzlichen Kosten für Verpackungen an. Auch die früher für den Seetransport notwendige seefeste Verpackung erübrigt sich heute durch die Verwendung eines abgeschlossenen Behältnisses. Die Ware wird palettiert und evtl. eingeschrumpft mit Gabelstaplern in die jeweiligen (vorgekühlten) Behältnisse verbracht. Einsparungen an den Verpackungen sind von den Produzenten bereits aufgrund der Verpackungsverordnung vom 12. Juni 1991 vorgenommen worden. Eine weitere Reduzierung ist wegen der Empfindlichkeit der Molkereiprodukte, wegen der langen Transportstrecke, aber auch wegen der Temperaturunterschiede zwischen Abgangs- und Zielland nicht ratsam.

4.2.3.1.5 Kosten der Adaption von Rezepturen an die Konsumgewohnheiten im Zielland

Zusätzliche Kosten zu den ohnehin im Unternehmen für die Herstellung unterschiedlicher Molkereiprodukte anfallenden Produktionskosten können dann entstehen, wenn aufgrund anderer Verzehrsgewohnheiten für den jeweiligen ausländischen Zielmarkt die Produkte nach unterschiedlichen Rezepturen hergestellt werden müssen. Dies trifft für die nach Spanien und Portugal gelieferten Erzeugnisse nicht zu, so daß sich auch keine zusätzlichen Produktionskosten ableiten lassen.

4.2.3.1.6 Kosten der Informationsgewinnung und Informationsweitergabe

Informationskosten fallen beim Einholen von Angeboten für Transportleistungen bei Speditionen, Reedereien, Luftfrachtspeditionen oder bei der Firma Intercontainer-Interfrigo an. Informationen über Preise und Konditionen werden nach Aussagen der Interviewpartner in regelmäßigen Abständen eingeholt, um die Entwicklungen am Markt und die Preiswürdigkeit des "eigenen" Transportunternehmers besser abschätzen und prüfen zu können. In der Modellrechnung wird dabei davon ausgegangen, daß der mit dem Transport von Molkereiprodukten nach Spanien und Portugal zusammenhängende Informationsbedarf zum einen vom vorhandenen Personal bewältigt werden kann und sich zum anderen nicht wesentlich von dem Informationsbedarf für andere Auslandsmärkte unterscheidet. Es fallen somit keine außergewöhnlichen oder zusätzlichen Kosten bei der Bearbeitung des spanischen und portugiesischen Marktes an. Auf die Berücksichtigung dieser Kostenkomponente kann aus diesem Grund verzichtet werden.

Weitere Informationskosten, die allerdings in der Regel ihren Niederschlag in den Frachtkosten finden, können sich beispielsweise aus dem Wunsch des Verladers nach Statusreports oder regelmäßigen Berichten über den Standort der Ware ergeben, wenn satellitengestützte Sendungsverfolgungssysteme zum Einsatz kommen. Ob diese Kosten anfallen oder nicht, hängt vom jeweiligen Einzelfall ab. Da diese Systeme in der Praxis im Kühlbereich bislang nur von wenigen Anbietern genutzt werden, stehen weder eine exakte Angabe über die Art der Verrechnung dieser zusätzlichen Dienstleistung noch über die Höhe der Kosten für diese Zusatzleistung zur Verfügung.

4.2.3.1.7 Sonstige Kosten

Hierunter fallen all die Komponenten, die in den bisher aufgeführten Bereichen noch nicht aufgeführt wurden. Als Beispiel seien Kosten für Retouren bei beschädigten Waren genannt. Eine höhere Belastung durch diese Kosten (inkl. Imageverlust) könnte sich allerdings nur dann ergeben, wenn die Schadensquote beim Transport per Bahn, Schiff, Flugzeug oder LKW unterschiedlich wären, worüber es aber keine gesicherten Angaben gibt.

4.2.3.1.8 Zusammenfassende Darstellung der relevanten Kosten- komponenten

In den vorgenannten Abschnitten wurden alle mit dem Transport und der Transportabwicklung verbundenen Kostenkomponenten aufgeführt und auf deren Relevanz für das vorliegende Modell untersucht. Aus den in den jeweiligen Abschnitten aufgeführten Gründen resultiert, daß für das Modell ausschließlich die Transportkosten der jeweiligen Verkehrsmittel von Bedeutung sind. Sie stellen das wichtigste Kriterien bei der Wahl eines Verkehrsmittels dar. Jedem Entscheidungsträger ist es somit freigestellt, in die aufgeführten Kostenkomponenten die für ihn relevanten Größen einzusetzen bzw. die Auflistung durch weitere Komponenten zu ergänzen.

Im Modell werden die gesamten Transportkosten berücksichtigt. Sie beschränken sich beim LKW-Transport auf den reinen Hauptlauf. Beim Bahn-, Schiffs- und Flugtransport kommen die Kosten für den Vor- und Nachlauf sowie den Umschlag und - falls nicht im Frachtpreis enthalten - die Containermiete hinzu. Die Kosten für die jeweiligen Verkehrsmittel wurden für die beiden Abgangsregionen Süd-Bayern/Süd-Baden-Württemberg und West-Niedersachsen/Westfalen sowie die Zielregionen Barcelona, Madrid und Lissabon ermittelt. Dabei wurden die sich hieraus ergebenden Gesamtkosten für den LKW-, Bahn- und Schiffstransport für die drei Gewichtsstufen "8 t" "15 t" und "24 t" in DM/t umgerechnet, während beim Flugverkehr geringere Gewichte gewählt wurden (500 kg, 800 kg und 1.000 kg).

4.2.3.2 Qualitative Entscheidungskriterien

Ein Unternehmer bewertet die Vorteilhaftigkeit eines Verkehrsmittels nicht nur nach den Kosten, die es verursacht, sondern berücksichtigt ebenso die Qualität der Transportleistungen. Dies haben auch die Expertenbefragungen in Deutschland, Spanien und Portugal bestätigt. Die Qualität von Transportleistungen wird dabei häufig nach dem von VOIGT entwickelten Parameter der "Verkehrswertigkeit" beurteilt, der sich aus sieben Teilwertigkeiten zusammensetzt, die in erster Linie auf technischen Eigenschaften der Verkehrsmittel basieren:[35]

1. Schnelligkeit,
2. Massenleistungsfähigkeit,
3. Netzbildungsfähigkeit,
4. Sicherheit,
5. Berechenbarkeit,
6. Bequemlichkeit und
7. Häufigkeit der Verkehrsleistung.

In einer Zeit, in der von Politik und Gesellschaft die Verkehrsmittel neben den oben genannten Punkten immer stärker unter dem Gesichtspunkt der Umweltverträglichkeit beurteilt werden, kann dieses Kriterium nicht außen vor bleiben. Durch die Ergänzung dieses Begriffs und einer Zusammenfassung der beiden Komponenten Berechenbarkeit und Häufigkeit der Verkehrsleistung zur Teilwertigkeit "Regelmäßigkeit" erhält man eine leicht abgewandelte Liste der VOIGT'schen Teilwertigkeiten, mit der in dieser Modellrechnung gearbeitet wird:

1. Schnelligkeit,
2. Massenleistungsfähigkeit,
3. Netzbildungsfähigkeit,
4. Sicherheit,
5. Bequemlichkeit,
6. Regelmäßigkeit und
7. Umweltverträglichkeit.

Im folgenden sollen zunächst die einzelnen Teilkriterien auf ihre Relevanz für die vorliegende Arbeit geprüft werden. Dabei erhalten die ein-

[35] Vgl. Voigt, Fritz: Verkehr. Band I, Erste Hälfte. Berlin 1973, S. 69 - 107.

zelnen Transportalternativen für den Grad der Erfüllung der Teilwertigkeiten oder Teilnutzenkriterien Punkte. Gewertet wird nach folgender Fünfer-Skala, wobei eine vom Befriedigungsgrad her gerade noch akzeptable Leistung mit einem Punkt bewertet wird:

5 Punkte => hervorragende Leistung.
4 Punkte => gute Leistung.
3 Punkte => mittelmäßige Leistung.
2 Punkte => mangelhafte Leistung.
1 Punkt => noch akzeptable Leistung.

Die ein jedes Verkehrsmittel charakterisierenden Teilwertigkeiten kann man schließlich in einem Siebeneck graphisch abtragen und erhält auf diese Weise ein sog. Transportleistungsprofil.

4.2.3.2.1 Die Schnelligkeit als Qualitätsmerkmal einer Transportleistung

Die "Schnelligkeit" beziehungsweise Transportzeit als ein Teilkriterium für die Qualität einer Transportleistung hängt von der jeweils situationsbedingten Durchschnittsgeschwindigkeit ab, die auf dem Weg vom Warenversender in Deutschland zum ersten Warenempfänger in Spanien oder Portugal erreicht wird (vgl. Tab. 51-1 bis 51-4).

Tab. 51-1: Die benötigte Transportzeit von Süd-Bayern/Süd-Baden-Württemberg nach Barcelona, Madrid und Lissabon (in Stunden)

Verkehrsmittel	Barcelona	Madrid	Lissabon
LKW			
Transportzeit - Hauptlauf	35,0	50,0	64,0
Umschlag-, Vor-, Nachlaufzeit	0,0	0,0	0,0
Gesamttransportzeit (in h)	**35,0**	**50,0**	**64,0**
Eisenbahn			
Transportzeit - Hauptlauf	55,0	63,0	87,0
Umschlag-, Vor-, Nachlaufzeit	12,5	12,5	12,5
Gesamttransportzeit (in h)	**67,5**	**75,5**	**99,5**
Schiff			
Transportzeit - Hauptlauf	192,0	120,0	225,0
Umschlag-, Vor-, Nachlaufzeit	35,0	38,0	35,0
Gesamttransportzeit (in h)	**227,0**	**158,0**	**260,0**

Quelle: Angaben des Umschlagbahnhofs München-Riem, der Firma Intercontainer-Interfrigo, der Reederei Maersk sowie der interviewten Spediteure in Deutschland, Spanien und Portugal.

Tab. 51-2: Die benötigte Transportzeit von West-Niedersachsen/Westfalen nach Barcelona, Madrid und Lissabon (in Stunden)

Verkehrsmittel	Barcelona	Madrid	Lissabon
LKW			
Transportzeit - Hauptlauf	38,0	54,0	70,0
Umschlag-, Vor-, Nachlaufzeit	0,0	0,0	0,0
Gesamttransportzeit (in h)	**38,0**	**54,0**	**70,0**
Eisenbahn			
Transportzeit - Hauptlauf	35,0	48,0	67,0
Umschlag-, Vor-, Nachlaufzeit	13,0	13,0	13,0
Gesamttransportzeit (in h)	**48,0**	**61,0**	**80,0**
Schiff			
Transportzeit - Hauptlauf	192,0	120,0	225,0
Umschlag-, Vor-, Nachlaufzeit	27,5	30,5	27,5
Gesamttransportzeit (in h)	**219,5**	**150,5**	**252,5**

Quelle: Angaben des Umschlagbahnhofs München-Riem, der Firma Intercontainer-Interfrigo, der Reederei Maersk sowie der interviewten Spediteure in Deutschland, Spanien und Portugal.

Tab. 51-3: Entfernungen der einzelnen Relationen im Hauptlauf ab Süd-Bayern/Süd-Baden-Württemberg und West-Niedersachsen/Westfalen (in km)

	LKW	Eisenbahn [1]	Schiff [2]
Barcelona	1.391 / 1.626	1.512 / 1.524	3.677
Madrid	1.989 / 2.281	2.181 / 2.196	2.556
Lissabon	2.530 / 2.610	2.643 / 2.661	3.380

[1] Abgangsort Umschlagbahnhof München-Riem bzw. Neuss-Hessentor.

[2] Abgangsort ist der Hafen in Bremerhaven.

Quelle: Entfernungstabellen der DBAG, Auskunft von Reedereien, Straßenentfernungstabellen und eigene Berechnungen.

Der Faktor "Zeit" spielt beim Transport solch empfindlicher Lebensmittel, wie Molkereiprodukte es sind, eine große Rolle. Lange Transportwege, häufiger Umschlag und lange Stand- und Wartezeiten können Lebensmittel ungünstig beeinflussen, verringern aber in jedem Fall den Absatzspielraum in bezug auf das Mindesthaltbarkeitsdatum. Ist nach Ankunft beim ersten Empfänger im Zielland (Importeur/Großhändler) nämlich noch ein vielstufiger Absatzkanal zu überwinden, kann dies dazu führen, daß der Handel die Annahme der Ware wegen zu kurzer Restlaufzeit verweigert. Die Ware müßte dann entweder zu stark reduzierten Preisen auf den Markt gebracht werden oder aber an den

Hersteller zurückgesandt werden. Beides ist nicht mit einer erfolgreichen Exportpolitik vereinbar.

Tab. 51-4: Durchschnittsgeschwindigkeiten der einzelnen Verkehrsmittel (in km/h)

Gesamtstrecke ab Abgangsregion Süd-Bayern/Süd-Baden-Württemberg

	LKW	Eisenbahn	Schiff
Barcelona	39,7	25,4	19,8
Madrid	40,0	31,5	25,3 *
Lissabon	39,5	28,6	16,1

Gesamtstrecke ab Abgangsregion West-Niedersachsen/Westfalen

	LKW	Eisenbahn	Schiff
Barcelona	42,8	38,6	17,7
Madrid	42,2	41,4	22,5 *
Lissabon	43,5	37,4	14,2

* Vgl. auch die Anmerkungen zur Berechnung der Kosten für den Schiffstransport, S. 193.

Quelle: Eigene Berechnungen nach Angaben der Reedereien, der Fa. ICC und der interviewten Spediteure.

Der LKW ist auf allen Relationen das schnellste Verkehrsmittel, nicht zuletzt dadurch, daß im Zuge des EU-Binnenmarktes die Grenzkontrollen an der spanisch-französischen und spanisch-portugiesischen Grenze weitgehend entfallen sind und die LKW-Fahrer somit im Rahmen ihrer einzuhaltenden Ruhe- und Lenkzeiten ohne weitere Verzögerungen ihre Zielregion ansteuern können. Im Modell hat der LKW daher auf allen Relationen mit fünf Punkten die höchste erreichbare Punktzahl im zugrundegelegten Bewertungsschema erhalten.

Tab. 52: Abgangsregion Süd-Bayern/Süd-Baden-Württemberg

Punktzahl	LKW	Eisenbahn	Schiff
Barcelona	5,0	4,3	1,0
Madrid	5,0	4,0	1,0
Lissabon	5,0	4,3	1,0
Durchschn. Punktzahl	5,0	4,2	1,0

Tab. 53: Abgangsregion West-Niedersachsen/Westfalen

Punktzahl	LKW	Eisenbahn	Schiff
Barcelona	5,0	4,8	1,0
Madrid	5,0	4,7	1,0
Lissabon	5,0	4,6	1,0
Durchschn. Punktzahl	5,0	4,7	1,0

Quelle: Eigene Erhebungen und Berechnungen.

Da das Schiff von den drei Transportalternativen[36] die längste Transportzeit benötigt, erhält es auf allen Relationen nur einen Punkt. Die Punkt-

[36] Aufgrund der zu geringeren transportierbaren Mengen und der hohen Kosten im Luftfrachtverkehr wird das Flugzeug als alternatives Verkehrsmittel im Modell nicht weiter berücksichtigt. Vgl. hierzu auch die Ausführungen in Kapitel 4.2.1.4.

zahl für die Transportzeit der Bahn wurde nach der in Kapitel 4.2.2 vorgestellten Methode in einem Koordinatensystem ermittelt.[37] Tabellen 52 und 53 geben die Punkte für die jeweiligen Abgangs- und Zielregionen an.

4.2.3.2.2 Die Massenleistungsfähigkeit als Qualitätsmerkmal einer Transportleistung

Diese Teilwertigkeit bezeichnet die Eigenschaft eines Verkehrsmittels, größere Transportmengen zu befördern. Dabei wird bei der Punktevergabe zum einen die absolute Größenordnung und zum anderen der Auslastungsgrad der verfügbaren Kapazitäten bewertet. Nach der allgemein gebräuchlichen Beurteilung der Verkehrsmittel nach ihrer Massenleistungsfähigkeit erhalten das Schiff und die Bahn hinsichtlich der absoluten Größenordnung fünf und vier Punkte. Der Auslastungsgrad eines LKW im grenzüberschreitenden Verkehr ist in der Regel etwas höher als bei Bahn und Schiff, da die Spediteure Leerfahrten auf solch langen Strecken vermeiden. Bei Bahn und Schiff werden dagegen nicht selten größere Mengen leere Container und Wechselbehälter transportiert. Die ermittelten Punktzahlen, die für beide Abgangsregionen und auf allen Relationen Gültigkeit haben, gibt Tab. 54 wieder.

Tab. 54: Die Bewertung der Verkehrsmittel nach ihrer Massenleistungsfähigkeit

Massenleistungsfähigkeit	LKW	Eisenbahn	Schiff
Absolute Größenordnung	2,0	4,0	5,0
Auslastungsgrad	4,0	3,0	3,0
Durchschnittswert	3,0	3,5	4,0

Quelle: Eigene Erhebungen und Berechnungen.

4.2.3.2.3 Die Netzbildungsfähigkeit als Qualitätsmerkmal einer Transportleistung

Dieser Teilnutzwert gibt die Zahl der durch ein Transportnetz erreichbaren Stationen bzw. Raumpunkte an. Die Beurteilung der einzelnen

[37] Vgl. Kapitel 4.2.2.2.1.2, Abschnitt "Aufstellung der Wertetabellen und Wertefunktionen".

Verkehrsmittel auf ihre Netzbildungsfähigkeit erfolgt im vorliegenden Fall durch die drei Komponenten Wegenetz, Zugänglichkeit des Wegenetzes und Kompatibilität des Netzes (vgl. Tab. 55). Hinsichtlich der Größenordnung des Wegenetzes räumt man im allgemeinen dem Straßennetz und somit dem LKW die größte Punktzahl ein. Auch in bezug auf die Zugänglichkeit dieses Netzes und der Kompatibilität mit anderen Verkehrsträgern schneidet die Straße am besten ab, so daß der LKW auch hier wieder die höchste Punktzahl erhält.

Tab. 55: Bewertung der Verkehrsmittel nach ihrer Netzbildungsfähigkeit

Netzbildungsfähigkeit	**LKW**	**Eisenbahn**	**Schiff**
Wegenetz	5,0	3,0	2,0
Zugänglichkeit	5,0	2,0	1,0
Kompatibilität	5,0	3,0	3,0
Durchschnittswert	5,0	2,7	2,0

Quelle: Eigene Erhebungen und Berechnungen.

4.2.3.2.4 Die Sicherheit als Qualitätsmerkmal einer Transportleistung

Der Faktor Sicherheit spielt gerade beim Nahrungsmitteltransport eine große Rolle. Eine hohe Unfall- und vor allem Betriebssicherheit nicht nur des Verkehrsmittels an sich, sondern auch der Kühlaggregate sind zwingende Voraussetzung dafür, daß die Ware in einwandfreiem Zustand den Zielort erreicht. Im statistischen Durchschnitt ist der LKW häufiger in Unfälle verwickelt als Eisenbahn oder Schiff. Deshalb erhält der LKW eine niedrigere Punktzahl für das Kriterium Unfallsicherheit als die Bahn oder das Schiff. Hinsichtlich der Betriebssicherheit ist ein LKW leichter und schneller auf Mängel kontrollierbar als ein Zug oder ein mit Containern verschiedener Typen beladenes Schiff. Insbesondere vom Eisenbahntransport werden immer wieder Fälle gemeldet, in denen Kühlaggregate vom Zugpersonal unbemerkt ausgefallen sind oder beim Umschlagen nicht rechtzeitig wieder an das elektrische Versorgungsnetz angeschlossen wurden, so daß es zu erheblichen Schäden an der Ware kam. Vom Schiffstransport sind solche Meldungen sehr selten zu hören. Aus diesem Grund erhält die Bahn bei der Bewertung der Betriebssicherheit eine geringere Punktzahl als die beiden anderen Verkehrs mittel (Tab. 56).

Tab. 56: Die Bewertung der Verkehrsmittel nach ihrer Transportsicherheit

Transportsicherheit	LKW	Eisenbahn	Schiff
Unfallsicherheit	2,0	4,0	4,0
Betriebssicherheit	3,0	2,0	3,0
Durchschnittswert	2,5	3,0	3,5

Quelle: Eigene Erhebungen und Berechnungen.

4.2.3.2.5 Die Bequemlichkeit als Qualitätsmerkmal einer Transportleistung

Bequemlichkeit ist nach VOIGT "der Grad der Fähigkeit eines Verkehrsmittels oder -systems, Verkehrsleistungen so anzubieten und durchzuführen, daß sie dem Benutzer möglichst wenig Arbeit verursachen und sein Wohlbefinden maximieren".[38] Bezogen auf den Güterverkehr im grenzüberschreitenden Verkehr mit temperaturgeführter Ware soll im vorliegenden Fall unter Bequemlichkeit der Handlingaufwand auf der gesamten Strecke, die Abhängigkeit von Fahrplänen oder Schiffahrtslinien, ganz allgemein der von den Transportunternehmen gebotene Service sowie eventuelle Anforderungen an eine besondere Verpackung der zu transportierenden Güter verstanden werden.

Der Handlingaufwand ist beim LKW-Transport am geringsten, da die Ware lediglich am Abgangsort aufgeladen und am Zielort entladen wird. Anders verhält es sich bei den gebrochenen bzw. kombinierten Verkehren Straße - Schiene oder Schiff - Straße. Sie sind charakterisiert durch häufiges Umschlagen und durch mehr oder weniger lange Standzeiten in Umschlagbahnhöfen und -häfen. Eisenbahn und Schiff sind außerdem an zeitliche Vorgaben aus Fahrplänen und Schiffahrtslinien gebunden, während der Spediteur seinen LKW nach den Bedürfnissen des Verladers disponieren kann. Während bislang der Service im kombinierten Verkehr als eher mangelhaft eingestuft und somit mit zwei Punkten bewertet wird, erhält der LKW-Transport vier Punkte. Kritisiert werden vor allem wechselnde Ansprechpartner und entsprechend wechselnde Auskünfte.[39] Tabelle 57 gibt die Punkteverteilung wieder.

[38] Vgl. Voigt, Fritz: Verkehr. I. Band, erste Hälfte, Berlin 1973, S. 91.

[39] Es handelt sich hierbei um Meinungen und Erfahrungen sowohl der Interviewpartner in Deutschland, Spanien und Portugal als auch von Fachleuten, die anläßlich verschiedener Messen und Tagungen zu diesem Thema befragt wurden.

Tab. 57: Die Bewertung der Verkehrsmittel nach ihrer "Bequemlichkeit"

"Bequemlichkeit"	**LKW**	**Eisenbahn**	**Schiff**
Handlingaufwand	5,0	2,0	2,0
Fahrplanabhängigkeit	5,0	2,0	2,0
Service	4,0	2,0	2,0
Anforderungen an die Verpackung	5,0	5,0	5,0
Durchschnittswert	4,8	2,8	2,8

Quelle: Eigene Erhebungen und Berechnungen.

4.2.3.2.6 Die Regelmäßigkeit als Qualitätsmerkmal einer Transportleistung

Die Regelmäßigkeit einer Transportleistung läßt sich in ihrer Frequenz, Pünktlichkeit und Störfreiheit messen. Hinsichtlich der Frequenz erreicht der LKW fünf Punkte, da er täglich und zu jeder Tages- oder Nachtzeit disponibel ist. Die Eisenbahn erhält vier Punkte, da auf allen betrachteten Relationen täglich zu einer bestimmten Uhrzeit Züge verkehren, während Reedereien ihre Liniendienste zu den genannten Zielregionen lediglich einmal wöchentlich anbieten.

Die Pünktlichkeit einer Transportleistung ist bei LKW und Bahn am größten. Da nun auch die Kontrollen von LKW an der spanisch-französischen und spanisch-portugiesischen Grenze weitgehend entfallen sind, kann der LKW-Fahrer ohne weitere Verzögerungen seine Zielregion ansteuern. Bedingt durch die Vergabe höherer Prioritäten für Personen- und Hochgeschwindigkeitszüge müssen Güterzüge zwar noch immer an verschiedenen Bahnhöfen längere Wartezeiten in Kauf nehmen, diese sind aber in der Regel in den Fahrplänen bereits berücksichtigt. Auch ist hier eine deutliche Verbesserung feststellbar, wie das Beispiel des Direktzuges vom Umschlagbahnhof Neuss-Hessentor nach Barcelona zeigt.

Das Kriterium Störfreiheit bezieht sich in erster Linie auf die Anfälligkeit eines Verkehrsmittels auf äußere Einflüsse wie Wetter, Staus, Umleitungen, Baustellen (am Straßen- oder Schienennetz) etc. Hier ist der LKW eindeutig anfälliger als die beiden anderen Verkehrsmittel. Vor allem das Wetter kann sowohl den LKW als auch das Schiff an einer pünktlichen Ankunft beim Empfänger bzw. im Hafen hindern. Die sich aus den genannten Argumenten ergebenden Punkte sind in Tabelle 58 aufgeführt.

Tab. 58: Die Bewertung der Verkehrsmittel nach ihrer Regelmäßigkeit

Regelmäßigkeit	LKW	Eisenbahn	Schiff
Verkehrsfrequenz	5,0	4,0	2,0
Pünktlichkeit	4,0	4,0	3,0
Störfreiheit	2,0	4,0	3,0
Durchschnittswert	3,7	4,0	2,7

Quelle: Eigene Erhebungen und Berechnungen.

4.2.3.2.7 Die Umweltverträglichkeit als Qualitätsmerkmal einer Transportleistung

Eine Bewertung der einzelnen Verkehrsmittel nach ihrer Verkehrswertigkeit wäre in heutiger Zeit unvollständig, würde nicht ihr Beitrag zur Umweltbelastung und zum sozialen Nutzen beleuchtet. Die Komponente "sozialer Nutzen" bezieht sich eher auf den Personenverkehr und soll in der vorliegenden Untersuchung nicht weiter berücksichtigt werden. Dagegen lassen sich aber Aussagen über den Landverbrauch, die Schadstoffemissionen und Lärmbelästigung der jeweiligen Verkehrsmittel treffen. Der LKW schneidet in allen drei Punkten schlecht ab, während die Bahn und auch das Schiff ihrem Ruf als umweltverträglichere Verkehrsmittel entsprechend höhere Punkte erzielen (vgl. Tab. 59).

Tab. 59: Die Bewertung der Verkehrsmittel nach ihrer Umweltverträglichkeit

Umweltverträglichkeit	LKW	Eisenbahn	Schiff
Landverbrauch	1,0	3,0	4,0
Schadstoffemission	1,0	4,0	4,0
Lärmbelästigung	2,0	4,0	5,0
Durchschnittswert	1,3	3,7	4,3

Quelle: Eigene Erhebungen und Berechnungen.

Die einzelnen Teilnutzwerte für die beiden Abgangsregionen lassen sich graphisch in einem Siebeneck darstellen (vgl. Abb. 2 und 3 im Anhang, S. 2 - 3). Der Einfluß dieser qualitativen Faktoren auf die in der Kostenvergleichsrechnung ermittelten Ergebnisse wird in Kapitel 4.2.5 erläutert.

4.2.4 Die Bewertung alternativer Transportstrategien auf der Basis der Kostenvergleichsrechnung und Überprüfung der Stabilität der Lösung

4.2.4.1 Interpretation der Ergebnisse

Die Ergebnisse in Tab. 60 geben die Differenz des nächstgünstigen zum günstigsten Verkehrsmittel für die Abgangsregion Süd-Bayern/Süd-Baden-Württemberg in Prozent wieder. Es zeigt sich, daß der LKW in allen drei Gewichtsgruppen und auf allen drei Relationen die zu bevorzugende Variante darstellt. Auffallend ist, daß die Differenz zwischen LKW und Bahn sowohl beim Transport von 8 t als auch insbesondere bei einem solchen von 15 t nach Lissabon geringer ist als nach Barcelona und Madrid. Dies hängt mit den hohen Kosten zusammen, die auch der LKW-Transport auf dieser Relation verursacht. Wie in Kapitel 3.2 bereits ausgeführt, sind Kühltransporte von Deutschland nach Portugal relativ selten. Entsprechend problematisch ist auch die Suche nach einer geeigneten Rückfracht. Ein LKW muß zum Teil leer zurück nach Spanien oder gar nach Frankreich fahren, um eine für Deutschland bestimmte Ladung zu übernehmen.

Tab. 60: Differenz zwischen den Verkehrsmitteln Eisenbahn und LKW

Zielort ab Süd-Bayern/Süd-Ba-Wü	LKW DM/t	Eisenbahn DM/t	Schiff DM/t	Differenz in % Bahn/LKW
DM/t bei 8 t				
Barcelona	269,00	378,00	900,00	40,7
Madrid	301,00	448,00	1.164,00	49,0
Lissabon	573,00	648,00	896,00	13,3
DM/t bei 15 t				
Barcelona	156,00	211,00	479,00	35,1
Madrid	177,00	251,00	711,00	42,0
Lissabon	319,00	347,00	477,00	**8,6**
DM/t bei 24 t				
Barcelona	130,00	158,00	300,00	21,3
Madrid	144,00	191,00	426,00	32,9
Lissabon	191,00	245,00	298,00	28,5

Quelle: Eigene Berechnungen.

Beim Transport von Teilladungen ergibt sich bereits in der Abgangsregion ein weiteres Problem. Es ist aufgrund des geringen Kühlfrachtaufkommens nach Portugal außerordentlich schwierig, Waren zu finden, die man Lebensmitteln einer bestimmten Temperaturstufe zustellen kann und darf. Im Prinzip kommen nur Lebensmittel der gleichen Temperaturstufe infrage. Aus diesem Grund sind eigentlich nur wenige auf den Transport auf die Iberische Halbinsel spezialisierte Spediteure überhaupt bereit, Teilladungen anzunehmen. Aber auch Spezialisten sind aus besagten Gründen gezwungen, recht hohe Preise zu verlangen. Anders sieht es hingegen beim Transport von Komplettladungen aus, der von einer größeren Anzahl von Spediteuren angeboten wird. Für komplette LKW-Ladungen werden üblicherweise wesentlich günstigere Frachtsätze auch nach Portugal verlangt. Hierin ist auch der Grund für das schlechtere Abschneiden der Bahn im Vergleich zum LKW auf der Relation Süd-Bayern/Süd-Baden-Württemberg - Lissabon zu suchen.

Tabelle 61 gibt die Kostenverhältnisse der einzelnen Verkehrsmittel für die Abgangsregion West-Niedersachsen/Westfalen wieder. Die Bahn unterbietet den LKW beim Transport von 8 t Ware nach Lissabon um 26,2 %. Beim Transport von 15 t ist die Bahn auf dieser Relation noch um 25,2 % günstiger. Aus den oben genannten Gründen verringert sich die Differenz zwischen Bahn und LKW bei Komplettladungen nach Lissabon auf nunmehr 3,7 %.

Tab. 61: Differenz zwischen den Verkehrsmitteln Eisenbahn und LKW

Zielort ab West-Niedersachsen/Westf.	**LKW DM/t**	**Eisenbahn DM/t**	**Schiff DM/t**	**Differenz in % Bahn/LKW**
DM/t bei 8 t				
Barcelona	275,00	321,00	715,00	16,7
Madrid	312,00	378,00	980,00	21,2
Lissabon	594,00	438,00	711,00	**- 26,2**
DM/t bei 15 t				
Barcelona	163,00	181,00	381,00	11,1
Madrid	190,00	214,00	612,00	12,6
Lissabon	332,00	248,00	379,00	**- 25,2**
DM/t bei 24 t				
Barcelona	135,00	133,00	238,00	**- 1,9**
Madrid	151,00	160,00	365,00	5,7
Lissabon	196,00	189,00	237,00	**- 3,7**

Quelle: Eigene Berechnungen.

Die Tatsache, daß zwischen Neuss-Hessentor und Barcelona täglich Ganzzüge verkehren, ermöglicht der Firma Intercontainer-Interfrigo eine wesentlich vorteilhaftere Kostenkalkulation, wodurch sie den Verladern günstigere Preise auf dieser Relation einräumen kann. Geplant ist, die Nord-Süd-Verbindungen noch effektiver zu gestalten, so daß für die

Jahre 1996 bis 1997 bereits weitere Kostensenkungen bei verbessertem Service geplant sind.

Das Ergebnis der Kostenvergleichsrechnung zeigt, daß von der Abgangsregion Süd-Bayern/Süd-Baden-Württemberg sowohl nach Spanien als auch nach Portugal der LKW günstiger ist als die Bahn und somit der LKW als Verkehrsmittel zu bevorzugen wäre. Anders sieht es aus, wenn ein Produktionsunternehmen in der Region West-Niedersachsen/Westfalen angesiedelt ist. Für Transporte nach Lissabon ist nach den Ergebnissen der Modellrechnung bei einem Transport geringerer Tonnagen (8 t oder 15 t) die Bahn eindeutig die günstigere Variante und müßte daher als Verkehrsmittel dem LKW vorgezogen werden. Auf dieser Relation wäre sogar beim Transport von Komplettladungen die Bahn noch um 3,7 % günstiger als der LKW. Auch nach Barcelona ist die Bahn geringfügig (um 1,9 %) günstiger als der LKW. Es ist allerdings fraglich, ob ein Unternehmer im letzteren Fall die Bahn als Transportmittel wählen würde, da an dieser Stelle die Zeitkomponente seine Entscheidung zugunsten des LKW beeinflussen wird.

Abgesehen von dem sehr deutlichen Ergebnis auf der Relation West-Niedersachsen/Westfalen nach Lissabon fällt in Tab. 61 die geringe Differenz von 5,7 % für Komplettladungen (24 t) nach Madrid auf. Es stellt sich die Frage, inwieweit sich bei einer mittelfristigen Betrachtung der Kostenentwicklung im Verkehrsbereich hier Veränderungen zugunsten oder zuungunsten der Bahn ergeben. Um die Stabilität der bisher ermittelten Ergebnisse zu prüfen, besteht die Möglichkeit, ausgewählte Parameter in der Kostenvergleichsrechnung im Rahmen der zu erwartenden Entwicklungen am Verkehrsmarkt zu variieren. Der Einfluß solcher Variationen auf das aktuelle Ergebnis soll im folgenden Abschnitt untersucht werden.

4.2.4.2 Überprüfung der Lösung auf ihre Stabilität

Werden die Gesamtkosten der einzelnen Verkehrsmittel unter rein statischen Aspekten analysiert, ermöglicht dies noch keine Aussage über die Auswirkungen der Änderung von Kostenkomponenten auf die Gesamtkosten des einzelnen Verkehrsmittels oder auch auf die Ergebnisse des Kostenvergleichs zwischen mehreren Verkehrsmitteln. So könnte zum Beispiel eine Erhöhung der LKW-Frachten bei unveränderten Transportkosten im Eisenbahn- und Schiffsverkehr dazu führen, daß nicht nur die Kosten des LKW-Transports steigen, sondern sich auch die Reihenfolge der einzelnen Verkehrsmittel ändert.

Die Lösung des aus der Kostenvergleichsrechnung gewonnenen Ergebnisses kann durch die Variation zweier Parameter auf ihre Stabilität geprüft werden. Es soll dabei untersucht werden, ob sich an der Wahl des LKW als vorteilhaftestem Verkehrsmittel von Süd-Bayern/Süd-Baden-Württemberg nach Barcelona, Madrid und Lissabon etwas ändert. Außerdem soll auf der Relation West-Niedersachsen/Westfalen - Barcelona, Madrid, Lissabon geprüft werden, ob nicht noch ein anderes Zielgebiet vorteilhafter mit der Bahn zu erreichen wäre. Dies kann einerseits durch die Erhöhung der Kosten für den LKW-Transport um einen bestimmten Prozentsatz geschehen, der sich beispielsweise aus der Einführung der Straßenbenutzungsgebühr, aber auch aus der allgemeinen Kostensteigerung auf dem Verkehrssektor (steigende Fahrerlöhne, Anhebung des Dieselpreises durch Erhöhung der Mineralölsteuer, Umweltauflagen für geräuscharme LKW wie EURO-2, Umrüstung der LKW auf Maximalgeschwindigkeit von 80 km/h) ergibt.

Eine andere Möglichkeit der Stabilitätsprüfung liegt darin, die Kosten der zweitbesten Transportalternative in realistischer Weise zu variieren. Im vorliegenden Fall liegen konkrete Angaben vor, die besagen, daß für das Jahr 1996 die Hauptlaufkosten im kombinierten Verkehr mit der Bahn auf bestimmten Relationen, zu denen auch die im Modell betrachtete Route gehört, um 5 % gesenkt werden. Eine solche Preisreduktion könnte natürlich auch aus der Privatisierung der Deutschen Bundesbahn und der Trennung der Aufgabenbereiche Fahrweg und Betrieb resultieren, durch die eine wettbewerbsneutrale Verteilung von Fahrplan-Trassen über marktgerechte Preise an die DBAG und private Dritte realisierbar wäre,[40] aber auch durch den Einsatz von regelmäßig verkehrenden Ganzzügen auf einer festgelegten Strecke, wie dies bereits für die Relation Neuss-Hessentor - Barcelona zutrifft. Das Ergebnis aus der letzten Variation ist in Tabelle 62 dargestellt.

Senkt die Firma Intercontainer-Interfrigo die Hauptlaufkosten zwischen Neuss-Hessentor, Barcelona, Madrid und Lissabon um 5 %, bleibt der LKW ab Süd-Bayern/Süd-Baden-Württemberg weiterhin die günstigste Variante, auch wenn die Differenz zwischen Bahn und LKW beim Transport von 15 t nach Lissabon von 8,6 % auf 4,5 % sinkt. Es kann

---

[40] Vgl. hierzu o.V.: Eröffnet Bahnreform Wettbewerb auch auf der Schiene? In: Der Spediteur, 42. Jg. (1994), Heft 1, Januar 1994, S. 6 - 7.

somit festgehalten werden, daß die für diese Abgangsregion ermittelte Lösung im Rahmen der Variationsbreite relativ stabil ist.

Tab. 62: Auswirkungen auf die Wahl des optimalen Transportmittels nach Senkung der Hauptlaufkosten der Eisenbahn im kombinierte Verkehr um 5 %

Zielort ab Süd-Bayern/ Süd-Baden-Württemberg	LKW DM/t	Eisenbahn DM/t	Schiff DM/t	Differenz in % Bahn/LKW
DM/t bei 8 t				
Barcelona	269,00	367,00	900,00	36,6
Madrid	301,00	433,00	1.164,00	44,1
Lissabon	573,00	624,00	896,00	9,0
DM/t bei 15 t				
Barcelona	156,00	205,00	479,00	31,0
Madrid	177,00	243,00	711,00	37,3
Lissabon	319,00	334,00	477,00	4,5
DM/t bei 24 t				
Barcelona	130,00	153,00	300,00	17,2
Madrid	144,00	184,00	426,00	28,1
Lissabon	191,00	236,00	298,00	23,4
Zielort ab West-Niedersachsen/Westfalen	**LKW DM/t**	**Eisenbahn DM/t**	**Schiff DM/t**	**Differenz in % Bahn/LKW**
DM/t bei 8 t				
Barcelona	275,00	313,00	715,00	13,9
Madrid	312,00	367,00	980,00	17,8
Lissabon	594,00	425,00	711,00	**- 28,5**
DM/t bei 15 t				
Barcelona	163,00	177,00	381,00	8,4
Madrid	190,00	208,00	612,00	9,4
Lissabon	332,00	241,00	379,00	**- 27,5**
DM/t bei 24 t				
Barcelona	135,00	129,00	238,00	**- 4,6**
Madrid	151,00	155,00	365,00	2,4
Lissabon	196,00	182,00	237,00	**- 7,0**

Quelle: Eigene Berechnungen.

Bei einer Senkung der Hauptlaufkosten ab Neuss-Hessentor läßt sich wiederum die deutliche Vorzüglichkeit der Bahn auf der Relation Lissabon für 8 t und 15 t erkennen. Auch bei Komplettladungen ist die Bahn nach Barcelona und Lissabon um 4,6 % bzw. um 7,0 % günstiger als der LKW. Es gilt auch hier, daß diese geringen Kostendifferenzen nach Barcelona und Madrid kaum Einfluß auf die Entscheidung eines Unternehmers haben dürften. Vielmehr ist es als fraglich anzusehen, ob ein Unternehmer unter diesen Umständen die Bahn wählen wird, da die qualitativen Faktoren "Transportzeit" und "Transportsicherheit" seine Entscheidung mitbeeinflussen. Da sich auch bei der zweiten Parametervariation das ursprünglich ermittelte Ergebnis nicht verändert, ist auch die für die Abgangsregion West-Niedersachsen/Westfalen ermittelte Lösung im Rahmen der Variationsbreite als stabil anzusehen.

Zusammenfassend kann festgehalten werden, daß mit Hilfe der Kostenvergleichsrechnung der LKW als günstigstes Transportmittel ab der Region Süd-Bayern/Süd-Baden-Württemberg nach Barcelona, Madrid und Lissabon anzusehen ist. Ein Unternehmer, der in der Region West-Niedersachsen/Westfalen angesiedelt ist, sollte auf der Relation Neuss-Hessentor - Lissabon für Frachtmengen von 8 t und 15 t die Bahn dem LKW als Transportmittel vorziehen. In der augenblicklichen Situation sind die Kostendifferenzen für Komplettladungen nach Barcelona und Lissabon zu gering, als daß sie einen Unternehmer zugunsten des Bahntransports entscheiden ließen. Verändern sich jedoch die Kosten für den LKW- bzw. Bahntransport in der oben angenommenen Weise, so wäre zu überlegen, ob nicht doch auch der Transport von Komplettladungen nach Lissabon der Bahn übertragen werden sollte. Die Bahn ist auf dieser Relation zehn Stunden länger unterwegs als der LKW. Diese Lösung kann nicht generell als Empfehlung an die Unternehmen der Molkereiwirtschaft weitergegeben werden, sondern sollte entsprechend der unternehmensinternen Gegebenheiten kalkuliert und entschieden werden.

Es ist bereits darauf hingewiesen worden, daß neben den Kosten bestimmte qualitative Parameter Einfluß auf die Entscheidung eines Unternehmers für oder gegen ein Verkehrsmittel nehmen. Im folgenden Kapitel sollen daher diese Faktoren mit dem Ergebnis der Kostenvergleichsrechnung verbunden werden, um eine umfassendere Aussage zur Wahl des optimalen Verkehrsmittels treffen zu können.

4.2.5 Der Einfluß der qualitativen Faktoren auf das Ergebnis der Kostenvergleichsrechnung

4.2.5.1 Der Einfluß der einzelnen qualitativen Parameter auf die Lösung

In der vorangegangenen Modellrechnung wurde aufgezeigt, welche Verkehrsmittel auf den jeweiligen Relationen bei ausgewählten Transportmengen zu bevorzugen sind, wenn eine Entscheidung rein unter

Kostenaspekten getroffen wird. Es konnten teilweise ganz erhebliche Differenzen zwischen dem günstigsten und dem nächstgünstigen Verkehrsmittel aufgezeigt werden. Auf manchen Relationen und Tonnagen ist die Differenz jedoch sehr gering. Da Verkehrsmittelentscheidungen aber erwiesenermaßen in der Realität nicht ausschließlich unter Kostenaspekten getroffen werden, ist es interessant festzustellen, welchen Einfluß die qualitativen Faktoren auf das ermittelte Ergebnis haben.

Die qualitativen Kriterien, die in der vorliegenden Arbeit in Form der VOIGT'schen Verkehrswertigkeit leicht abgewandelt dargestellt wurden, müssen zunächst in einem weiteren Schritt zur Gesamtwertigkeit aggregiert werden. Dies erfolgt durch die Gewichtung der einzelnen Teilwertigkeiten mit Prozentwerten, die die Bedeutung der einzelnen Wertigkeitskomponenten unterstreicht. Dabei sollen auch hier wieder die Erfahrungen aus den zahlreichen Interviews einfließen.

Dominante Kriterien sind nach Aussagen aller Gesprächspartner die Schnelligkeit des Verkehrsmittel und die Transportsicherheit, die in einer garantiert geschlossenen Kühlkette zum Ausdruck kommt. Während von der Mehrzahl der Befragten noch die regelmäßige Verbindung als wichtiges Kriterium genannt wurde, spielen die übrigen Kriterien wie Massenleistungsfähigkeit, Netzbildungsfähigkeit und Bequemlichkeit eine eher untergeordnete Rolle. Sie werden daher zur Gruppe der "sonstigen qualitativen Faktoren" zusammengefaßt. Das Bewußtsein, daß die Verkehrswirtschaft umweltverträglicher gestaltet werden muß und kann, ist bei der großen Mehrheit der Interviewpartner vorhanden. Bevor jedoch ein einzelner Unternehmer hier konkrete Schritte zur Umsetzung in die Praxis unternimmt, stellt er eine Reihe von Bedingungen. Um beispielsweise der Bahn als im Vergleich zum LKW umweltfreundlicherem Verkehrsmittel den Vorzug einzuräumen, müssen zuerst die Anforderungen an die Kriterien "Schnelligkeit" und "Sicherheit" erfüllt sein und zusätzlich die Kosten ein erträgliches Maß annehmen. Aus diesem Grund wird die Komponente "Umweltverträglichkeit" in die Gruppe der "sonstigen qualitativen Faktoren" eingegliedert.

Aus den oben genannten Erfahrungen heraus sollen in der Modellrechnung die Transportzeit und Transportsicherheit jeweils mit 40 %, die Regelmäßigkeit mit 10 % und die "sonstigen qualitativen Faktoren" zusammen mit weiteren 10 % gewichtet werden. Die Tabellen 63 und 64 geben zunächst einen Überblick über alle Teilnutzwerte ab Abgangsregion Süd-Bayern/Süd-Baden-Württemberg und ab Abgangsregion

West-Niedersachsen/Westfalen. In den Tabellen 65 und 66 sind die Gesamtnutzwerte nach additiver Verknüpfung aufgeführt.[41]

Tab. 63: Übersicht über die Teilnutzwerte ab Abgangsregion Süd-Bayern/Süd-Baden-Württemberg

Verkehrsmittel	Transportzeit	Transportsicherheit	Regelmäßigkeit	Massenleistungsfähigkeit	Netzbildungsfähigkeit	Bequemlichkeit	Umweltverträglichkeit
LKW	5,0	2,5	3,7	3,0	5,0	4,8	1,3
Eisenbahn	4,2	3,0	4,0	3,5	2,7	2,8	3,7
Schiff	1,0	3,5	2,7	4,0	2,0	2,8	4,3

Quelle: Eigene Erhebungen und Berechnungen.

Tab. 64: Übersicht über die Teilnutzwerte ab Abgangsregion West-Niedersachsen/Westfalen

Verkehrsmittel	Transportzeit	Transportsicherheit	Regelmäßigkeit	Massenleistungsfähigkeit	Netzbildungsfähigkeit	Bequemlichkeit	Umweltverträglichkeit
LKW	5,0	2,5	3,7	3,0	5,0	4,8	1,3
Eisenbahn	4,7	3,0	4,0	3,5	2,7	2,8	3,7
Schiff	1,0	3,5	2,7	4,0	2,0	2,8	4,3

Quelle: Eigene Erhebungen und Berechnungen.

Tab. 65: Gesamtnutzwert nach additiver Verknüpfung (Abgangsregion Süd-Bayern/Süd-Baden-Württemberg)

Verkehrsmittel	Gesamtnutzwert
LKW	3,72
Eisenbahn	3,59
Schiff	2,39

Quelle: Eigene Erhebungen und Berechnungen.

Tab. 66: Gesamtnutzwert nach additiver Verknüpfung (Abgangsregion West-Niedersachsen/Westfalen)

Verkehrsmittel	Gesamtnutzwert
LKW	3,72
Eisenbahn	3,79
Schiff	2,39

Quelle: Eigene Erhebungen und Berechnungen.

[41] Vgl. hierzu auch die Ausführungen in Kapitel 4.2.2.2.1.2.

Nach der vorgenommen Gewichtung der Teilwertigkeiten und Aggregierung zum Gesamtnutzwert ergibt sich ein etwas höherer Nutzen bei der Wahl des LKW statt der Bahn als Verkehrsmittel für den Transport von Molkereiprodukten von Süd-Bayern/Süd-Baden-Württemberg nach Spanien und Portugal. Für die Abgangsregion West-Niedersachsen/Westfalen erbringt allerdings die Bahn den höchsten Nutzen. Da die Faktoren Sicherheit, Massenleistungsfähigkeit, Netzbildungsfähigkeit, Regelmäßigkeit, Umweltverträglichkeit und Bequemlichkeit für beide Abgangsregionen gleichermaßen gültig sind, ergibt sich der Unterschied der beiden Gesamtnutzwerte für die Eisenbahn allein aus der Bewertung der Teilwertigkeit "Schnelligkeit". Der Grund hierfür liegt einzig in der deutlich kürzeren Hauptlaufzeit vom Umschlagbahnhof Neuss-Hessentor nach Spanien und Portugal im Vergleich zu der ab Umschlagbahnhof München-Riem. Der aus den Erfahrungswerten der Interviewpartner resultierende Gewichtungsfaktor von 40 % für die Teilwertigkeit "Transportzeit" führt dann konsequenterweise bei der Aggregierung zum Gesamtnutzwert zum besseren Abschneiden der Eisenbahn im Vergleich zu LKW und Schiff.

Tab. 67: Gesamtnutzwert nach multiplikativer Verknüpfung (Abgangsregion Süd-Bayern/Süd-Baden-Württemberg

Verkehrsmittel	Gesamtnutzwert
LKW	0,26
Eisenbahn	0,25
Schiff	0,05

Quelle: Eigene Erhebungen und Berechnungen.

Tab. 68: Gesamtnutzwert nach multiplikativer Verknüpfung (Abgangsregion West-Niedersachsen/Westfalen

Verkehrsmittel	Gesamtnutzwert
LKW	0,26
Eisenbahn	0,28
Schiff	0,05

Quelle: Eigene Erhebungen und Berechnungen.

In den theoretischen Abhandlungen zur Nutzwertanalyse im Rahmen der vorliegenden Arbeit wurde erwähnt, daß eng beieinander liegende Gesamtnutzwerte möglicherweise einen Hinweis auf eine instabile Lösung geben. Liegen die beiden Nutzwerte so eng wie im vorliegenden Fall beisammen, besteht die Möglichkeit, durch eine multiplikative Verknüpfung der Teilwertigkeiten eine genauere Aussage zur Gesamtwertigkeit der einzelnen Verkehrswertigkeiten zu erhalten. Diese Methode ist jedoch nur dann zulässig, wenn sich die Teilwertigkeiten gegenseitig beeinflussen, also der Gesamtnutzen durch Synergieeffekte höher ist, als die Summe der Teilwertigkeiten. Die Ergebnisse dieser Berechnung sind in den Tabellen 67 und 68 wiedergegeben. Auch wenn die Differenz zwischen LKW und Bahn ab Abgangsregion Süd-Bayern/Süd-Baden-Württemberg und West-Niedersachsen/Westfalen nur sehr gering ist, ergibt die multiplikative Verknüpfung der Teilnutzwerte keine veränderte Reihenfolge der Transportmittel. Ob die beiden Lösungen als stabil anzusehen sind, läßt sich mit Hilfe einer Sensitivitätsanalyse prüfen.

4.2.5.2 Sensitivitätsanalyse zur Überprüfung der Stabilität der Lösung

Im Rahmen der Sensitivitätsanalyse soll getestet werden, wie sensibel das unter qualitativen Nutzenaspekten ermittelte Ergebnis für beide Abgangsregionen auf Veränderungen einzelner Parameter reagiert. Bleibt die beste Alternative für die jeweilige Region bestehen, kann man von einer stabilen Lösung sprechen. Prinzipiell lassen sich in einer Sensitivitätsanalyse die folgenden Parameter nacheinander oder gleichzeitig variieren:

- die einzelnen Teilnutzwerte,
- die Punktvergabe für die einzelnen Teilnutzwerte,
- die Gewichtung der einzelnen Teilnutzwerte,
- die Verknüpfungsform der Teilnutzwerte zum Gesamtnutzwert.

Als Beispiel soll im folgenden der Gewichtungsfaktor des Teilnutzwertes "Schnelligkeit" für beide Abgangsregionen von 10 % bis 90 % stufenweise variiert werden. Die Gewichtungsfaktoren der übrigen Teilnutzwerte bleiben, ähnlich einer ceteribus-paribus-Bedingung, im Verhältnis zueinander unverändert. Das Ergebnis dieser Variation ist in Tab. 69 aufgeführt.

Die Tabelle zeigt, daß bei einer Gewichtung des Faktors "Schnelligkeit" mit lediglich 10 % sowohl ab Abgangsregion Süd-Bayern/Süd-Baden-Württemberg als auch für West-Niedersachsen/Westfalen unter qualitativen Aspekten der Bahntransport zu bevorzugen ist. Bemerkenswert ist weiterhin, daß bei dieser Gewichtung sogar der Schiffstransport um 0,01 Prozentpunkte vor dem LKW-Transport rangiert. Ab einer Gewichtung des Faktors "Schnelligkeit" mit 20 % verliert das Schiff die zweitbeste Position zugunsten des LKW, die Bahn bleibt das zu bevorzugende Transportmittel. Dieses Verhältnis ändert sich für die Abgangsregion Süd-Bayern/Süd-Baden-Württemberg ab einer Gewichtung der Transportzeit mit 30 % und für die Abgangsregion West-Niedersachsen/ Westfalen ab einer Gewichtung mit 60 %.

Tab. 69: Der Einfluß der "Transportzeit" auf die Verkehrsmittelentscheidung

Verkehrsmittel	Gewichtung des Faktors "Schnelligkeit"	Region Süd-Bayern/ Süd-Baden-Württemberg	Region West-Niedersachsen/ Westfalen
LKW	10 %	3,08	3,08
Eisenbahn		**3,29**	**3,34**
Schiff		3,09	3,09
LKW	20 %	3,26	3,26
Eisenbahn		**3,36**	**3,46**
Schiff		2,83	2,83
LKW	30 %	**3,51**	3,51
Eisenbahn		3,50	**3,65**
Schiff		2,62	2,62
LKW	40 %	**3,72**	3,72
Eisenbahn		3,59	**3,79**
Schiff		2,39	2,39
LKW	50 %	**3,90**	3,90
Eisenbahn		3,66	**3,91**
Schiff		2,13	2,13
LKW	60 %	**4,14**	**4,14**
Eisenbahn		3,79	4,09
Schiff		1,93	1,93
LKW	70 %	**4,36**	**4,36**
Eisenbahn		3,90	4,25
Schiff		1,70	1,70
LKW	80 %	**4,57**	**4,57**
Eisenbahn		3,99	4,39
Schiff		1,46	1,46
LKW	90 %	**4,79**	**4,79**
Eisenbahn		4,10	4,55
Schiff		1,23	1,23

Quelle: Eigene Berechnungen.

Die Auswertung der Sensitivitätsanalyse ergibt für die Abgangsregion Süd-Bayern/Süd-Baden-Württemberg eine stabile Lösung, da der LKW bereits ab einer Gewichtung des Faktors "Schnelligkeit" mit 30 % das Verkehrsmittel mit dem höchsten Nutzenniveau ist. Für die Abgangsregion West-Niedersachsen/Westfalen ist diese Lösung nicht so eindeutig. Unter qualitativen Aspekten ist die Bahn hier durchaus mit dem LKW konkurrenzfähig, solange der Faktor "Schnelligkeit" im Vergleich zu den anderen Faktoren nicht überproportional hoch bewertet wird.

4.2.5.3 Gegenüberstellung der Ergebnisse aus der Kostenvergleichsrechnung mit denen aus der Nutzwertanalyse

Im letzten Schritt der Ergebnisinterpretation sollen die Ergebnisse der Kostenvergleichsrechnung mit denen der Nutzwertanalyse verbunden werden. Zu diesem Zweck müssen zunächst die ermittelten Gesamtnutzwerte der einzelnen Verkehrsmittel als relative Größe in Prozent ausgedrückt werden. So erhält man für die Abgangsregion Süd-Bayern/Süd-Baden-Württemberg einen relativen Nutzwert von 100 % für den LKW, von 96,7 % für die Eisenbahn und von 64,4 % für das Schiff. Für die Abgangsregion West-Niedersachsen/Westfalen erhält man für die Eisenbahn einen relativen Nutzwert von 100 %, für den LKW 98,0 % und für das Schiff 63,1 % (vgl. Tab. 70 und 71).[42]

Tab. 70: Relativer Nutzwert der alternativen Transportsysteme (Abgangsregion Süd-Bayern/Süd-Baden-Württemberg)

Verkehrsmittel	Relativer Nutzwert in %
LKW	100,0
Eisenbahn	96,7
Schiff	64,4

Quelle: Eigene Berechnungen.

Tab. 71: Relativer Nutzwert der alternativen Transportsysteme (Abgangsregion West-Niedersachsen/Westfalen)

Verkehrsmittel	Relativer Nutzwert in %
LKW	98,0
Eisenbahn	100,0
Schiff	63,1

Quelle: Eigene Berechnungen.

[42] Etwaige Differenzen bei den Zahlenwerten kommen durch Rundung zustande.

Die ermittelten Kostenwerte und die relativen Nutzwerte können nun in einem Kosten-Nutzen-Diagramm dargestellt werden, wobei die Nutzwerte auf der Abszisse und die Kosten auf der Ordinate abzutragen sind. Aufgrund der großen Bedeutung, die der Transportzeit beigemessen wird, sind in den folgenden Abbildungen nunmehr die beiden Transportalternativen LKW und Eisenbahn berücksichtigt.

Die Abbildungen 31 bis 33 zeigen die Ergebnisse für die Gewichtsstufen 8 t, 15 t und 24 t für die Abgangsregion Süd-Bayern/Süd-Baden-Württemberg, die Abbildungen 34 bis 36 die für West-Niedersachsen/Westfalen auf.

Das Kosten-Nutzen-Diagramm ergibt für eine zu transportierende Mengen von 8 t, 15 t und 24 t, daß der LKW sowohl nach Barcelona, als auch nach Madrid und Lissabon die beste Alternative ist. Deutlich wird der Kostendegressionseffekt beim LKW-Transport nach Lissabon für 8 t, 15 t und 24 t Ware. Bei der Verladung von 24 t Erzeugnisse auf die Bahn wird die Relation Süd-Bayern/Süd-Baden-Württemberg - Lissabon im Vergleich zu den anderen Relationen und Tonnagen ebenfalls günstiger.

Abb. 31: Kosten-Nutzen-Diagramm für Transporte von 8 t Ware ab Süd-Bayern/Süd-Baden-Württemberg nach Barcelona, Madrid und Lissabon

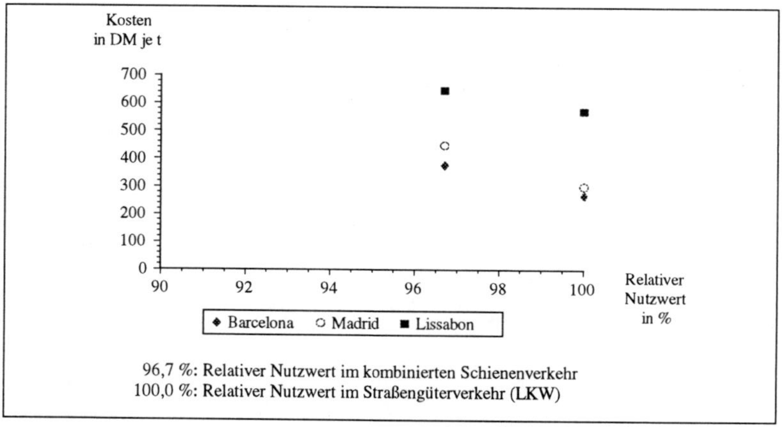

Quelle: Eigene Darstellung.

Abb. 32: Kosten-Nutzen-Diagramm für Transporte von 15 t Ware ab Süd-Bayern/ Süd-Baden-Württemberg nach Barcelona, Madrid und Lissabon

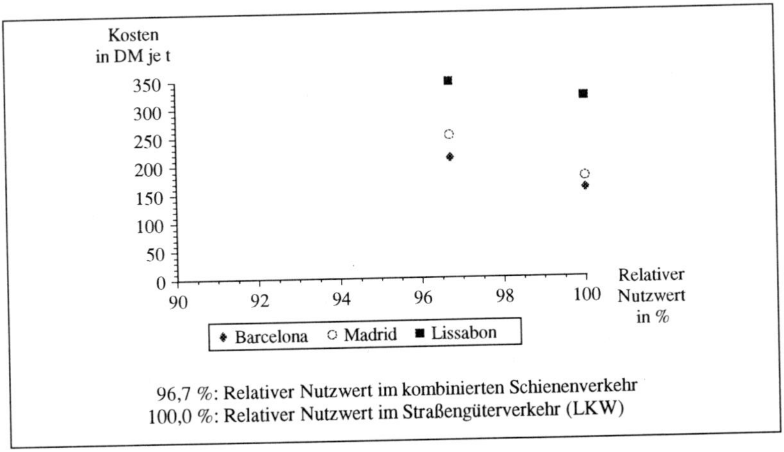

Quelle: Eigene Darstellung.

Abb. 33: Kosten-Nutzen-Diagramm für Transporte von 24 t Ware ab Süd-Bayern/ Süd-Baden-Württemberg nach Barcelona, Madrid und Lissabon

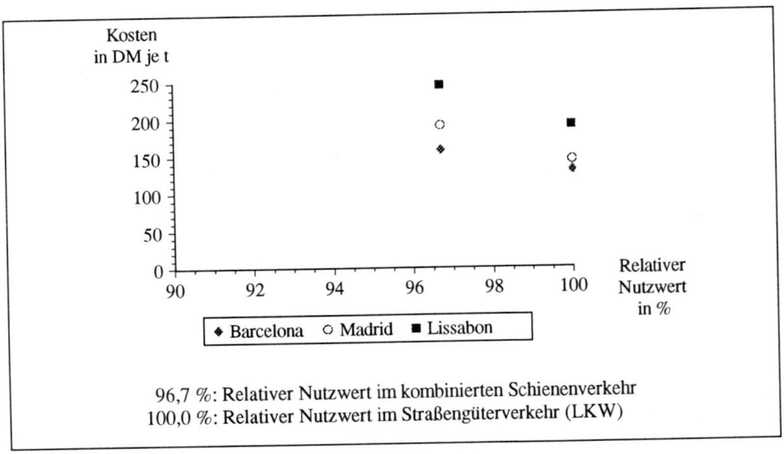

Quelle: Eigene Darstellung.

Abb. 34: Kosten-Nutzen-Diagramm für Transporte von 8 t Ware ab West-Niedersachsen/Westfalen nach Barcelona, Madrid und Lissabon

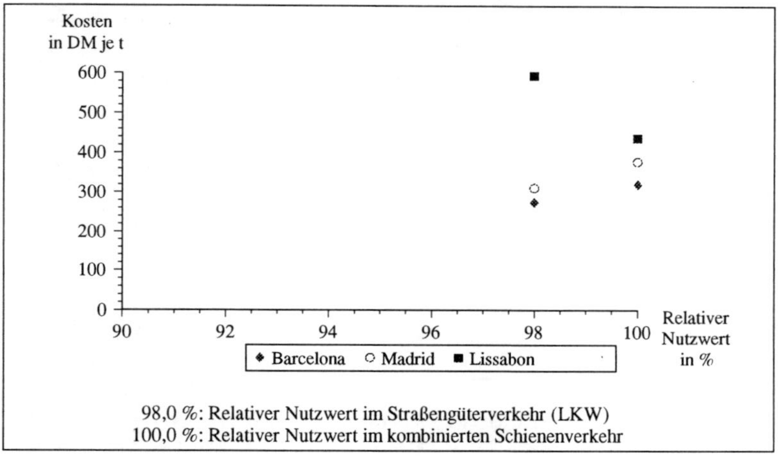

Quelle: Eigene Darstellung.

Abb. 35: Kosten-Nutzen-Diagramm für Transporte von 15 t Ware ab West-Niedersachsen/Westfalen nach Barcelona, Madrid und Lissabon

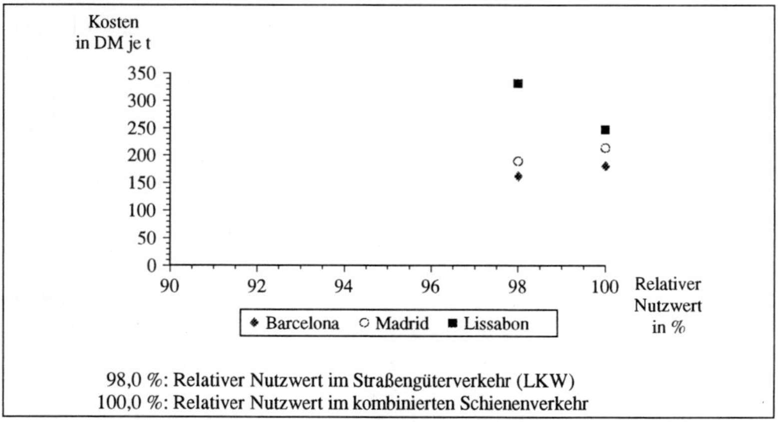

Quelle: Eigene Darstellung.

Abb. 36: Kosten-Nutzen-Diagramm für Transporte von 24 t Ware ab West-Niedersachsen/ Westfalen nach Barcelona, Madrid und Lissabon

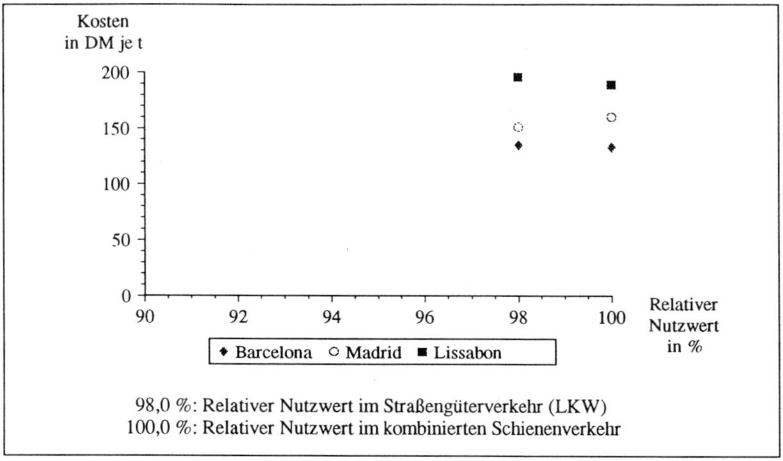

Quelle: Eigene Darstellung.

Die Eisenbahn ist für alle drei Tonnagen die beste Alternative, wenn der Produktionsstandort der Molkerei in der Region West-Niedersachsen/ Westfalen liegt. Besonders in den Abb. 34 und 35 wird der Einfluß der qualitativen Faktoren auf das Ergebnis deutlich, denn obwohl der LKW kostengünstiger ist, bewirkt die relative Vorzüglichkeit der Eisenbahn unter qualitativen Aspekten deren Wahl zum besten Verkehrsmittel. In Abb. 36 ist dies noch für Madrid erkennbar. Deutlich wird auch der Kostendegressionseffekt mit zunehmender Tonnage beim LKW nach Lissabon. Auffällig sind auch die geringfügig günstigeren Kosten je Tonne bei Verladung von 24 t Ware per Bahn nach Lissabon.

4.3 Zusammenfassung des Kapitels "Alternative Strategien für den Transport deutscher Molkereiprodukte nach Spanien und Portugal und deren Distribution in den Zielländern"

Die Bearbeitung eines Auslandsmarktes setzt die Wahl einer geeigneten Distributionsstrategie voraus. Durch sie werden die Länge und Tiefe des Distributionskanals sowie die Endverbraucherzielgruppe bestimmt. In

Spanien und Portugal sehen sich deutsche Hersteller von Molkereiprodukten einer ständig sinkenden Anzahl national tätiger Großhändler/Importeure gegenüber. Da jedoch gleichzeitig die meisten Handelsunternehmen ihren Bedarf an ausländischen Lebensmitteln noch nicht beim Produzenten direkt deckt, muß ein deutscher Hersteller nach anderen Marktbearbeitungs- und Distributionsalternativen suchen.

Als Alternativen für die Mehrzahl der deutschen Molkereien, die auch weiterhin ihre im Ursprungsland hergestellten Produkte nach Spanien und/oder Portugal liefern möchte, bieten sich die Vertriebskooperation mit einer spanischen oder portugiesischen Molkerei oder die Errichtung einer eigenen Vertriebsniederlassung in einem der beiden Länder an. Bei der Vertriebskooperation ist das Finden eines geeigneten und zuverlässigen Partners von zentraler Bedeutung. Entscheidend für den Erfolg einer Vertriebsniederlassung sind gute Kontakte zum Handel und zur Gastronomie sowie ein im Hinblick auf die Infrastruktur optimaler Standort. Zur anfänglichen Risikominimierung kann auch eine Kooperation mit einem spanischen oder portugiesischen Großhändler/ Importeur eingegangen werden. Eine weitere Möglichkeit der Risikostreuung bietet sich durch den zusätzlichen Vertrieb anderer deutscher oder ausländischer Produktsortimente im Zielland an.

Als Standorte für eine Vertriebsniederlassung eignen sich die Ballungsräume Barcelona, Madrid, Lissabon und Porto. Auch die Region zwischen Valencia und Cartagena als Spaniens wichtigste Obst- und Gemüseerzeugerregion bietet mit einer großen Zahl national und international operierender Speditionen gute Standortmöglichkeiten. Bei der Auswahl der Handelspartner sind sowohl die Besonderheiten der Handelsstruktur als auch die Einkaufsgewohnheiten der spanischen und portugiesischen Bevölkerung zu berücksichtigen, die Molkereiprodukte bevorzugt in Supermärkten und Hypermärkten einkauft. Am Beispiel von thermisiertem Joghurt, Schmelzkäsetorten, Butterspezialitäten und Quark aus deutscher Herstellung werden in drei Szenarien die Möglichkeiten der nationalen, selektiven und exklusiven Distribution in Spanien und Portugal aufgezeigt.

Nur wenige deutsche Hersteller scheinen bei entsprechender Absatzentwicklung über eine mittelfristige Verlagerung ihrer Fertigung nach Spanien oder Portugal nachzudenken. In diesem Zusammenhang werden die Lizenzfertigung und die Errichtung eines Tochterunternehmens diskutiert. Während bei der Lizenzfertigung die Wahl eines zuverlässigen Partners mit entsprechendem fachlichen Know-how im Vordergrund steht, sind es im Fall der Errichtung einer eigenen Produktionsstätte die

Standortwahl (rohstoffreiche nördliche Landesteile oder Konsumentennähe), die Festlegung der Kapazitäten sowie die Entscheidung über Eigenerstellung oder Fremdvergabe der Transportaufgaben im Bereich Milcherfassung und Endproduktdistribution. Alternativ zur Neuerrichtung einer Tochtergesellschaft kann auch ein spanisches oder portugiesisches Unternehmen übernommen werden.

Die meisten der befragten Exportmanager deutscher Molkereien bevorzugen den LKW als Verkehrsmittel im Spanien- und Portugalverkehr mit Molkereiprodukten. Immerhin die Hälfte der Befragten bekundete jedoch ihr Interesse am Bahntransport unter der Voraussetzung, daß von der Bahn wettbewerbsfähige Preise, ein besserer Service mit größerer Flexibilität angeboten sowie eine konstant lückenlos geschlossene Kühlkette gewährleistet werden.

Um die Kritik an der Preispolitik derjenigen Unternehmen zu prüfen, die den grenzüberschreitenden Schienengütertransport durchführen, wurde eine Modellrechnung entwickelt, mit deren Hilfe der Transport von temperatursensiblen Molkereiprodukten von Deutschland nach Spanien und Portugal sowohl unter Kosten- als auch unter qualitativen Aspekten untersucht werden kann. Dabei wird der Transport dieser Waren im Kühl-LKW dem im Kühl-Wechselbehälter mit der Bahn und im Reefer-Container mit dem Schiff gegenübergestellt. Die Kosten für den LKW-Transport entsprechen dem Durchschnitt der Angaben der befragten Interviewpartner aus der Molkereiwirtschaft und der befragten Spediteure in Deutschland, die solche Kühltransporte für Molkereien in die beiden Zielländer durchführen. Den Angaben zum kombinierten Verkehr Straße-Schiene-Straße mit der Firma Intercontainer-Interfrigo sowie des kombinierten Verkehrs Straße-Seeschiff-Straße mit der Reederei Maersk liegen Angebote zugrunde, die sich an den bislang tatsächlich (jedoch per LKW) transportierten Mengen orientieren. Bei den Angeboten, in denen keine Vorlaufkosten angegeben waren, dienten der Leitfaden "Kostenmanagement Straßengüterverkehr"[1] sowie Erfahrungswerte des Instituts für Betriebswirtschaftslehre am Forschungszentrum für Milch und Lebensmittel Freising-Weihenstephan als Orientierungshilfe. Die Kosten für den Transport von Molkereiprodukten innerhalb Spaniens und Portugals entsprechen dem Durchschnitt der Angaben der dort ansässigen befragten Importeure/ Großhändler und Spediteure.

[1] Vgl. Hallmann, Kopitz: Kostenmanagement Straßengüterverkehr. Vogel Fachbuch München, Januar 1994.

Die ermittelten Gesamtkosten für den LKW-, Bahn- und Schiffstransport werden auf die drei Gewichtsstufen "8 t", "15 t" und "24 t" umgerechnet. Unter Berücksichtigung der Standorte der nach Spanien und Portugal exportierenden Molkereien wurden als Abgangsregion in Deutschland Süd-Bayern/Süd-Baden-Württemberg und West-Niedersachsen/Westfalen gewählt. Zielregionen sind Barcelona, Madrid und Lissabon, wo sich die wichtigsten Importeure/Großhändler niedergelassen haben.

Die Kostenvergleichsrechnung ergibt, daß ab Abgangsregion Süd-Bayern/Süd-Baden-Württemberg der LKW in allen drei Gewichtsgruppen und auf allen drei Relationen die zu bevorzugende Variante darstellt. Wird hingegen das Kostenverhältnis der einzelnen Verkehrsmittel ab Abgangsregion West-Niedersachsen/Westfalen analysiert, unterbietet die Bahn den LKW beim Transport von 8 t Ware nach Lissabon um rund 26 % und beim Transport von 15 t um rund 25 %. Bei Komplettladungen nach Lissabon ist die Bahn nur noch um 3,7 % und nach Barcelona um 1,9 % günstiger als der LKW. Die Unterschiede zwischen LKW und Bahn bei den kleinen Tonnagen nach Lissabon resultieren aus den hohen Kosten, die den Spediteuren daraus entstehen, ausreichend geeignete Hin- und Rückfracht für die Auslastung ihrer Fahrzeuge auf dieser Relation zu finden. Aus diesem Grund sind auch nur spezialisierte Speditionen überhaupt bereit, auf dieser Relation Teilladungsverkehre anzubieten.

Die unterschiedliche Kostensituation bei den Abgangsregionen Süd-Bayern/Süd-Baden-Württemberg und West-Niedersachsen/Westfalen ergibt sich daraus, daß die Firma Intercontainer-Interfrigo unter anderem aufgrund des hohen Frachtaufkommens aus den europäischen Hafenregionen zwischen Neuss-Hessentor und Barcelona täglich Ganzzüge mit Kurswagen nach Valencia, Madrid und Lissabon verkehren läßt. Durch die sich hieraus ergebende wesentlich vorteilhaftere Kostenkalkulation können den Verladern günstigere Frachtpreise eingeräumt werden.

Der zu hohe Preis, der bislang immer als Argument gegen den Transport mit der Eisenbahn vorgebracht wurde, konnte zumindest für einige Relationen und Tonnagen deutlich widerlegt werden. Es scheint daher notwendig zu sein, die Entwicklungen auf dem Dienstleistungsmarkt der europäischen Eisenbahnen aufmerksam zu verfolgen, da das starke Zusammenwachsen der einzelnen Staaten und die bereits jetzt spürbaren länderübergreifenden Aktivitäten aller Wirtschaftszweige als Folge des realisierten Europäischen Binnenmarktes auch auf diese Dienstleister mittelfristig deutlichen Einfluß haben werden.

Da Entscheidungen zur Wahl des optimalen Verkehrsmittels üblicherweise nicht allein unter Kostenaspekten getroffen werden, sondern auch nicht quantifizierbare Elemente berücksichtigen, wurde die Modellrechnung um sieben Teilnutzwerte ergänzt, die eine leichte Abwandlung der VOIGT'schen Verkehrswertigkeit darstellen. Berücksichtigt werden die Schnelligkeit, die Massenleistungsfähigkeit, die Netzbildungsfähigkeit, die Sicherheit, die Bequemlichkeit, die Regelmäßigkeit und die Umweltverträglichkeit. Die einzelnen Teilnutzwerte sind in mehrere Unterkriterien untergliedert, um sie möglichst detailliert zu charakterisieren. Einen ganz erheblichen Einfluß auf das Ergebnis der Modellrechnung haben die festgelegten Gewichtungsfaktoren für die einzelnen Teilnutzwerte. Entsprechend der gewonnenen Befragungsergebnisse wurden die Transportzeit ("Schnelligkeit") und die Transportsicherheit mit jeweils 40 % und die Regelmäßigkeit mit 10 % gewichtet.

In einem letzten Schritt erfolgt die Verknüpfung der Ergebnisse der Kostenvergleichsrechnung mit denen aus der Nutzwertanalyse in einem Kosten-Nutzen-Diagramm. Dabei wird deutlich, daß nicht immer die kostengünstigste Alternative auch unter qualitativen Aspekten die beste Transportalternative darstellt. Dies ist der Fall für den Transport von 8 t und 15 t Ware von West-Niedersachsen/Westfalen nach Barcelona und Madrid sowie für den Transport von Komplettladungen nach Madrid. Würden diese in der hier vorgestellten Modellrechnung erzielten Ergebnisse von einem Entscheidungsträger eines Molkereiunternehmens mit Sitz in der Region West-Niedersachsen/Westfalen aufgrund der unternehmensindividuellen Gegebenheiten ermittelt, müßte dieser konsequenterweise neben den Sendungen nach Lissabon auch seine 8 t und 15 t umfassenden Sendungen nach Barcelona und Madrid sowie seine 24 t umfassenden Sendungen nach Madrid auf der Schiene transportieren.

Es kann somit die Aussage getroffen werden, daß bestimmte Relationen im kombinierten Verkehr Straße-Schiene-Straße im grenzüberschreitenden Verkehr zwischen Deutschland und Spanien oder Portugal als konkurrenzfähig anzusehen sind. Dies gilt insbesondere dann, wenn die Firma Intercontainer-Interfrigo in der Lage ist, Ganzzüge auf einer Relation einzusetzen, die regelmäßig verkehren und eine erheblich günstigere Kostenkalkulation erlauben, als dies für die herkömmlichen Güterzüge möglich ist. Aus dieser Tatsache ergeben sich für viele Unternehmen, nicht nur der Molkereibranche, neue Möglichkeiten, ihre Transportkosten zu senken.

5 Zusammenfassung

Die beiden Staaten der Iberischen Halbinsel Spanien und Portugal sind zum 1. Januar 1986 als Vollmitglieder in die Europäische Union aufgenommen worden. Die Beitrittsakte sah für beide Länder aufgrund struktureller Defizite unter anderem in der Land- und Ernährungswirtschaft sowie aufgrund der geopolitischen Randlage zu Europa lange Übergangsregelungen bis zur endgültigen Übernahme des Gemeinschaftsrechts, der Gemeinschaftsbeschlüsse und Gemeinschaftsvereinbarungen vor.

Die als wirtschaftlich und politisch stabil anzusehenden Staaten der iberischen Halbinsel weisen zehn Jahre nach dem Beitritt mit 50 Mio. Einwohnern und jährlich rund 80 Mio. Touristen ein großes und vor allem in Ballungsgebieten kaufkräftiges Kundenpotential auf. Die positiven Entwicklungen in beiden Ländern haben dazu geführt, daß zunehmend auch Unternehmen der deutschen Ernährungsindustrie Spanien und Portugal als attraktive Absatzmärkte für ihre Produkte ansehen. Außerdem sind es die rückläufigen Umsätze am weitgehend gesättigten deutschen Markt, die immer mehr deutsche Hersteller dazu veranlassen, auf der Suche nach neuen Absatzmärkten über die Grenzen ihrer angestammten Absatzgebiete hinauszusehen. Die Länder der Europäische Union gewinnen daher aufgrund der zunehmenden internationalen Verflechtung der Märkte und der Exportpolitik gegenüber Drittländern, die sich aus den GATT-Beschlüssen ergibt, als Absatzmärkte für deutsche Produkte immer größere Bedeutung. Diese generelle Entwicklung der letzten Jahre sowie die defizitäre Versorgung mit Rohmilch und einigen Milchprodukten in Spanien und Portugal gab Anlaß zu der Überlegung, ob nicht deutsche Molkereien ihre Präsenz in diesen beiden Ländern durch ein stärkeres Engagement ausdehnen könnten. Bis heute ist es deutschen Unternehmen der Molkereiwirtschaft nämlich noch nicht gelungen, in Spanien und/oder Portugal in ähnlich starkem Maße Fuß zu fassen wie französische oder niederländische Unternehmen. Die gründliche Kenntnis der einzelnen Märkte der Mitgliedsstaaten ist dabei eine Voraussetzung, um angemessene Strategien zur Gewinnung neuer oder zur Sicherstellung und Ausdehnung bereits vorhandener Marktanteile erarbeiten zu können.

Ziel der vorliegenden Arbeit ist es, auf der Basis umfassender Informationen über die Rahmenbedingungen am spanischen und portugiesischen Markt für Molkereiprodukte deutschen Molkereiunternehmen alternative Strategien für die Feindistribution deutscher Molkereiprodukte in den

Zielländern sowie für den Transport von Deutschland nach Spanien und Portugal aufzuzeigen. Die hierzu erforderlichen Informationen entstammen umfangreichen Untersuchungen in Form von Expertengesprächen, die zwischen 1992 und 1995 mit Vertretern deutscher Molkereiunternehmen, mit spanischen und portugiesischen Importeuren/Großhändlern, mit spanischen, portugiesischen und deutschen Spediteuren sowie mit Reedereien, Luftfrachtspediteuren und der Firma Interfrigo-Intercontainer durchgeführt wurden.

Zusammenfassend lassen sich folgende Ergebnisse aus den einzelnen Abschnitten festhalten:

(1) Rahmenbedingungen des spanischen und portugiesischen Marktes für Molkereiprodukte

Nach einem kurzen Überblick über die geographischen, politischen und allgemeinwirtschaftlichen Gegebenheiten in Spanien und Portugal folgt die Darstellung der Angebots- und Nachfragesituation bei Milch und Molkereiprodukten für die beiden bearbeiteten Märkte. Hier werden Einblicke in die Erzeugerstruktur, in Besonderheiten der Milcherfassung und Milchverarbeitung sowie in die Konsum- und Einkaufsgewohnheiten der spanischen und portugiesischen Bevölkerung gegeben. In einem eigenen Abschnitt sind Charakteristika, Probleme und künftige Entwicklungen sowohl des Groß- als auch des Einzelhandels in beiden Ländern skizziert.

Die für diese Länder typischen Distributionskanäle für nationale und importierte Produkte lassen sich aus den im Rahmen des Spanien- und Portugalaufenthaltes durchgeführten Storechecks sowie aus den Angaben der zahlreichen Interviews ableiten. Charakteristisch und gleichzeitig problematisch für Frischprodukte ist die Vielstufigkeit der Absatzkanäle, die nicht zuletzt aus der Tatsache resultiert, daß ein Großteil der Handelsunternehmen nicht direkt mit den ausländischen Herstellern verhandelt. Die Vielstufigkeit bedingt ein häufiges Umschlagen der Molkereiprodukte, was in der Konsequenz bedeutet, daß diese empfindlichen Produkte im Zielland zwischen acht und elf Tagen im Distributionskanal unterwegs sind, bis sie in die Handelsregale eingeräumt werden können.

Die Untersuchungen vor Ort erbrachten noch ein weiteres wichtiges Ergebnis: Die zur leichteren Evaluierung der Storechecks vorgenommene Unterteilung der beiden Länder in jeweils vier Regionen (Ballungsgebiete Madrid, Barcelona, Lissabon und Porto, Küstenregionen und das Landesinnere) zeigt, daß deutsche Molkereiprodukte in Spanien und

Portugal in erster Linie in den Ballungsgebieten und entlang der Küsten angeboten werden. Vorgefunden wurden Milchmischgetränke, Sahne, Butter, Joghurt, Frischkäse, Quark, Weichkäse, Blauschimmelkäse, Camembert, Brie, Schmelzkäse und Schmelzkäsezubereitungen sowie Schnitt- und Hartkäse. Die größte Vielfalt weisen Supermärkte und Hypermärkte sowie das spanische Kaufhaus El Corte Inglés auf. Das engste Sortiment führt in beiden Ländern der traditionelle Lebensmitteleinzelhandel, der sich mangels ausreichenden Kühlmobiliars oft auf die weniger problematischen haltbaren Waren oder auf bestimmte Produkte mit hoher Turnoverrate konzentriert.

(2) Alternative Strategien für die Distribution und den Transport von Molkereiprodukten

Welche Möglichkeiten bieten sich deutschen Herstellern von Molkereiprodukten, um ihre derzeit noch geringe Marktstellung am spanischen und/oder portugiesischen Markt zu festigen? Eine Stärkung der Position am Zielmarkt kann z.B. durch die Nutzung bestimmter Distributionskanäle unter Verfolgung ausgewählter Distributionsstrategien erzielt werden. In der vorliegenden Arbeit werden in Anlehnung an die Expertengespräche Strategiealternativen aufgezeigt: Für die Mehrzahl der deutschen Unternehmen, die angaben, auch in Zukunft ihre im Ursprungsland erzeugten Güter auszuführen, dürften die Ausführungen zur Ausgestaltung einer Vertriebskooperation mit einer spanischen oder portugiesischen Molkerei sowie zur Einrichtung einer unternehmenseigenen Vertriebsniederlassung von Interesse sein. Während bei der Vertriebskooperation die Wahl des geeigneten Partners von besonderer Bedeutung ist, stehen bei der Vertriebsniederlassung Make-or-Buy-Entscheidungen im Hinblick auf den Fuhrpark und die Lagerhaltung sowie Fragen zum geeigneten Standort im Vordergrund. Aus organisatorischen, verwaltungstechnischen und infrastrukturellen Gründen empfiehlt sich die Niederlassung in einem der beiden Ballungsgebiete Madrid, Barcelona, Lissabon oder Porto. Bei der Auswahl der Handelspartner ist deren häufig nur regionale oder lokale Verbreitung zu beachten. Mit Hilfe von Szenarien werden die nationale Distribution am Beispiel von thermisiertem Joghurt, die selektive Distribution am Beispiel von Schmelzkäsetorten sowie die exklusive Distribution am Beispiel von Butterspezialitäten und Quark veranschaulicht.

Die Frage, ob nicht mittelfristig auch über eine Verlagerung eines Teils der Fertigung nach Spanien und/oder Portugal nachgedacht würde, beantworteten nur einige wenige deutsche Molkereiunternehmen mit "ja". Der Grund für die Zurückhaltung kann in erster Linie in der Verpflichtung zur Verarbeitung des heimischen Rohstoffs und in der Auslastung der bereits vorhandenen Kapazitäten gesucht werden. Als mögliche Alternativen für ein entsprechendes Engagement im Zielland werden die Lizenzproduktion und die Gründung eines Tochterunternehmens skizziert. Entscheidet sich ein Unternehmer für die Lizenzproduktion im Zielland, ist die Wahl eines geeigneten Partner von großer Bedeutung. Über die Planung der Kapazitäten und die Wahl des geeignetsten Standortes, der entweder in den milchreichen nördlichen Landesteilen oder aber konsumnah in Zentralspanien/-portugal oder im Süden beider Länder liegen kann, hat ein Unternehmer dann zu entscheiden, wenn er ein eigenes Produktionsunternehmen im Zielland errichten möchte.

Spezielle Anforderungen an die Distributionslogistik für die in der vorliegenden Arbeit analysierte Molkereiwirtschaft ergeben sich aus den physikalischen Eigenschaften (Aggregatzustand), der äußeren Form, dem Gewicht und aus dem Grad der Verderblichkeit der hergestellten Produkte. Speziell im internationalen Verkehr sind außerdem mengen-, raum- und zeitspezifische Anforderungen zu berücksichtigen.

Im Rahmen der vorliegenden Arbeit prüft der Autor außerdem Transportstrategien auf den Relationen Deutschland - Spanien und Deutschland - Portugal. Es wird untersucht, welches der drei Verkehrsmittel LKW, Eisenbahn und Seeschiff unter Berücksichtigung quantitativer und qualitativer Aspekte für den Transport von empfindlichen Molkereiprodukten auf den Relationen Deutschland - Spanien und Deutschland - Portugal das vorteilhafteste ist. Es werden zunächst die Vor-, Haupt- und Nachlaufkosten ermittelt, die für das jeweilige Verkehrsmittel zu veranschlagen sind. Die Berechnung erfolgt in Deutschland ab Abgangsregion Süd-Bayern/Süd-Baden-Württemberg und West-Niedersachsen/Westfalen, da in diesen Regionen der Großteil der nach Spanien und Portugal exportierenden Molkereiunternehmen ansässig ist. Von diesen beiden Regionen aus werden die Molkereiprodukte in die drei Zielregionen Barcelona, Madrid und Lissabon transportiert, die mit den Standorten der wichtigsten Importeure/Großhändler identisch sind.

Werden lediglich die Transportkosten der einzelnen Verkehrsmitttel einander gegenübergestellt, zeigt sich, daß der LKW in allen drei gewählten Gewichtsgruppen (8 t, 15 t und 24 t) ab Abgangsregion Süd-Bayern/Süd-Baden-Württemberg (Abgangsterminal ist der Umschlagbahnhof München in Riem) auf allen drei Relationen die günstigste Variante darstellt. Anders stellt sich das Ergebnis für die Abgangsregion West-Niedersachsen/Westfalen dar (Abgangsterminal Neuss-Hessentor). Aufgrund der von der Firma Intercontainer-Interfrigo in Neuss-Hessentor eingesetzten und täglich verkehrenden Ganzzüge über Barcelona nach Valencia mit Kurswagen nach Madrid und Lissabon lassen sich erhebliche Kosteneinsparungen erzielen. Zwischen West-Niedersachsen/Westfalen und Lissabon ist die Bahn bei einem Sendungsgewicht von 8 t um ca. 26 % und bei einem solchen von 15 t um ca. 25 % günstiger als der LKW. Bei Komplettladungen ist der LKW auf dieser Relation um knapp 4 %, nach Madrid 6 % und nach Barcelona noch knapp 2 % teurer als die Bahn.

Es ist allerdings fraglich, ob ein Unternehmer der Molkereiwirtschaft bei dieser geringen Kostendifferenz im Komplettladungsbereich die Bahn dem LKW vorziehen wird, denn für eine endgültige Entscheidung hinsichtlich des optimalen Transportmittels spielen zusätzlich eine Reihe von qualitativen Faktoren eine Rolle, die VOIGT[1] unter dem Begriff der Verkehrswertigkeit zusammengefaßt hat. In die Modellrechnung der vorliegenden Arbeit werden daher die Teilwertigkeiten "Schnelligkeit", "Massenleistungsfähigkeit", "Netzbildungsfähigkeit", "Regelmäßigkeit", "Sicherheit", "Bequemlichkeit" und "Umweltverträglichkeit" einbezogen. Die Expertenbefragungen in der Molkereiwirtschaft und bei Speditionen ergaben, daß den beiden Teilwertigkeiten "Schnelligkeit" und "Transportsicherheit" in Form einer garantiert geschlossenen Kühlkette die größte Bedeutung zukommt, während die übrigen Kriterien eine eher untergeordnete Rolle spielen. Der LKW ist ab Abgangsregion Süd-Bayern/Süd-Baden-Württemberg und die Eisenbahn im kombinierten Verkehr ab Abgangsregion West-Niedersachsen/Westfalen die unter qualitativen Aspekten zu bevorzugende Transportalternative. Dieses Ergebnis resultiert allein aus der Bewertung der Teilwertigkeit "Schnelligkeit".

Eine Gegenüberstellung der Ergebnisse aus der Kostenvergleichsrechnung und der durchgeführten Nutzwertanalyse erfolgt im Kosten-Nutzen-Diagramm und ermittelt für die Relationen Süd-Bayern/Süd-Baden-Württemberg nach Barcelona, Madrid und Lissabon den LKW als optimale Transportvariante für alle drei Gewichtsgruppen. Aufgrund der hohen Gewichtung der Schnelligkeit stellt die Eisenbahn für den Transport aller drei Tonnagen ab West-Niedersachsen/Westfalen nach Barcelona, Madrid und Lissabon die zu bevorzugende Alternative dar.

---

[1] Vgl. Voigt, Fritz: Verkehr. Band I, Erste Hälfte. Berlin 1973, S. 69 - 107.

(3) Ausblick

Versucht man, mögliche künftige Entwicklungen für das Spanien- und Portugalgeschäft zu antizipieren, lassen sich folgende Aussagen treffen:

- Die aktuellen wirtschaftlichen Entwicklungen in beiden Ländern lassen zwar keine euphorischen Prognosen zu, es kann jedoch mittelfristig weiterhin von einem langsamen Wirtschaftswachstum ausgegangen werden. Führt dies im gleichen Zeitraum zu einer Verbesserung der Einkommenssituation und zu einer Steigerung der Kaufkraft, ist damit zu rechnen, daß die Bevölkerung beider Länder in Zukunft Importprodukten noch aufgeschlossener gegenüberstehen wird.

- Der Touristenstrom wird auch künftig in den beiden Länder der iberischen Halbinsel nicht abreißen. Dieser wird eine weiter steigende Nachfrage nach ausländischen Produkten nach sich ziehen. Da deutsche Urlauber mit rund 10 Mio. Gästen die größte Touristengruppe stellen, ist von diesen, zumindest in einigen Regionen, auch der größte Einfluß auf den Handel und die Gastronomie zu erwarten.

- In Marktstudien namhafter Marktforschungsinstitute und Außenhandelsorganisationen ist die Rede davon, daß der bislang geringe Pro-Kopf-Verbrauch von Molkereiprodukten in Spanien und Portugal im Vergleich zum EU-Durchschnitt mittelfristig ansteigen wird und sogar EU-Durchschnittsniveau erreichen soll. Bei Joghurt ist bereits ein leichter Anstieg spürbar und auch bei Käse gibt es Anzeichen für einen zumindest mittelfristigen Anstieg. Hier leistet vor allem die sich auf dem Vormarsch befindliche Fast-Food-Gastronomie mit ihrem hohen Bedarf an Schmelzkäse einen Beitrag zur Pro-Kopf-Verbrauchssteigerung.

- Die im Handel der nördlichen EU-Mitgliedstaaten zu beobachtenden Internationalisierungs- und Konzentrationstendenzen sind in Ansätzen auch in Spanien und Portugal zu beobachten. Es ist davon auszugehen, daß der Handel mittelfristig dazu übergehen wird, ausländische Produkte verstärkt direkt beim Hersteller zu ordern, anstatt sich in erster Linie über den Großhandel oder Importeur mit diesen Waren beliefern zu lassen. Die direkte Verhandlung und Warenanlieferung an Zentralläger der Handelsunternehmen tragen erheblich zu einer Vereinfachung und Reduzierung der Distributionskanäle bei, so daß sich einige der in dieser Arbeit vorgestellten Distributionsstrategien künftig leichter realisieren lassen werden.

- Durch das starke Zusammenwachsen der EU-Staaten und durch die zunehmende Liberalisierung der Verkehrsmärkte im Transportgewerbe sind weitere Verbesserungen und Rationalisierungsmaßnahmen bei den Verkehrsmitteln unvermeidlich. Dies wird dazu führen, daß mittelfristig auch die Eisenbahnen noch leistungsgerechtere Angebote für den Transport temperatursensibler Produkte plazieren müssen. Entscheidende Schritte sind bereits durch die Schaffung von Hochgeschwindigkeitsgüterzügen und Direktverbindungen zwischen wichtigen Wirtschaftszentren eingeleitet worden. Es muß aber auch mit verschärften Maßnahmen von staatlicher Seite gerechnet werden. Die steigende Umweltbelastung durch Lärm, Abgase und Flächenversiegelung, die Ozonproblematik sowie der prophezeite Verkehrsinfarkt, der in Ballungsgebieten europaweit bereits Realität geworden ist, lassen immer wieder Rufe nach der Bewertung der Verkehrsträger auf der Basis der von ihnen tatsächlich verursachten Kosten laut werden (Internalisierung externer Kosten). Verordnungen zur Schadstoffreduzierung durch EURO-Normen bei LKW, Autobahngebühren bis hin zur Förderung der Verlagerung von Gütern von der Straße auf die Schiene sind nur einige der bisher genannten Vorschläge, die in Zukunft noch um weitere Alternativen erweitert werden dürften.

- Die Chancen deutscher Molkereiprodukte am spanischen und portugiesischen Markt sind insgesamt als sehr gut einzustufen. Das gute Image, das deutsche Produkte in beiden Ländern genießen, und deren hoher Bekanntheitsgrad sind auch das Verdienst des Bayerischen Staatsministeriums für Ernährung, Landwirtschaft und Forsten und der Centralen Marketinggesellschaft für die deutsche Agrarwirtschaft mbH (CMA), die in Gemeinschaftswerbeaktionen auf Messen, Deutschland- und Länderwochen, Warenbörsen mit dem Herkunftszeichen "Spezialitäten aus Bayern" und dem CMA-Gütezeichen unermüdlich Deutschlands gesunde, grüne Umwelt, die sorgfältige Herstellung und hohe Sicherheit der Produkte durch ständige Kontrollen herausstellen. Diese Maßnahmen reichen natürlich für die Profilierung eines einzelnen Produktes in Spanien und Portugal nicht aus. Auch der einzelne Hersteller muß aktiver werden und versuchen, entweder den Bekannheitsgrad seiner Produkte durch eine konsequent verfolgte Markenpolitik zu erhöhen, oder aber durch entsprechend intensive Werbe- und Verkaufsförderungsmaßnahmen den Verbraucher im Zielland auf die Besonderheiten seiner Produkte aufmerksam zu machen.

ANHANG

Abb. 1: Strategiealternativen für die Distribution von Molkereiprodukten in Spanien und Portugal

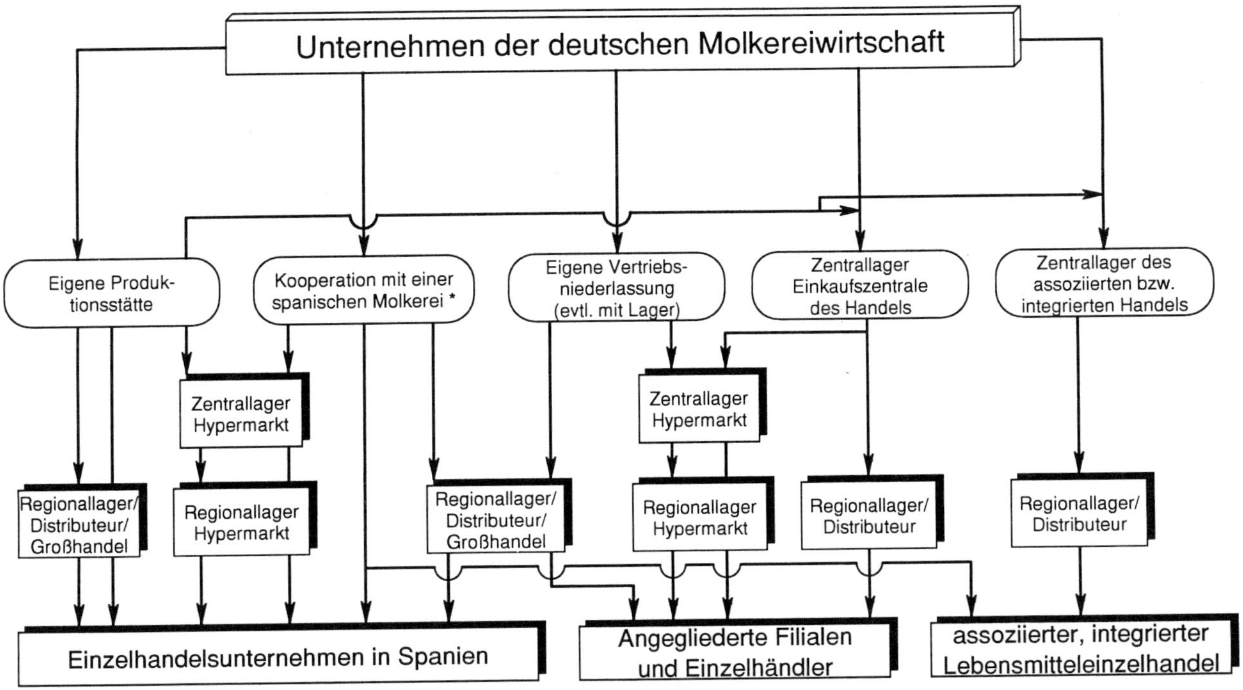

Quelle: Eigene Darstellung * Lizenzfertigung oder Vertriebskooperation

Abb. 2: Teilnutzwerte für den Transport ab Südbayern/Süd-Baden-Württemberg nach Barcelona, Madrid und Lissabon per LKW, Eisenbahn und Schiff

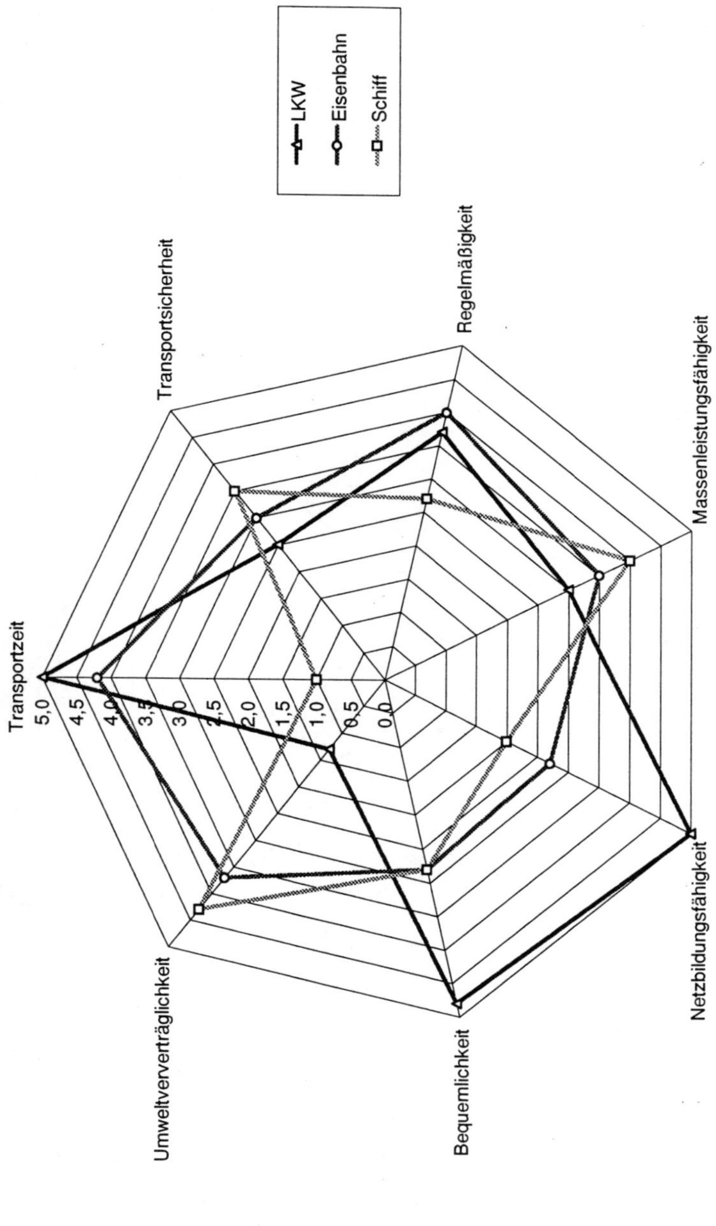

Abb. 3: Teilnutzwerte für den Transport ab West-Niedersachsen/Westfalen nach Barcelona, Madrid und Lissabon per LKW, Eisenbahn und Schiff

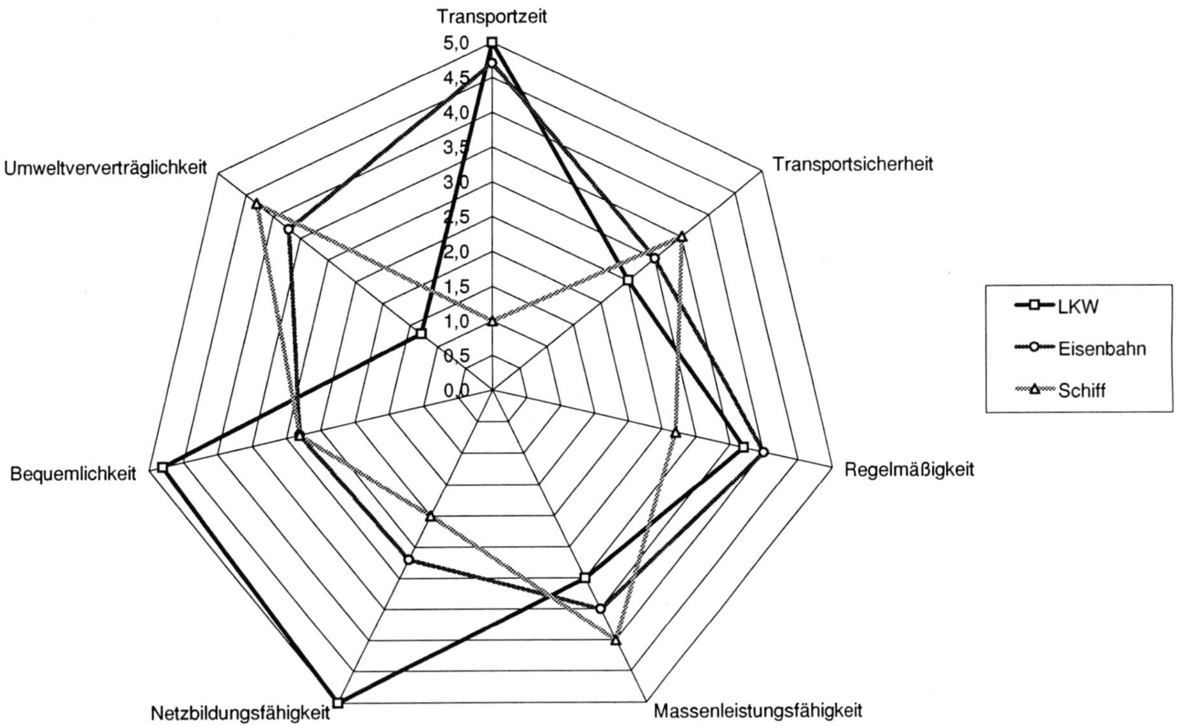

Literaturverzeichnis

ADLER, Gustav (Hrsg.): Lexikon der Eisenbahn. 7. Auflage. Berlin 1983.

ALBUQUERQUE, Maria Teresa: Grula dá o exemplo aos associados. In: Distribuição hoje Nr. 101, Juli 1993, S. 42 - 43.

ALIMARKET UND AGRO SPC: Estudio del Sector Lácteo Español. Madrid Mai 1988.

ALTMANN, Jörn: Außenwirtschaft für Unternehmen. Uni-Taschenbücher 1750. Stuttgart, Jena 1993.

ALVAREZ, Manuel: La producción de leche para consumo bajó un 5,3 por 100 en 1990. In: ARAL, 24. Jg. (1991), Nr. 1099, 13. - 20. April 1991, S. 34 - 36.

ALVAREZ, Manuel: 7.as Jornadas de Distribución: Cooperación y medio ambiente. In: ARAL, 25. Jg. (1992), Nr. 1145, 9. - 23. Mai 1992, S. 23 - 27.

ALVES, Lima Olímpio: Não à inércia, sim à transformação. In: Distribuição hoje Nr. 101, Juli 1993, S. 43 - 44.

ANUARIO DEL MERCADO ESPAÑOL (A.M.E.), Madrid 1985.

ANUÁRIO EL PAÍS 1993 und 1995.

ARNOLD, Ulli: Logistik. In: Vahlens großes Wirtschaftslexikon, Band 2. Hrsg. Erwin Dichtl und Ottmar Issing. München 1987, S. 60 - 62.

ARNOLD, Ulli: Logistik, internationale. In: Handwörterbuch Export und internationale Unternehmung, Hrsg. Klaus Macharzina und Martin K. Welge. Stuttgart 1989, Sp 1340 - 1356.

BAG (Hrsg.): Merkblatt für Kabotagebeförderungen. In: Der Spediteur, Organ des Bundesverbandes Spedition und Lagerei e.V., 42. Jg., Heft 3, März 1994, S. 78.

BAG (Hrsg.): Presseinformation Nr. 7/94: Kabotage in der Europäischen Union. In: Der Spediteur, Organ des Bundesverbandes Spedition und Lagerei e.V., 42. Jg., Heft 7 - 8, Juli-August 1994, S. 221 - 222.

BANCO BILBAO VIZCAYA: Informe Económico 1991. Bilbao 1992.

BASTOS, Moura J.M.: Há sempre oportunidade para o pequeno comerciante perspicaz e inteligente. In: Distribuição hoje Nr. 101, Juli 1993, S. 47 - 48.

BAUER, H.: Güter rollen schneller über die Grenze. In: Die Bundesbahn, 65. Jg. (1989), Nr. 7, S. 565ff.

BAYERISCHE TRAILERZUG GESELLSCHAFT FÜR BIMODALEN GÜTERVERKEHR MBH: Road Railer - Zwei in Einem. Rosenheim 1993.

BECHMANN, Arnim: Nutzwertanalyse, Bewertungstheorie und Planung. Hrsg.: Tuchtfeldt, Egon. Beiträge zur Wirtschaftspolitik, Band 29. Bern u. Stuttgart 1978.

BECKER, Jochen: Marketing-Konzeption. 4. Auflage, München 1992.

BEREKOVEN, Ludwig: Internationales Marketing. 2. erweiterte und verbesserte Auflage. Berlin 1985.

BOULDING, Kenneth E.: The present Position of the Theory of the Firm. In: Linear Programming and the Theory of the Firm. (Hrsg.: K.E. Boulding, W.A. Spirey). New York 1960.

BOWERSOX, Donald J; M. Bixby COOPER, Douglas M. LAMPERT UND Donald A. TAYLOR: Management in marketing channels. New York 1980.

BUNDESMINISTERIUM FÜR ERNÄHRUNG, LANDWIRTSCHAFT UND FORSTEN: Statistisches Jahrbuch für Ernährung, Landwirtschaft und Forsten. Bonn verschiedene Jahrgänge.

BUNDESMINISTERIUM FÜR VERKEHR (Hrsg.): Kombinierter Verkehr Schiene/Straße in Deutschland. Strategiepapier und Anhänge 4 (Transportgefäße), 5 (Fahrzeuge), 6 (Umschlag) und 8 (Infrastruktur für den KV). Bonn, 4. April 1991.

BUNDESMINISTERIUM FÜR VERKEHR (Hrsg.): Strategiepapier Telematik im Verkehr zur Einführung und Nutzung von neuen Informationstechniken. Bonn 1993.

BURKHARDT, Martin: Volkswirtschaftliche Wirkungen des Kombinierten Verkehrs Straße/ Schiene. In: Forschungskonsortium Kombinierter Verkehr, FKV-Schriftenreihe Band 2. Neu-Isenburg 1988.

CANDREJA, Maurus und Rolf LANZ: Controlling im Transportgewerbe. Wien 1993.

CARVALHO, Agostinho de und Renano HENRIQUES (Hrsg.): A Questão do leite em Portugal e a integração na CEE. Edições Afrontamento. Lissabon 1987.

CASARES, Javier und Julián BRIZ: Una Revision histórica del comercio español. In: La Economía de la Distribución, Barcelona 1987, S. 94 - 107.

CASARES, Javier, Julián BRIZ, Alfonso REBOLLO und Pedro MUÑOZ GALLEGO: La Economía de la distribución comercial. Barcelona 1987.

CENTRE FRANÇAIS DU COMMERCE EXTÉRIEUR (CFCE; Hrsg.): Les Circuits d'importation et de distribution en Espagne et aux Canaries - Produits d'alimentation générale. Paris März 1984.

CFCE (Hrsg.): Les Produits alimentaires importés en Espagne. Etude typologique des consommateurs. Paris Januar 1987.

CFCE (Hrsg.): Les Circuits d'importation et de distribution au Portugal - Produits d'alimentation générale. Paris Februar 1987.

CENTRALE MARKETINGGESELLSCHAFT DER DEUTSCHEN AGRARWIRTSCHAFT MBH (CMA; Hrsg.): Der Markt für Agrarerzeugnisse, Nahrungsmittel und Getränke in Portugal 1986. Bonn April 1987.

CMA (Hrsg.): Der Markt für Milch und Milchprodukte in Spanien inklusive Kanarische Inseln. Bonn Juli 1989.

CMA (Hrsg.): Die großen Einzelhandelsunternehmen in Spanien inklusive Kanarische Inseln 1989. Bonn September 1989.

CMA (Hrsg.): Die bedeutendsten Unternehmen des Lebensmittelhandels in Portugal 1990. Bonn September 1990.

CMA (Hrsg.): Erfolgreich nach Spanien exportieren, das Land Spanien, der Lebensmittelsektor. Bonn Januar 1992.

CMA (Hrsg.): Erfolgreich nach Spanien exportieren: Milchprodukte. Bonn Januar 1992.

CMA (Hrsg.): Der moderne Lebensmittelhandel und seine führenden Unternehmen in Portugal 1992.

CMA (Hrsg.): Der moderne Lebensmitteleinzelhandel und seine führenden Unternehmen in Spanien 1992. Bonn 1992.

DA CONCEIÇÃO MARTINS, Maria: O Emprego no Comércio. In: Boletím do Comércio Interno, Nr. 23/24, Lissabon Januar - Juni 1991, S. 11 - 18.

DAVARA, Alicia: Distribución en España - Concentración en aumento. In: Distribución Actualidad, Nr. 196, August 1992, S. 2 - 7.

DBAG (Hrsg.): Transportperspektiven - Die neue Güterbahn. Broschur. Frankfurt 1994.

DBAG (Hrsg.): Kombinierter Verkehr - Systemvorteile intelligent verknüpft. Broschur. Frankfurt 1/1994.

DELFMANN, Werner: Strategie der 90er - Marketing und Logistik integrieren. In: Jahrbuch Logistik 1990, Hrsg. Carlheinz Bonny. Düsseldorf 1990, S. 10 - 15.

DELFMANN, Werner: Logistik macht Marketing - Wechselwirkungen erkennen und nutzen. In: Berichtsband des Deutschen Logistik-Kongresses 1990 Berlin (Logistik verbindet), Hrsg.: BVL e.V.. München 1990, S. 154 - 186.

DEUTSCHE INDUSTRIE- UND HANDELSKAMMER IN SPANIEN (Hrsg.): Die Struktur des spanischen Handels sowie zukünftige Entwicklungsmöglichkeiten. Madrid 1987.

DEUTSCHER WIRTSCHAFTSDIENST: Außenwirtschaftsrecht '94 - Einführung, Fundstellen, Vorschriftentexte. 23. Auflage, Stand Dezember 1993. Köln 1994.

DEUTSCH-PORTUGIESISCHE INDUSTRIE- UND HANDELSKAMMER (Hrsg.): Distributionswege für Konsumgüter in Portugal, Lissabon, 25. März 1993.

DIAS, Rosa Ma., A. Miranda FERREIRA: O Cadastro dos estabelecimentos comerciais em 90.12.31 - uma síntese. In: Boletim do Comércio Interno, Nr. 23/24, Lissabon Januar - Juni 1991, S. 23 - 29.

DIONÍSIO, Pedro: 1994 - Um ano difícil para o retalho alimentar. In: Distribuição hoje, Nr. 152, September 1995, S. 10 - 14.

DOGS, Ernst und Holger PLATZ: Planco Consulting GmbH (Hrsg.): Externe Kosten des Verkehrs - Schiene, Straße, Binnenschiffahrt. Essen 1990.

EICHNER, Sabine: Distributionswege für Konsumgüter in Portugal. In: EG-Binnenmarkt - Distributionswege für Konsumgüter. Hrsg.: Deutscher Industrie- und Handelstag, Nr. 266, Brühl 1989, S. 133 - 148.

EU-KOMMISSION, GENERALDIREKTION IV VERKEHR: Die künftige Entwicklung der Gemeinsamen Verkehrspolitik. Globalkonzept einer Gemeinschaftsstrategie für eine auf Dauer tragbare Mobilität. Kom (92)494 endg., Dokumente Nr. 7. Brüssel, 2. Dezember 1992.

EU-KOMMISSION, GENERALDIREKTION VI LANDWIRTSCHAFT: Die Struktur der Milchverarbeitungsindustrie in der Gemeinschaft im Jahre 1991 sowie Veränderungen seit 1988. Analyse der siebenten gemeinsamen Strukturerhebung zum 31.12.1991 sowie Veränderungen im Verlaufe der letzten drei Jahre. Brüssel, 7. März 1994.

EU-KOMMISSION, GENERALDIREKTION VI LANDWIRTSCHAFT: Die Struktur der Milchverarbeitungsindustrie in der Gemeinschaft im Jahre 1994 sowie Veränderungen seit 1991. Analyse der achten gemeinsamen Strukturerhebung zum 31.12.1994 sowie Veränderungen im Verlaufe der letzten drei Jahre. Brüssel 1996.

FALLSCHEER, Tamara: Absatzchancen und Vertriebskanäle für deutsche Molkereiprodukte in Spanien. In: DMZ Lebensmittelindustrie und Milchwirtschaft. 114. Jg. (1993), Nr. 49, 2. Dezember 1993, S. 1460 - 1467.

FALLSCHEER, Tamara: Entwicklungen in der portugiesischen Milch und Molkereiwirtschaft. In: DMZ Lebensmittelindustrie und Milchwirtschaft, 115. Jg. (1994), Nr. 6, 17. März 1994, S. 280 - 287.

FALLSCHEER, Tamara: Strategien und Chancen deutscher Molkereiunternehmen am spanischen und portugiesischen Markt. Vortrag anläßlich der Milchkonferenz vom 21. - 22. September 1995 in Berlin.

FISCHER, Leopold: Probleme der Nutzenerfassung bei Kosten-Nutzen-Analysen und Kostenwirksamkeitsanalysen in der Verkehrsplanung. In: Zeitschrift für Verkehrswissenschaft. 44. Jg. (1973), Heft 1, S. 1 - 18.

FOOD MARKETING INSTITUTE (FMI): "Trends in Portugal - consumer Attitudes and the Supermarket 1992". In: Distribuição hoje, Nr. 104, 1. - 15. September 1993, S. 18 - 22; Nr. 106, 1. - 15. Oktober 1993, S. 28 - 32; Nr. 107, 16. - 31. Oktober 1993, S. 34 - 36.

FORSCHUNGSKONSORTIUM KOMBINIERTER VERKEHR: Volkswirtschaftliche Wirkungen des Kombinierten Verkehrs Straße/Schiene. FKV-Schriftenreihe, Band 2. Auswertung einer Untersuchung zum Konbinierten Verkehr von A.T. Kearney (1987) im Auftrag des BMFT. Bonn 1991.

GABLERS WIRTSCHAFTSLEXIKON. 12. Auflage, Wiesbaden 1988.

GÄFGEN, Gérard: Theorie der wirtschaftlichen Entscheidung. 2. Aufl., Tübingen 1972.

GAMA, VASCO DA: Associativismo é fundamental para a modernização. In: Distribuição hoje Nr. 107, 16. - 31. Oktober 1993, S. 10 - 14.

GERSTENBERG, Frank: Produktivität in der Logistik. Schriftenreihe der Bundesvereinigung Logistik e.V. Bremen (BVL), Hrsg.: Baumgarten, Helmut und Gösta B. Ihde, München 1987.

GRANDJOT, Hans-Helmut; Katharina DAHRENDORF; U. BOGENDALE; E. FRIELING; Jörg HENTRICH; Volker ROTH und PFITZMANN: EDV-Einsatz in Speditionen. Ökonomische und soziale Erfahrungen in mittelständischen Unternehmen. In: Schriftenreihe Verkehr (IVT Heilbronn). Hrsg.: Prof. Hans-Helmut Grandjot und Prof. Dr. Heinz Hautzinger. Heilbronn, September 1991.

GRÜNEWALD, Hans-Günter: Probleme der Praxis bei der Anwendung strategischer Unternehmensplanung. In: Töpfer/Afheldt (Hrsg.): Praxis der strategischen Unternehmensplanung, Frankfurt/Main 1983.

HALLMANN, Kopitz: Kostenmanagement Straßengüterverkehr. Vogel Fachbuch. München Januar 1994.

HARO, Fernando de: ¿Qué comemos?. In: Distribución Actualidad, Nr. 191, Februar 1992, S. 8.

HARO, Fernando de: ¿Hacia dónde va la industria alimentaria? El fin de la epoca dorada. In: Distribución Actualidad Nr. 191, Februar 1992, S. 3 - 10.

HAVIGHORST, Dirk: Konzept und Leistungspotential der Marketing-Logistik. Weinheim 1980.

HEINEN, Edmund: Industriebetriebslehre - Entscheidungen im Industriebetrieb. 7. vollständig überarbeitete und erweiterte Auflage. Wiesbaden 1983.

HEINEN, Edmund: Die Betriebswirtschaft in Forschung und Praxis, Band 1: Das Zielsystem der Unternehmung - Grundlagen betiebswirtschaftlicher Entscheidungen. Gabler Verlag Wiesbaden 1966.

HEINRICHSDORF, Fritz: Nutzen-Kosten-Untersuchungen zur Bewertung von verkehrs- und umweltspezifischen Wirkungen der Bundesverkehrswegeplanung. In: Investition. Hrsg.: Bea, Franz-Xaver, Arnim Bohnet und Heribert Klimesch. München 1981, S. 155 - 158.

HERMANN, Dietrich: Absatzförderung für bayerische Lebensmittel im spanischen Lebensmittelhandel. Unveröffentlichte Diplomarbeit am Institut für Wirtschafts- und Sozialwissenschaften, Lehrstuhl für Marktlehre der Agrar- und Ernährungswirtschaft Weihenstephan, Freising, August 1990.

HILL, Wilhelm, Ignaz RIESER: Marketing-Management. 2. Auflage. Bern, Stuttgart, Wien 1993.

HINTERHUBER, Hans Hartmann: Strategische Unternehmensführung Bd. I: Strategisches Denken. 4. Auflage. Berlin, New York 1989.

HOCHHAUS, Karl-Heinz: Developments in refrigerated container technology. In: Intercontainer/Interfrigo (Hrsg.): EuroModal Nr. 1/94, S. 15.

HÖRSCHGEN, Hans: Distributionskanäle, internationale. In: Handwörterbuch Export und internationale Unternehmung. Hrsg. Klaus Macharzina und Martin K. Welge. Stuttgart 1989, Sp. 341 - 348.

HORVÁTH, George, Enrique OVIEDO: Joghurt in Spanien. In: European Dairy Magazine, Nr. 1, März 1990, S. 14 - 22.

IHDE, Gösta B.: Distributions-Logistik. Stuttgart 1978.

IHDE, Gösta B.: Transport, Verkehr, Logistik. München 1984.

INSTITUTO NACIONAL DE DEFESA DO CONSUMIDOR: Estudo sobre Atitudes e Comportamentos do Consumidor Português, Lissabon November 1989.

INSTITUTO NACIONAL DE ESTATÍSTICA: Estatísticas Agrícolas. Lissabon 1990.

INSTITUTO NACIONAL DE ESTATÍSTICA: Anuário Estatístico de Portugal 1991. Lissabon 1991.

INSTITUTO NACIONAL DE ESTATÍSTICA: Estatísticas dos Transportes e Comunicações. Lissabon 1991.

INSTITUTO NACIONAL DE ESTATÍSTICA: Portugal em números 1991. Lissabon 1991.

INSTITUTO NACIONAL DE ESTATÍSTICA: Comércio externo janeiro a dezembro de 1991, dados definitivos. Lissabon 1991.

INSTITUTO NACIONAL DE ESTADÍSTICA (INE): Censo de Locales 1990. Tomo I: Resultados Nacionales. Madrid 1992.

INSTITUTO NACIONAL DE ESTATÍSTICA: Comércio externo janeiro a dezembro de 1992, dados preliminares. Lissabon 1992.

INSTITUTO NACIONAL DE ESTATÍSTICA: Inquérito Mensal de conjuntura ao comércio. Folha de informação rápida, Nr. 39. Lissabon Mai 1993.

INSTITUTO NACIONAL DE ESTATÍSTICA: Boletim Mensal de Estatística. Volume 65, Lissabon Mai 1993.

INSTITUTO NACIONAL DE ESTADÍSTICA (INE): Encuesta Industrial 1987 - 1990. Madrid 1993.

INTERCONTAINER-INTERFRIGO: Gazette Nr. 1/1994. Basel 1994.

JÄNTSCHI-HAUCKE, Karin: Zusammenarbeit europäischer Bahnen, Dissertation. München 1991.

JAHRMANN, Fritz-Ulrich: Außenhandel. 7. Auflage. Ludwigshafen 1994.

JEHLE, Rüdiger: Qualitätssicherungssysteme für Hersteller und Spediteure. In: Food in Europe 1993/94. Handbuch europäischer Kühlgut-Logistik, 2. Auflage. München Juni 1993, S. 162 - 168.

KAUFMANN, Friedrich: Internationalisierung durch Kooperation - Strategien für mittelständische Unternehmen. Wiesbaden 1993.

KRELLE, Wilhelm: Präferenz- und Entscheidungstheorie. Tübingen 1968.

LACASA GODINA, Antonio: Die Milchwirtschaft in Spanien. In: DMZ Lebensmitteltechnologie und Milchwirtschaft, 113. Jg. (1992), Nr. 8/1992, 20.2.1992, S. 222 - 233 und Nr. 9-10/1992, 27.2.1992, S. 257 - 261.

LAVERENTZ, Klaus: Mit Kennzahlen Unternehmen steuern. In: Logistik heute, 15. Jg (1993), Nr. 11, S. 49 - 52.

LEBENSMITTEL ZEITUNG DEUTSCHE HANDELSZEITUNG: Report 1992/93. Frankfurt Februar 1993, S. 457 - 458.

LIEBSCHER, Peter; Ulrich FAHL; Alexander KOLB und Manfred WACKER: Berechnungen für konkrete Transportaufgaben - Primärenergieeinsatz und CO_2-Emissionen im Personen- und Güterverkehr. In: Internationales Verkehrswesen, Fachzeitschrift für Wissenschaft und Praxis, offizielles Organ der Deutschen Verkehrswissenschaftlichen Gesellschaft e.V. (DVWG), 47. Jg. (1995), Nr. 4/95, April 1995, S. 171 - 179.

LÜCK, Wolfgang, Volker TROMMSDORF (Hrsg.): Internationalisierung der Unternehmung als Problem der Betriebswirtschaftslehre. Wissenschaftliche Tagung des Verbandes der Hochschullehrer für Betriebswirtschaft, Technische Universität Berlin. Berlin 1992.

LÜCK, Wolfgang (Hrsg.): Logistik und Materialwirtschaft. Schriftenreihe der Betriebswirtschaftlichen Abteilung der Versuchs- und Lehranstalt für Brauereien in Berlin (VLB), Band 6. Berlin 1984.

LÜCK, Wolfgang: Logistik - Grundlagen der Logistik und Ergebnisse einer empirischen Untersuchung in der Brauwirtschaft. Schriftenreihe für die Brauwirtschaft, Band 1, 2. Auflage. Krefeld 1992.

MÄNNEL, Wolfgang: Logistikcontrolling. Schriften zur Betriebswirtschaftslehre - Lehrmaterialien. Lauf a.d. Pegnitz 1991.

MAY, Willi: Ohne Tarif (über)leben. In: Der Spediteur, Organ des Bundesverbandes Spedition und Lagerei e.V., 42. Jg., Heft 1, Januar 1994, S. 2.

MEDINA, Raquel: Las exportaciones de productos lácteos alcanzaron su mayor volumen desde 1986. In: ARAL, 24. Jg. (1991), Nr. 1099, 13. - 20. April 1991, S. 37 - 39.

MEFFERT, Heribert und Jürgen ALTHANS: Internationales Marketing, Stuttgart 1982.

MEFFERT, Heribert: Logistik über Ländergrenzen. In: Zeitschrift für Logistik, 5. Jg (1984), Heft 1, S. 25 - 27 und Heft 2, S. 53 - 55.

MEFFERT, Heribert und Joachim BOLZ: Internationales Marketing-Management. 2., völlig überarbeitete Auflage. Stuttgart 1994.

MEHRTENS, Uwe: Entwicklungstendenzen im europäischen Logistik-Markt für Obst und Gemüse. In: Food-Logistics in Europe. Vogel Jahrbuch. 2. Auflage. München Februar/März 1993.

MEISSNER, Hans-Georg: Strategisches Internationales Marketing. Berlin Heidelberg 1988.

MENDEZ, Carmen: El comercio exterior de leche y productos lácteos en 1991: Continúa el saldo desfavorable para España. In: ARAL, 25. Jg. (1992), Nr. 1151, 27. Juni - 4. Juli 1992, S. 24 - 25.

MILCHINDUSTRIE-VERBAND (MIV): Zollstatistik Bundesrepublik Deutschland 1988 - 1995.

MINISTERIO DE AGRICULTURA, PESCA Y ALIMENTACIÓN, Secretaria General de Alimentación: La alimentación en España 1990, Band I, II, IV und Leche y derivados lácteos. Madrid 1990.

MINISTERIO DE AGRICULTURA, PESCA Y ALIMENTACIÓN, Secretaria General de Alimentación: La alimentación en España 1991. Madrid 1991.

MINISTERIO DE AGRICULTURA, PESCA Y ALIMENTACIÓN, Secretaria General de Alimentación: Estudio sobre la posición competitiva del sector de alimentación y bebidas en España. Madrid Dezember 1992.

MINISTERIO DE AGRICULTURA, PESCA Y ALIMENTACIÓN, Secretaria General Tecnica: Boletín Mensual de Estadística, Nr. 1 - 2, Madrid Januar - Februar 1993.

MINISTERIO DE AGRICULTURA, PESCA Y ALIMENTACIÓN: El comercio exterior agrario pesquero en 1994. Madrid 1995.

MINISTERIO DE AGRICULTURA, PESCA Y ALIMENTACIÓN: Comercio exterior agrario pesquero y de la industria alimentaria en 1994. Madrid 1995.

MINISTÉRIO DA AGRICULTURA, PESCAS E ALIMENTAÇÃO, Direcção-Geral dos Mercados Agrigolas e da Indústria Agro-Alimentar: Plano Sectoral leite e lacticínios, Reg. (CEE) N. 866/90. Lissabon 1991.

MINISTÉRIO DA AGRICULTURA, Instituto dos Mercados Agrícolas e da Indústria Agro-Alimentar: Anuário Pecuário 1993. Lissabon 1993.

MINISTERIO DE ECONOMÍA Y HACIENDA; Secretaria de Estado de Comercio; Dirección General de Comercio interior: Comercialización de leche, productos lácteos y helados. Madrid 1989.

MINISTÉRIO DA INDÚSTRIA E ENERGIA, Gabinete de Estudos e Planeamento: Facts about Portuguese Industry 1991/1992. Lissabon Juni1992.

MONTSE, Mera: Los quesos de Holanda se abren camino en España. La Industria láctea holandesa es la más moderna del mundo. In: Super Aral Lineal 26. Jg. (1993), Nr. 38, 28.10. - 3.11.1993, S. 38 - 41.

MOREIRA, António: Papel do pequeno comércio é complementar da oferta dos outros canais. In: Distribuição hoje Nr. 101, Juli 1993, S. 46 - 47.

MOUTINHO, Maria Isolina: Legislação dos Géneros Alimentícios, aktualisiert bis August 1992 Direcção-Geral do Comércio Interno (Hrsg.). Comércio e Distribuição, Cadernos 23. Lissabon August 1992.

MOYNIHAN, John: Novas estratégias da distribuição alimentar. In: Distribuição hoje Nr. 94, 1. - 15. April 1993, S. 8.

MULA, Ana I.: En 1991, la leche recogida se situó por debajo de la cuota; más leche UHT y menos queso. In: ARAL, 25. Jg. (1992), Nr. 1144, 2. - 9. Mai 1992, S. 22 - 23.

NIESCHLAG, Robert, Erwin DICHTL und Hans HÖRSCHGEN: Marketing. 17. Auflage, Berlin 1994.

NOGUEIRA, Basto F.E.: Economía do Leite e Lacticínios no Mundo, na CEE e em Portugal. Evolução 1976 - 1985, Situação actual, perspectivas, Lissabon 1987.

OLIVEIRA, Gastão de: Estatísticas do cadastro comercial. Direcção do Comércio Interno (Hrsg.). Comércio e Distribuição, Cadernos 24. Lissabon Oktober 1992

O.V.: Análise dos cinco primeiros retalhistas e grossistas. In: Distribuição hoje, Nr. 109, November 1993, S. 22 - 34.

O.V.: Zur Anwendung der EG-Berufszugangsrichtlinie. In: Der Spediteur, Organ des Bundesverbandes Spedition und Lagerei e.V., 42. Jg. (1994), Heft 2, Februar 1994, S. 44.

O.V.: Aperturas recientes. In: ARAL, 28. Jg. (1995), Nr. 1220, 30.1.-5.2.1995, S. 18.

O.V.: Aperturas previstas. In: ARAL, 28. Jg. (1995), Nr. 1223, 20.-26.2.1995, S. 27.

o.V.: EG fordert Superabgaben wegen Überziehung der Milchquoten. Agra Europe. In: Die Molkerei-Zeitung Welt der Milch, 46. Jg. (1992), Nr. 45/1992, 6. November 1992, S. 1452.

o.V.: Eröffnet Bahnreform Wettbewerb auch auf der Schiene? In: Der Spediteur, Organ des Bundesverbandes Spedition und Lagerei e.V., 42. Jg. (1994), Heft 1, Januar 1994, S. 6 - 7.

o.V.: Comercio de alimentación: más moderno, más concentrado. In: Distribución Actualidad, Nr. 191, Februar 1992, S. 13.

o.V.: Cuotas: adiós vacas, adiós. In: Revista Alimarket Nr. 36, Dezember 1991, S. 66 - 69.

o.V.: Los derivados y postres lácteos en el mercado de Madrid: Danone y poco más. Studie der Planesic Madrid. In: ARAL, 25. Jg. (1992), Nr. 1134, 8./15. Februar 1992, S. 24 - 34.

o.V.: El Corte Inglés. In: FAZ Nr. 131, 08.06.1995, S. 22.

o.V.: Envasada: con la leche al cuello. In: Revista Alimarket, Nr. 36, Dezember 1991, S. 71 - 79.

o.V.: Escoamento da produção nacional - Que papel para a distribuição? In: Distribuição hoje Nr. 102, 1. - 31. Juli 1993, S. 24 - 25.

o.V.: Estructura y características de la industria láctea en España. In: Revista Española de Lechería, 3. Jg (1991), Nr. 32, November - Dezember 1991, S. 48 - 50.

o.V.: Euromadi mejora sus instalaciones centrales. In: ARAL, 28. Jg. (1995), Nr. 1219, 23.-29.1.1995, S. 28.

o.V.: Hípermercados e supermercados continuam a crescer em 1992. In: Distribuição hoje, Nr. 109, November 1993, S. 12 - 14.

o.V.: Höhere Gewichte bei Kabotage im Ausland. In: BMV (Hrsg.): Verkehrsblatt, Heft 8, 30.04.1994, S. 352.

o.V.: El grupo Ifa superó el billón de pesetas. In: ARAL, Jg. 28 (1995), Nr. 1224, 27.2. - 5.3.95, S. 18.

o.V.: Kühne & Nagel expandiert im Perishables-Geschäft. In: Zeitschrift für Logistik, 15. Jg. (1994), Nr. 2/1994, S. 53.

o.V.: Lacticínios representam mais de metade das vendas dos produtos de auto-servicio no Jumbo de Alfragide. In: Distribuição hoje Nr. 106, 1. - 15. Oktober 1993, S. 66 - 67.

o.V.: LKW-Gebühr ab 01.01.1995. In: Der Spediteur, Organ des Bundesverbandes Spedition und Lagerei e.V., 42. Jg. (1994), Heft 7-8, Juli - August 1994, S. 220 - 221.

o.V.: Lebensmitteleinzelhandel in Spanien "Franzosen halten die Stellung". In: LP international, Nr. 10/1993, S. 10 - 11.

o.V.: Leite e derivados - O percurso comum. In: Distribuição hoje Nr. 116, 16. - 31. März 1994, S. 53 - 70.

o.V.: Lieferservice. In: Gablers Wirtschaftslexikon. 12. Auflage, Wiesbaden 1988, Sp. 131 - 132.

o.V.: Líderes - Mucho en pocas manos. In: Distribución Actualidad, Nr. 191, Februar 1992, S. 22 - 24.

o.V.: Milchquoten-Aufkaufprogramm stieß auf geringe Resonanz. In: Agra Europe Nr. 21/96 vom 20.05.1996, Länderberichte 23.

o.V.: Productos frescos: ¿suben o bajan?. In: Revista Alimarket Nr. 36, Dezember 1991, S.95 - 101.

o.V.: Promohypermarkt: Klare Worte, in Lebensmittel Praxis Nr. 21/93 Handel Aktuell, S. 8.

o.V.: Pryca, el más barato entre los hiper. "Compra Maestre", Studie der Verbraucherzeitschrift OCU. In: Super ARAL Lineal, 27. Jg. (1994), Nr. 1194, 25.4. - 1.5.1994, S. 15.

o.V.: Quesos, en periodo de maduración. In: Revista Alimarket Nr. 36, Dezember 1991, S. 80 - 93.

o.V.: Quesos importados contra los elementos. In: Revista Alimarket, Nr. 37, Januar 1992, S. 66 - 71.

o.V.: El queso tipo manchego es el que más se vende en España: Las tiendas tradicionales pierden cuota de mercado. In: Revista Española de Lechería, 4. Jg. (1992), Nr. 36, April 1992, S. 9.

o.V.: Ranking sectorial. In: Distribuição hoje, Nr. 109, November 1993, S. 16 - 20.

o.V.: 44-t-Regelung? In: Der Spediteur, Organ des Bundesverbandes Spedition und Lagerei e.V., 42. Jg. (1994), Heft 5, Mai 1994, S. 141.

o.V.: Sector Lácteo al ritmo de los grupos galos. In: Revista Alimarket, Nr. 43, Juli 1992, S. 22 - 23.

o.V.: Sector Lácteo, entre el cambio y la incertidumbre. In: Revista Alimarket, Nr. 36, Dezember 1991, S. 60 - 65.

o.V.: Sob o signo da modernização: Perspectivas de evolução do comércio grossista. In: Distribuição hoje Nr. 108, 1. - 15. November 1993, S. 84 - 86.

o.V.: Spanier schätzen Essen aus Deutschland. In: FAZ Nr. 234, 8. Oktober 1996, S. 24.

O.V.: Spaniens Tourismusbranche rechnet mit Rekordsaison. In: FAZ, Nr. 136, 14.06.1995, S. 17.

O.V.: Torrental - Modernização fomenta comércio de lacticínios. In: Distribuição hoje, Nr. 105, 16. - 30. September 1993, S. 64 - 65.

O.V.: Unicofa - Parceria com produtor dinamiza segmento de lacticínios. In: Distribuição hoje Nr. 108, S. 83.

O.V.: Wechselbrücken - LKW belädt Bahnwaggon. In: Eurocargo, 7. Jg. (1995), Nr. 3/1995, S. 20, 24.

PEREIRA, Graça Mário: Pequeno comércio tem oportunidades na especialização. In: Distribuição hoje Nr. 101, Juli 1993, S. 44 - 46.

PFOHL, Hans-Christian: Zur Formulierung einer Lieferservice-Politik - Theoretische Aussagen zum Angebot von Sekundärleistungen als absatzpolitisches Instrument. In: ZfbF, 29. Jg. (1977), S. 239 - 255.

PFOHL, Hans-Christian, Günther E. BRAUN: Entscheidungstheorie: Normative und deskriptive Grundlagen des Entscheidens. Landsberg Lech 1981.

PFOHL, Hans-Christian: Logistik als Überlebenshilfe in den achtziger Jahren. In: Zeitschrift für Betriebswirtschaft, 53. Jg. (1983), Nr. 8, S, 719 - 734.

PFOHL, Hans-Christian: Logistiksysteme: Betriebswirtschaftliche Grundlagen. Hrsg. Jünemann, Reinhardt und Hans-Christian Pfohl. 4. Auflage. Berlin 1990.

PFOHL, Hans-Christian: Marketing-Logistik. Gestaltung, Steuerung und Kontrolle des Warenflusses im modernen Markt. Mainz 1992.

PFOHL, Hans-Christian: Logistiksysteme. Betriebswirtschaftliche Grundlagen. Hrsg. Jünemann, Reinhardt und Hans-Christian Pfohl. 5. Auflage. Berlin 1996.

PINTO, Paraíso, Álvaro SOEIRO: O comércio não sedentário. In: Boletim do Comércio Interno Nr. 23/24, Lissabon Januar - Juni 1991, S. 19 - 21.

PIONTEK, Jochem: Internationale Logistik. Stuttgart 1994.

RAMALHO, Sandra: Ranking sectorial; Análise dos 5 primeiros retalhistas e grossistas; As empresas de Distribuição na Bolsa. In: Distribuição hoje, Nr. 152, September 1995, S. 18 - 41.

RAMCKE, Peter: Der Aufbau von Container-Transportsystemen als Planungsproblem der Güterverkehrsbetriebe, Dissertation. Hamburg 1972.

RECKTENWALD, Hans Claus: Die Kosten-Nutzen-Analyse. Tübingen 1972.

REGUEIRO RODRÍGUEZ, Manuel: Proceso de reestructuración en las industrias lácteas. In: ARAL, 24. Jg. (1991), Nr. 1109, 22. - 29. Juni 1991, S. 42 - 45.

ROCHA, José António: Promoción y publicidad de leche y productos lácteos en España. In: Revista Española de Lechería, 3. Jg (1991), Nr. 32, November - Dezember 1991, S. 38 - 39.

RUBIO, Maria José: Cambio de tendencia. In: ARAL, 25. Jg. (1992), Nr. 1134, 8./15. Februar 1992, S. 21 - 23

RÜRUP, Bert: Die Nutzwertanalyse. In: Wirtschaftswissenschaftliches Studium (WiSt). 11. Jg. (1982), S. 109 - 113.

RUPPER, Peter: Unternehmenslogistik - Ein Handbuch für Einführung und Ausbau der Logistik im Unternehmen. 2. Auflage, Zürich 1988.

SANCHEZ CORBI, Aurelio: El valor de las importaciones de productos alimenticios aumentó más del 17 por 100. In: ARAL, 25. Jg. (1992), Nr. 1129, 4. - 11. Januar 1992, S. 17 - 18.

SANCHEZ, José Juan: Importancia en el hogar del mantenimiento de la cadena del frío para los productos lácteos. In: ILE, Revista mensual de las industrias lácteas españolas, Nr. 157, März 1992, S. 10 - 11.

SANDHÄGER (BMV): EG-Harmonisierung - Chance für den deutschen Güterkraftverkehr. Vortrag vom 29. November 1993 in München im Rahmen der Vortragsveranstaltungen der Deutschen Verkehrswissenschaftlichen Gesellschaft e.V., Bezirksvereinigung Südbayern.

SCHENK, Otto: Hermes, eine entscheidende Komponente für die Einheit der Eisenbahnen Europas. In: Die Bundesbahn, 64. Jg. (1988), Nr. 10, S. 953 - 955.

SCHEUCH, Fritz: Distributionspolitik. In: Handwörterbuch Export und internationale Unternehmung, Hrsg. Klaus Macharzina und Martin K. Welge. Stuttgart 1989, Sp 350 - 361.

SCHULTE, Christof: Logistik. München 1991.

SCHWEITZER, Marcell und Hans-Ulrich KÜPPER: Rationalisierung. In: Handwörterbuch der Betriebswirtschaft. Hrsg. Erwin Grochla und Waldemar Wittmann. 4. Auflage, Stuttgart 1975, Sp. 3303 - 3311.

SEROMENHO SANTOS, Isabel: Investimento publicitário dos grossistas e retalhistas alimentares. In: Distibuição hoje Nr. 109, November 1993, S. 46 - 47.

SEROMENHO SANTOS, Isabel: Marcas dos distribuidores. In: Distribuição hoje Nr. 109, November 1993, S. 64 - 69.

SEROMENHO SANTOS, Isabel: Serviços especiais ao cliente. In: Distribuição hoje Nr. 109, November 1993, S. 74 - 78.

SPECHT, Günter: Distributionsmanagement. 2. überarbeitete und erweiterte Auflage. Stuttgart 1992.

STABENAU, Hanspeter: Verkehrsbetriebslehre. Bremen 1990.

STAHL, Dirk: Die organisatorische Gestaltung internationaler Speditionsnetzwerke. In: Internationales Verkehrswesen, 47. Jg., Nr. 7/8 1995, S. 437 - 444.

STAHR, Gunter: Auslandsmarketing. Band I Marktanalyse, Stuttgart, Berlin 1979.

STATISTISCHES BUNDESAMT WIESBADEN: Länderbericht Spanien 1987. Stuttgart Januar 1988. Länderbericht Spanien 1991. Wiesbaden September 1991.

STATISTISCHES BUNDESAMT WIESBADEN: Länderbericht Portugal 1989. Wiesbaden Januar 1990.

STATISTISCHES BUNDESAMT WIESBADEN: Statistisches Jahrbuch der Bundesrepublik Deutschland. Wiesbaden verschiedene Jahrgänge.

STUDIENGESELLSCHAFT FÜR DEN KOMBINIERTEN VERKEHR E.V. und VEREIN DEUTSCHER INGENIEURE E.V.: Zur Praxis des Containerverkehrs. In: Transportkette. Schriftenreihe der Studiengesellschaft für den kombinierten Verkehr. Heft. 29, Frankfurt/Main 1979.

TOVAR PEREZ, Yolanda: La alimentación en España, avance 1990: El consumo de leche continúa en descenso. In: ARAL, 24. Jg. (1991), Nr. 1109, 22. - 29. Juni 1991, S. 38 - 40.

UNION INTERNATIONALE DES CHEMINS DE FER (UIC) (Hrsg.): Statistiken der Bahnen, verschiedene Jahrgänge.

UNIVERSITÄT OLDENBURG, UNTERNEHMENSBERATUNG SPEDITION UND LAGEREI GMBH (USL): EDV-Einsatz in kleinen und mittleren Speditions- und Lagereiunternehmen, Bonn 1992.

VALENTIN, Juan Pedro: Los hipermercados continúan ganando cuota de mercado en alimentación. In: ARAL, 25. Jg. (1992), Nr. 1129, 4. - 11.1.1992, S. 41 - 43.

VALENTIN, Juan Pedro: Las marcas de distribución continúan ganando cuota en el mercado español. In: ARAL, 25. Jg. (1992), Nr. 1133, 1. - 8. Februar 1992, S. 413.

VOIGT, Fritz: Verkehr - Die Theorie der Verkehrswirtschaft, erster Band, erste Hälfte. Berlin 1973.

WAGNER, N.: Die Zugförderung der Deutschen Bahnen an der Landesgrenze. In: Eisenbahntechnische Rundschau, 30. Jg. (1981), Nr. 6, S.461 - 464.

WALLDORF, Erwin Georg: Auslandsmarketing. Wiesbaden 1987.

WALLDORF, Erwin Georg: Frachtbedingungen, internationale. In: Handwörterbuch Export und Internationale Unternehmung. Hrsg. Klaus Macharzina und Martin K. Welge. Stuttgart 1989, Sp. 698 - 711.

WEBER, Adolf: Ueber den Standort der Industrien. Erster Teil: Reine Theorie des Standorts. Tübingen 1922.

WEGSCHEIDER, Wilhelm und Burkhart KRÄHE: Europäische Zusammenarbeit im Rechnungswesen - Kalkulation von Transportkosten im grenzüberschreitenden Güterverkehr. In: Die Bundesbahn, 66. Jg. (1990), Heft 7, S. 666 - 669.

WEINDLMAIER, Hannes: Wie groß muß eine Molkerei sein?. In: Agrar Übersicht, 45. Jg. (1994), Nr. 5, S. 88 - 90.

WEINDLMAIER, Hannes: Konsequenzen des EG-Binnenmarktes für den der Landwirtschaft nachgelagerten Bereich. Vortrag anläßlich der GEWISOLA-Tagung Oktober 1990. Münster-Hiltrup 1990.

WEINDLMAIER, Hannes: Internationales Marketing: Bedeutung auch für die mittelständische Molkereiwirtschaft? In: Deutsche Milchwirtschaft. 42. Jg. (1991), Nr. 48/1991, 27.11.1991, S. 1596 - 1603.

WEINDLMAIER, Hannes: Die Wettbewerbsfähigkeit der deutschen Molkereiwirtschaft auf dem internationalen Markt. In: Deutsche Milchwirtschaft. 43. Jg. (1992), Nr. 8/1992, 19.2.1992, S. 224 - 225.

WEITZMANN, Igor: Distributionswege für Konsumgüter in Spanien. In: EG-Binnenmarkt - Distributionswege für Konsumgüter. Hrsg. Deutscher Industrie- und Handelstag, Nr. 266, Brühl 1989, S. 149 - 163.

WÖHE, Günter: Einführung in die Allgemeine Betriebswirtschaftslehre. 19. neubearbeitete Auflage. München 1996.

ZANGEMEISTER, Christof: Nutzwertanalyse in der Systemtechnik. 3. Auflage. München 1973.

ZMP-BILANZ MILCH verschiedene Jahrgänge Bonn.

Verwendete Gesetzestexte

Beitrittsakte Spanien - Portugal, Anhang EWG-VO 606/86.

Decreto-Lei Nr. 39 178 vom 20. April 1953 über die Regelung der Milcherfassung in Portugal. Ministério da Economia, Direcção-Geral dos Serviços Agrícolas.

Decreto-Lei Nr. 47 710 vom 18. Dezember 1967 über die Neustrukturierung der Milcherfassung in Portugal. Ministério da Economia, Secretaria de Estado do Comércio, Comissão de Coordenação Económica.

Decreto-Lei Nr. 138/79 vom 18. Mai 1979 über die Milcherzeugung und -erfassung in Portugal. Ministérios da Agricultura e Pescas e do Comércio e Turismo.

Decreto Regulamentar n° 7/81, vom 31. Januar 1981 über die Milcherfassung und -weiterverarbeitung in Portugal. Ministério da Agricultura e Pescas.

Decreto do Governo Nr. 83/83 vom 9. Dezember 1983 über die Regelung der Joghurtherstellung und Qualitätskriterien für die Joghurtherstellung. Ministérios da Agricultura, Florestas e Alimentação e do Comércio e Turismo.

Decreto-lei Nr. 513/85 vom 31. Dezember 1985 über die Öffnung des portugiesischen Marktes nach Europa. Ministério da Indústria e Comércio.

Decreto-Lei Nr. 441/86 vom 31. Dezember 1986 über die Förderung der Wettbewerbsfähigkeit der portugiesischen Milchwirtschaft. Ministério da Agricultura, Pescas e Alimentação.

EG-Richtlinie 89/438/EWG über den Zugang zum Beruf des Güterkraftverkehrsunternehmers vom 21.6.1989

Gesetz zum Übereinkommen vom 1. September 1970 über internationale Beförderungen leicht verderblicher Lebensmittel und über die besonderen Beförderungsmittel, die für diese Beförderungen zu verwenden sind (ATP), 26.4.1974, Bundesgesetzblatt II, Nr. 23 vom 11.5.1974.

Portaria Nr. 733-C/86 vom 4. Dezember 1986 über die Festlegung der Rohmilchqualität und der Erzeugerpreise in Portugal.

Portaria Nr. 471/87 bis 473/87 vom 4. Juni 1987 über die Festlegung der Rohmilchqualität. Ministérios de Agricultura, Pescas e Alimentação e da Indústria e Comércio.

Portaria Nr. 742/92 vom 24. Juni 1992 über die Produktion, den Handel und den Verzehr von Joghurt und fermentierten Milchprodukten.

Portaria Nr. 533/93 vom 21. Mai 1993 über die Anpassung der portugiesischen Milchgesetzgebung an die europäische Gesetzgebung (Directiva Nr. 92/46/CEE vom 16. Juni 1992). Ministérios da Agricultura e do Comércio e Turismo

Vorschlag einer Richtlinie des Rates über die Maßnahmen zur Förderung des kombinierten Verkehrs. In: Amtsblatt der Europäischen Gemeinschaften, 23. Jg. (1980), C 351 vom 31.12.1980.

Stichwortverzeichnis

Hochschulschriften zur Betriebswirtschaftslehre

Herausgeber:
Prof. Dr. D. Beschorner · Universität Ulm
Prof. Dr. Hans Hieke TU · Bergakademie Freiberg

Ingolf Braun
Struktur und Einsatz eines diagnostischen Instrumentariums zur Aufdeckung von Marketingdefiziten – DIAM –
1991, Band 92, 317 Seiten, Mdr., Paperback, DM 56,80, ISBN 3-88259-858-1

Wolfgang Hallama
Arbeitszeitmanagement in Kreditinstituten mit teilautonomen Arbeitsgruppen
Darstellung und Analyse eines flexiblen Arbeitszeitmodells
1991, Band 93, 334 Seiten, Mdr., Paperback, DM 49,80, ISBN 3-88259-861-1

Heide-Lore Knof
CIM und organisatorische Flexibilität
1991, Band 94, 260 Seiten, Mdr., Paperback, DM 45,80, ISBN 3-88259-884-0

Alois Geyer
Information, Erwartung und Risiko
Aspekte der Verteilung, Abhängigkeit und Varianz von finanzwirtschaftlichen Zeitreihen
1991, Band 95, 260 Seiten, Mdr., Paperback, DM 37,80, ISBN 3-88259-887-5

Bernd Sundermeier
Mitarbeiterbeteiligung
Eine transaktionskostenökonomische Analyse
1992, Band 96, 200 Seiten, Mdr., Paperback, DM 49,80, ISBN 3-88259-951-0

Detlef Deßaules
Konzeptionelle Datenmodellierung für ein EDV-gestütztes operatives Absatzführungssystem
1992, Band 97, 262 Seiten, Mdr., Paperback, DM 49,80, ISBN 3-88259-910-3

Johann Dirndorfer
Investitionsplanung als Teil einer integrierten Gesamtplanung in Molkereiunternehmen
1992, Band 98, 237 Seiten, Mdr., Paperback, DM 43,80, ISBN 3-88259-913-8

Jens M. Abend
Strukturwandel in der Automobolindustrie und strategische Optionen mittelständischer Zulieferer
Eine explorative Studie
1992, Band 99, 334 Seiten, Mdr., Paperback, DM 63,80, ISBN 3-88259-944-8

Markus Härle
Soziokultureller Wandel und Unternehmensführung
Wege und Ansätze zu kulturbewußter Unternehmensführung
1992, Band 100, 368 Seiten, Mdr., Paperback, DM 59,80, ISBN 3-88259-945-6

Peter Wilden
Erfolgscontrolling und Produktivitätsmanagement
1993, Band 101, 241 Seiten, Mdr., Paperback, DM 49,80, ISBN 3-89481-003-3

Thomas Heinrich
Zusammenschluß von Unternehmen durch Pooling of Interests
Umsetzung des angelsächsischen Poolinggedankens in deutsches Recht
1992, Band 102, 200 Seiten, Mdr., Paperback, DM 42,80, ISBN 3-88259-961-8

VVF

Frank-Olaf Birkel
Betriebspersonalökonomische Probleme der Eingliederung von Hochschulabsolventen als Führungsnachwuchskräfte in der Kreditwirtschaft
1992, Band 104, 507 Seiten, Mdr., Paperback, DM 84,80, ISBN 3-88259-978-2

Wolfgang Stegmaier
Ursachen für die Überlastung der Finanzgerichte und Vorschläge zu ihrer Beseitigung
1993, Band 105, 228 Seiten, Mdr., Paperback, DM 44,80, ISBN 3-88259-979-0

Helmut Konjetzky
Risikoanalyse kombinierter Optionspositionen
1993, Band 107, 311 Seiten, Mdr., Paperback, DM 62,80, ISBN 3-88259-996-0

Fritz Koob
Die Wirkung des Bauplanungsrechts auf die Entwicklung des deutschen Handels
1993, Band 108, 349 Seiten, Mdr., Paperback, DM 67,80, ISBN 3-88259-997-9

Frank Schäfer
Elemente einer strategischen Unternehmensführung in der Bauwirtschaft
1993, Band 110, 332 Seiten, Mdr., Paperback, DM 63,80, ISBN 3-89481-005-X

Karin Stenke
Der Einsatz von Zinsterminkontrakten zur Steuerung des Zinsänderungsrisikos eines Kreditinstitutes im Rahmen eines Modells für das Aktiv-Passiv-Management
1993, Band 111, 326 Seiten, Mdr., Paperback, DM 54,80, ISBN 3-89481-013-0

Susanne Kanngiesser
Widersprüche im Konzernbegriff nach dem Dritten Buch des HGB und Divergenzen zur wirtschaftlichen Einheit Konzern
1994, Band 112, 172 Seiten, Mdr., Paperback, DM 39,80, ISBN 3-89481-043-2

Gisela Köberle
Die Bedeutung der Prozeßkostenrechnung im Entscheidungsablauf des Unternehmens
1994, Band 114, 178 Seiten, Mdr., Paperback, DM 39,80, ISBN 3-89481-050-5

Monika Düngenheim
Public Relations (Öffentlichkeitsarbeit) in der Ernährungswirtschaft
1994, Band 115, 320 Seiten, Mdr., Paperback, DM 57,80, ISBN 3-89481-055-6

Rolf Jasny
Marktsimulation mit Hilfe von Präferenzdaten zur kundenorientierten Planung von Vermögensanlageprodukten
1994, Band 116, 270 Seiten, Mdr., Paperback, DM 54,80, ISBN 3-89481-064-5

Leonhard Wank
Zur Implementation betriebswirtschaftlicher Technologien in kleinen und mittleren Unternehmen
– Barrieren, Hemmnisse, Strategien –
1994, Band 117, 350 Seiten, Mdr., Paperback, DM 59,80, ISBN 3-89481-065-3

Annette Czempiel
Milchprodukte auf der Basis alternativ erzeugter Rohmilch:
Eine ökonomische Analyse und Bewertung der Herstellungs- und Vermarktungsalternativen
1993, Band 118, 280 Seiten, Mdr., Paperback, DM 53,80, ISBN 3-89481-075-0

VVF

Roland Folz
Marketing von Vermögensanlagenprodukten im mittleren Segment privater Bankkunden
1994, Band 119, 326 Seiten, Mdr., Paperback, DM 57,80, ISBN 3-89481-077-7

Guntram Ochs
Die Marktbearbeitung in Investitionsgütermärkten durch Segmentierung von Gatekeepern
1994, Band 120, 418 Seiten, Mdr., Paperback, DM 73,80, ISBN 3-89481-078-5

Jens-Peter Kählert
Die Abbildung immaterieller Güter im handelsrechtlichen Jahresabschluß
1994, Band 121, 254 Seiten, Mdr., Paperback, DM 47,80, ISBN 3-89481-082-3

Martin Vogelsang
Die Macht der Banken
Ein gesellschaftspolitisches Problem in der Analyse moderner ökonomischer Theorieansätze
1995, Band 122, 262 Seiten, Mdr., Paperback, DM 54,80, ISBN 3-89481-115-3

Britta Caspari
Der Jahresabschluß öffentlicher Unternehmungen
Grundfragen und ausgewählte Einzelprobleme seiner inhaltlichen Ausgestaltung
1995, Band 123, 654 Seiten, Mdr., Paperback, DM 115,80, ISBN 3-89481-131-5

Andreas Bodemer
Personalbedarfsermittlungsverfahren
Analyse der relativen und absoluten Vorteilhaftigkeit der Zeitreihenverfahren für die Ermittlung des zukünftigen quantitativen Soll-Personalbestands
1995, Band 125, 280 Seiten, Mdr., Paperback, DM 49,80, ISBN 3-89481-162-5

Stephan Schmitz
Absatzpotentiale der deutschen Molkereiwirtschaft in Mittel- und Osteuropa und Entwicklung spezifischer Internationalisierungsstrategien
1997, Band 126, 332 Seiten, Mdr., Paperback, DM 65,80, ISBN 3-89481-219-2

Jana Eberlein
Der Einfluß der Unternehmensstrategie auf ausgewählte Entscheidungen im Instandhaltungsbereich unter besonderer Berücksichtigung des Controlling
1996, Band 128, 354 Seiten, Mdr., Paperback, DM 72,80, ISBN 3-89481-228-1